독자의 1초를 아껴주는 정성을 만나보세요!

세상이 아무리 바쁘게 돌아가더라도 책까지 아무렇게나 빨리 만들 수는 없습니다.

인스턴트 식품 같은 책보다 오래 익힌 술이나 장맛이 밴 책을 만들고 싶습니다.

땀 흘리며 일하는 당신을 위해 한 권 한 권 마음을 다해 만들겠습니다.

마지막 페이지에서 만날 새로운 당신을 위해 더 나은 길을 준비하겠습니다.

한 걸음 앞선 일잘러가 지금 꼭 알아야 할 바이브 코딩 with 커서

Mastering Vibe Coding

초판 발행 • 2026년 2월 10일

지은이 • 김태헌(퇴근후딴짓)
발행인 • 이종원
발행처 • (주)도서출판 길벗
출판사 등록일 • 1990년 12월 24일
주소 • 서울시 마포구 월드컵로 10길 56(서교동)
대표 전화 • 02)332-0931 | **팩스** • 02)323-0586
홈페이지 • www.gilbut.co.kr | **이메일** • gilbut@gilbut.co.kr

기획 및 책임편집 • 이다인(dilee@gilbut.co.kr) | **편집** • 이다인 | **표지·본문 디자인** • 박상희
제작 • 이준호, 손일순, 이진혁 | **마케팅** • 임태호, 전선하, 박민영, 서현정, 박성용
유통혁신 • 한준희 | **영업관리** • 김명자 | **독자지원** • 윤정아

교정교열 • 김윤지 | **전산편집** • 책돼지 | **인쇄 및 제본** • 예림인쇄

ISBN 979-11-407-1767-5 93000
(길벗 도서번호 080481)

정가 30,000원

페이스북 • https://www.facebook.com/gbitbook
예제소스 • https://github.com/lovedlim/vibe

한 걸음 앞선 일잘러가
지금 꼭 알아야 할

바이브 코딩

MASTERING
VIBE
CODING

김태헌(퇴근후딴짓) 지음

길벗

바이브 코딩은 프로그래밍을 처음 접하는 사람에게 서비스 제작이 개발자 영역이 아니라, 만들고 싶은 아이디어만 있다면 누구나 시도해 볼 수 있다는 가능성을 보여 줍니다. 기존 개발 학습이 문법과 이론, 복잡한 환경 설정에서 시작되는 경우가 많았다면, 바이브 코딩은 만들고자 하는 결과와 아이디어를 중심에 두고 진행된다는 점에서 차별성이 있습니다. 간단한 웹 페이지 구성부터 출발하여 기능을 점차 확장하고, 외부 API를 활용하며, 최종적으로는 실제 배포 가능한 서비스까지 도달할 수 있도록 구성되어 있어 초보자도 완성된 서비스를 만들어 볼 수 있습니다.

이 책은 프로그래밍 경험이 전혀 없고 화면 구성이나 웹 · 앱 구조에 대한 기본 지식이 없는 사람도 무리 없이 따라갈 수 있도록 내용이 구성되어 있습니다. 개발 과정에서 자주 등장하는 용어를 하나씩 설명해 주기 때문에 초보자도 흐름을 놓치지 않고 이해할 수 있습니다. 기술적인 배경지식이 부족하더라도 구현하고자 하는 아이디어가 있다면 이를 실제 서비스로 구현할 수 있게 만들어 줍니다.

책의 전개 방식은 이론 위주보다 '무엇을 만들고 있는가'에 초점을 맞춥니다. 화면은 어떤 역할을 하는지, 기능은 어떤 순서로 연결되는지, 외부 API는 왜 필요한지를 구체적인 맥락 속에서 설명하여 단순한 실습을 넘어 전체 구조를 파악할 수 있도록 돕습니다. 화면 구성과 기능 구현을 함께 다루면서도 용어를 풀어서 설명해 주어 개발 경험이 없더라도 내용을 따라갈 수 있습니다.

학습 과정에서 눈에 보이는 결과물을 빠르게 확인할 수 있다는 점도 장점입니다. 버튼이나 화면 하나라도 직접 작동하는 모습을 보며 진행할 수 있어, 무엇을 만들고 있는지 확인하기 쉽고 학습 방향을 잃지 않게 됩니다. 개인 소개 페이지나 간단한 서비스 화면에서 시작하여 데이터베이스, 외부 서비스 연동으로 확장해 나가는 흐름은 서비스를 구현하는 개발 과정을 자연스럽게 이해하는 데 도움이 됩니다.

또 결과물을 깃허브와 버셀로 배포하고 다른 사람과 공유하는 단계까지 안내하는 점도 이 책의 장점입니다. 개인 환경에서만 끝나는 연습이 아니라, 실제 주소를 통해 서비스를 공개하고 의견을 받아 보는 과정을 거쳐 AI의 도움으로 다양한 서비스를 만들어 볼 수 있다는 자신감이 생깁니다. 이 과정에서 기술적인 구현뿐만 아니라 기획과 표현, 문제를 정리하는 방식도 함께 고민해 볼 수 있습니다.

이 책은 프로그래밍을 어렵고 먼 기술로 느끼기보다 아이디어를 구현하는 친근한 도구로 느낄 수 있게 합니다. 처음부터 완벽한 이해를 요구하기보다는 작동하는 결과물을 만들어 보며 점차 익숙해질 수 있도록 구성되어 있다는 점에서 의미가 있습니다. 아이디어는 있지만 어디에서부터 시작해야 할지 막막했던 사람에게 처음 서비스를 만들어 보는 데 현실적인 도움을 주는 안내서로 추천합니다.

박조은 | **오늘코드, 마이크로소프트 파이썬 MVP**

현장에서 다양한 AI 프로젝트를 진행하며 한 가지 확신을 갖게 되었습니다. AI 시대의 핵심 역량은 코드 작성 능력이 아니라, 원하는 것을 명확히 표현하고 AI와 효과적으로 협업하는 능력이라는 것입니다.

바이브 코딩은 더 이상 일시적인 유행이 아닙니다. 이제는 개발의 새로운 방법론으로 업계에서 정식으로 인정받고 있습니다. 하지만 중요한 점은 단순히 AI에 코드를 맡기는 것이 아니라, 올바른 방식으로 바이브 코딩을 활용하여 완성도 높은 프로덕트를 만들어 내는 방법을 터득하는 것입니다. 그렇지 않으면 반쪽짜리 결과물에 그치기 쉽습니다.

이 책은 바로 그 부분을 해결해 줍니다. 웹 명함, 개인 브랜딩 사이트, 재무제표 시각화, 유튜브 댓글 분석, 모임 플랫폼까지 다양한 실전 프로젝트를 만들면서 기획부터 배포까지 엔드-투-엔드로 서비스를 완성하는 전 과정을 경험할 수 있습니다. 직접 만든 서비스가 실제로 작동하는 순간의 성취감은 다음 도전을 하는 강력한 동력이 됩니다.

개발 경험 없이도 자신만의 서비스를 만들고 싶은 사람에게 이 책을 진심으로 추천합니다.

이경록 | **유튜브 크리에이터 '테디노트' / 랭체인 엠버서더**

AI 시대에 개발의 문턱은 낮아졌고 바이브 코딩에 관심 있는 사람도 많아졌지만, 정작 내 업무에 어떻게 적용할지는 막연하게 느끼는 경우가 많습니다. 이 책은 재무제표 시각화, 뉴스 분석, 파이어베이스 설정 등 방법을 저자의 실전 경험이 응축된 사례로 그 방법을 구체적으로 제시합니다. AI 코딩을 내 업무 무기로 만들고 싶은 모든 직장인과 기획자에게 이 책을 강력 추천합니다.

챗대리 | **유튜브 크리에이터 '챗대리의 AI연구소'**

코딩은 이제 문법 암기가 아닌 AI와 대화하는 '바이브 코딩'의 시대로 접어들었습니다. 이 책은 환경 설정부터 서비스 배포까지 저자 특유의 세심하고 꼼꼼한 가이드로 독자를 낙오 없이 안내합니다. 특히 독자가 겪을 시행착오를 미리 앞질러 정리한 '11가지 에러 상황' 코너는 독자를 끝까지 책임지려는 저자의 성실한 배려가 돋보이는 대목입니다.

유튜브 분석부터 재무제표 시각화까지 실무 중심의 프로젝트를 따라가다 보면 어느새 상상은 현실이 됩니다. 김태헌 작가가 정성껏 닦아 놓은 이 길을 따라, 여러분도 AI 시대의 당당한 '개발자'로 거듭나시기를 강력히 기원합니다.

김영욱 | Hello AI 대표

이제 코딩은 컴퓨터 언어를 정복해야 하는 고통스러운 과정이 아니라, AI와 즐겁게 대화하며 내 아이디어를 실현하는 '티키타카'의 과정이 되었습니다. 이 책은 복잡한 이론에 매몰되는 대신 '느낌(vibe)'만으로도 충분히 가치 있는 서비스를 만들 수 있음을 실전적으로 증명합니다. 단순한 기술서를 넘어, 누구나 창작자가 될 수 있는 새로운 시대의 지침서가 되어 줄 것입니다. 비전공자에게는 코딩에 대한 막연한 두려움을 자신감으로 바꾸어 주고, 개발자에게는 AI와 협업하는 압도적 생산성을 선사할 이 책을 강력히 추천합니다.

김정욱 | 브레인크루 이사

"생성형 AI의 발전으로 이제 가장 쉬운 프로그래밍 언어는 파이썬도 자바도 아닌 바로 '한국어'가 되었습니다." 이 책을 펼치자마자 제 눈을 사로잡은 문장입니다. '한국어'로 인공지능과 티키타카를 하면서 코딩하는 과정이 마치 눈앞에서 저자와 대화하듯 자연스럽고 친절하게 펼쳐집니다. 여기에서 친절은 기술적인 부분을 사용자 눈높이에 맞추어서 전달하는 친절이기도 하고, 그냥 인간적인 친절이기도 합니다. 책 곳곳에서 저자 특유의 친절함이 고스란히 드러나고 느껴져 좋았습니다. 독자와 책을 홀로 버려두지 않고 끝까지 동행하고자 하는 마음이 느껴지는 책이기에 모두에게 추천합니다.

류지영 | 전자신문인터넷 국장

이 책은 바이브 코딩의 기초 개념부터 단계별 실무 적용까지 체계적으로 다루고 있어 입문자부터 숙련자까지 자신의 수준에 맞추어 필요한 부분을 즉시 찾아볼 수 있다는 점이 큰 강점입니다. 특히 상세한 입출력 값과 화면 예시, '저자 노트'에 담긴 실무 꿀팁은 바이브 코딩 이해도를 높여 줍니다. 현재 HRD 업무에 바이브 코딩을 접목하고 있는 저에게 이 책은 단순한 가이드를 넘어, 제 기획 의도를 가장 정확하게 결과물로 바꾸어 주는 든든한 '바이브 에이전트'가 될 것 같습니다. AI와 호흡하며 실무의 격을 높이고 싶은 모든 사람에게 이 책을 기꺼이 추천합니다.

박상우 | **kt cloud 인재육성TF, 매니저**

코딩을 전혀 모르는 문과생인 저에게 이 책은 혁명이었습니다. 복잡한 코딩 문법 대신 '우리말'로 AI와 소통하며 서비스를 만드는 '바이브 코딩'의 세계를 쉽고 친절하게 안내합니다. 마치 티키타카를 하듯 대화하며 나만의 앱을 완성하는 과정은 정말 즐거웠습니다. 특히 서비스의 핵심 구조를 레스토랑에 비유하여 알기 쉽고 깊이 있게 설명한 대목은 비전공자 눈높이에 딱 맞았습니다. 아이디어만 있다면 누구나 개발자가 될 수 있다는 확신을 주는 최고의 가이드북입니다.

노태규 | **DB하이텍 인사 팀, 책임**

AI의 시대, 각 기업에서는 탁월한 인재를 선발하려고 "당신만을 위한 AI 에이전트는 무엇이 있습니까?"라는 질문을 필수적으로 하지 않을까요? 이처럼 AI는 개개인의 업무 효율성과 효과성을 N배 이상 높여 줄 수 있는 필수템이 되었습니다. AI에 잘 묻고 현명한 답을 구하는 것을 넘어 본인만의 시스템을 효과적으로 구현하려면 바이브 코딩은 꼭 경험해야만 하는 이 시대의 연금술이 아닐까 합니다. 바이브 코딩의 A부터 Z까지 친절히 설명된 이 책으로 각자의 탁월한 AI 에이전트를 만들어 보시기를 추천합니다.

한상아 | **H그룹 인재개발원, 책임매니저**

프로그래밍 언어는 개발자의 고유 영역이라고 생각할 때가 있었습니다. 저 같은 문과 출신 비개발 직장인에게는 더욱 그러했습니다. 그러나 이제 직장인으로서 AI에 '잘 묻는 것'이 하나의 역량이 된 시대에서 이 책은 AI와 대화를 시작하는 길라잡이로 손색이 없습니다. 바이브 코딩의 개념부터 실무에 접목할 수 있는 구체적인 기능까지 AI와 대화할 수 있는 '기초 발화'가 필요하다면 이 책은 더없이 소중할 것입니다.

박승 | 두산밥캣 Global HRD 팀, 수석

파이썬의 벽에 가로막혀 코딩을 포기했던 저를 포함한 모든 비IT 직무자들에게 다시 시작할 용기를 주는 책입니다. 생성형 AI 시대에 다시는 뒤처지고 싶지 않은 모든 기업 실무자에게 교육 수강 전 필수로 권장하고 싶습니다.

김은혜 | 대기업(지주사) HRD 파트

"생성형 AI를 어떻게 활용해야 하나요?"

요즘 필자가 가장 많이 받는 질문입니다. 불과 1~2년 전만 해도 파이썬, 데이터 분석, 머신러닝, 딥러닝 관련 요청이 대부분이었습니다. 이제는 업종과 직무를 막론하고 같은 질문으로 모입니다. 생성형 AI(LLM)를 우리 업무에, 우리 서비스에 어떻게 적용할 수 있느냐입니다.

답은 여러 가지입니다. 프롬프트 작성법을 익힐 수도 있고, 업무에 챗봇을 도입할 수도 있습니다. 그중 필자가 주목한 점은 AI와 함께 직접 업무에 필요한 도구를 만들어 보는 것입니다. 흔히 '바이브 코딩'이라고 합니다.

어디까지 만들 수 있나요?

바이브 코딩을 가르칠 때마다 받는 질문입니다. 답부터 말하자면, 개발 지식이 있다면 한계는 없습니다. 하지만 이 책은 비개발자용입니다.

생성형 AI가 없던 시절, 비개발자 대부분은 만들고 싶은 것이 있더라도 코드 한 줄조차 작성하기가 막막해서 금방 포기했습니다. 바이브 코딩은 이 벽을 낮추었습니다. 이 책의 목표는 프로토타입, 즉 MVP 수준입니다. 아이디어를 눈으로 확인하고, 직접 사용해 보고, 다른 사람에게 보여 줄 수 있는 단계입니다. 비개발자가 스스로 만들어서 업무에 바로 활용할 수 있는 수준을 다룹니다.

이 책에서 만드는 것들

이 책은 실제로 작동하는 도구를 직접 만들어 보는 것을 추구합니다.

재무제표 시각화 및 AI 분석 도구, 유튜브 댓글 AI 분석 서비스, 네이버 뉴스 검색 및 AI 분석 서비스를 만듭니다. 파이어베이스로 데이터베이스를 구축하여 AI 퀴즈와 모임 플랫폼까지 직접 만들어 봅니다. 또 구글 시트를 기반으로 AI 챗봇을 만들고, n8n과 커서를 활용하여 업무 자동화 도구를 구축합니다. MCP를 활용한 웹 브라우저 자동화와 데이터 크롤링까지 다룹니다.

완성한 결과물은 깃허브에 올리고, 버셀이나 파이어베이스로 실제 인터넷에 배포합니다.

외부 API를 사용하려면 여러 설정이 필요해서 입문자에게는 쉽지 않습니다. 하지만 한 단계씩 따라 하다 보면 '내가 이걸 만들었구나' 하는 경험을 하게 됩니다.

커서가 해결해 주는 것, 해결하지 못하는 것

바이브 코딩의 핵심 도구인 커서는 코드 에러를 잘 잡아냅니다. 문법이 틀렸거나 로직에 문제가 있으면 금방 고쳐 줍니다. 최근에는 디버그 모드까지 출시되어 에러를 해결하기가 더 쉽습니다.

그래도 커서가 알 수 없는 것들이 있습니다. 파이어베이스 설정 화면에서 데이터베이스 만들기를 깜빡한 것, API 키를 복사하지 않은 것, 환경 변수 파일 이름을 잘못 쓴 것. 이런 실수는 코드가 아니라 설정 과정에서 일어나기 때문에 커서도 찾아 주지 못합니다. 그래서 이 책은 설정 단계마다 설명을 넣었고, 자주 발생하는 실수도 미리 알려 줍니다. 에러가 났을 때 커서에 어떻게 물어야 하는지도 함께 다룹니다.

시작하며

업무를 자동화하고 싶은 직장인, 아이디어를 프로토타입으로 확인하고 싶은 기획자, 나만의 서비스를 만들어 보고 싶었던 사람이라면 이 책과 함께 시작할 수 있습니다.

에러가 나도 괜찮습니다. 커서에 물어보고 다시 시도하면 됩니다. 그리고 그 순간, "내가 이걸 만들었다."라는 뿌듯함을 느낄 수 있을 것입니다. 이제 시작해 볼까요?

감사의 말

이 책을 쓸 수 있도록 인도해 주신 하나님께 먼저 감사드립니다.

이 책은 〈전자신문인터넷〉 류지영 국장님 덕분에 시작할 수 있었습니다. 수차례 "바이브 코딩" 워크숍을 함께하자고 제안해 주셨고, 그 인연으로 출판사에서 연락이 왔습니다. 국장님과 좋은 인연을 연결해 주신 방승욱님께도 감사드립니다.

다양한 기업/기관과 바이브 코딩을 협업할 수 있는 기회를 만들어 주셔서 도서 콘텐츠를 다듬을 수 있게 도와주신 브레인크루 김정욱 이사님께도 감사드립니다.

집필하는 동안 좋은 공간이 되어 준 수원 커뮤니티 공유 오피스 피어잇 대표님과 응원해 준 멤버들에게도 감사드립니다.

이 책이 나오기까지 길벗출판사 이다인 편집자님의 도움이 컸습니다. 모든 실습을 처음부터 끝까지 직접 따라 해 주시며, 막히는 부분마다 비개발자의 눈높이에서 꼼꼼히 짚어 주셨습니다. 덕분에 독자가 어디에서 헤맬지 미리 알 수 있었습니다. 공저자라 불러도 될 만큼 함께 만든 책입니다. 진심으로 감사드립니다.

책을 쓰는 동안 아이와 집안 살림을 도맡아 준 아내에게 가장 큰 고마움을 전합니다. 덕분에 글에만 집중할 수 있었습니다. "아빠 책 만들어?" 하면서 옆에서 애교 부리는 첫째와 곧 만나게 될 둘째가 기다려집니다. 이 책이 나올 때쯤이면 넷이서 함께 있겠네요.

2025년 12월

김태헌

지은이 소개

저자는 2025년 SideOnAI를 창업하고, 교육·업무·창작 전반에 AI를 더하는 콘텐츠를 만들고 있습니다. AI 입문 유튜브 채널 '퇴근후딴짓'을 운영하며, 비개발자도 생성형 AI와 바이브 코딩을 이용하여 자신의 아이디어를 실제 서비스로 구현할 수 있도록 돕고 있습니다.

기업, 공공 기관, 대학을 대상으로 생성형 AI 활용과 업무 자동화 교육을 진행하며, 데이터 분석 프로젝트도 수행하고 있습니다. 인프런에서 누적 수천 명의 수강생에게 높은 평점을 받았습니다. 저서로는 <빅데이터 분석기사 실기>, <파이썬 딥러닝 텐서플로>가 있습니다.

이 책을 펼친 여러분께

개발자가 아니어도 됩니다. 중요한 점은 만들고 싶은 것이 있느냐입니다.

업무를 자동화하고 싶은 직장인, 아이디어를 빠르게 구현해 보고 싶은 기획자, 나만의 서비스를 만들어 보고 싶었다면 이 책과 함께 시작할 수 있습니다.

"코딩을 배워야 할까?"라는 질문에 몇 년 전까지만 해도 답은 "네, 파이썬부터 시작하세요."였습니다. 하지만 지금은 다릅니다. "무엇을 만들고 싶은지 명확히 하고, 커서에 요청하세요."가 새로운 방법입니다.

이 책은 AI 코딩 도구 '커서(Cursor)'로 비개발자가 실제로 작동하는 웹 서비스를 만드는 전 과정을 다룹니다. 단순히 예제 코드를 따라 작성하는 것이 아니라, AI와 대화하며 개발하는 '바이브 코딩'을 경험하게 될 것입니다.

이 책에서 무엇을 만들게 되나요?

실제로 사용할 수 있고, 다른 동료에게 보여 줄 수 있는 서비스를 만듭니다.

1. **API 활용 프로젝트**
   - 재무제표 시각화: 오픈다트와 AI를 활용하여 복잡한 재무제표를 시각화하고 분석하는 도구
   - 유튜브 데이터 분석 대시보드: 유튜브 API로 댓글을 수집하고 감정 분석 및 시각화
   - 네이버 뉴스 분석 대시보드: 네이버 검색 API와 OpenAI API를 활용한 뉴스 검색 및 분석 도구

2. **데이터베이스 연동 프로젝트**
   - AI 퀴즈 플랫폼: 구글 제미나이 API로 퀴즈를 생성하고, 파이어베이스로 점수를 저장하는 서비스
   - 모임 관리 플랫폼: 회원가입, 모임 생성, 참가자 관리까지 갖춘 스터디 모임 플랫폼

3. **업무 자동화 및 AI 에이전트**
   - n8n 워크플로 자동화: n8n을 백엔드와 데이터베이스 삼아 구글 시트 기반 AI 챗봇 구축
   - MCP 웹 브라우저 자동화: Playwright MCP를 활용한 웹 크롤링 및 데이터 분석

4. 실제 배포까지

- 깃허브로 코드 관리하기
- 버셀(Vercel), 파이어베이스(Firebase) 및 데이터베이스 활용

이 책에서 다룬 실습을 마치고 나면, 여러분만의 아이디어도 직접 만들어 볼 수 있을 것입니다.

이 책의 특징

1. 비개발자 눈높이에 맞추어 설명합니다

"API가 뭐예요?", "배포는 어떻게 하나요?" 당장 몰라도 괜찮습니다. 개념 설명을 먼저 늘어놓는 대신 실습을 따라 하면서 자연스럽게 익힐 수 있도록 구성했습니다. 필요한 순간에 필요한 만큼만 설명합니다.

2. 실수하기 쉬운 부분을 미리 알려 줍니다

비개발자 편집자가 모든 과정을 직접 실습했습니다. 비개발자가 막히는 지점을 함께 찾아내고, 그 부분을 책에 반영했습니다. API 키 복사를 깜빡하는 것부터 파일 이름을 잘못 쓰는 것, 환경 변수 설정을 놓치는 것까지 꼼꼼히 체크했습니다.

3. 에러 해결 방법을 함께 배웁니다

에러는 피할 수 없습니다. 그리고 같은 실습을 해도 사람마다 다른 에러가 발생합니다. 중요한 것은 해결하는 방법입니다. 이 책은 에러 해결을 별도 페이지로 구성하여 자주 발생하는 에러 유형별로 해결 방법을 정리했습니다. 에러 메시지를 커서에 어떻게 보여 주어야 하는지, 어떻게 질문해야 빠르게 해결되는지, 그래도 안 될 때는 어떻게 접근해야 하는지 상세히 다룹니다.

4. 커서 2.x 최신 버전을 반영합니다

커서는 계속 업데이트됩니다. 이 책은 원고 마감 직전까지 최신 화면을 반영했습니다. 화면과 일부 기능은 조금 다를 수 있지만, 핵심 사용법은 변하지 않습니다.

이런 사람에게 추천합니다

- 개발 경험은 없지만 업무를 자동화하고 싶은 직장인
- 머릿속 아이디어를 빠르게 프로토타입으로 만들고 싶은 사람
- AI 코딩 도구로 무엇을 만들 수 있는지 궁금한 모든 사람

작업 환경

- 윈도우, 맥OS 모두 가능(RAM 16GB 이상)
- 인터넷 연결 필수

※ 본 도서는 윈도우를 기준으로 설명합니다만, 맥으로도 실습 가능합니다.

예제 소스

이 책에서 복사가 필요한 텍스트는 다음 깃허브(GitHub) 저장소에서 확인할 수 있습니다. 주요 도구 및 환경 변경에 따른 공지 사항도 이곳에서 안내합니다.

GitHub: https://github.com/lovedlim/vibe

각 장을 시작하기 전에 해당 폴더에서 프롬프트를 복사할 수 있습니다.

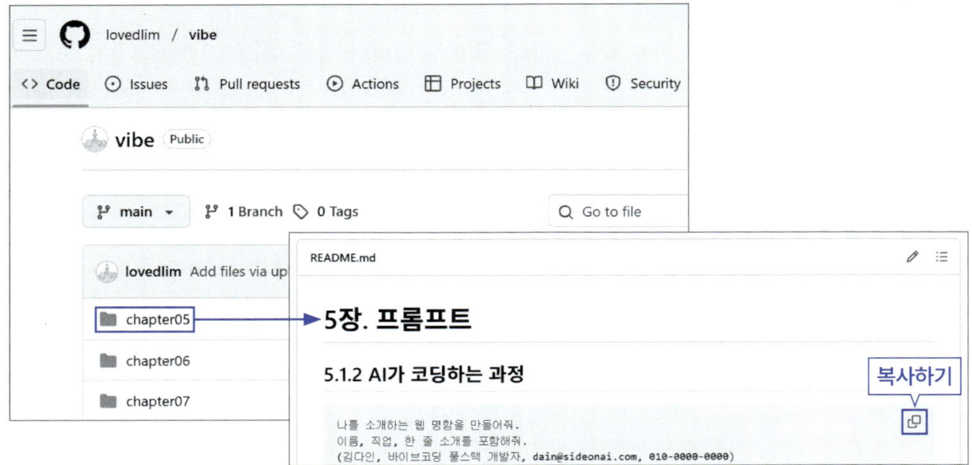

1부

바이브 코딩 이해

CHAPTER

01

바이브 코딩이란

1.1 SECTION 바이브 코딩 이해

여러분은 혹시 프로그래밍을 배우고 싶지만 너무 어려워 보여서 포기한 경험이 있나요? 아니면 특정 기능이 있는 앱이 있으면 좋겠는데 시중에는 없고, 직접 만드려니 방법을 모르겠어서 아쉬웠던 적이 있나요?

생성형 AI의 발전으로 이제 가장 쉬운 프로그래밍 언어는 파이썬도 자바도 아닌 바로 '한국어'가 되었습니다. 마치 친구에게 부탁하듯 일상 언어로 AI에 "나를 소개하는 웹 페이지를 만들어 줘."라고 말하면 정말로 몇 분 만에 완성된 웹 사이트가 나타납니다. 놀랍지 않나요? 게다가 마음에 들지 않는 부분은 "배경색을 파란색으로 바꿔 줘." 같은 간단한 추가 요청으로 결과물을 개선할 수 있습니다.

이처럼 느낌과 대화만으로 프로그램을 만드는 새로운 방식을 '바이브 코딩(vibe coding)'이라고 합니다. 말 그대로 복잡한 코드 문법을 배우고 사용하는 대신 우리 느낌(vibe)을 AI에 전달하는 혁신적인 개발 방법입니다.

과거에는 간단한 자기소개 웹 페이지를 하나 만들려고 해도 프로그래밍 언어를 배우고, 문법을 익히고, 에러를 수정해야 했습니다. 하지만 이제는 "나를 소개하는 웹 페이지를 만들어 줘."라는 한마디면 충분합니다.

1.1.1 바이브 코딩의 등장

그렇다면 바이브 코딩이라는 개념은 언제부터 시작되었을까요? 2025년 2월, OpenAI 창립 멤버이자 테슬라 AI 총괄이었던 안드레이 카르파시(Andrej Karpathy)가 트위터에 흥미로운 글을 올렸습니다.

> 이제 코딩은 코드를 짜는 것이 아니라, AI에 말을 걸어 '느낌'으로 일을 시키는 것에 가깝습니다. 그냥 보고, 말하고, 실행하고, 복사-붙여 넣기를 하면 대부분 잘 작동합니다.
>
> — 안드레이 카르파시, 전(前) 테슬라 AI 총괄, OpenAI 창립 멤버

▼ **그림 1-1** 안드레이 카르파시의 트위터 원본

이 트윗이 화제가 되면서 바이브 코딩이라는 용어가 전 세계로 빠르게 퍼져 나갔습니다. 실제로 구글 트렌드를 살펴보면 2025년 2월부터 'vibe coding' 검색량이 급증하고 'AI 코딩', '커서(AI 기반 코드 에디터)' 등 관련 키워드도 함께 주목받기 시작합니다.

▼ **그림 1-2** 'vibe coding' 키워드의 구글 트렌드

1.1.2 AI 활용의 진화: 무엇이 달라졌나?

AI를 활용한 코딩 자체는 새로운 것이 아닙니다. 하지만 왜 지금 바이브 코딩이 특별하게 주목받고 있을까요? 과거와 지금 무엇이 달라졌을까요?

몇 년 전 vs 현재: 무엇이 달라졌나?

몇 년 전으로 돌아가 봅시다. 그때도 AI에 "파이썬으로 계산기 만드는 코드를 짜 줘."라고 요청하면 코드 조각을 받을 수 있었습니다. 하지만 코드를 복사해서 개발 도구에 붙여 넣고 실행하면 에러가 많이 났죠. 그러면 다시 AI에 "이 에러 어떻게 고쳐?"라고 물어 수정된 코드를 받아서 다시 시도하는 과정을 반복했습니다. 결국 AI가 도움을 주기는 했지만, 최종적으로 작동하는 프로그램을 만들려면 개발자의 지식과 경험이 반드시 필요했습니다.

▼ **그림 1-3** AI가 알려 준 코드

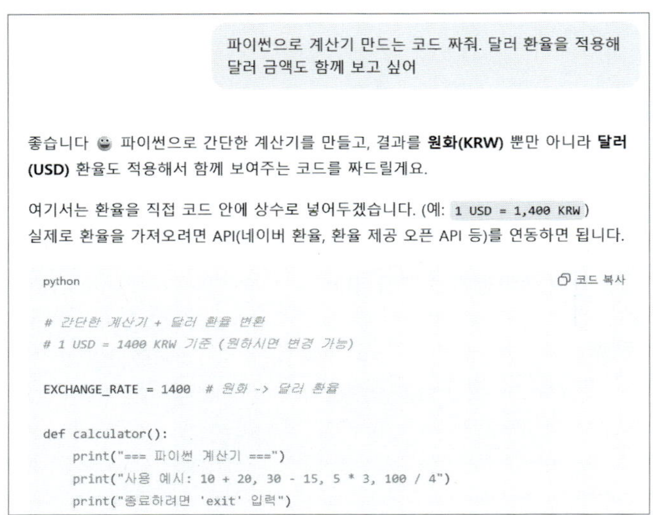

하지만 현재 바이브 코딩은 이와는 완전히 다릅니다. "계산기 앱을 만들어 줘."라고 한 번만 요청해도 즉시 사용할 수 있는 완성된 앱을 만들어 줍니다. 모든 코드가 포함되어 바로 실행 가능한 프로그램을 한 번에 제공하죠. 게다가 "달러 금액도 함께 보고 싶어." 같은 추가 요청을 하면 즉시 개선해 줍니다. 이런 변화를 표로 정리하면 다음과 같습니다.

▼ **표 1-1** 과거의 AI 코딩과 현재의 바이브 코딩 비교

몇 년 전 AI 코딩(2022~2023년)	현재 바이브 코딩(2024년 이후~)
사용자: "파이썬으로 계산기 만드는 코드를 짜 줘."	**사용자**: "계산기 앱을 만들어 줘."
AI: [코드 조각 제공]	**AI**: [완성된 HTML, CSS, 자바스크립트 파일 생성]
사용자: [복사해서 붙여 넣기 → 에러 발생]	**사용자**: "달러 금액도 함께 보고 싶어."
사용자: "이 에러 어떻게 고쳐?"	**AI**: [앱 수정 보완]
AI: [수정된 코드 일부 제공]	**사용자**: "계산 기록도 저장할 수 있게 해 줘."
사용자: [또 다른 문제 발생]	**AI**: [기능 추가하여 완성된 앱 제공]

▼ **그림 1-4** 바이브 코딩으로 만든 계산기 예시

1.1.3 변화의 핵심: AI 에이전트 능력

그렇다면 이런 놀라운 변화가 가능했던 비결은 무엇일까요? 바로 현재의 AI가 단순한 코드 생성기에서 개발 파트너로 진화했기 때문입니다. 이를 전문 용어로는 'AI 에이전트'라고 합니다.

AI 에이전트는 마치 경험 많은 개발자처럼 스스로 계획을 세우고, 적절한 도구를 선택해서 사용하고, 문제가 생기면 스스로 해결하는 능력을 갖춘 AI입니다. 구체적으로 어떤 능력들을 지녔는지 살펴봅시다.

첫 번째로 **계획 수립 능력**이 있습니다. 사용자가 "온라인 쇼핑몰을 만들어 줘."라고 요청하면 AI 에이전트는 "쇼핑몰에는 상품 목록 페이지가 필요하고, 장바구니 기능이 있어야 하겠군요. HTML로 구조를 만들고, CSS로 디자인하고, 자바스크립트(JavaScript)로 움직이는 기능을 구현하겠습니다."라고 스스로 계획을 세웁니다.

두 번째로는 **도구 활용 능력**을 갖추고 있습니다. 상황에 맞는 기술과 라이브러리를 선택해서 사용할 수 있습니다. 예를 들어 데이터 시각화가 필요하면 차트 라이브러리를, 반응형 디자인이

필요하면 적절한 프레임워크를 자동으로 선택해서 활용합니다.

마지막으로 **자동 반복 개선** 능력이 있습니다. 실행 결과를 스스로 분석해서 문제점을 파악하고, 에러가 발생하면 해결책을 찾아 적용합니다. 또 사용자의 피드백을 받아 지속적으로 개선해 나갑니다.

실제로 AI 에이전트가 어떻게 작동하는지 예시를 들어 보겠습니다. 사용자가 "온라인 쇼핑몰을 만들어 줘."라고 요청했다고 가정합시다. AI 에이전트는 다음 단계에 따라 앱을 구현할 것입니다.

- **1단계: 계획 수립**
  - 프로젝트 구조 및 필요한 패키지 설정
  - 메인 페이지 및 내비게이션 메뉴 생성
  - 상품 목록 및 상품 상세 페이지 구현
  - 장바구니 기능 구현
  - 사용자 인증(로그인/회원가입) 구현
  - 주문 페이지 구현
- **2단계: 도구 활용**
  - 필요한 기술들을 선택해서 통합적으로 활용
  - 각 부분이 서로 자연스럽게 연결되도록 구성
- **3단계: 실행 및 개선**
  - 완성된 쇼핑몰 앱을 만들어서 제공
  - 사용자 피드백을 받으면 전체 맥락을 이해하고 수정

이 모든 과정을 대화 한 번으로 진행하는 것이 바로 AI 에이전트의 놀라운 능력입니다.

▼ **그림 1-5** AI 에이전트가 만들어 준 쇼핑몰 예시

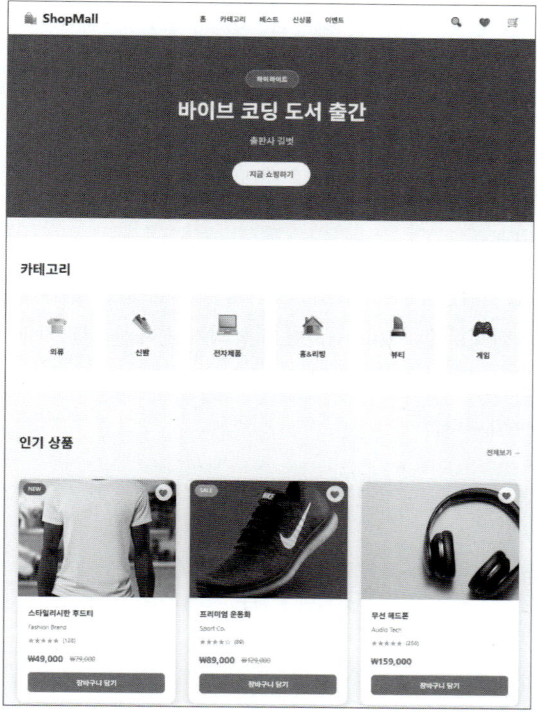

결국 바이브 코딩 핵심은 코드를 받는 것에서 앱(서비스)을 만드는 것으로 패러다임 변화입니다. 이는 AI 에이전트 기술 덕분에 가능해졌습니다. 과거에는 서비스를 만들려고 코딩을 배워야 했다면, 이제는 아이디어만 있으면 누구나 자신만의 도구를 만들 수 있게 되었죠. 물론 개발 지식이 있다면 결과물을 더 정교하게 만들 수 있습니다.

저자 노트

AI는 최고의 협업 파트너

물론 AI가 모든 것을 완벽하게 해결해 주는 마법사는 아닙니다. 우리는 여전히 명확한 방향을 제시하고, 결과물을 꼼꼼히 확인하며, 필요한 개선점을 구체적으로 요청해야 합니다. AI는 우리 아이디어를 실현해 줄 최고의 기술 파트너라고 보면 됩니다.

1.1.4 느낌만으로도 서비스 완성

AI 에이전트 덕분에 이제 느낌만으로도 서비스를 만들 수 있게 되었습니다. 복잡한 기술 용어나 구체적인 명세서 없이도 이렇게 자연스럽게 말하면 됩니다.

"할 일 관리 앱을 만들어 줘.", "간단한 계산기를 만들어 줘.", "나만의 블로그 사이트를 만들어 줘." 같은 모호하고 추상적인 요청도 AI 에이전트는 충분히 이해하고 구현할 수 있습니다. 느낌만으로도 코딩이 가능한 시대가 된 이유입니다.

다만 여기에서 하나 알아 두어야 할 점이 있습니다. 이같이 기본적인 요청을 하면 AI는 일단 '보기 좋은 화면'을 먼저 만들어 줍니다. 하지만 실제로 할 일(to-do)이 저장되거나 계산 결과가 기억되는 '추가 기능'을 원한다면 "할 일을 추가하면 목록에 계속 남아 있게 해 줘.", "계산 기록이 저장되게 해 줘." 같은 추가적인 요청을 해야 합니다.

저자 노트

내 업무에 맞는 서비스

바이브 코딩으로 무엇을 만들 수 있을까 궁금할 수도 있습니다. 예를 들어 할 일 관리 앱은 시중에 굉장히 많습니다. 하지만 내 업무에 딱 맞는 앱도 있을까요? 일을 하다 보면 루틴한 업무가 있습니다. 업무, 학습, 건강 등 여러 템플릿이 있을 때 해당 버튼만 누르면 할 일이 그 템플릿에 맞게 생성되게도 만들 수 있습니다.

▼ **그림 1-6** 바이브 코딩으로 만든 할 일(to-do) 관리 앱 내 템플릿 기능

1.1.5 티키타카 개발: 대화로 만드는 과정 개발 프로세스

바이브 코딩은 '한 번에 뚝딱!' 하고 완성되는 마법이 아닙니다. 실제로는 대화를 주고받으며 점차 완성해 가는 과정이에요.

▼ **그림 1-7** 티키타카 개발, 바이브 코딩

필자는 이 과정이 마치 축구의 티키타카 전술 같아서 '티키타카 개발'이라 부르고 있습니다. 사용자와 AI가 끊임없이 소통하며 아이디어를 현실로 만들어 가는 역동적인 협업 과정인 셈이죠.

예를 들어 이런 식으로 진행됩니다.

사용자: "할 일 관리 앱을 만들어 줘."
AI: "기본적인 할 일 목록 화면을 만들었어요. 확인해 보시겠어요?"

사용자: "좋은데, 업무 유형별로 할 일 템플릿을 만드는 기능을 추가해 줘."
AI: "템플릿 기능을 추가했습니다. A 유형, B 유형 버튼을 누르면 해당 형태의 할 일이 자동 생성됩니다."

사용자: "디자인을 좀 더 깔끔하게 만들어 줘."
AI: "색상과 레이아웃을 개선했어요. 어떠신가요?"

이렇게 각 단계별 결과를 확인하고, 원하는 방향으로 수정을 요청할 수 있습니다.

1.1.6 개발 패러다임의 변화

누구나 개발자가 되는 시대

바이브 코딩은 소프트웨어 개발 문턱을 혁신적으로 낮추었습니다. 이제 아이디어만 있다면 누구나 자신에게 필요한 도구를 직접 만들 수 있습니다.

소품숍을 운영하는 사장님이라면 나만의 재고 관리 시스템을 만들고, 학교 선생님이라면 우리 반을 위한 학생 성적 관리 도구를 개발하고, 직장인이라면 반복되는 업무를 자동화하는 프로그램을 제작하고, 개인 차원에서 자신만의 가계부 앱을 구성하는 일이 이제는 더 이상 이상하지 않습니다.

필요한 앱을 만드는 것이 이제 누구나 할 수 있는 일이 되었습니다. 마치 모든 사람이 개발을 잘하는 직원을 고용한 것과 같은 상황이죠.

▼ **그림 1-8** 바이브 코딩으로 만든 소품숍 재고 관리 대시보드 예시

▼ **표 1-2** 과거 개발 방식과 달라진 바이브 코딩 접근법

구분	과거 개발 방식	바이브 코딩 접근법
학습 과정	• 파이썬 등 프로그래밍 언어부터 학습 • 문법, 라이브러리, 디버깅 과정 필요 • 수개월~수년간 학습 시간 소요	• 프로그래밍 언어를 몰라도 됨 • 자연어(일상 언어)로 AI에 요청 • 요청 즉시 결과 확인 가능
전문 지식	• 개발 지식이 반드시 필요 • 기술적 배경지식 필수(진입 장벽)	• 비개발자도 가능 • 아이디어만 있으면 구현 가능
예시	온라인 쇼핑몰을 만들려면 프런트엔드, 백엔드, 데이터베이스 등을 모두 공부해야 했음	"간단한 온라인 쇼핑몰을 만들어 줘."라고 AI에 요청하면 쇼핑몰 화면 구성을 AI가 만들어 줌

저자 노트

누구나 서비스를 만들 수 있는 시대

필자는 과거에 사내에 필요한 앱을 만들려고 개발 관련 기술을 열심히 학습했던 적이 있습니다. 그때는 좋은 아이디어가 있더라도 개발을 구현하기가 쉽지 않았거든요. 비전공자는 프로그래밍을 학습하는 과정에서 지쳐 나가떨어지고는 했습니다. 드디어 아이디어와 상상력만 있으면 누구나 서비스를 만들 수 있는 시대가 도래한 것입니다.

개발의 패러다임 변화, 무엇이 달라졌나?

이런 패러다임 변화는 우리 사회 전체에 혁신적인 변화를 가져오고 있습니다. 먼저 개인화된 솔루션이 가능해졌습니다. 비싼 범용 소프트웨어 대신 내 조직이나 개인의 특별한 요구 사항에 딱 맞는 맞춤형 서비스를 직접 만들어 업무를 자동화할 수 있게 되었죠.

또 빠르게 프로토타이핑도 가능합니다. 머릿속 아이디어를 즉시 화면으로 구현해서 검증할 수 있으니 창업이나 새로운 서비스를 기획하는 속도가 놀라울 정도로 빠릅니다.

교육 혁신도 주목할 만합니다. 이론만 설명하는 것이 아니라 실제 시뮬레이션을 개발해서 학생들이 직접 체험하며 배울 수 있는 실습 중심 교육이 가능해졌죠.

예를 들어 회계 업무를 위해 고정비와 변동비를 설명하고 그에 따른 손익 분기점을 찾는 프로그램이 필요한 상황이라면 어떨까요? 판매가, 수량 등을 입력하면 그 값에 따라 손익 분기점(판매량 또는 수량)을 시각화하는 형태의 시뮬레이터를 만들 수 있습니다.

▼ **그림 1-9** 바이브 코딩으로 만든 고정비, 변동비 시뮬레이터 예시

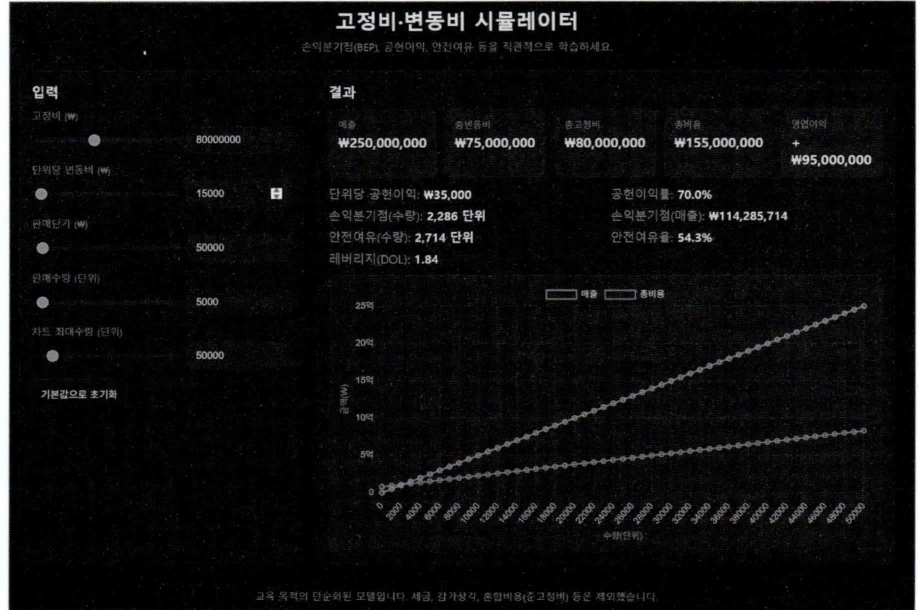

바이브 코딩은 단순히 새로운 개발 방법을 넘어 우리가 일하는 방식을 바꾸는 혁신입니다. 개인에게는 '아, 이런 서비스가 있으면 좋겠는데'라고 생각만 했던 순간의 아쉬움을 현실로 바꾸어 주는 마법 같은 경험을 선사하고, 기업에는 각 부서가 IT 부서의 도움 없이도 필요한 업무 도구를 직접 만들어 조직 전체의 생산성을 혁신적으로 향상시킬 수 있는 게임 체인저가 되었습니다.

1.2 SECTION 바이브 코딩 연습

이제 바이브 코딩이 실제로 어떻게 작동하는지 직접 체험해 봅시다.

바이브 코딩은 크게 세 단계로 진행됩니다.

- **1단계: 자연어로 요청**
  복잡한 코드 문법 대신 일상 언어(한국어)로 원하는 기능을 설명합니다. 마치 친구에게 부탁하듯 편안하게 말하면 됩니다.

- **2단계: AI가 구현**
  AI가 요청 내용을 이해하고 실제 작동하는 코드를 생성합니다. 이때 필요한 모든 기술적 요소를 AI가 알아서 처리합니다.

- **3단계: 즉시 확인 및 개선**
  결과물을 바로 확인하고, 마음에 들지 않는 부분은 추가 요청으로 수정할 수 있습니다. 이것이 바로 앞서 설명한 '티키타카 개발 프로세스'입니다.

바이브 코딩을 활용한 예시를 하나 보여 줄게요. 다음처럼 AI에 요청했습니다.

> **입력**
> "점심 메뉴 룰렛을 만들어 주세요. 메뉴 목록을 추가하고, 룰렛을 돌려서 오늘 점심을 정하게 해 주세요."

AI는 이 요청을 듣고 어떻게 계획하고 실행했을까요? 메뉴를 입력할 수 있는 텍스트 박스를 만들고, 메뉴를 추가하거나 삭제할 수 있는 버튼들을 구현합니다. 시각적으로 재미있는 원형 룰렛 디자인과 자연스러운 회전 애니메이션도 만들어 줍니다. 룰렛을 돌릴 수 있는 버튼을 추가하고, 선택된 결과를 예쁘게 표시하는 화면도 구성합니다. 마지막으로 매일 점심 메뉴 고민을 해결해 줄 재미있고 친근한 디자인까지 완성합니다.

여러분이 프로그래밍 언어를 전혀 모르더라도 AI는 이 모든 요청을 완벽히 이해하고, 필요한 모든 코드를 자동으로 생성해서 실제로 작동하는 멋진 점심 메뉴 룰렛 앱을 만들어 줍니다.

출력

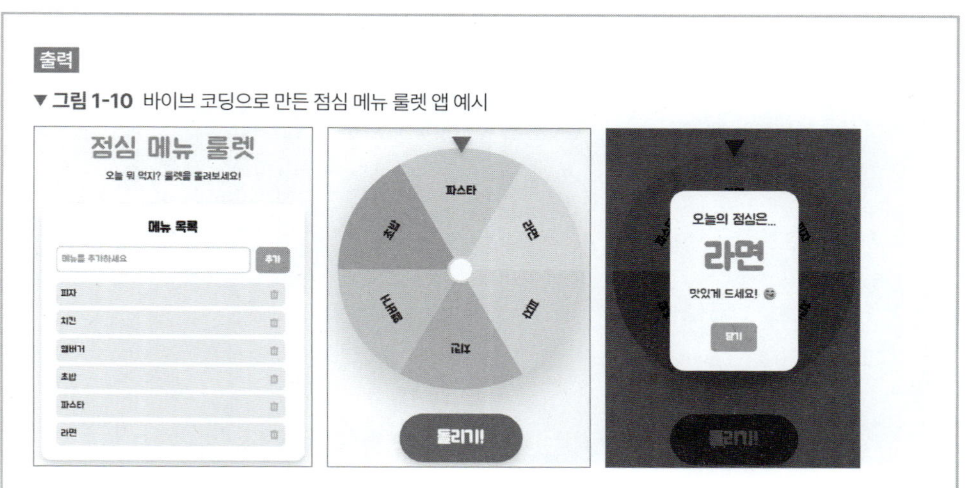

▼ **그림 1-10** 바이브 코딩으로 만든 점심 메뉴 룰렛 앱 예시

앞서 만든 룰렛 앱은 구글 AI 스튜디오를 이용해서 제작했습니다. 구글 계정만 있으면 누구나 무료로 사용할 수 있으니 지금부터 함께 만들어 보겠습니다.

1. 먼저 구글 AI 스튜디오(https://aistudio.google.com)에 접속하세요. URL을 직접 입력하거나 구글에서 'ai studio'를 검색하면 쉽게 찾을 수 있습니다. 구글에 로그인되어 있는 상태라면 구글 AI 스튜디오에도 자동으로 로그인되어 있을 것입니다. 구글에 로그인되지 않은 상태라면 다음 그림과 같이 나올 수 있습니다. 이때는 오른쪽 위에 있는 [Get started] 버튼을 누르고 구글 계정으로 로그인을 진행하세요.

▼ **그림 1-11** 구글 AI 스튜디오 화면

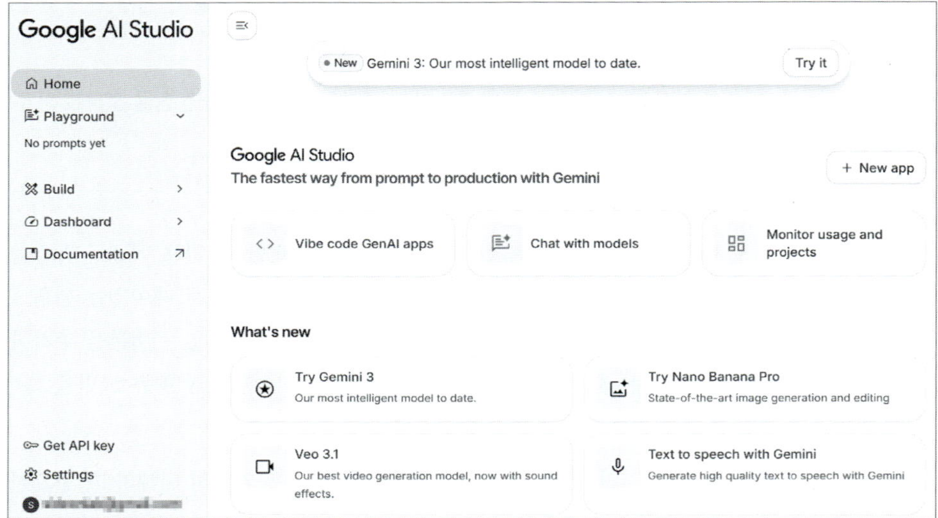

2. 구글 AI 스튜디오에 처음 접속하면 다음 화면이 나올 수 있습니다. **Get started** 버튼을 누릅니다.

▼ **그림 1-12** 구글 AI 스튜디오에 첫 접속했다면 [Get started] 버튼 클릭

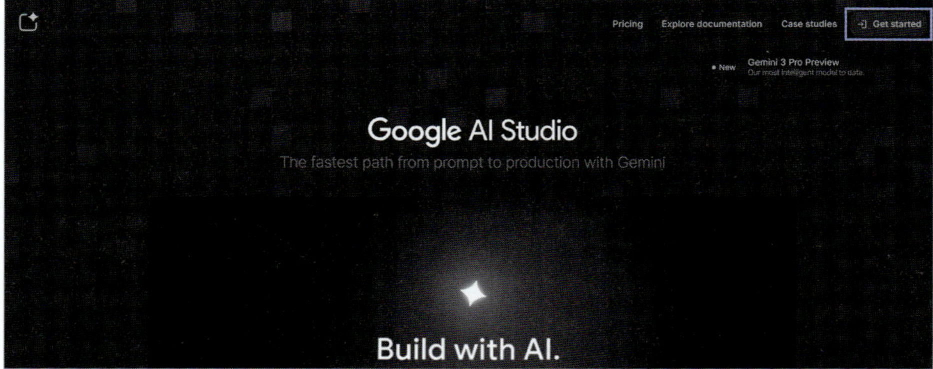

3. 이어서 약관 동의 관련 팝업창이 뜹니다. 첫 번째 항목에 체크한 후 **Continue** 버튼을 눌러 동의합니다. 이런 화면들은 처음 사용자에게만 나옵니다.

▼ **그림 1-13** 구글 AI 스튜디오에 첫 접속했다면 정책에 동의

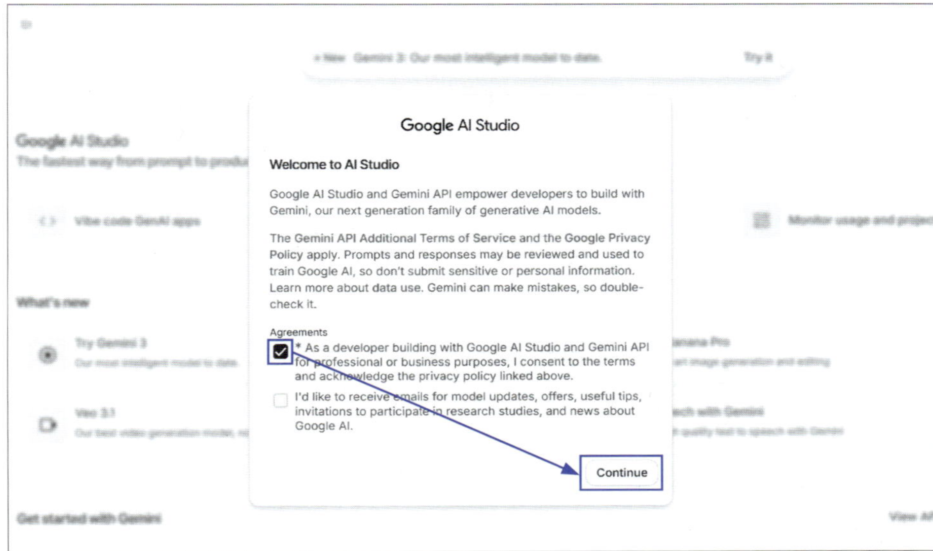

4. 화면이 준비되면 왼쪽 메뉴에서 **Build**를 선택하세요. 메뉴가 보이지 않는다면 왼쪽 위에 있는 메뉴 버튼을 클릭하세요.

▼ **그림 1-14** 구글 AI 스튜디오의 [Build] 메뉴 선택

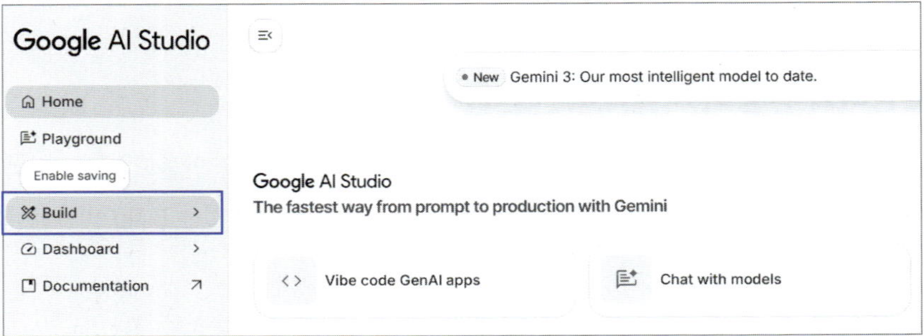

5. 화면에 'Build your ideas with Gemini' 문장과 입력할 수 있는 상자가 보입니다. 이 상자를 프롬프트 창이라고 합니다. 프롬프트란 우리가 AI에 작성하는 요청, 명령, 질문 등을 의미합니다.

▼ **그림 1-15** 구글 AI 스튜디오의 Build apps

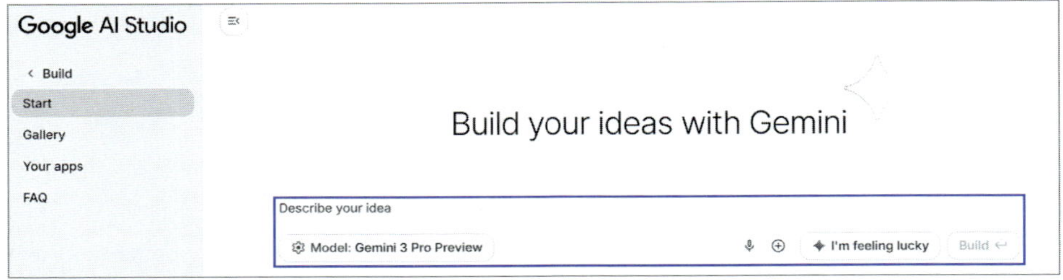

6. 이제 만들고 싶은 것을 마치 친구에게 이야기하듯 자연스럽게 요청하면 됩니다. 예를 들어 이런 식으로 말이죠.
   - "재미있는 메모리 게임 만들어 줘."
   - "리라이팅 서비스 만들어 줘. 사용자가 글을 입력하면 업무 이메일로 사용할 수 있도록 정중한 비즈니스 형태로 글을 다듬어 주는 서비스야."
   - "판매 금액을 정하기 위해 고정비와 변동비 시뮬레이션을 만들고 싶어. 손익 분기점을 살펴보고 의사 결정 도구로 사용할 거야."
   - "소방 훈련을 할 수 있는 훈련 시뮬레이션을 만들고 싶어. 재난 상황은 선택할 수 있게 해 줘."

이렇게 느낌대로 자유롭게 요청하면 됩니다. 이 예시 중에서 하나를 실제로 시도해 보겠습니다.

1.2.1 고정비와 변동비 시뮬레이션 만들기

프롬프트 창에 "판매 금액을 정하기 위해 고정비와 변동비 시뮬레이션을 만들고 싶어. 손익 분기점을 살펴보고 의사 결정 도구로 사용할 거야."라고 입력하고, 왼쪽에 있는 Build 버튼을 눌러 보겠습니다.

▼ **그림 1-16** 프롬프트 작성

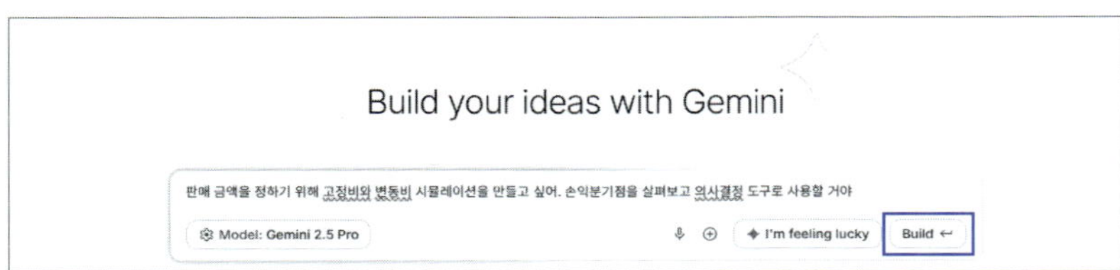

약간의 애니메이션이 재생된 후 AI가 코드를 생성하는 과정을 실시간으로 볼 수 있습니다. 약 3분 정도 지나면 놀라운 결과물이 완성됩니다.

▼ **그림 1-17** 실시간 코드 생성 중인 AI 모습

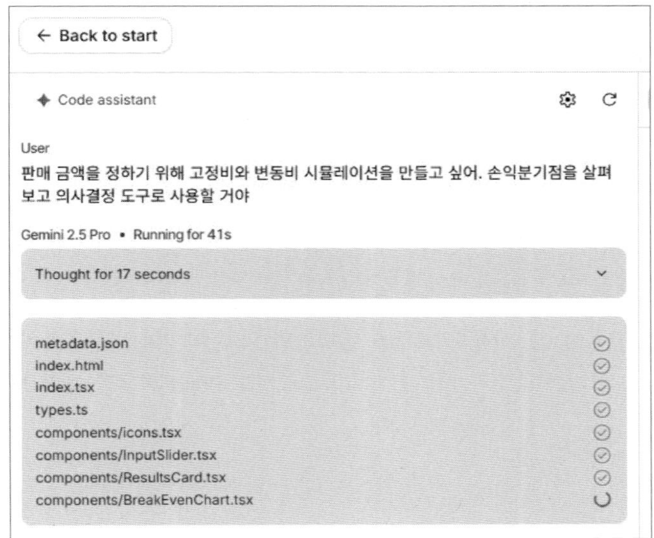

간단한 프롬프트이지만, 완성된 시뮬레이터는 기대 이상으로 똑똑합니다. 고정비, 변동비, 판매 가격을 입력하면 손익 분기점 매출액을 자동으로 계산하고, 그에 맞추어 그래프도 실시간으로 변경됩니다. 조금 과장하자면 경영 컨설턴트가 만든 전문가 도구 같네요.

▼ **그림 1-18** 손익 분기점 시뮬레이터

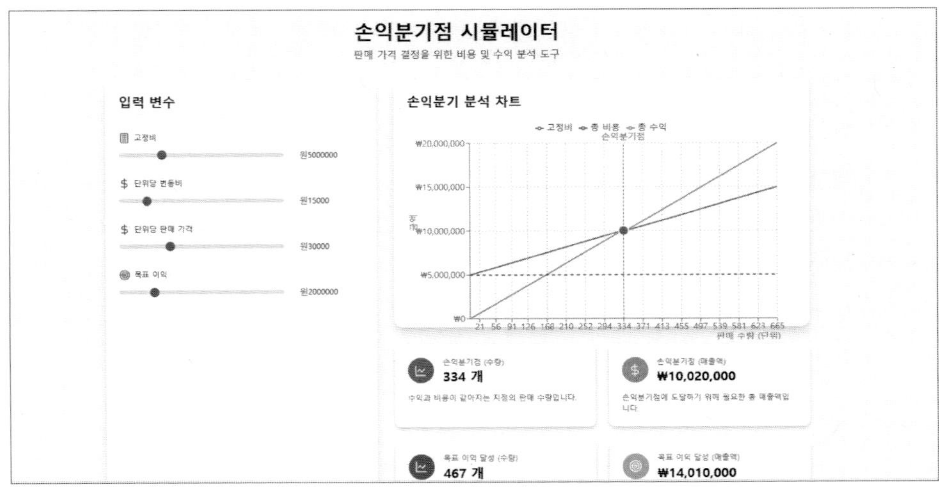

저자 노트

AI 스튜디오에서 외부 데이터 연결

외부 웹 사이트에서 데이터를 실시간으로 가져오는 것은 보안 정책(CORS) 때문에 제한됩니다. 일부 가능한 경우도 있습니다. 예를 들어 '현재 날씨를 보여 주는 앱' 화면은 만들 수 있어도 기상청 서버에서 실제 데이터를 가져오려면 해당 서버가 허용해야 합니다. 이는 웹 보안의 기본 규칙이라 AI 스튜디오만 해당되는 문제가 아닙니다.

1.2.2 리라이팅 서비스 만들기

이번에는 리라이팅(rewriting: 글 다듬기) 서비스도 만들어 보겠습니다. 이전 프로젝트와 겹치지 않도록 구글 AI 스튜디오에서 새 창을 열고 Build 메뉴를 선택합니다.

프롬프트 창에 "리라이팅 서비스 만들어 줘. 사용자가 글을 입력하면 업무 이메일로 사용할 수 있도록 정중한 비즈니스 형태로 글을 다듬어 주는 서비스야."라 입력하고 Build 버튼을 눌러 보겠습니다.

▼ **그림 1-19** 프롬프트 작성

Build your ideas with Gemini

리라이팅 서비스 만들어 줘. 사용자가 글을 입력하면 업무 이메일로 사용할 수 있도록 정중한 비즈니스 형태로 글을 다듬어 주는 서비스야

Model: Gemini 2.5 Pro

I'm feeling lucky

Build

약 3분 후에 멋진 결과가 나왔습니다. 실제로 잘 작동하는지 테스트해 볼까요? 원본 텍스트란에 "다인님, 내일 3시나 모레 4시에 30분 정도 온라인 미팅 가능할까?"라고 의도적으로 반말과 친구에게 하는 말투로 작성해 보았습니다.

이메일로 변환하기 버튼을 누르니 정말 깔끔하게 정리된 이메일 메시지로 변환되었습니다. 변환된 내용은 상대방이 헷갈리지 않도록 제목을 두괄식으로 명확하게 제시하고, 가능한 시간을 정중하게 문의하며, 어려우면 다른 시간을 알려 달라는 배려까지 담긴 완벽한 비즈니스 이메일입니다. 심지어 사용자 편의를 위한 [복사] 버튼까지 센스 있게 만들어 주었네요! 너무 훌륭합니다.

▼ 그림 1-20 AI 이메일 리라이터

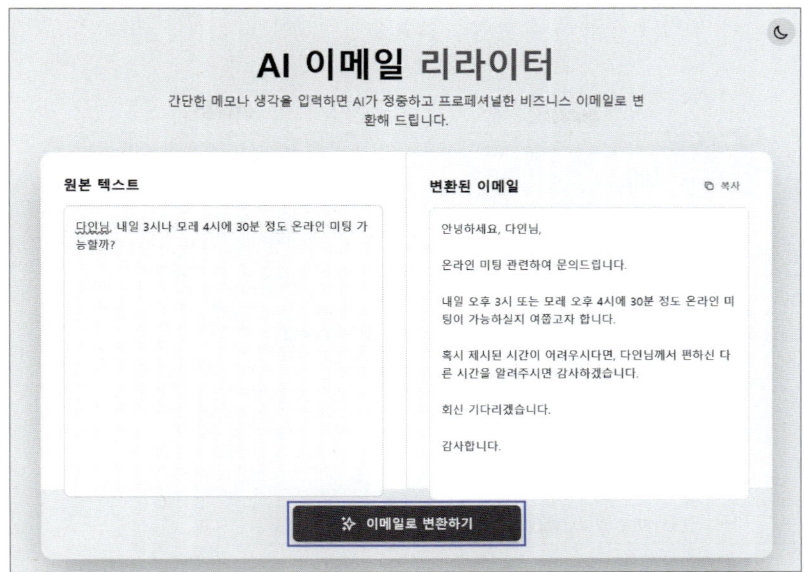

저자 노트

첫 바이브 코딩 경험

필자가 처음 바이브 코딩을 체험했을 때 받은 충격은 지금도 잊을 수 없습니다. "설문 데이터를 업로드하면 분석하는 서비스를 만들어 줘."라고 말했는데 정말로 10분 만에 사용 가능한 앱이 완성되었습니다. 예쁘고 완벽한 시각화를 보면서 마치 미래에서 온 기술을 경험하는 기분이었죠.

이제 바이브 코딩의 원리를 이해했습니다. 다음 절에서는 실제로 바이브 코딩을 시작하는 데 필요한 도구들을 알아보겠습니다.

1.3 SECTION 바이브 코딩 도구 둘러보기

바이브 코딩을 시작하려면 먼저 자신에게 딱 맞는 도구를 선택하는 것이 중요합니다. 어떤 도구를 선택하느냐에 따라 개발 과정의 편리함과 최종 결과물의 완성도가 크게 달라지거든요.

입문자라면 '얼마나 빨리 내가 만든 것을 실제로 볼 수 있느냐'가 가장 중요할 테고, 어느 정도 경험이 있는 사람이라면 '얼마나 깊이 있고 복잡한 작업까지 가능하냐'가 핵심 관심사일 것입니다.

▼ **표 1-3** 다양한 AI 코딩 도구

AI 코딩 도구	URL
커서(Cursor)	https://cursor.com/
안티그래비티(Antigravity)	https://antigravity.google/
키로(Kiro)	https://kiro.dev/
클로드 코드(Claude Code)	https://claude.com/product/claude-code
구글 AI 스튜디오	https://aistudio.google.com/
러버블(lavable)	https://lovable.dev/
볼트(Bolt)	https://bolt.new/
레플릿(Replit)	https://replit.com/
브이제로(v0)	https://v0.app/

현재 바이브 코딩 도구들은 서로의 장점을 흡수하며 전반적인 품질이 상향 평준화되고 있지만, 사용 방식에 따라 크게 두 가지 유형으로 나눌 수 있습니다.

1.3.1 로컬 설치형 도구

로컬 설치형 도구는 여러분 컴퓨터에 직접 프로그램을 설치해서 사용하는 방식입니다. AI 기능을 사용하려면 인터넷 연결이 필요하지만, 개발 작업에서 중심은 여러분 컴퓨터가 됩니다. 주로 전문 개발자가 선호하는 환경으로, 확장성과 안정성이 매우 높다는 특징이 있습니다.

로컬 설치형 도구는 크게 두 가지 유형으로 나눌 수 있습니다.

첫 번째 AI 통합 개발 도구(IDE)는 코드를 작성하고 편집하고 실행할 수 있는 완전한 개발 환경에 AI 기능이 통합된 형태입니다. 마치 워드프로세서에 맞춤법 검사기가 내장된 것처럼 개발 도구 안에서 AI 도움을 받을 수 있습니다.

대표적인 도구로는 커서(Cursor), 안티그래비티(Antigravity), 키로(Kiro), 윈드서프(Windsurf) 등이 있습니다. 이런 도구는 기존 개발자가 익숙한 방식으로 코드를 작성하면서도 필요할 때 AI 도움을 바로 받을 수 있다는 장점이 있습니다.

▼ 그림 1-21 커서 도구

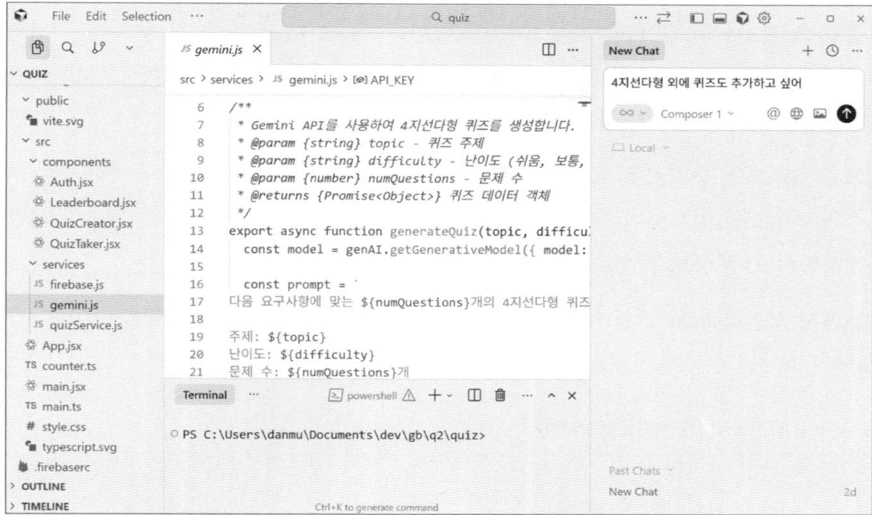

두 번째 AI 통합 개발 도구는 명령줄 터미널에서 작동하는 AI 코드 에이전트 방식입니다. 이 방식은 개발자에게 적합하며, 개발자가 기존에 쓰는 개발 도구와 결합해서 AI 기능을 이용할 수 있습니다.

대표적인 도구로는 클로드 코드(Claude Code), 코덱스(Codex CLI), 제미나이(Gemini CLI) 등이 있습니다. 이런 도구는 CLI(명령줄 인터페이스)를 사용한 AI 개발 도구라는 특징이 있습니다.

▼ 그림 1-22 클로드 코드(CLI) 도구

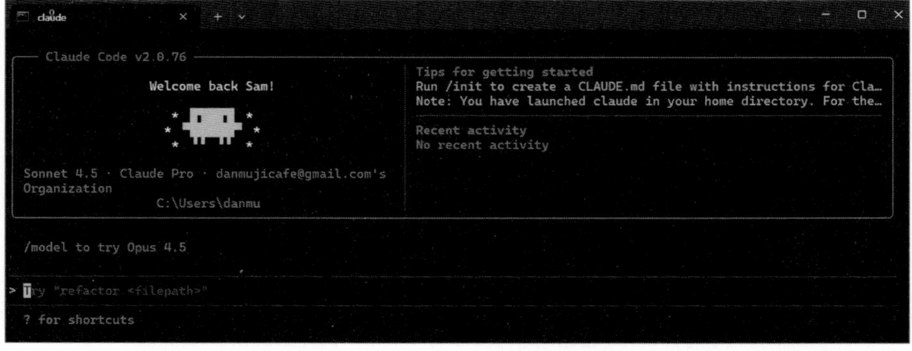

로컬 설치형 도구의 가장 큰 장점은 강력한 확장성입니다. 프로젝트에 필요한 라이브러리나 패키지를 자유롭게 설치할 수 있어 복잡하고 전문적인 기능도 구현 가능합니다. 또 자유로운 파일 접근이 가능해서 컴퓨터에 있는 모든 파일에 직접 접근할 수 있습니다. 예를 들어 기존에 작성해 둔 엑셀 파일을 읽어 데이터베이스로 변환하는 것 같은 작업도 가능하죠.

하지만 단점도 있습니다. 복잡한 초기 설정이 필요합니다. Node.js, 파이썬, 깃 등 다양한 개발 환경을 미리 구축해야 하거든요. 또 환경 의존성 문제가 있어 다른 컴퓨터에서 같은 프로젝트를 실행하려면 환경을 동일하게 다시 구성해야 합니다.

구글 트렌드를 살펴보면 흥미로운 흐름을 발견할 수 있습니다. AI 통합 개발 도구 중에서는 커서가 압도적인 관심도를 기록하며 시장을 주도하고 있습니다. 이는 기존 개발자가 익숙한 개발 환경을 유지하면서 AI 도움도 받을 수 있어 접근성이 높기 때문으로 보입니다.

한편 터미널에서 작동하는 AI 코딩 에이전트에서는 클로드 코드가 가파른 성장세를 보이며, 클로드 AI 모델의 뛰어난 성능에 보이는 기대를 반영하고 있습니다.

▼ **그림 1-23** AI 코딩 도구별 검색 트렌드(로컬 설치형)

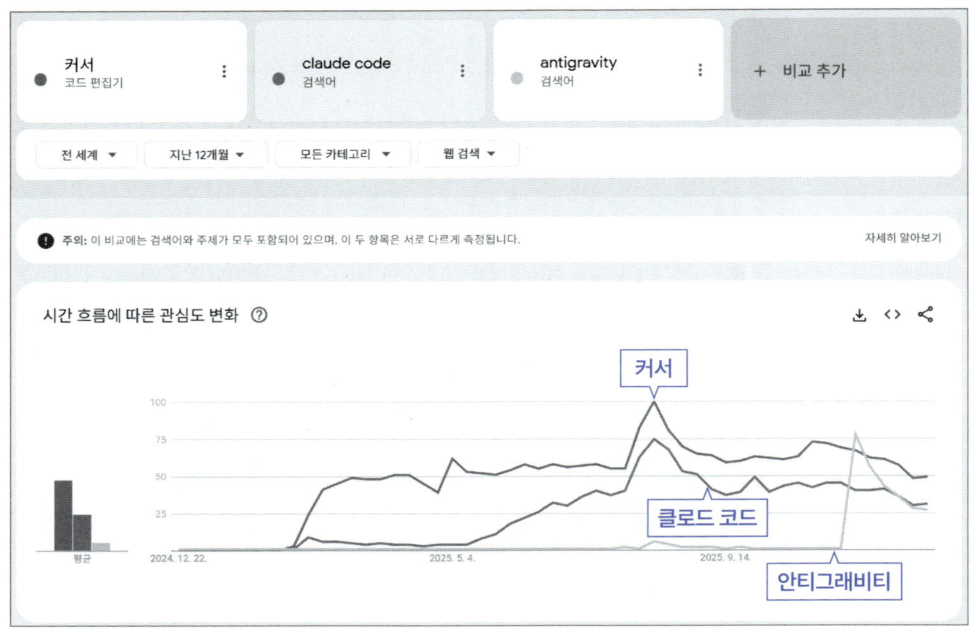

> **저자 노트**
>
> **같은 AI 모델, 다른 도구**
>
> 흥미로운 사실은 개발자 사이에서 인기 있는 AI 코딩 도구 중 하나인 커서가 클로드의 AI 모델을 사용한다는 점입니다. 즉, 많은 개발자가 '클로드'라는 동일한 AI 엔진을 '커서'라는 통합 개발 환경에서 활용하고 있는 셈이죠. 커서는 코드 편집기에 AI 기능을 통합한 도구로, 개발자는 익숙한 환경에서 편리하게 AI 도움을 받을 수 있습니다. 반면에 클로드 코드는 터미널 기반 도구로, 명령어를 사용하여 클로드에 작업을 요청합니다. 최근 개발자 커뮤니티에서는 같은 클로드 모델을 사용한다면 커서보다는 클로드 코드를 직접 사용하는 것이 더 성능이 낫다는 의견이 흘러나오고 있습니다.

1.3.2 클라우드형 도구

클라우드형 도구는 별도의 복잡한 설치 과정 없이 웹 브라우저에서 바로 사용할 수 있는 방식입니다. 간단한 회원가입만 하면 코드 편집기, 터미널, 실시간 미리보기 창이 모두 구성된 완전한 개발 환경을 바로 사용할 수 있습니다.

대표적인 도구로는 브이제로(v0), 레플릿(Replit AI), 볼트(Bolt), 러버블(Lovable), 구글 AI 스튜디오 등이 있습니다.

클라우드형 도구의 가장 큰 장점은 즉시 사용 가능하다는 점입니다. 복잡한 환경 설정 없이 회원가입 후 바로 코딩을 시작할 수 있죠. 또 배포가 쉽습니다. 완성된 서비스를 링크 하나로 친구나 동료에게 바로 공유할 수 있어 협업이나 피드백을 받기가 매우 수월합니다.

하지만 제약 사항도 있습니다. 기술 스택이 제한되어 플랫폼이 제공하는 기술과 라이브러리만 사용할 수 있습니다. 또 파일 접근에 어려움이 있고 개인 컴퓨터에 저장된 파일을 직접 업로드해서 활용하기 어려울 수 있습니다.

클라우드형 AI 코딩 도구 시장에서 '구글 AI 스튜디오'는 압도적인 관심을 받고 있습니다. 다만 '구글 AI 스튜디오'는 바이브 코딩 외 다양한 용도로 활용되는 범용 플랫폼이어서 직접 비교에는 한계가 있습니다.

▼ **그림 1-24** AI 코딩 도구별 검색 트렌드(구글 AI 스튜디오)

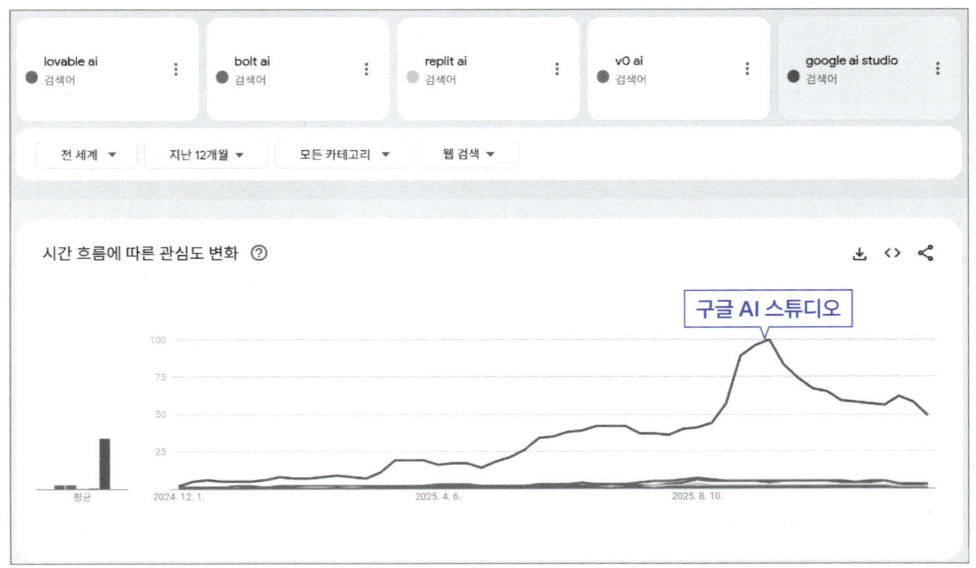

순수 코딩 전용 도구로 범위를 좁혀 살펴보면, 러버블과 볼트가 꾸준한 성장세를 보이며 가장 높은 관심도를 기록합니다. 레플릿과 브이제로도 일정 수준의 관심을 받고 있습니다.

▼ **그림 1-25** AI 코딩 도구별 검색 트렌드(클라우드형)

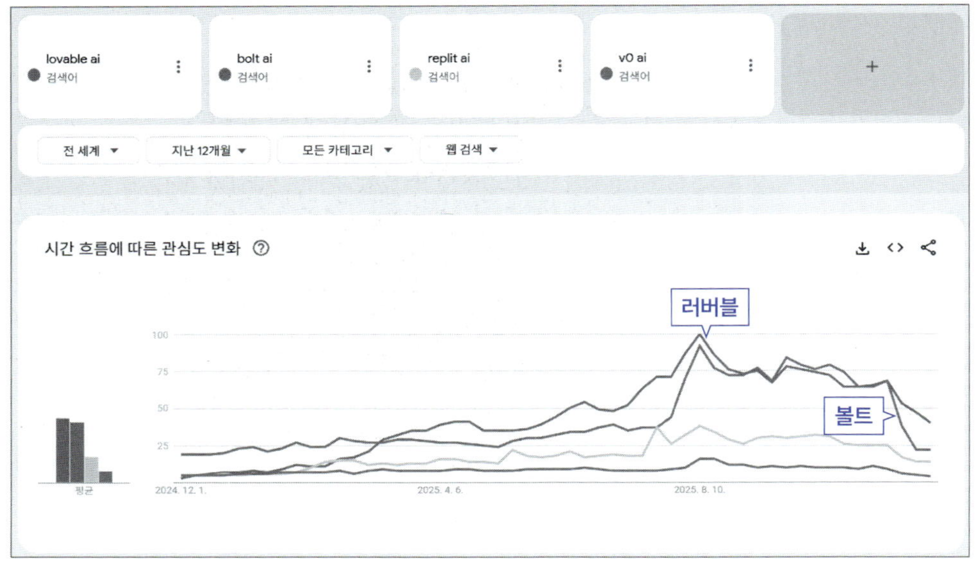

저자 노트

검색 트렌드를 해석할 때 참고할 만한 본문의 구글 트렌드 그래프는 서비스 이름이 일반 단어와 겹치는 경우가 있어 'bolt ai' 같은 키워드 조합으로 정확도를 높였습니다. 절대적인 수치보다는 상대적인 관심도 변화와 전반적인 흐름을 파악하는 참고 자료로 활용하기 바랍니다.

1.3.3 어떤 도구를 선택하면 좋을까?

간단한 웹 사이트를 만들거나 아이디어를 빠르게 현실로 구현해 보고 싶다면 클라우드형 도구부터 시작하기를 추천합니다. 특히 초보자라면 복잡한 환경 설정에 시간을 쓰지 않고 결과를 빠르게 확인할 수 있으며, 완성된 작품을 다른 사람과 쉽게 공유할 수 있는 클라우드형 도구의 장점을 제대로 느낄 수 있습니다.

하지만 프로젝트 규모가 커지고 외부 시스템과 연동이나 복잡한 기능이 필요한 단계가 되면 로컬 설치형 도구로 전환하는 것이 좋습니다. 현재로서는 커서가 안정성과 기능성 면에서 가장 균형 잡힌 선택지로 평가받고 있습니다.

▼ 그림 1-26 로컬 설치형 도구 vs 클라우드형 도구

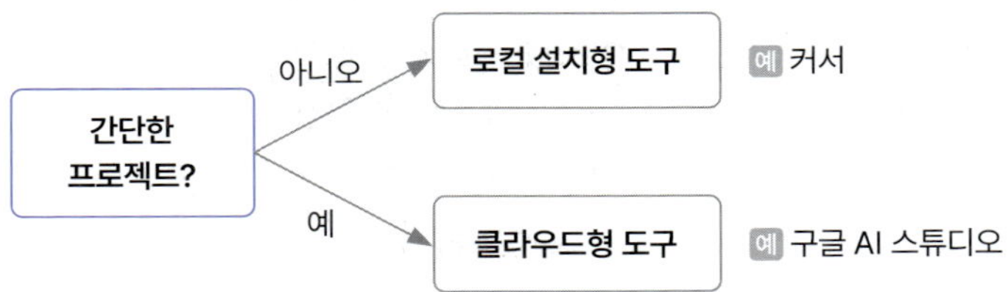

그렇다면 나에게 맞는 도구는 어떻게 찾을 수 있을까요?

- **1단계: 클라우드형 도구로 가볍게 시작하기**
  클라우드형 도구 대부분은 회원가입을 하면 일정량의 무료 크레딧을 제공하며, 연속적으로 사용한다면 약 30분에서 1시간 가량 실습이 가능합니다. 이 시간을 활용하여 하나 이상의 프로젝트를 진행할 수 있습니다(단, 구글 AI 스튜디오의 경우 무료 사용자는 제미나이 모델만 사용 가능).

- **2단계: 본격적인 개발은 로컬 설치형 도구로 전환하기**
  아이디어가 구체화되고 구현 범위가 넓을수록 로컬 설치형 도구의 필요성이 커집니다. 커서는 회원가입을 하면 약 2주간 무료로 AI 기능을 사용할 수 있으며, 이후 유료 요금제에 가입하면 더 강력한 기능을 이용할 수 있습니다.

1.3.4 이 책의 선택은 커서

바이브 코딩의 진정한 잠재력을 최대한 발휘하려면 강력한 AI 엔진과 사용하기 편리한 도구가 필요합니다. 커서는 현재 가장 직관적이면서도 효율적인 AI 코딩 도구 중 하나로, 최신 AI 모델들이 바이브 코딩의 핵심 철학을 완벽하게 구현할 수 있도록 도와줍니다.

이 책에서는 실제 프로젝트를 원활하게 진행하려고 무료(free) 버전이 아닌 유료(pro) 버전을 기준으로 설명을 이어 가겠습니다. 무료 버전만으로는 본문에서 다루는 예제와 실습을 충분히 따라가기 어려울 수 있으므로 여러분도 유료 버전 사용을 권장합니다.

또 본문에서는 커서의 Agent 모드뿐만 아니라 Plan 모드도 함께 활용합니다. Agent 모드는 코드베이스를 자율적으로 탐색하고, 파일을 편집하며, 터미널 명령어를 실행하여 복잡한 코딩 작업을 독립적으로 완수하는 자율형 AI 에이전트입니다. 반면에 Plan 모드는 실제 코드를 작성하기 전에 코드베이스를 분석하고, 명확하게 질문을 하며, 상세한 구현 계획을 마크다운 파일로 생성하는 역할을 합니다. 커서 Plan 모드는 코드를 작성해 주는 것이 아니라, 코드를 작성하기

전에 더 나은 사고를 할 수 있도록 돕습니다. 예를 들어 기능을 복잡하게 구현할 때는 먼저 Plan 모드로 전체 구조와 구현 단계를 체계적으로 정리한 후 Agent 모드로 실제 코드 작성과 실행을 진행합니다. 이 책에서는 '계획은 Plan 모드, 실행은 Agent 모드'로 병행 활용하면서 여러분이 실무 전반에서 생성형 AI를 효과적으로 쓰는 방법을 보여 줍니다.

따라서 커서의 Plan 모드와 Agent 모드를 함께 익히면 단순한 코드 작성 도구를 넘어 실무 전반에서 생성형 AI를 효과적으로 활용하는 방법을 배울 수 있을 것입니다.

▼ **그림 1-27** 커서 웹 사이트

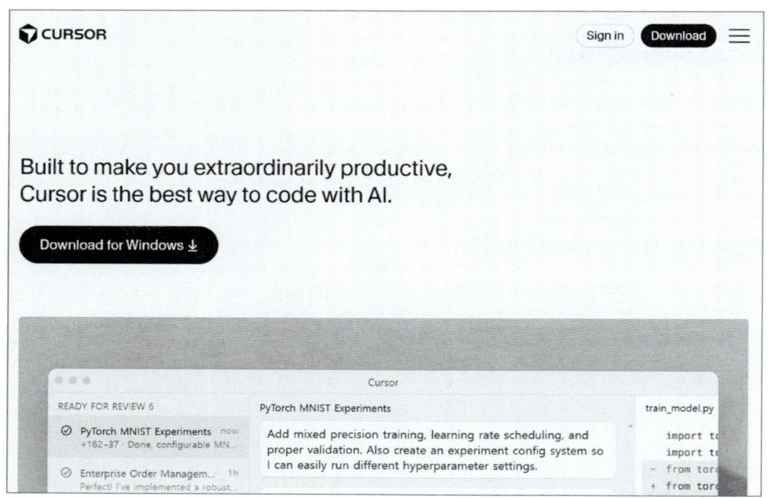

저자 노트

커서 무료 플랜의 제약

커서의 요금 정책은 언제든 변경될 수 있습니다. 현재 Free 요금제는 회원가입을 하면 1주간만 제공됩니다. 이 경우 AI 모델을 직접 선택할 수 없고 Auto 모델만 사용 가능합니다. 또 제공되는 사용량도 매우 제한적이어서 이 책의 프로젝트를 모두 진행하기에는 충분하지 않을 수 있습니다.

Pro 요금제는 유료 플랜이지만, 현재는 체험판(trial)을 제공하고 있습니다. 회원가입을 한 후 체험판을 선택하고 카드 정보를 입력하면(1주 뒤 결제 동의) 사용할 수 있으며, 이 정책은 향후 변경되거나 종료될 수 있습니다.

Pro 요금제(체험판 포함)에서는 AI 모델을 선택할 수 있으나, 일정 토큰양까지만 특정 모델을 사용할 수 있습니다. 이후에는 Auto 모델만 사용할 수 있습니다. Auto 모델은 우리가 주로 다룰 소넷(Sonnet) 모델과는 흐름이나 성능 면에서 차이가 있다는 점도 참고해 주세요.

다음 장에서는 비개발자 독자의 이해를 돕고자 간단한 기술과 배경지식을 설명하겠습니다.

CHAPTER

02

웹/앱 서비스는 어떻게 작동할까?

이 장은 바이브 코딩을 더 효과적으로 활용할 수 있는 기술 배경지식을 다룹니다. 기본 지식이 전혀 없어 여기에서 배우는 개념마저 어렵게 느껴진다면 일단 가볍게 읽고 넘어가도 괜찮습니다. 실제 프로젝트를 진행하면서 필요할 때마다 다시 찾아보면 되거든요. 당장 실습이 궁금하다면 3장으로 넘어가 바이브 코딩부터 시작해도 괜찮습니다.

2.1 SECTION 웹/앱 서비스의 구조 이해

여러분이 AI에 "배달 앱을 만들어 줘."라고 요청했다고 상상해 보세요. 이때 음식점 목록만 덩그러니 보이는 껍데기를 원하는 사람은 아무도 없을 것입니다. 실제로 음식을 고르고 장바구니에 넣고 주문하고 결제까지 할 수 있는 완전한 서비스를 원합니다. 그렇다면 서비스가 어떻게 구성되는지 기본 구조를 이해한다면 바이브 코딩을 하는 데도 큰 도움이 될 것입니다. 이 장에서 배우는 배경지식을 알아 두면 AI와 훨씬 깊이 있게 소통할 수 있습니다.

2.1.1 웹/앱 서비스의 세 가지 핵심 요소

모든 웹/앱 서비스는 크게 세 부분으로 나뉘는데, 이를 레스토랑에 비유할 수 있습니다. 고객이 앉는 홀은 프런트엔드, 요리를 만드는 주방은 백엔드, 재료를 보관하는 창고는 데이터베이스와 같거든요. 이 세 요소가 어떻게 협력해서 하나의 완전한 서비스를 만들어 내는지 배달 앱을 예로 들어 자세히 살펴보겠습니다.

▼ **그림 2-1** 프런트엔드, 백엔드, 데이터베이스 관계

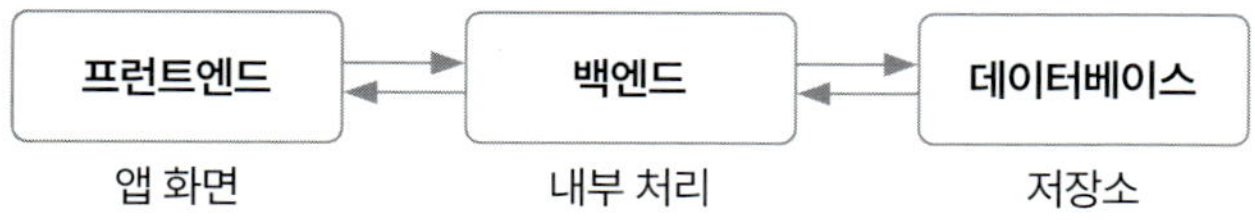

프런트엔드: 사용자가 보는 모든 것

배달 앱으로 치킨을 주문하는 상황을 떠올려 보세요. 여러분은 화면에서 메뉴를 둘러보고, 맛있어 보이는 음식 사진을 누르고, 수량을 선택한 후 주문 버튼을 누릅니다. 이 모든 것이 바로 프런트엔드입니다.

프런트엔드는 사용자가 실제로 눈으로 보고 손으로 조작하는 모든 화면을 의미합니다. 예쁜 버튼들, 읽기 쉬운 텍스트, 군침 도는 음식 사진들, 세련된 디자인, 정보를 입력하는 창 등 겉모습과 인터페이스에 해당하는 모든 요소가 프런트엔드에 포함됩니다. 마치 레스토랑의 고객 홀처럼 손님들이 직접 보고 경험하는 모든 것이죠.

▼ **그림 2-2** 프런트엔드 예시

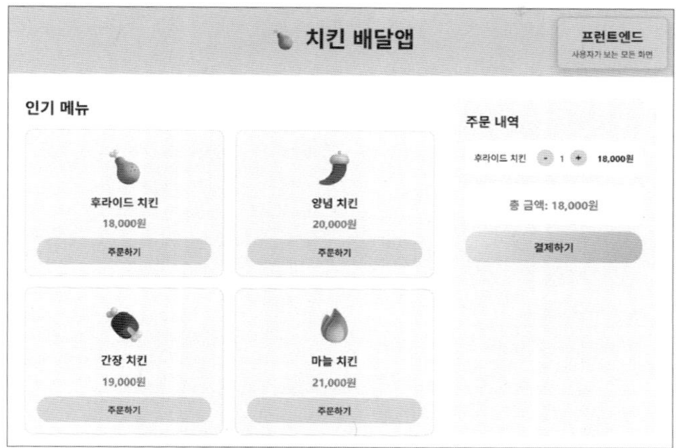

백엔드: 보이지 않는 곳에서 일하는 두뇌

그렇다면 주문하기 버튼을 누른 순간 무슨 일이 벌어질까요? 이제 앱 내부에서는 우리 눈에 보이지 않는 복잡하고 정교한 처리가 시작됩니다. 결제를 안전하게 처리하고, 주문 내역을 해당 음식점에 정확히 전달하고, 재료가 충분한지 재고를 확인하며, 예상 배달 시간을 계산합니다. 이 모든 과정이 바로 백엔드에서 일어납니다.

백엔드는 사용자가 보지 못하는 내부 처리 영역으로 사용자 요청을 받아 적절히 처리하고, 필요한 데이터를 주고받으며, 결제 시스템 같은 외부 서비스와 연결합니다. 마치 레스토랑의 주방과 같은 역할을 한다고 생각하면 됩니다.

▼ **그림 2-3** 백엔드 예시

데이터베이스: 모든 정보의 저장소

그렇다면 여러분이 한 주문 내역은 어디에 기록될까요? 배송 주소는? 음식점의 메뉴 정보는? 다른 고객들이 남긴 리뷰는요? 이 모든 정보는 데이터베이스(DataBase, DB)라는 디지털 창고에 체계적으로 저장됩니다.

백엔드는 이 창고에서 필요한 정보를 꺼내 쓰거나(메뉴 정보를 불러와서 화면에 보여 주는 것), 새로운 정보를 기록합니다. 마치 레스토랑의 재료 창고에서 요리에 필요한 재료를 꺼내 쓰고, 새로 들어온 재료를 정리해서 보관하는 것과 같습니다.

▼ **그림 2-4** 데이터베이스 예시

데이터베이스

데이터베이스
모든 정보의 저장소

주문 테이블 (orders)

주문번호	메뉴	수량	가격	주문시간
#12345	후라이드 치킨	1	18,000원	2024-01-15 18:30
#12344	양념 치킨	2	40,000원	2024-01-15 18:25
#12343	간장 치킨	1	19,000원	2024-01-15 18:20

사용자 테이블 (users)

사용자ID	이름	전화번호	주소
user001	홍길동	010-1234-5678	서울시 강남구...

2.1.2 세 요소는 어떻게 소통할까?(API)

그렇다면 이 세 요소는 서로 어떻게 소통할까요? 프런트엔드와 백엔드는 API(Application Programming Interface)라는 약속된 방식으로 대화합니다. 예를 들어 주문하기 버튼을 누르면 프런트엔드는 백엔드에 '이 주문 정보를 처리해 달라'고 요청하고, 백엔드는 처리 결과를 다시 프런트엔드에 전달합니다.

이는 정말로 레스토랑에서 웨이터가 홀과 주방 사이를 오가며 소통하는 방식과 똑같습니다. 고객(프런트엔드)이 웨이터(API)에게 주문하면 웨이터가 주방(백엔드)에 정확히 전달하고, 요리가 완성되면 다시 고객에게 가져다 주는 것이죠.

저자 노트

AI 모델을 사용하는 API 키

챗GPT API 키나 제미나이 API 키라는 말을 들어 보았나요? AI 기능이 포함된 서비스를 만들 때 우리는 챗GPT나 제미나이 등 AI 모델을 사용하는데, 이때 AI 모델과 통신하는 데 API를 사용합니다. 이 API는 특별한 키로 인증된 사용자만 이용할 수 있습니다.

예를 들어 우리가 만든 웹 사이트에 '챗GPT처럼 질문에 답변해 주는 기능'을 넣고 싶다면 OpenAI에서 발급받은 API 키로 챗GPT 모델에 질문을 보내고 답변을 받아 오는 방식을 사용해야 합니다. 배달 앱에서 주문하기 버튼을 누르면 음식점에 주문이 전달되는 것처럼 웹 사이트에서도 질문하기 버튼을 누르면 OpenAI 서버에 질문을 전달하고 답변을 받아 화면에 보여 주죠.

2.2 SECTION 프런트엔드 핵심 키워드

2.2.1 프런트엔드 UI 기본 용어

AI와 효과적으로 소통하려면 UI(User Interface) 용어를 아는 것이 정말 중요합니다. "클릭하는 거 만들어 줘."라고 요청하기보다는 "버튼을 만들어 줘."가, "버튼을 클릭하면 창이 뜨게 해 줘." 라고 요청하기보다는 "팝업을 띄워 줘." 또는 "모달을 띄워 줘."가 훨씬 명확하고 정확한 결과를 가져옵니다.

특히 수정을 요청할 때 이런 용어들의 위력이 나타납니다. "그 클릭하는 거 말고 다른 걸로 바꿔 줘."라고 애매하게 말하면 AI도 무엇을 수정해야 할지 헷갈리지만, "버튼을 링크로 바꿔 줘."라고 명확하게 말하면 즉시 정확하게 수정합니다. 다음 용어들에 익숙해지면 AI와 티키타카가 훨씬 수월합니다.

2.2.2 기본 UI 구성 요소

용어	설명	이미지
버튼(button)	클릭할 수 있는 요소	기본 버튼
모달(modal)	기존 화면 위에 뜨는 작은 창으로, 배경이 어두워짐	모달 제목 모달 내용입니다. 닫기

계속

용어	설명	이미지
팝업(popup)	새로운 창이나 알림창	 ✓ 성공적으로 저장되었습니다! ×
드롭다운(dropdown)	클릭하면 펼쳐지는 선택 목록	 카테고리 선택 ▼ 전자제품 의류 도서 음식
내비게이션 바(navbar)	위쪽에 위치한 메뉴	 홈 소개 서비스 연락처
사이드바(sidebar)	화면 왼쪽이나 오른쪽에 위치한 메뉴	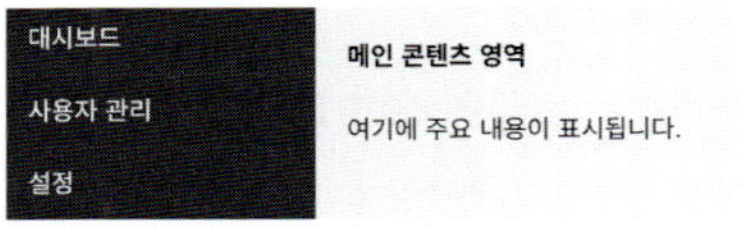 대시보드 사용자 관리 설정 메인 콘텐츠 영역 여기에 주요 내용이 표시됩니다.
카드(card)	정보를 담는 박스 형태의 요소	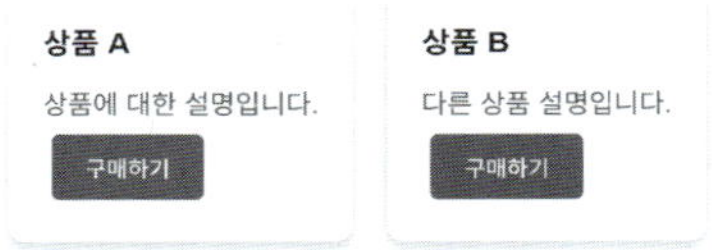 상품 A 상품에 대한 설명입니다. 구매하기 상품 B 다른 상품 설명입니다. 구매하기
폼(form)	사용자가 정보를 입력하는 양식	 이름 이름을 입력하세요 이메일 이메일을 입력하세요 제출
테이블(table)	행과 열로 구성된 표 형태	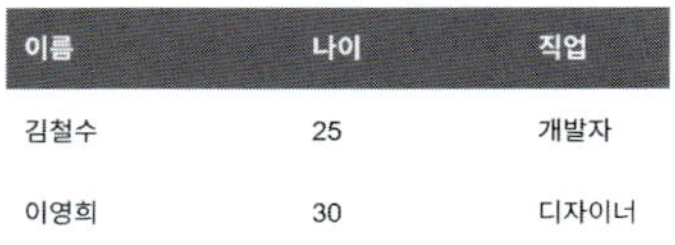 이름 나이 직업 김철수 25 개발자 이영희 30 디자이너
탭(tab)	클릭해서 내용을 전환하는 메뉴	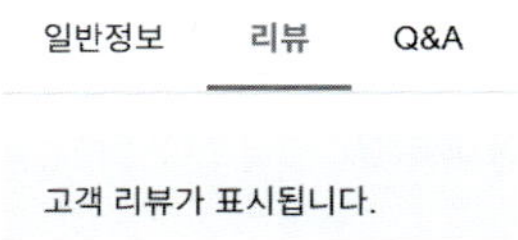 일반정보 리뷰 Q&A 고객 리뷰가 표시됩니다.
슬라이더(slider)	좌우로 넘길 수 있는 이미지나 콘텐츠	 슬라이드 1 첫 번째 슬라이드 내용 ● ● ●

계속

용어	설명	이미지
토글(toggle)	켜기/끄기를 전환하는 스위치	알림 설정:

2.2.3 레이아웃 용어

용어	설명	사용 예시
헤더(header)	웹 페이지 위쪽 영역	헤더 (Header) 로고와 메뉴가 있는 페이지 상단 영역 메인 콘텐츠 (Main) 페이지의 주요 내용이 들어가는 중앙 영역 푸터 (Footer) 회사정보가 있는 페이지 하단 영역
메인 콘텐츠(main)	웹 페이지의 주요 내용 영역	
푸터(footer)	웹 페이지 아래쪽 영역	
가로배치(horizontal layout)	요소들을 옆으로 나란히 배치	박스 1 박스 2 박스 3
세로배치(vertical layout)	요소들을 위아래로 배치	박스 1 박스 2 박스 3
그리드(grid)	격자 형태의 배치	아이템 1 아이템 2 아이템 3 아이템 4 아이템 5 아이템 6

2.2.4 프런트엔드 개발 도구

바이브 코딩에서는 프런트엔드를 구현하려고 다양한 기술을 활용합니다. 각 도구마다 특징과 적용 난이도가 다르므로 본인의 수준에 맞는 도구를 선택하는 것이 중요합니다.

바이브 코딩 난이도를 별점으로 표시했는데(★: 쉬움, ★★★★★: 어려움) 별 한두 개는 매우 간단하게 만들 수 있는 기술이고, 별 세 개부터는 초기 설치 과정이나 코드양이 많아져서 시간이 좀 더 소요되는 기술입니다.

일반적으로 간단한 웹 사이트는 HTML + CSS + 자바스크립트(JavaScript)로 구현 가능합니다. 부트스트랩(Bootstrap)이나 스트림릿(Streamlit)은 미리 만들어진 디자인을 손쉽게 적용할 수 있는 편리한 도구고, 복잡한 기능이 있는 웹 사이트는 리액트(React) 또는 Next.js 등을 사용합니다. 처음 시작하는 입문자라면 별 두 개로 표현된 기술까지만 적용하기를 추천합니다. 커서에서 작업을 요청했을 때 별도 설치가 필요 없고 결과물도 매우 빠르게 구현할 수 있어 흥미를 갖고 가볍게 시작하기 적합합니다.

주요 프런트엔드 도구

도구	설명	난이도	예시 프롬프트
HTML + CSS + JS	버튼 클릭, 웹 페이지 전환 등 동적 요소를 자바스크립트로 구현할 수 있음	★☆☆☆☆	HTML, CSS, JS로 버튼을 누르면 팝업이 뜨는 웹 페이지
부트스트랩	미리 디자인된 UI 컴포넌트를 조합하여 빠르게 깔끔한 웹 페이지 구성 가능	★★☆☆☆	부트스트랩으로 카드형 상품 목록 만들어 줘.
스트림릿	파이썬으로 UI를 만들 수 있어 데이터 분석 결과 시각화에 적합	★★★☆☆	스트림릿으로 입력받고 차트 보여 줘.
리액트	컴포넌트 기반의 웹 UI 프레임워크로, 복잡한 상태 관리와 사용자 상호 작용 구현에 적합	★★★★☆	리액트로 로그인 폼 만들어 줘.
Next.js	리액트 기반의 고급 프레임워크로, 서버 사이드 렌더링과 SEO 최적화에 강점 있음	★★★★★	Next.js로 블로그 메인 페이지 구성해 줘.

2.3 SECTION 백엔드와 데이터베이스

2.3.1 백엔드

백엔드는 사용자 눈에는 보이지 않지만 서비스 핵심 기능을 담당하는 서버 부분입니다. 사용자가 앱에서 버튼을 누르면, 백엔드에서 그 요청을 받아 적절한 처리를 한 후 결과를 다시 사용자에게 보내 줍니다.

배달 앱을 예로 들어 보면, 사용자가 주문 버튼을 누르는 순간 백엔드에서는 정말 많은 일이 벌어집니다. 해당 메뉴의 재고가 충분한지 확인하고, 결제를 안전하게 처리하고, 주문 정보를 해당 음식점에 정확히 전달하고, 예상 배달 시간을 계산해서 고객에게 알려 줍니다. 이 모든 복잡한 과정을 몇 초 안에 진행하는 것이죠.

바이브 코딩에서 웹 서비스를 요청하면 일반적으로 Node.js(Express.js) 또는 파이썬(Flask/FastAPI) 형태로 만들어집니다. Node.js는 자바스크립트 기반의 백엔드 기술이고, 파이썬은 간결한 문법으로 빠른 개발이 가능한 백엔드 기술입니다. 두 기술 모두 AI가 웹 서비스를 구축할 때 자주 선택하는 대표적인 백엔드 솔루션입니다.

2.3.2 데이터베이스

데이터베이스(DB)는 디지털 세상의 거대한 정리함이라고 생각하면 됩니다. 필요한 정보를 저장하고, 필요할 때 정확히 꺼내 쓰고, 내용을 수정하고, 불필요한 것은 삭제하는 똑똑한 저장소입니다.

배달 앱의 경우를 생각해 보면 수많은 음식점의 메뉴와 가격, 위치 정보부터 시작해서 고객의 주문 내역, 결제 정보, 리뷰, 찜한 음식점 목록, 로그인 기록까지 정말 많은 종류의 정보가 모두 데이터베이스에 체계적으로 저장되어 있습니다.

데이터베이스는 크게 두 가지 방식으로 나눌 수 있습니다. 관계형 데이터베이스(SQL)는 엑셀 시트처럼 표 형태로 데이터를 저장하며, 구조가 정확하고 체계적입니다. 반면에 비관계형 데이터베이스(NoSQL)는 더 자유로운 형태로 데이터를 저장할 수 있어 유연성이 높습니다.

2.3.3 CRUD

데이터베이스가 하는 주요 역할을 CRUD라고 표현합니다.

- **저장(Create)**: 새로운 데이터를 데이터베이스에 추가하는 기능(회원가입, 새 주문 등)
- **조회(Read)**: 저장된 데이터를 검색하고 가져오는 기능(로그인 확인, 주문 내역 보기 등)
- **수정(Update)**: 기존 데이터 내용을 변경하는 기능(프로필 수정, 주문 상태 변경 등)
- **삭제(Delete)**: 불필요한 데이터를 제거하는 기능(회원 탈퇴, 주문 취소 등)

CRUD 개념은 온라인 게시판을 생각하면 쉽게 이해할 수 있습니다. 새로운 게시글을 작성하고(저장), 다른 사람이 작성한 게시글을 읽어 오고(조회), 내가 쓴 게시글을 수정하고(수정), 필요 없어진 게시글을 지우는(삭제) 모든 과정이 바로 CRUD입니다.

▼ **그림 2-5** CRUD 기능

2.3.4 통합 백엔드 서비스

바이브 코딩에서는 백엔드와 데이터베이스 기능이 하나로 결합된 BaaS(Backend as a Service) 도구를 많이 사용합니다. 이런 도구들을 활용하면 복잡한 서버 구축 과정 없이도 완전한 서비스를 만들 수 있기 때문입니다. 활용하기 좋은 대표적인 도구들을 살펴보겠습니다.

도구	설명	난이도	예시 프롬프트
파이어베이스 (Firebase)	구글의 클라우드 기반 백엔드 서비스로, 비관계형 DB	★★★☆☆	Firebase DB에 사용자 퀴즈 풀이 결과를 저장해 줘.
슈파베이스 (Supabase)	PostgreSQL 기반 오픈소스 백엔드 플랫폼으로, 관계형 DB	★★★☆☆	Supabase에 주문 내역을 저장해 줘.

지금까지 바이브 코딩에 필요한 기본적인 배경지식을 간단히 알아보았습니다. 다음 장에서는 바이브 코딩을 실습할 수 있는 환경을 설정해 봅시다.

2부

바이브 코딩 실습 준비

CHAPTER

03

개발 환경 준비

본격적으로 바이브 코딩 세계로 들어가기 전에 먼저 필요한 도구들을 준비해 두어야 합니다. 이는 마치 요리를 하기 전에 필요한 조리 도구들을 미리 준비해 놓는 것과 같습니다. 좋은 요리사가 좋은 칼과 도마, 냄비로 맛있는 요리를 만들어 내듯이, 우리도 좋은 도구들로 멋진 프로그램을 만들 수 있답니다. 이 장에서는 윈도우 환경에서 바이브 코딩에 필요한 다섯 가지 핵심 도구를 설치하는 방법을 차근차근 안내하겠습니다.

- **파이썬(Python)**: 파이썬 코드 실행
  https://www.python.org/
- **Node.js**: 리액트/Next.js 등 사용
  https://nodejs.org/
- **깃(Git)**: 코드 버전 관리
  https://git-scm.com/downloads
- **깃허브 CLI(GitHub CLI)**: 깃허브와 터미널에서 연동
  https://cli.github.com/
- **커서(Cursor)**: AI 코딩 도구
  https://cursor.com/

3.1 SECTION 사전 준비: 필요한 계정

개발 환경을 설정하려면 다음 계정을 미리 준비해야 합니다. 구글, 깃허브, 커서 계정을 만들어 주세요.

- **구글 계정 준비**
  - URL: https://www.google.com/
  - 기존 지메일(Gmail) 계정 사용 또는 새로 생성
  - 파이어베이스(Firebase), 구글 클라우드 플랫폼(Google Cloud Platform) 등에서 활용
- **깃허브 계정 준비**
  - URL: https://github.com/

- 코드 저장소 및 버전 관리용
- 깃허브 CLI 연동과 프로젝트를 공유하는 데 필요

• **커서 계정 준비**

- URL: https://cursor.com/
- 회원가입과 카드를 등록하면 일정 기간 체험 가능하지만 사용량 제한 있음
- 바이브 코딩의 효율성을 위해 유료 플랜 권장(월 20달러)

> **저자 노트**
>
> **커서 무료 버전으로는 실습이 불가능한가요?**
>
> 일부 가능합니다만, 커서는 무료 기능에 제한이 있습니다. 예를 들어 코딩을 잘하는 AI 모델을 선택할 수 없어 책과 동일한 결과를 얻기 어려울 수 있습니다. 특히 AI 코딩 도구들의 무료 정책은 자주 변경되는 편이라, 오늘 가능했던 기능이 내일은 제한될 수 있습니다. 안정적이고 일관된 바이브 코딩을 경험하려면 유료 플랜을 추천합니다.

3.2 SECTION 파이썬 설치

가장 먼저 파이썬부터 설치해 보겠습니다. 파이썬은 데이터 분석, 인공지능, 앱 개발 등 정말 다양한 분야에서 활용되는 매우 인기 있는 프로그래밍 언어입니다. 우리가 직접 파이썬 코드를 작성하지는 않지만, AI가 파이썬을 사용할 수 있도록 설치해야 합니다.

1. 공식 사이트(https://www.python.org/)에 접속하여 **Downloads > Python 3.x.x**를 클릭합니다. 여기에서 x.x 부분은 최신 버전이 나올 때마다 함께 업데이트됩니다.

▼ **그림 3-1** 파이썬 공식 사이트

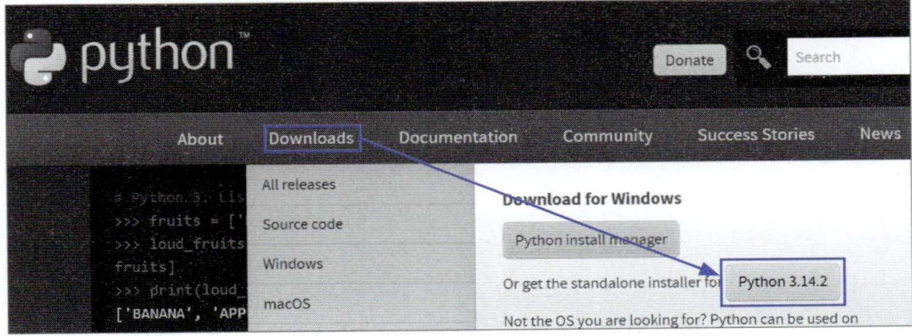

2. 내려받은 파일을 더블클릭해서 실행합니다. 여기에 정말 중요한 포인트가 있어요! 설치창이 뜨면 반드시 **Add python.exe to PATH**를 꼭 체크해야 합니다. 이 옵션에 체크하지 않으면 나중에 터미널에서 python 명령어를 입력하면 '명령을 찾을 수 없다'는 에러가 발생할 수 있습니다. **Install Now** 버튼을 눌러 설치를 진행합니다.

▼ **그림 3-2** 파이썬 설치

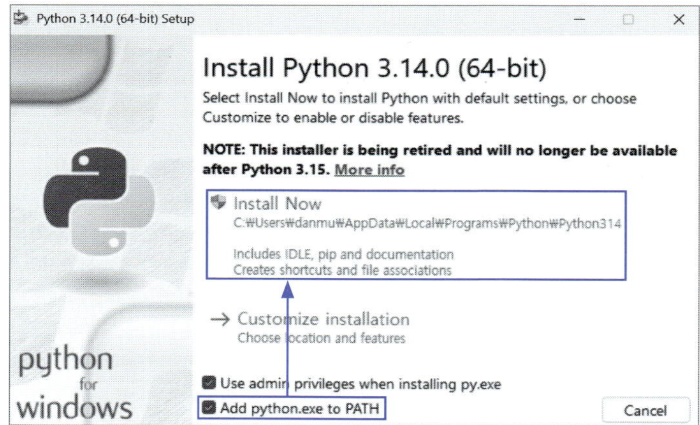

3. 파이썬 설치가 시작되며, 곧 설치가 완료되었다는 메시지가 표시됩니다. **Close** 버튼을 누릅니다.

▼ **그림 3-3** 파이썬 설치 완료

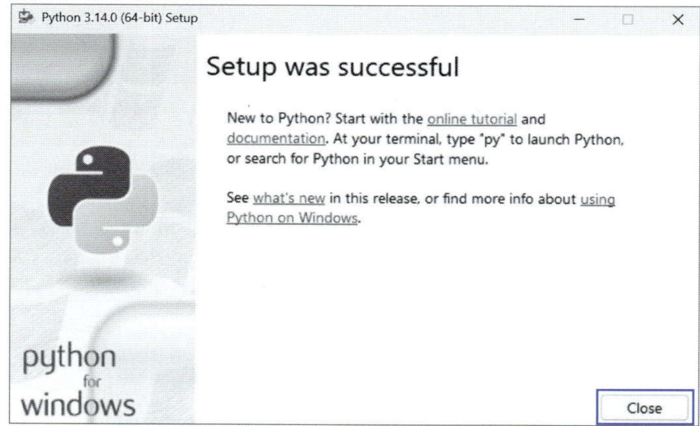

4. 파이썬 설치가 제대로 되었는지 확인해 보겠습니다. 윈도우 검색창에 '명령 프롬프트'를 입력하여 클릭하세요.

▼ **그림 3-4** 명령 프롬프트 창 열기

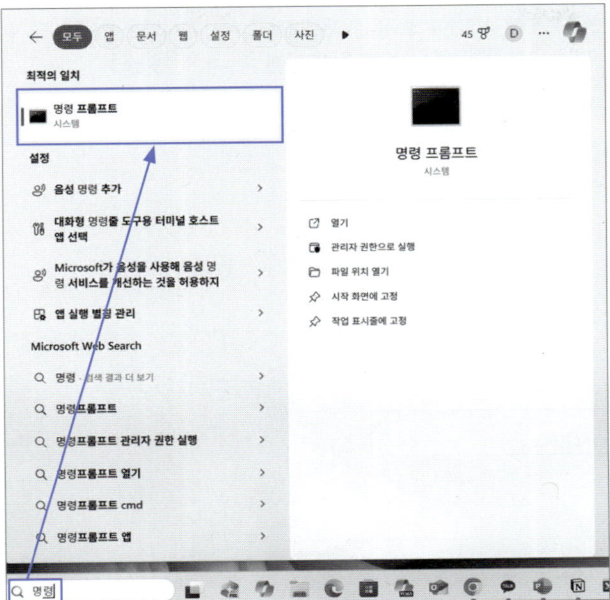

5. 검은 화면(터미널)이 나타나면 다음 명령들을 한 줄씩 입력해 보세요. 이때 마이너스(-) 기호가 두 개라는 점에 주의하세요. 각 명령을 입력하면 설치된 파이썬과 pip 버전 번호가 나타납니다. 버전 번호는 설치 시기에 따라 다를 수 있으니 정확한 숫자는 중요하지 않아요.

```
python --version
pip --version
```

▼ **그림 3-5** 명령 프롬프트 실행

```
Microsoft Windows [Version 10.0.26100.7171]
(c) Microsoft Corporation. All rights reserved.

C:\Users\danmu>python --version
Python 3.13.7

C:\Users\danmu>pip --version
pip 25.2 from C:\Program Files\Python313\Lib\site-packages\pip (python 3.13)

C:\Users\danmu>
```

저자 노트

python 명령어가 인식되지 않거나 버전 번호가 나타나지 않는다면 다음 과정에 따라 진행합니다.

1. 명령 프롬프트 창을 종료하고 새로 명령 프롬프트 창을 열어 버전을 확인하세요. 설치가 완료되기 전에 명령 프롬프트 창이 미리 열려 있다면 인식하지 못할 수도 있습니다.
2. 그래도 확인이 되지 않는다면 파이썬을 완전히 삭제한 후 컴퓨터를 재부팅하고, 다시 파이썬을 설치합니다. 파이썬 삭제는 처음에 내려받은 설치 파일을 다시 실행하면 나타나는 'Uninstall' 옵션을 이용합니다.

▼ **그림 3-6** 파이썬 삭제(uninstall)

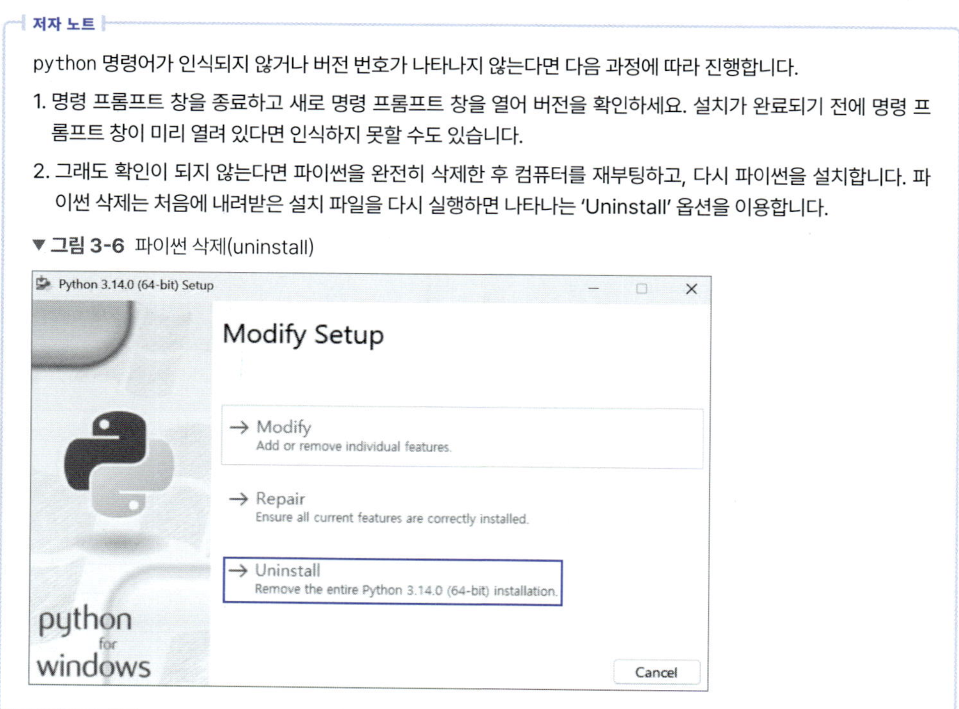

3.3 SECTION Node.js 설치

Node.js는 웹 개발의 필수 도구입니다. 리액트나 Next.js 같은 최신 프런트엔드 기술과 수많은 개발 도구는 모두 Node.js를 기반으로 작동하거든요. 바이브 코딩에서 멋진 웹 사이트를 만들 때 꼭 필요한 도구입니다.

1. 공식 사이트(https://nodejs.org/)에 접속해서 **Get Node.js** 버튼을 누릅니다.

▼ **그림 3-7** Node.js 공식 사이트

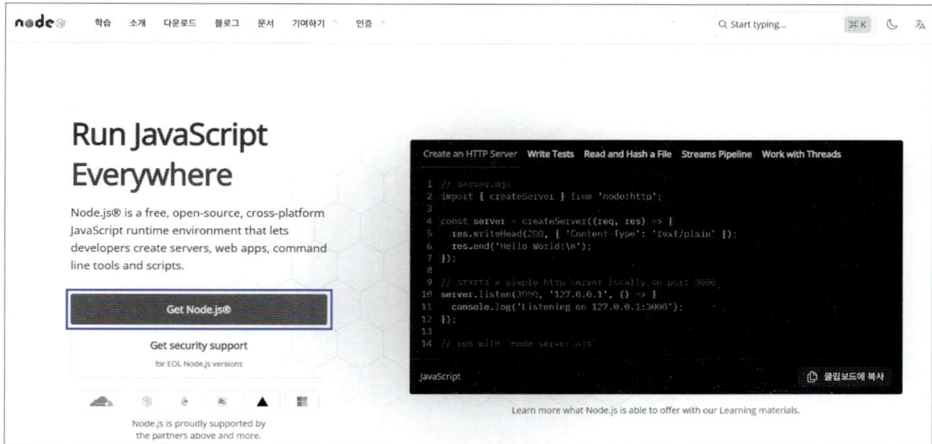

2. 다운로드 페이지가 나타나면 여러 설치 방법 중에서 아래쪽에 있는 **Windows 설치 프로그램 (.msi)** 버튼을 누르세요. 여러분 컴퓨터 환경에 맞는 버전을 자동으로 선택하여 내려받습니다.

▼ **그림 3-8** Node.js 설치 프로그램 내려받기

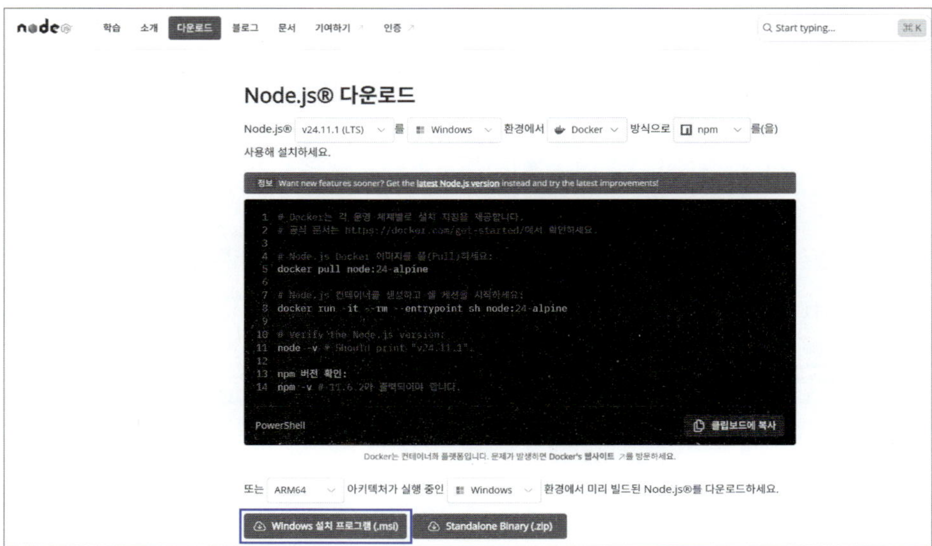

3. 내려받은 node-v(버전번호).msi 파일을 실행합니다.

▼ 그림 3-9 Node.js 설치 프로그램 실행

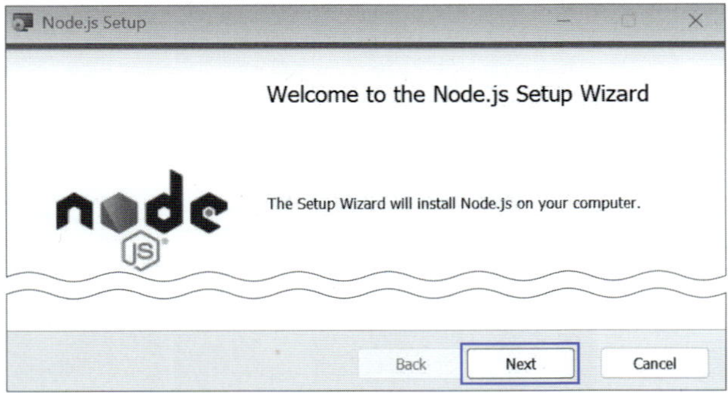

4. 설치 마법사가 나타나면 라이선스에 동의하고 **Next** 버튼을 눌러 진행하세요.

▼ 그림 3-10 라이선스 동의

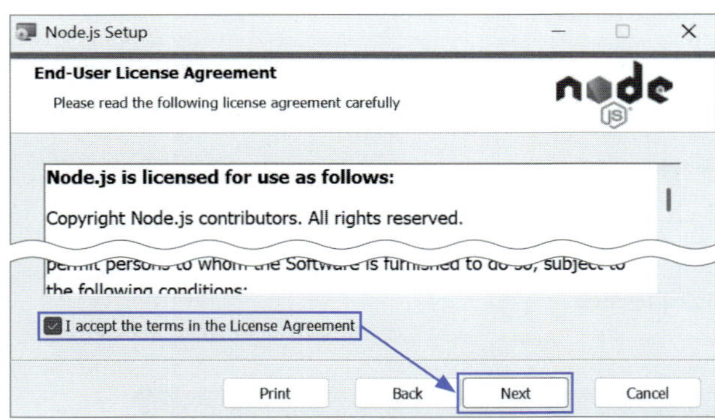

5. 특별히 변경해야 할 설정은 없으니 기본값 그대로 **Next** 버튼과 **Install** 버튼을 계속 눌러 진행하세요.

▼ 그림 3-11 Node.js 설치

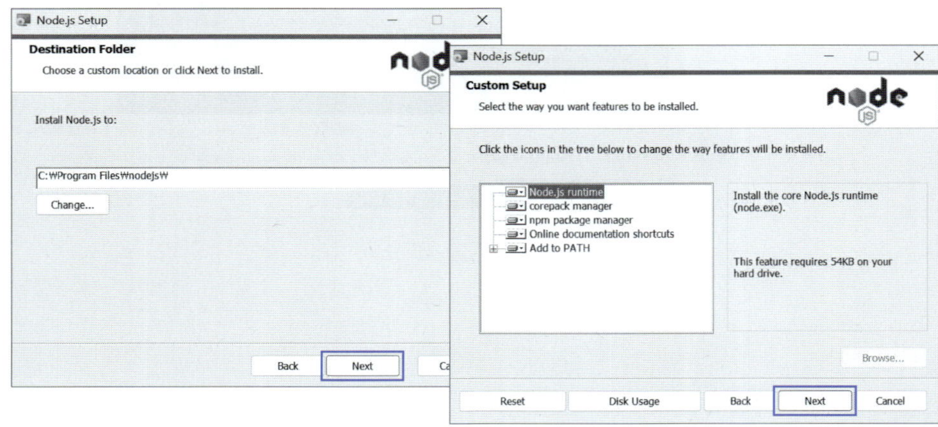

계속

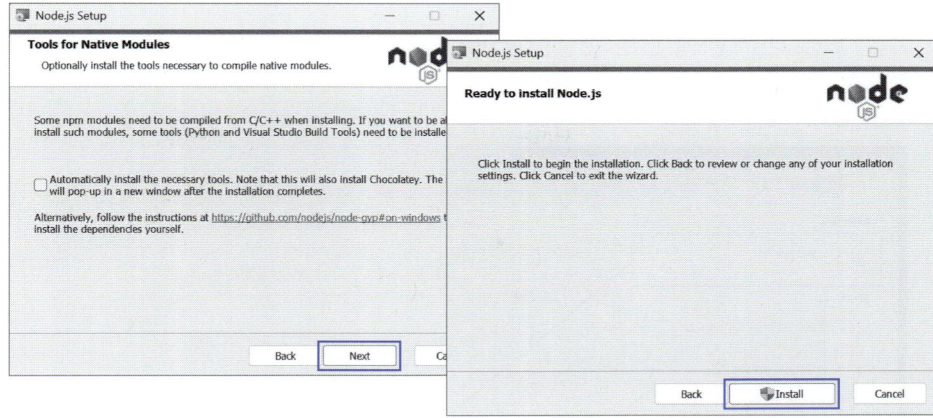

6. 설치가 완료되면 반드시 새로운 명령 프롬프트를 실행하세요. 기존에 열려 있던 명령 프롬프트는 새 설치 내용이 반영되지 않을 수 있습니다. 새 명령 프롬프트 창에서 다음 명령을 입력하세요. 이번에는 마이너스(-) 기호가 한 개입니다. 각각 Node.js와 npm의 버전이 나타나면 설치에 성공한 것입니다.

```
node -v
npm -v
```

▼ **그림 3-12** 명령 프롬프트 실행

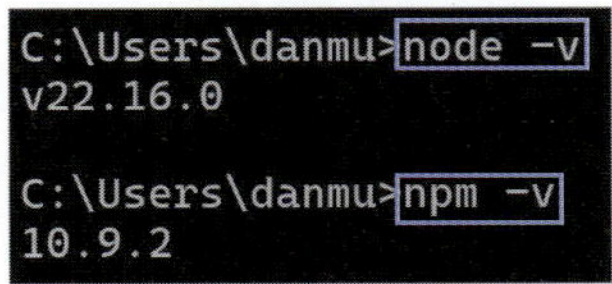

7. node나 npm 명령어가 인식되지 않는다면 먼저 컴퓨터를 재부팅한 후 새로운 명령 프롬프트에서 다시 확인하세요.

저자 노트

재부팅 후에도 여전히 인식되지 않는다면 수동으로 경로를 설정해야 합니다. 윈도우 검색에서 '시스템 환경 변수 편집'을 찾아 실행하고 **환경 변수** 버튼을 누릅니다.

▼ **그림 3-13** 시스템 환경 변수

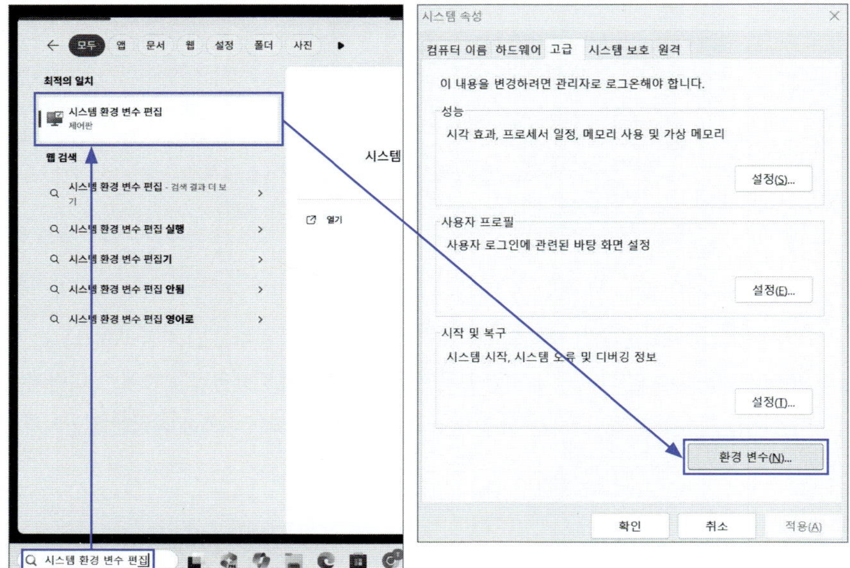

사용자 변수에서 **Path**를 선택하고 **편집** 버튼을 누른 후 **새로 만들기** 버튼을 눌러 'C:\Program Files\nodejs'를 추가하세요.

▼ **그림 3-14** 시스템 환경 변수 편집

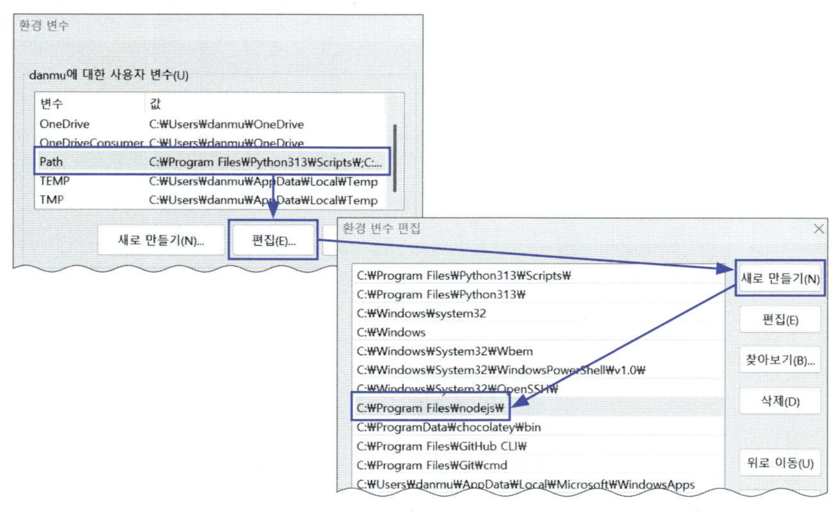

3.4 SECTION 깃 설치

깃(Git)은 코드를 안전하게 관리해 주는 정말 유용한 도구입니다. 코딩하다가 실수해서 모두 망가져도 이전 상태로 쉽게 되돌릴 수 있고, 여러 버전을 체계적으로 관리할 수도 있어요. 전 세계 개발자가 모두 사용하는 필수 도구입니다.

1. 공식 사이트(https://git-scm.com/)에 접속하여 **Download for Windows** 버튼을 누릅니다.

▼ **그림 3-15** 깃 공식 사이트

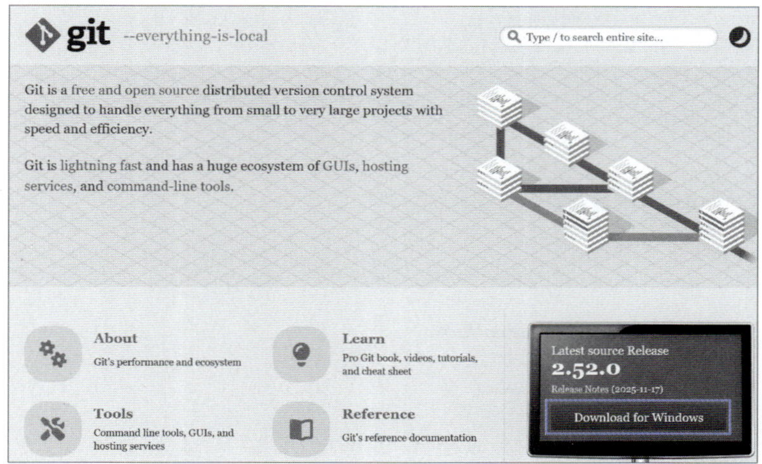

2. 새로 열린 다운로드 페이지에서 위쪽 **Click here to download** 링크를 클릭합니다. 여러분 컴퓨터 사양에 따라 적합한 파일을 자동으로 내려받습니다.

▼ **그림 3-16** 컴퓨터 사양에 맞게 자동으로 내려받기

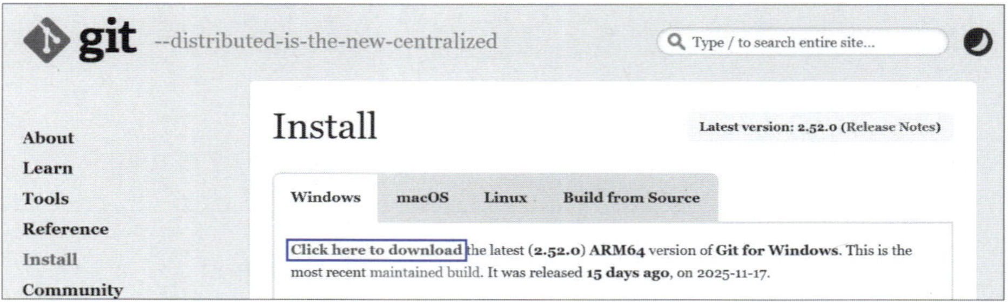

3. 내려받은 Git(버전번호).exe 파일을 실행합니다. **Install** 버튼을 누르면 설치가 진행됩니다.

▼ **그림 3-17** 깃 설치

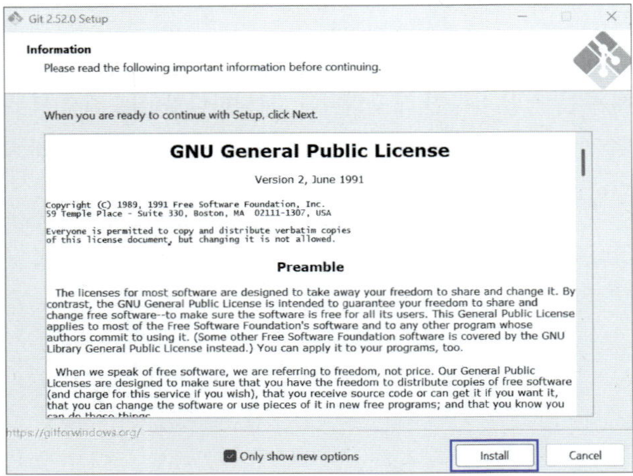

4. 깃 설치가 완료되면 **Finish** 버튼을 눌러 설치를 종료합니다.

▼ **그림 3-18** 깃 설치 완료

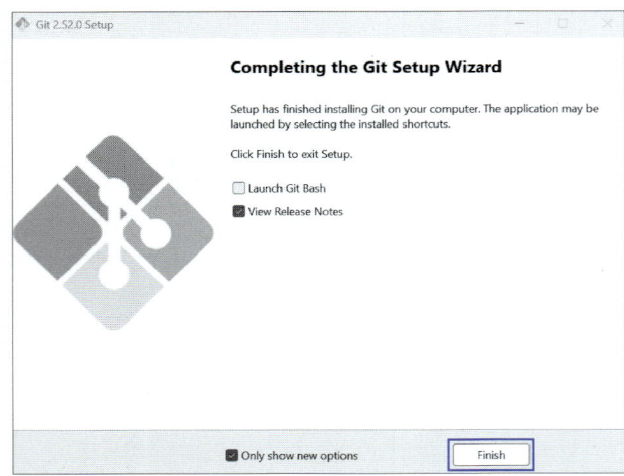

5. 설치가 완료되면 새로운 명령 프롬프트를 실행하고 다음 명령으로 버전을 확인해 보세요.

```
git -v
```

▼ **그림 3-19** 명령 프롬프트 실행

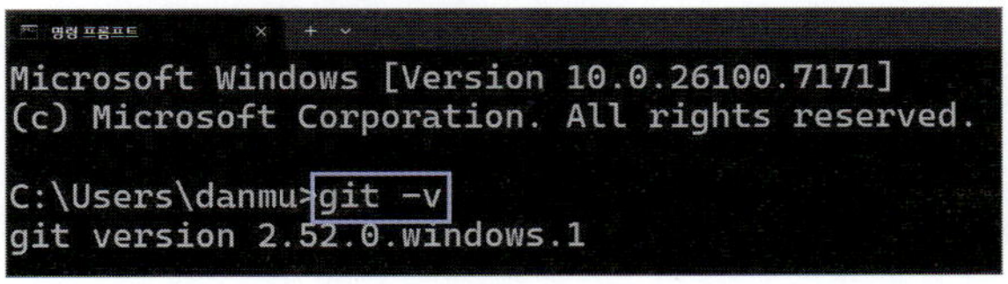

```
Microsoft Windows [Version 10.0.26100.7171]
(c) Microsoft Corporation. All rights reserved.

C:\Users\danmu>git -v
git version 2.52.0.windows.1
```

저자 노트

깃 버전이 확인되지 않는다면 명령 프롬프트를 완전히 종료한 후 **윈도우 검색 > 명령 프롬프트**로 새로 실행하여 확인합니다.

3.5 SECTION 깃허브 CLI 설치

깃허브(GitHub) CLI는 터미널에서 깃허브를 자유자재로 다룰 수 있게 해 주는 편리한 도구입니다. 웹 브라우저를 열지 않고도 저장소를 만들거나 관리하는 등 다양한 작업을 할 수 있어요. 바이브 코딩으로 프로젝트를 만든 후 쉽게 공유하고 관리하는 데 정말 유용합니다.

1. 공식 사이트(https://cli.github.com/)에 접속하여 **Download for Windows** 버튼을 누릅니다.

▼ **그림 3-20** 깃허브 CLI 공식 사이트

2. 내려받은 gh(버전번호).msi 파일을 실행합니다. **Next** 버튼을 누릅니다.

▼ **그림 3-21** 깃허브 CLI 설치 파일 실행

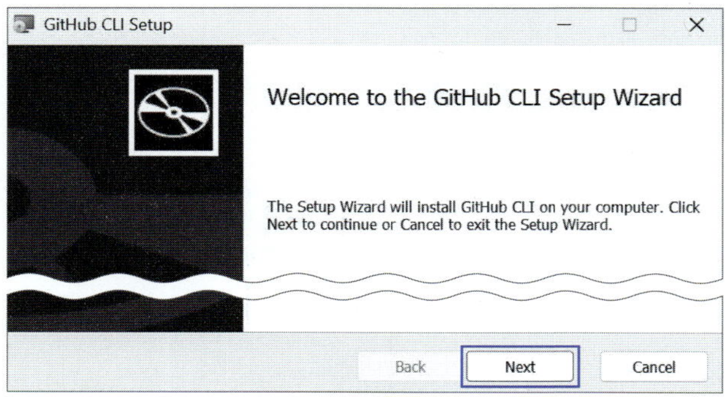

3. 설치 경로를 확인하고 **Next** 버튼을 누릅니다.

▼ **그림 3-22** 설치 경로 설정

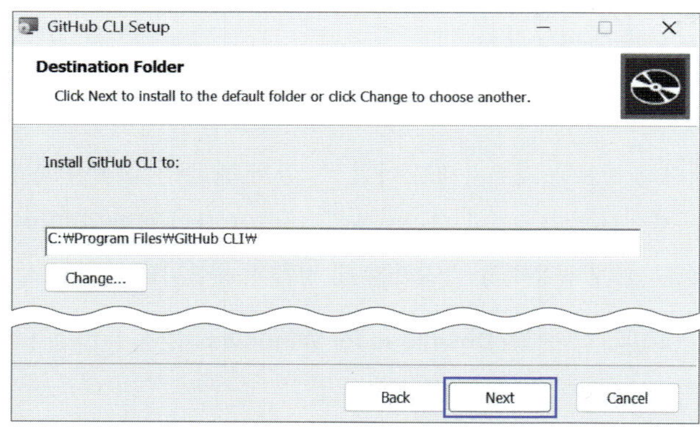

4. **Install** 버튼으로 설치를 진행하고, 완료되면 **Finish** 버튼을 눌러 마칩니다.

▼ **그림 3-23** 깃허브 CLI 설치

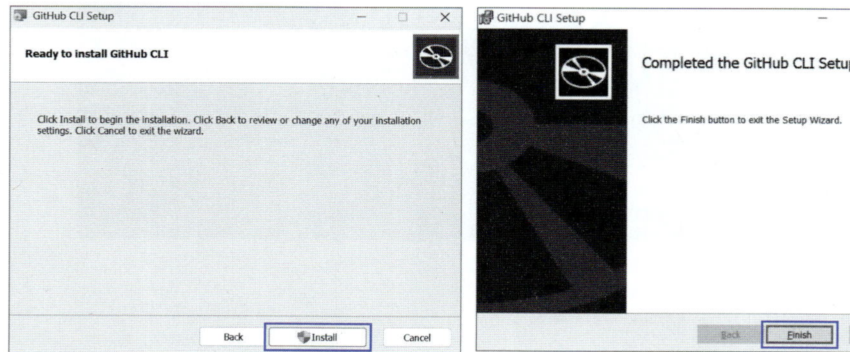

5. 새로운 명령 프롬프트에서 다음 명령으로 설치를 확인합니다. 이번에는 마이너스(-) 기호가 두 개입니다. 버전 정보가 나타나면 설치가 완료된 것입니다.

```
gh --version
```

▼ **그림 3-24** 명령 프롬프트 실행

```
Microsoft Windows [Version 10.0.26100.7171]
(c) Microsoft Corporation. All rights reserved.

C:\Users\danmu>gh --version
gh version 2.83.1 (2025-11-13)
https://github.com/cli/cli/releases/tag/v2.83.1
```

저자 노트

gh 명령어가 인식되지 않는다면 명령 프롬프트를 완전히 종료한 후 **윈도우 검색 > 명령 프롬프트**로 새로 실행하여 확인합니다. 그래도 인식이 안 된다면 GitHub CLI 설치 시 자동으로 설정되지 않은 환경 변수를 수동으로 설정해야 합니다. 3.3절 Node.js 설치의 저자 노트를 확인해 주세요. 깃허브 CLI 기본 path는 C:\Program Files\GitHub CLI\입니다.

3.6 SECTION 커서 설치

드디어 바이브 코딩의 핵심 도구인 커서를 설치할 차례입니다. 커서는 AI와 함께 코딩할 수 있는 스마트한 코드 에디터입니다. 마치 숙련된 개발자가 바로 옆에서 도와주는 것처럼 AI가 실시간으로 코드를 제안하고 설명합니다.

1. 공식 사이트(https://cursor.com/)에 접속하여 **Download for Windows** 버튼을 누릅니다.

▼ **그림 3-25** 커서 공식 사이트

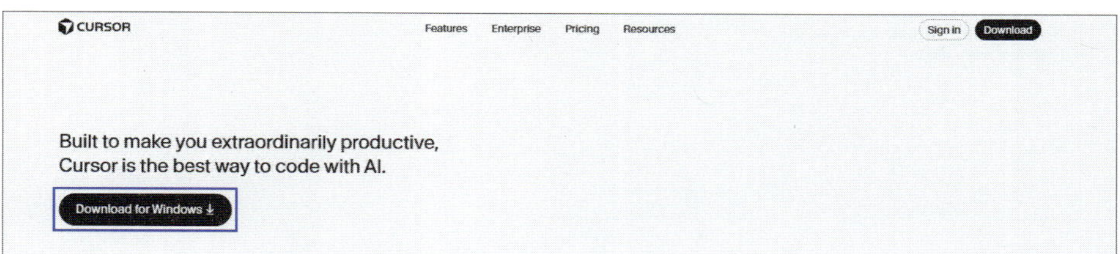

2. 내려받은 CursorSetup(버전번호).exe 파일을 실행합니다. 사용권 계약서가 나타나면 **동의합니다**에 체크하고 **다음** 버튼을 누릅니다.

▼ **그림 3-26** 커서 설치 파일 실행

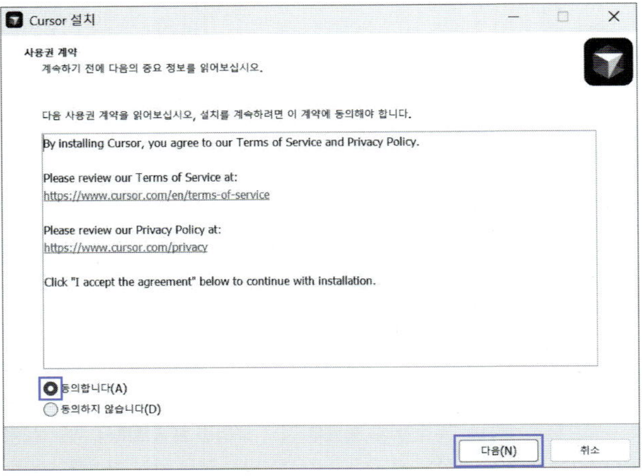

3. 기본 설정 그대로 계속해서 **다음** 버튼을 누릅니다.

▼ **그림 3-27** 커서 설치 설정 확인

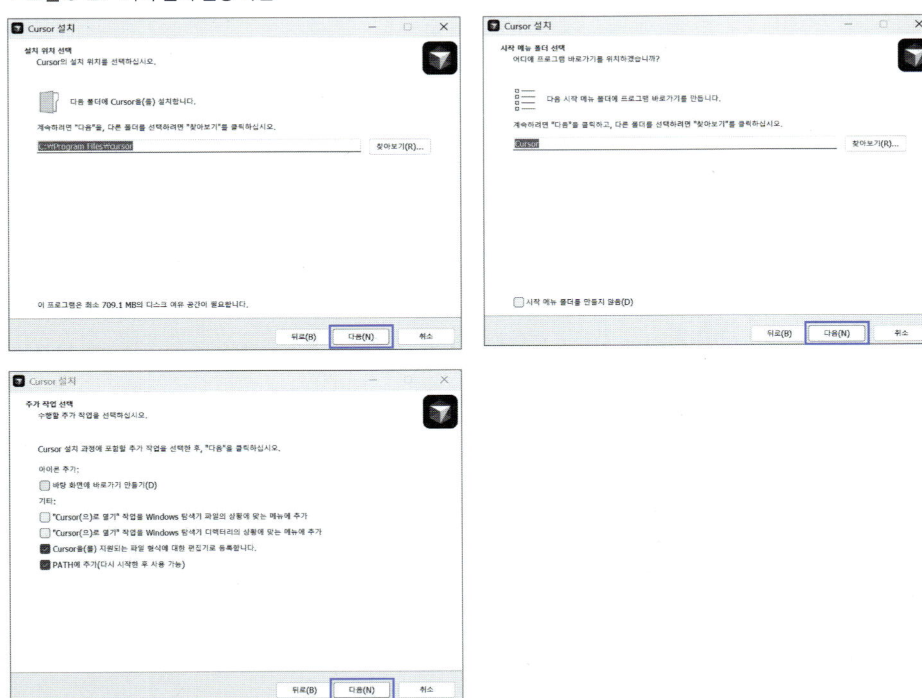

4. **설치** 버튼을 눌러 설치를 시작합니다.

▼ **그림 3-28** 커서 설치

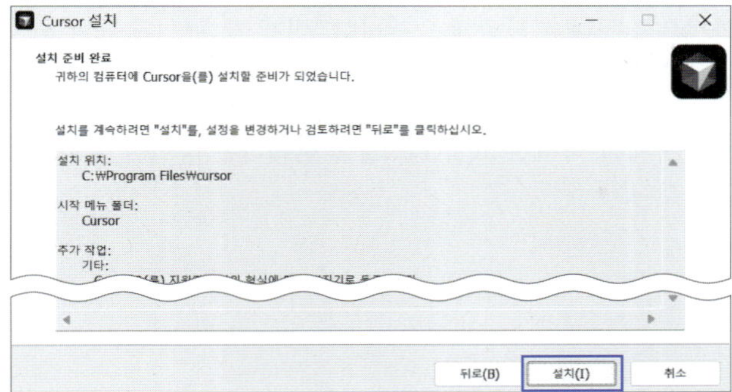

5. 설치가 끝나면 'Cursor 설치 마법사 완료'라는 메시지가 표시되면서 'Cursor 실행' 옵션이 기본으로 선택되어 있습니다. **종료** 버튼을 누르면 커서가 자동으로 실행됩니다.

▼ **그림 3-29** 설치가 완료된 화면

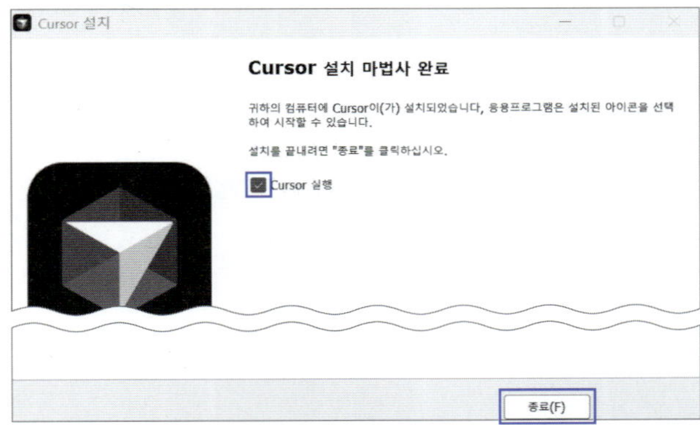

▼ **그림 3-30** 커서가 자동으로 실행된 화면

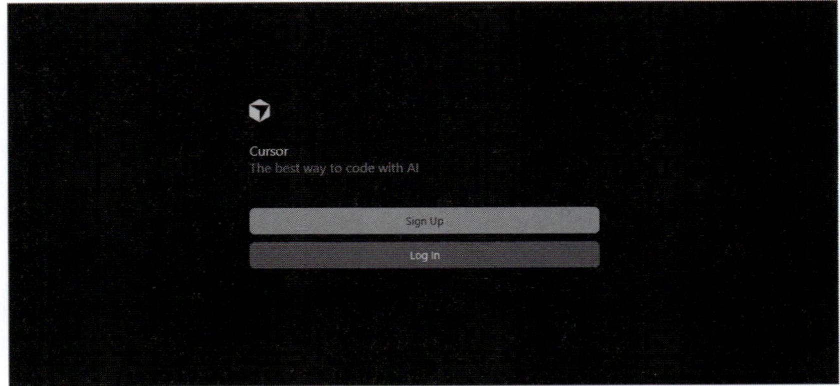

여기까지 잘 따라왔다면 파이썬, Node.js, 깃, 깃허브 CLI, 커서까지 바이브 코딩에 필요한 모든 도구를 성공적으로 설치한 것입니다. 이제 모든 준비가 끝났습니다.

프로그램을 설치하고 확인하는 과정은 누구나 복잡하게 느낍니다. 이제 제대로 된 개발 환경을 구축했으니 앞으로는 수월하게 바이브 코딩을 진행할 수 있을 것입니다. 걱정 말고 따라오세요.

다음 장에서는 커서 사용법을 좀 더 자세히 익혀 보고, AI 모델을 선택하는 방법을 알아보겠습니다.

CHAPTER

04

커서 AI 살펴보기

3장에서 핵심 도구를 다섯 개 설치했습니다. 이제 바이브 코딩의 핵심 도구인 커서를 살펴보겠습니다. 커서는 마이크로소프트의 비주얼 스튜디오 코드(Visual Studio Code)를 기반으로 만든 AI 코드 에디터입니다. 챗GPT, 클로드, 제미나이 등 최신 AI 모델을 직접 통합하여 개별적으로 AI 서비스에 접속할 필요 없이 하나의 도구에서 모든 작업을 수행할 수 있습니다.

이 장에서는 최신 버전의 커서 레이아웃과 주요 기능을 살펴보고, 효과적인 활용 방법을 알아보겠습니다.

4.1 SECTION 커서 실행 및 로그인

1. 윈도우 시작 메뉴나 검색창에서 'cursor'를 검색하여 실행합니다.

▼ 그림 4-1 커서 실행 화면

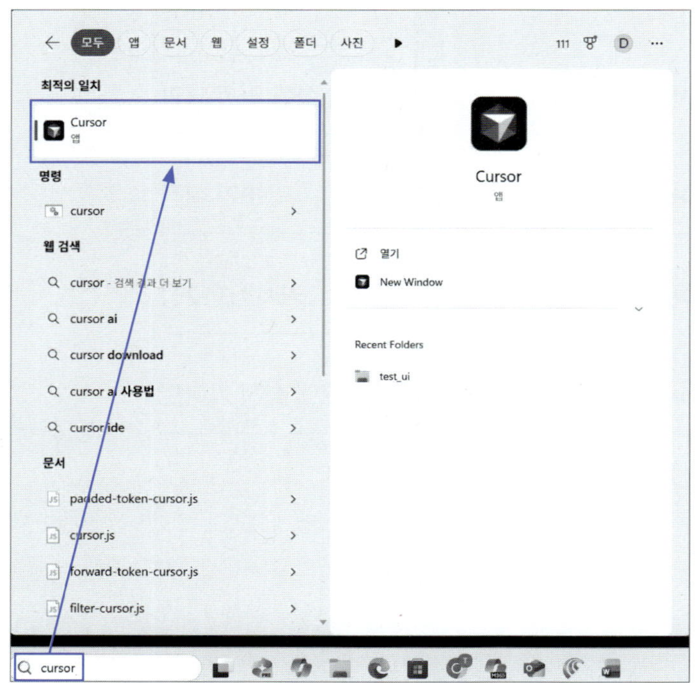

2. 처음 실행하면 계정 로그인 화면이 나옵니다. **Log In** 버튼을 누릅니다.

▼ **그림 4-2** 로그인 방법 선택

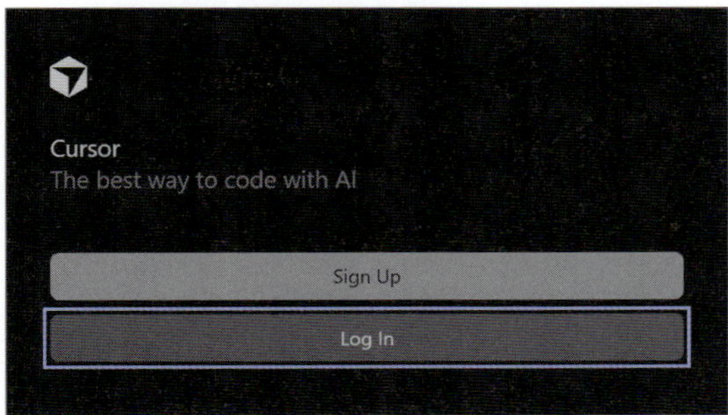

3. 자동으로 열리는 웹 브라우저에서 계정을 확인한 후 **Yes, Log In** 버튼을 누릅니다.

▼ **그림 4-3** 커서 로그인

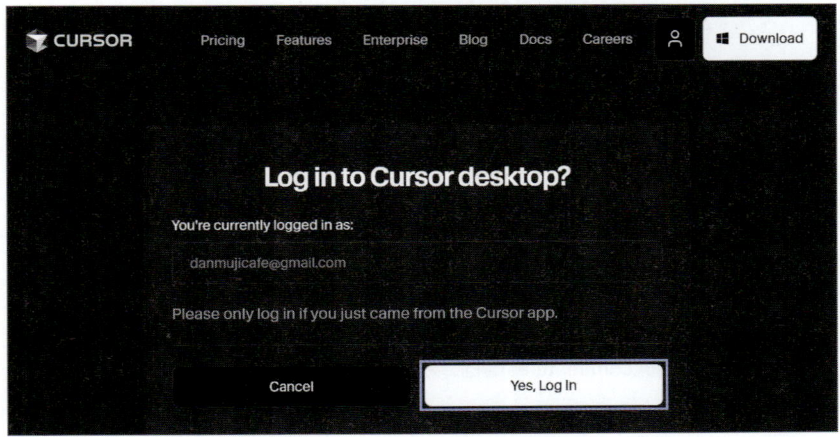

4. 계정으로 로그인하려면 '구글' 또는 '깃허브' 중 하나를 선택하세요. 3장에서 미리 준비한 계정을 사용하면 됩니다.

▼ **그림 4-4** 로그인 방법 선택

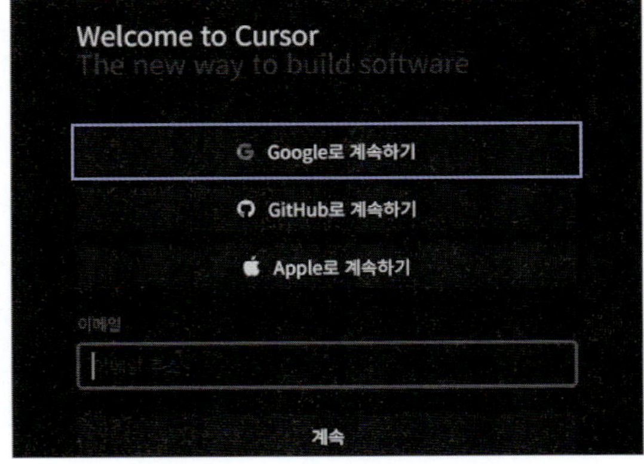

5. 로그인하면 다음 화면이 나옵니다. Chat Language를 **Korean**으로 선택하고 **Continue** 버튼을 누릅니다.

▼ **그림 4-5** AI 채팅 언어 설정

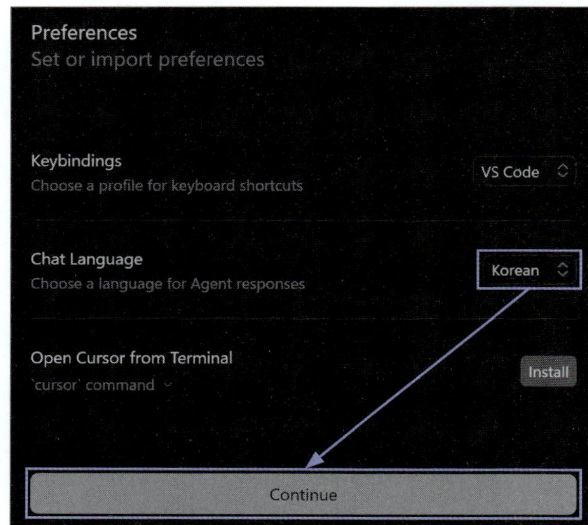

저자 노트

커서 UI 업데이트

커서는 빈번하게 업데이트를 실시하여 지속적으로 개선하고 있습니다. 버전에 따라 설정 화면의 구성이나 메뉴 위치가 언제든 달라질 수 있습니다.

책에서 설명하는 화면과 실제 설정 화면이 다르다면 최신 버전으로 업데이트된 것이니 유사한 메뉴나 옵션을 찾아보거나 공식 문서(https://cursor.com/features)를 참고해 주세요.

4.2 SECTION 초기 설정

1. 기본적으로 'Dark' 테마가 선택되어 있습니다. 그대로 사용하고 싶다면 **Continue** 버튼을 누릅니다. 테마를 바꾸고 싶다면 Theme 중에서 선택하거나 **More Themes** 버튼을 눌러 다른 테마를 선택합니다. 필자는 'IDE Layout'과 'Light' 테마를 선택했습니다.

▼ **그림 4-6** 테마 설정

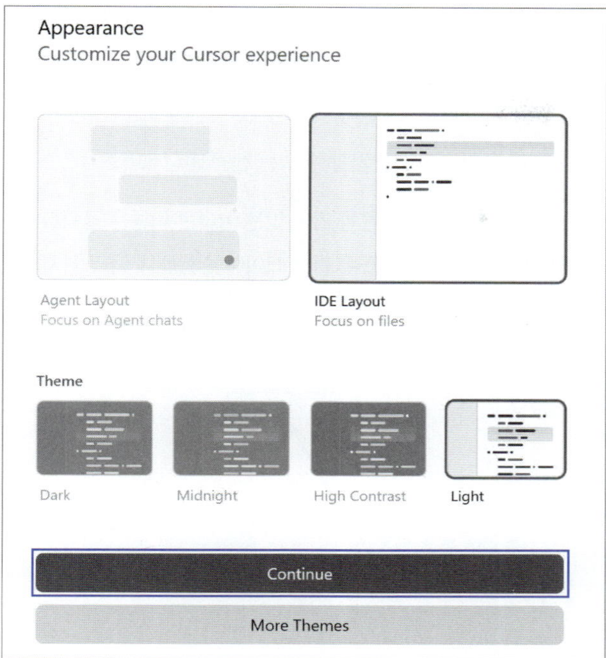

2. 주요 기능을 소개하는 화면이 나옵니다. 각 기능의 단축키와 간단한 설명을 확인한 후 **Continue** 버튼을 눌러 다음 단계로 진행합니다.

▼ **그림 4-7** 커서 각 기능과 단축키

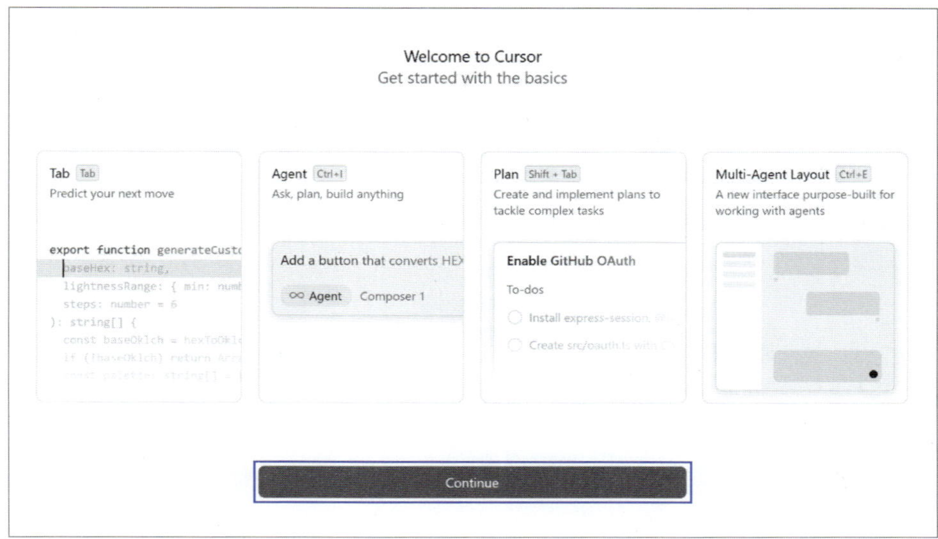

화면에 표시된 주요 기능은 다음과 같습니다.

- **Tab**(Tab): 다음에 작성할 코드를 예측하여 자동 완성 제안
- **Agent**(Ctrl + I): AI에 질문하거나 복잡한 작업 계획 수립 및 실행
- **Plan**(Shift + Tab): 복잡한 작업을 위한 계획 생성 및 실행
- **Multi-Agent Layout**(Ctrl + E): 여러 에이전트와 협업할 수 있는 전용 인터페이스

3. 이제 작업하기 편한 화면 구성으로 조정해 보겠습니다. 오른쪽 위에 있는 아이콘 버튼을 클릭하면 사이드바, 하단 패널 등을 열거나 닫을 수 있습니다. 이 아이콘들은 현재 레이아웃 상태에 따라 위치나 모양이 달라질 수 있습니다.

▼ **그림 4-8** 화면 보기 설정

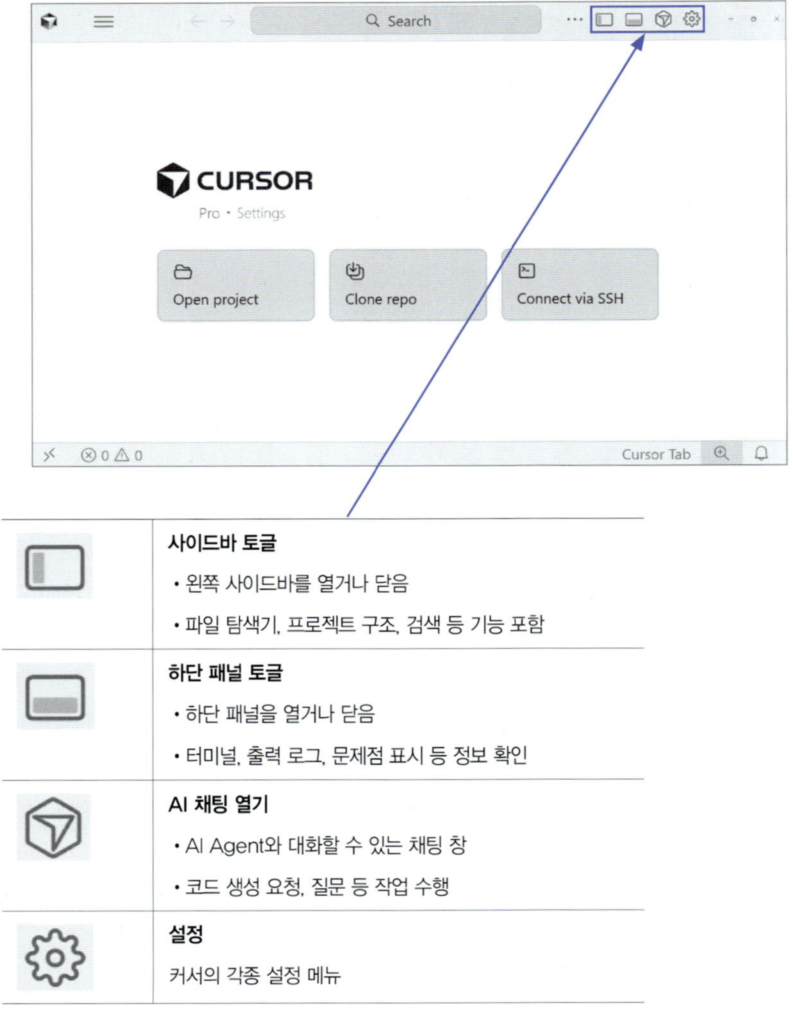

	사이드바 토글 • 왼쪽 사이드바를 열거나 닫음 • 파일 탐색기, 프로젝트 구조, 검색 등 기능 포함
	하단 패널 토글 • 하단 패널을 열거나 닫음 • 터미널, 출력 로그, 문제점 표시 등 정보 확인
	AI 채팅 열기 • AI Agent와 대화할 수 있는 채팅 창 • 코드 생성 요청, 질문 등 작업 수행
	설정 커서의 각종 설정 메뉴

저자 노트

유료 및 평가판(trial)

이 책에서는 커서 유료 버전을 사용합니다. 함께 유료 버전 결제를 진행해 봅시다.

1. 현재 무료 버전을 사용하고 있어 커서 로고 아래에 Free Plan이라는 설명이 보입니다. 그 옆의 **Upgrade** 링크를 클릭합니다.

▼ **그림 4-9** 커서 무료 버전을 사용 중인 화면

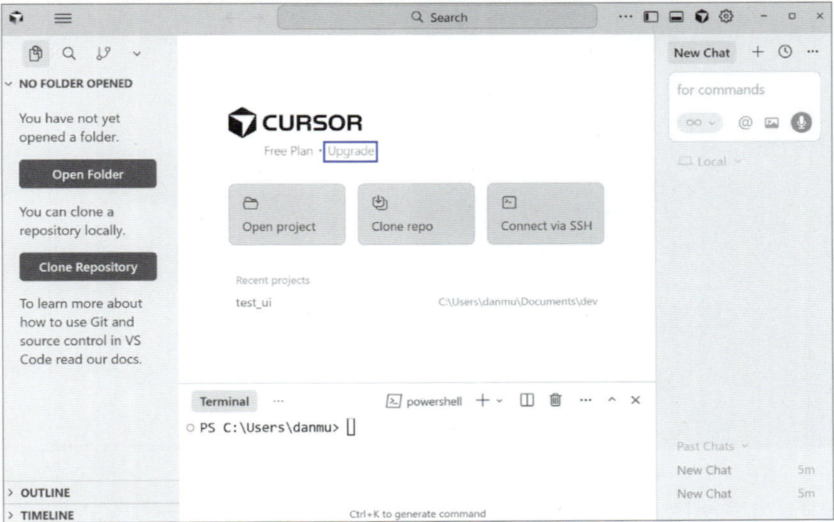

2. Pro 버전 일주일 무료 체험 제안이 나타납니다. **Start free trial** 버튼을 누르세요. 참고로 평가판 정책은 언제든지 변경될 수 있습니다.

▼ **그림 4-10** 일주일 무료 체험 선택

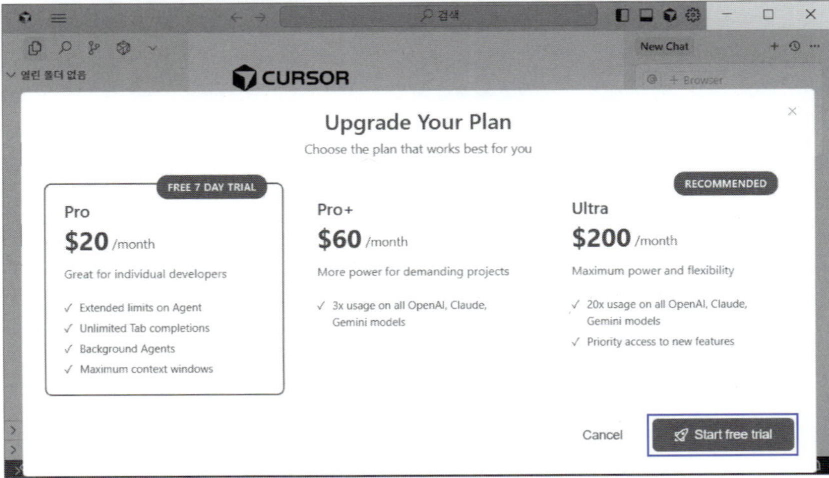

3. 보안 코드를 문자로 받아 입력하고 카드 정보도 입력합니다.

▼ **그림 4-11** 보안 코드와 카드 정보 입력

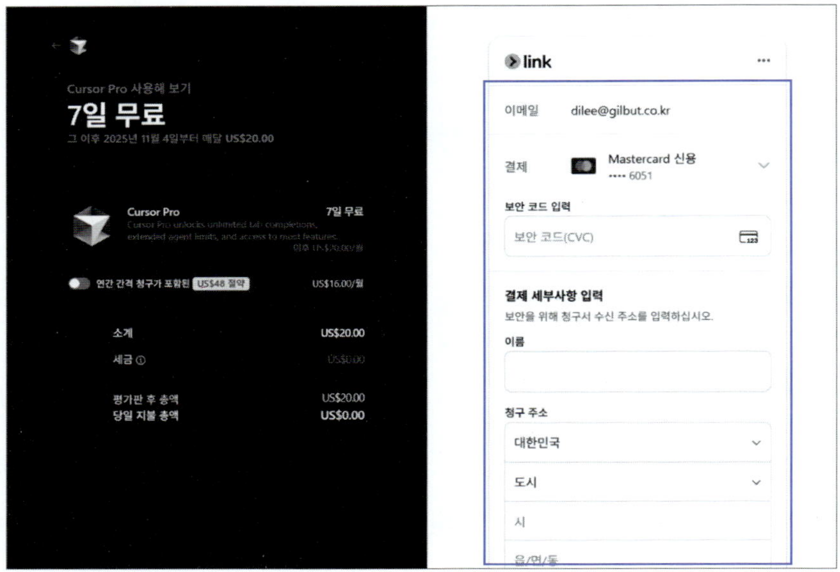

4. 프로 평가판을 사용하고 있으며, 7일이 남았다는 창이 뜨면 완료입니다.

▼ **그림 4-12** 평가판 사용 시작 화면

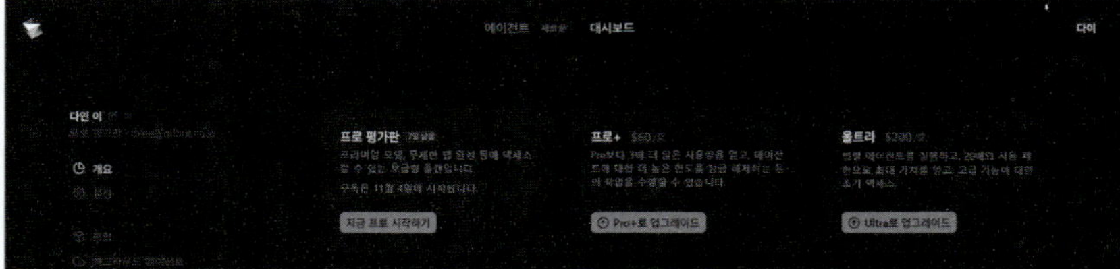

평가판 기간이 종료되면 커서 Pro 버전으로 자동 전환되어 결제를 진행합니다. 평가판을 사용 중이라도 특정 모델의 무료 사용량을 모두 소진했다면 **지금 프로 시작하기** 버튼을 눌러 즉시 유료 버전으로 업그레이드할 수 있습니다.

4.3 SECTION 커서 UI 구성

커서는 작업 방식에 따라 두 가지 레이아웃 모드를 제공합니다. 특별한 변경 없이 설치했다면 Editor 레이아웃으로 표시되며, 프로젝트 폴더를 열면 Agent 레이아웃으로 전환할 수 있습니다.

Editor 레이아웃

커서를 처음 실행하면 볼 수 있는 기본 화면입니다. 개발자에게는 익숙한 레이아웃으로 파일 중심의 작업 방식을 제공합니다.

Editor 레이아웃은 네 영역으로 구성됩니다.

▼ **그림 4-13** Editor 레이아웃 화면

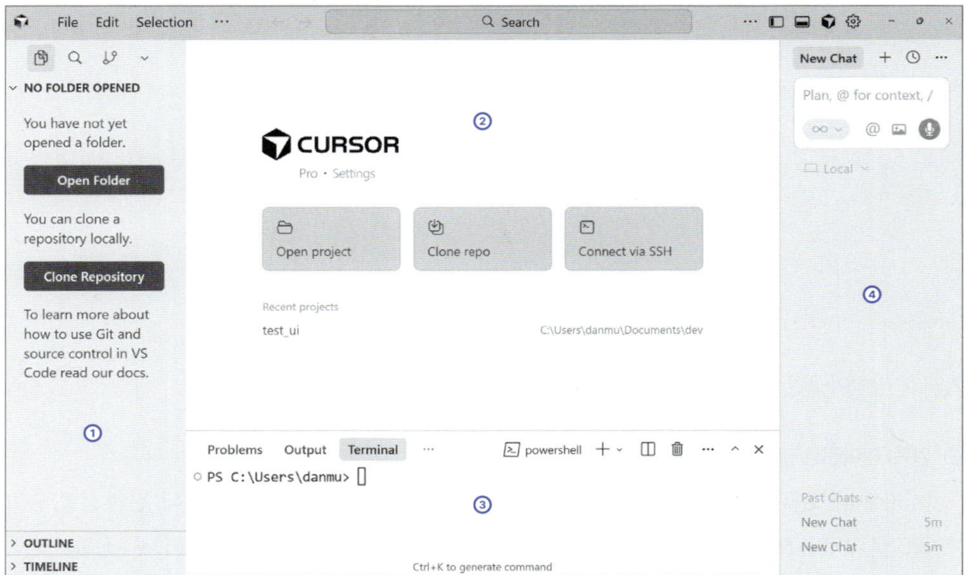

① **왼쪽: 파일 탐색기(explorer)** 프로젝트 폴더 구조를 표시하고 파일 생성, 삭제, 이름 변경, 폴더 관리 기능을 제공합니다.

② **가운데 위: 코드 에디터(editor)** 코드 작성 및 편집을 하는 주요 작업 영역입니다. 코드 에디터 외에도 커서 설정 화면, 초기 설치했을 때 보이는 AI 채팅 화면 등이 이 영역에 표시됩니다. 여러 탭을 지원하

며 문법 하이라이팅과 자동 완성 기능이 제공됩니다.

③ **가운데 아래: 통합 터미널(terminal)** 명령어 실행과 콘솔 출력을 확인할 수 있습니다. 서버 실행이나 개발 관련 명령어를 입력할 때 사용합니다.

④ **오른쪽: AI 채팅 패널(chat)** AI와 대화하며 코딩 도움을 받는 핵심 영역입니다. Agent, Plan, Ask, Debug 네 가지 모드를 제공합니다.

Agent 레이아웃

Open project 버튼을 눌러 프로젝트(새 폴더) 폴더를 열면 사용할 수 있는 레이아웃입니다. Ctrl + E를 누르면 Agent 레이아웃으로 변경됩니다. 에이전트 중심으로 설계된 새로운 레이아웃으로, 파일보다는 AI 에이전트와 작업에 초점을 맞춘 레이아웃입니다. AI와 협업을 중심으로 작업할 때 적합합니다.

▼ **그림 4-14** Agent 레이아웃 화면

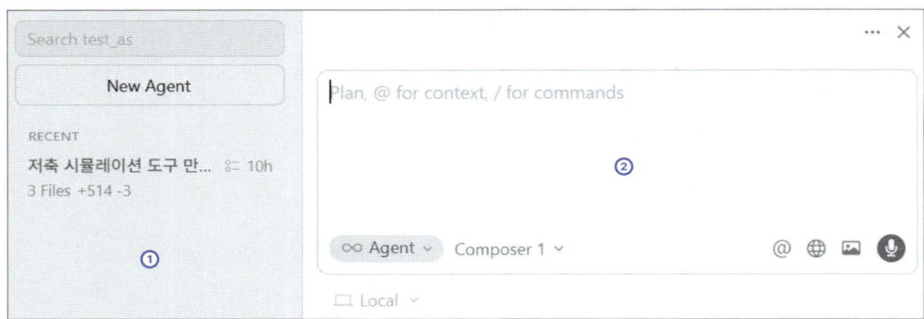

Agent 레이아웃은 주요 영역 두 개로 구성됩니다.

① **왼쪽: 에이전트 관리 사이드바**

여러 에이전트를 생성, 이름 변경, 관리하는 영역입니다. 각 에이전트는 고유한 상태, 진행 상황, 출력 로그를 가지며 **New Agent** 버튼으로 새로운 에이전트를 추가할 수 있습니다. 여러 에이전트를 병렬로 실행할 수 있습니다.

② **오른쪽: 에이전트 작업 영역**

AI 에이전트와 대화하고 프롬프트를 입력하는 메인 작업 공간입니다. 에이전트가 수행한 코드 변경 사항을 확인하고, 파일 변경을 검토하며, 실행 결과를 확인할 수 있습니다. 아래쪽에는 Agent 모드 선택과 사용할 AI 모델을 선택할 수 있는 드롭다운 버튼이 있습니다.

AI 모드 선택

커서는 Agent, Plan, Ask, Debug 네 가지 AI 모드를 지원합니다.

- Agent 모드로 코드를 작성하고 간단한 수정 작업을 처리합니다.
- Plan 모드로 구현할 기능의 전체 구조와 작업 방향을 설계합니다.
- Debug 모드로 복잡한 버그를 체계적으로 추적하고 해결합니다.
- Ask 모드로 코드나 개념을 질문합니다. 대화만 진행되며 코드는 수정되지 않습니다.

▼ **그림 4-15** AI 모드 선택

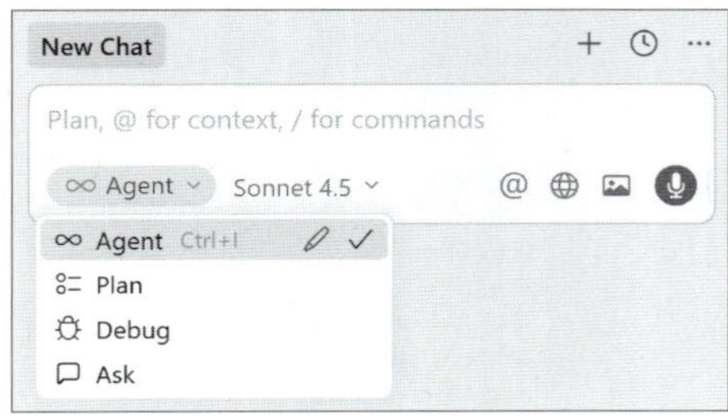

4.4 SECTION 최신 AI 모델 설정 가이드

AI 코딩 모델은 빠르게 발전하고 있으며, 주요 모델들의 성능 순위는 수시로 변경됩니다. 필자가 집필하는 시점을 기준으로 클로드 소넷 4.5, 제미나이 3 Pro, GPT-5.2가 코딩 벤치마크에서 최상위권을 형성하고 있지만, 이 순위는 새로운 모델이 출시될 때마다 변동합니다. 이 책에서는 다음 세 가지 모델을 사용했습니다.

첫 번째는 클로드 소넷 4.5입니다. 현재 최고의 코딩 모델로 평가받고 있으며, 복잡한 작업과 높은 품질의 코드가 필요할 때 가장 적합합니다.

두 번째는 클로드 하이쿠 4.5입니다. 빠른 속도가 필요할 때 추천하는 모델로, 소넷과 유사한 코딩 성능을 제공하면서도 3분의 1 비용으로 2배 이상 빠른 속도를 자랑합니다.

세 번째는 컴포저입니다. 커서 2부터 새롭게 도입된 커서 자체 개발 모델로, 빠른 속도에 최적화되어 있어 반복적인 코딩 작업에 적합합니다.

이 책에서는 이 세 가지 모델을 주로 사용하겠습니다. 모델 이름 뒤에 붙는 숫자는 버전을 나타내며, 숫자가 높을수록 최신 버전입니다. 시간이 지나면서 더 성능이 좋은 모델이 출시되면 그때 최신 모델을 선택하면 됩니다.

▼ **그림 4-16** AI 모델 선택 화면

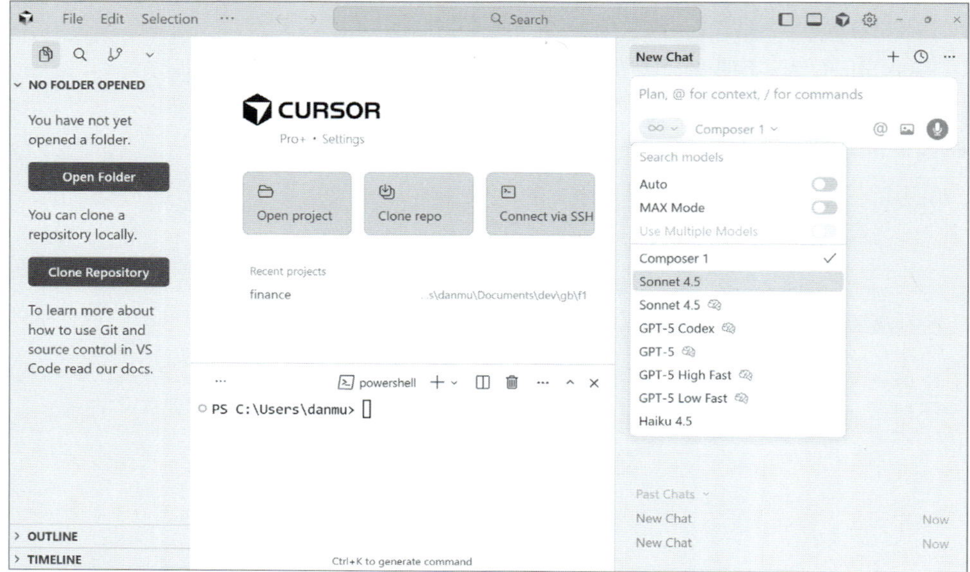

4.4.1 권장 모델의 특징과 선택 이유

앞서 소개한 세 가지 모델(클로드 소넷 4.5, 클로드 하이쿠 4.5, 컴포저)을 권장하는 구체적인 이유를 살펴보겠습니다. 또 AI 모델은 지속적으로 발전하고 있어 새로운 경쟁 모델들도 함께 알아 두면 향후 선택 폭을 넓힐 수 있습니다.

클로드 소넷 모델의 특징

클로드 모델이 바이브 코딩에 적합한 이유는 다음과 같습니다. 첫째, 코드 정확성이 높습니다. 단순히 문법적으로 올바른 코드를 생성하는 것을 넘어 실제로 실행할 때 에러가 적고 안정적으로 작동하는 코드를 만들어 냅니다. 둘째, 코드 설명 능력이 뛰어납니다. 생성한 코드의 각 부분이 어떤 역할을 하는지, 왜 이런 구조로 작성했는지 명확하게 설명합니다. 셋째, 한국어 지원이 우수합니다. 한국어로 질문하거나 요청할 때 의도를 정확히 파악하고 적절한 응답을 제공합니다.

클로드 하이쿠 모델의 특징

클로드 하이쿠는 소넷과 유사한 코딩 품질을 빠른 속도와 저렴한 비용으로 제공하는 모델입니다. 소넷보다 3분의 1 비용으로 2배 이상 빠른 속도를 자랑하면서 대부분의 작업에서 안정적인 결과를 얻을 수 있습니다.

일반적인 웹 페이지 제작, 간단한 기능 추가, 코드 수정 등 바이브 코딩 작업 대부분에서 하이쿠로도 충분히 좋은 결과를 얻을 수 있습니다. 특히 여러 번 시도하거나 빠른 반복 작업이 필요할 때 비용 효율적입니다.

컴포저 모델의 특징

컴포저는 속도에 특화된 커서 자체 개발 모델입니다. 그러면서도 뛰어난 성능을 보입니다. 수준이 유사한 모델 대비 4배 빠른 속도를 제공합니다. 한번 사용해 보면 그 속도의 매력에 빠지게 됩니다. 다만 매우 복잡한 작업은 클로드 소넷 같은 최상위 모델에 비해 좀 더 구체적인 지시가 필요할 수 있습니다.

저자 노트

모델 선택 전략

비용 효율을 고려한 전략

- 먼저 컴포저나 하이쿠로 시도
- 결과가 만족스럽지 않으면 소넷으로 재시도
- 복잡한 작업은 처음부터 소넷 사용

다른 모델도 자유롭게 시도해 보세요. 이 책에서는 클로드 소넷 4.5, 클로드 하이쿠 4.5, 컴포저를 주로 사용하지만, 커서는 제미나이 3 프로, GPT-5.1 등 다양한 최신 모델을 지원합니다.

같은 작업을 여러 모델로 시도해 보면 각 모델의 특성을 이해할 수 있고, 자신의 작업 스타일에 가장 잘 맞는 모델을 찾을 수 있습니다. 특히 한 모델로 원하는 결과를 얻지 못했을 때 다른 모델로 시도하면 더 나은 결과를 얻을 수 있는 경우가 많습니다.

모델 선택에 정답은 없습니다. 여러 모델을 직접 경험하며 자신만의 최적 조합을 찾아가는 것이 중요합니다.

4.4.2 일반 모델과 Think 모델의 차이

AI 모델은 크게 두 가지 버전으로 제공됩니다. 앞서 모델을 선택할 때 보았듯 일반 버전 모델과 Think 모델로 뇌 모양의 아이콘이 붙은 깊이 사고하는 버전이 있습니다.

일반 모델은 빠른 응답 속도로 일반적인 코드 생성과 간단한 질문 답변에 적합합니다. Think 모델은 뇌 아이콘이 붙은 모델로, 더 깊이 있는 분석과 사고를 통해 답변을 제공합니다. 응답 시간은 좀 더 걸리지만, 복잡한 문제에 보다 정확하고 체계적인 해결책을 제시합니다.

바이브 코딩을 처음 시작할 때는 일반 모델로도 충분합니다. 복잡한 개발 과제나 디버깅이 필요할 때는 Think 모델을 활용하는 것이 더 효율적입니다.

4.4.3 일반 모델 설정 방법

처음에는 모든 모델이 목록에 표시되지 않을 수 있습니다. 예를 들어 클로드 소넷이 보이지 않는다면 다음과 같이 추가할 수 있습니다.

- 모델 선택 드롭다운에서 가장 아래 [Add Models] 클릭
- 설정 창에서 클로드 소넷 4.5 활성화

▼ 그림 4-17 모델 설정

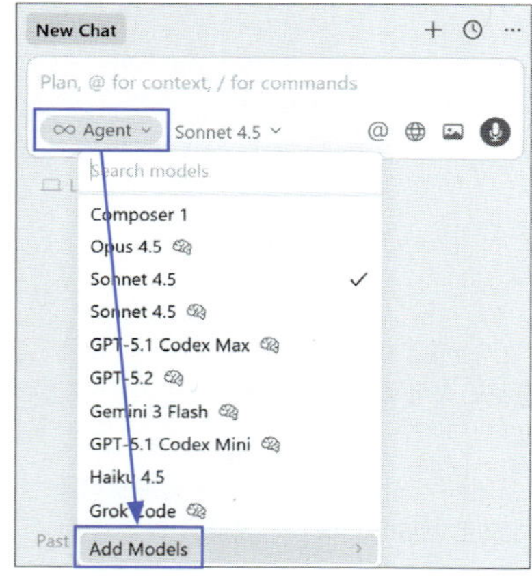

▼ 그림 4-18 모델 추가

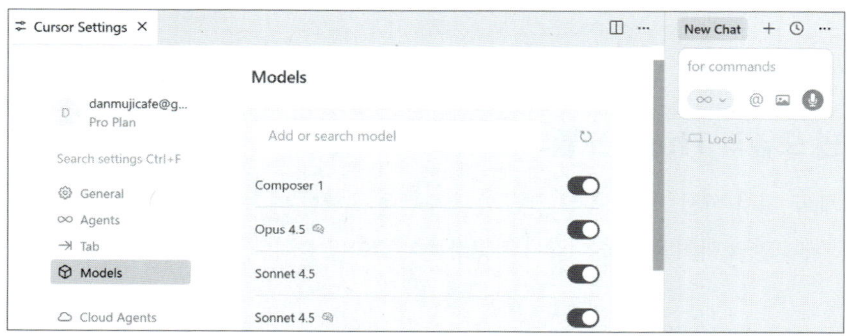

모델 선택까지 마쳤다면 이제 본격적으로 바이브 코딩을 시작할 준비가 되었습니다.

이 책에서는 학습 과정에서 빠르게 결과를 확인하고 반복해서 실습할 수 있도록 컴포저(Composer) 모델을 기본으로 사용합니다. 다만 복잡한 기능 구현이나 더 높은 품질이 필요할 때는 소넷(Sonnet)을, 빠른 수정이나 간단한 작업에는 하이쿠(Haiku)를 함께 활용할 예정입니다.

다음 장에서는 간단한 웹 명함을 만들고 깃허브에 배포하는 과정까지 실습합니다. 본격적인 바이브 코딩을 시작하기 전에 전체적으로 흐름을 파악하고 감을 잡는 데 도움이 될 것입니다.

3부

나의 첫 바이브 코딩 프로젝트

CHAPTER

05

AI와 함께 만드는 나만의 웹 명함

미니 프로젝트 1: 나만의 웹 명함 만들기

드디어 바이브 코딩으로 '첫 번째 프로젝트'를 만들어 볼 차례입니다. 가장 먼저 나만의 웹 명함을 만들어 볼 것입니다.

5.1.1 프로젝트 시작하기

첫 번째 미니 프로젝트를 위해 새로운 작업 공간을 만들어 보겠습니다.

1. 화면에서 **Open project** 버튼을 누르거나 **File > Open Folder** 메뉴를 선택합니다.

▼ **그림 5-1** 프로젝트 시작 전 화면

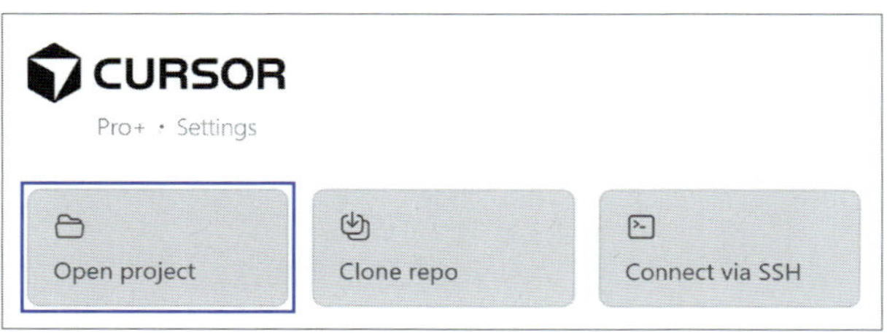

2. 'card'라는 이름의 새 폴더를 만들고 **폴더 선택** 버튼을 누릅니다. 폴더 위치나 이름은 자유롭게 설정하면 됩니다.

▼ **그림 5-2** 새로운 프로젝트 이름

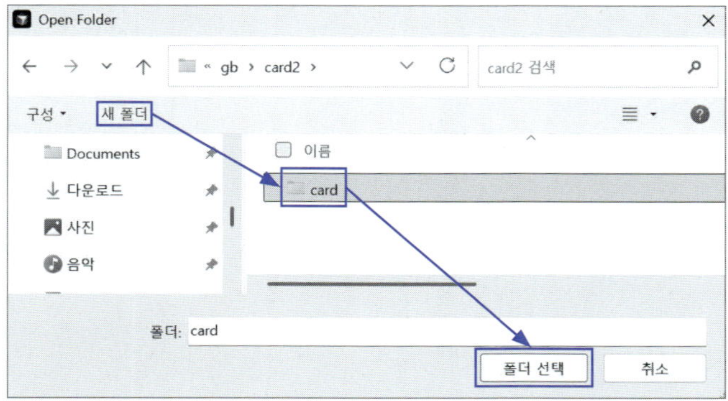

3. 커서에서 새 프로젝트를 시작하면 기본적으로 Editor 레이아웃으로 열립니다. Ctrl + E를 눌러 Agent

레이아웃과 Editor 레이아웃을 전환할 수 있습니다. 어떤 것을 사용해도 무방하나 Agent 레이아웃을 사용해 보겠습니다. 단, Agent 레이아웃이 업데이트가 된다면 약간의 변화가 있을 수 있습니다.

▼ **그림 5-3** Agent 레이아웃 화면

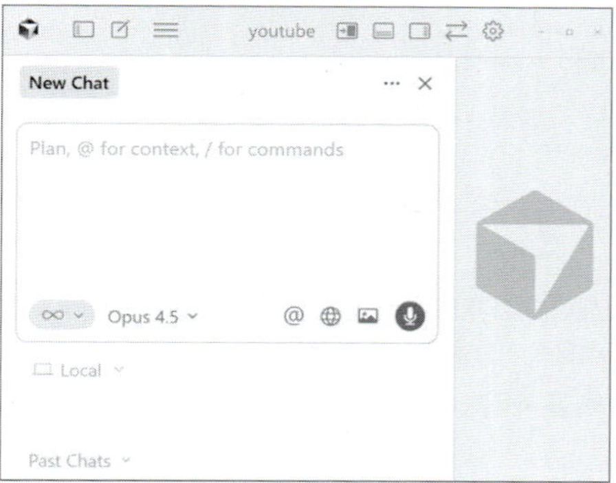

5.1.2 AI가 코딩하는 과정

1. 이제 본격적으로 바이브 코딩을 시작해 보겠습니다. 다음 프롬프트를 커서 채팅창에 입력하고, 오른쪽 아래에 있는 화살표 모양(제출) 버튼을 클릭해서 전송합니다.

입력 프롬프트 복사: https://github.com/lovedlim/vibe

나를 소개하는 웹 명함을 만들어 줘.

이름, 직업, 한 줄 소개를 포함해 줘.

(김다인, 바이브코딩 풀스택 개발자, dain@sideonai.com, 010-0000-0000)

얼굴은 캐릭터를 그려 줘.

HTML, CSS, JS로 만들어 줘.

▼ **그림 5-4** 채팅창에 입력한 모습

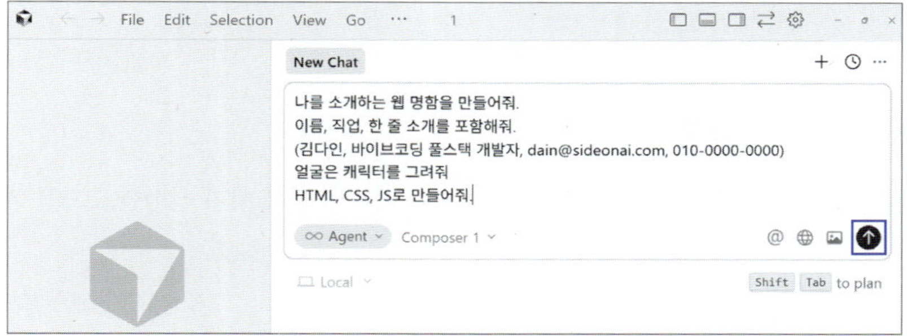

TIP

프롬프트 작성 팁

- 줄 바꿈: Shift + Enter
- 전송: Enter
- 구체적으로 설명할수록 좋은 결과를 얻을 수 있습니다.

저자 노트

기술 스택을 꼭 적어야 하나요?

기술 스택인 HTML, CSS, JS(자바스크립트)를 명시하지 않아도 AI가 적절한 기술을 자동으로 선택해 줍니다. 하지만 이 책에서는 일관성 있게 학습 흐름을 할 수 있게 의도적으로 기술을 명시했습니다.

또 간단한 기능 구현에도 AI가 때로는 필요 이상의 고급 기술을 사용할 때가 있어 빠르게 제작하려고 기술을 구체적으로 지정했습니다.

2. 프롬프트를 전송하면 AI가 '무엇을 어떻게 만들지' 고민하고 개발을 시작합니다. 완성될 때까지 조금만 기다려 주세요.

▼ **그림 5-5** 개발하는 AI

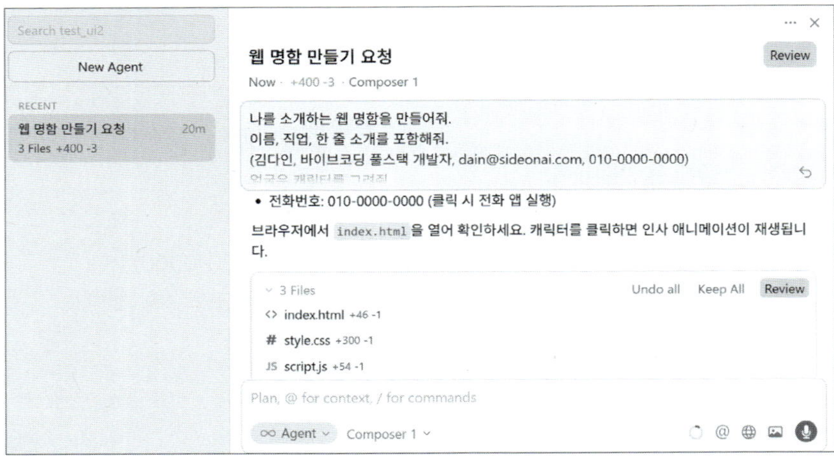

5.1.3 코드 완성과 저장하기

코드 작성이 완료되면 사용 방법을 안내합니다. Keep All 버튼을 눌러 AI가 작성한 코드를 저장합니다.

▼ **그림 5-6** 사용 방법

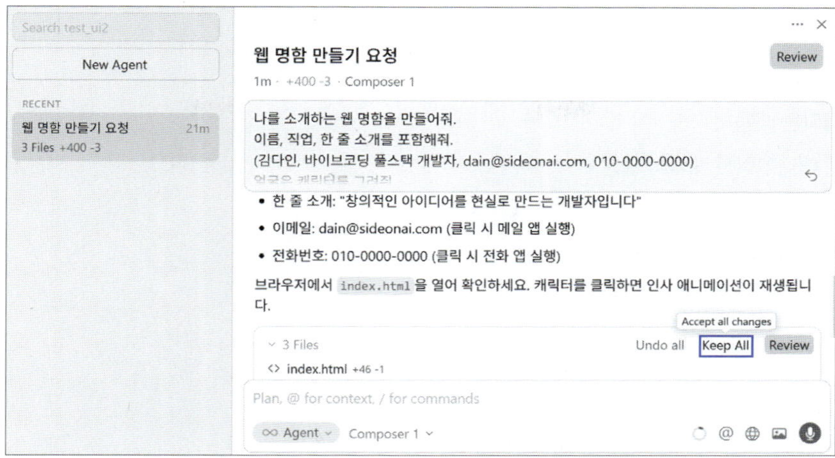

5.1.4 실행하기

커서가 친절하게 안내하는 방법에 따라 프로젝트 폴더를 열고 index 파일을 실행해도 되지만, "네가 실행해 줄래?"라고 요청하면 자동으로 웹 브라우저를 열어 줍니다.

저자 노트

[Allowlist(자동 실행)]와 [Run(실행)] 버튼

상황에 따라 [Allowlist(자동 실행)] 또는 [Run(실행)] 버튼이 나타날 수 있습니다. 이때 **Allowlist** 버튼을 누르면 앞으로 같은 명령이 자동으로 실행되어 더 빠르게 작업할 수 있습니다. [Run] 버튼은 이번에만 실행하는 옵션입니다.

▼ **그림 5-7** 실행 버튼

네가 실행해 줄래?

브라우저에서 웹 명함을 엽니다.

Run command: start

```
$ start index.html
```

Use Allowlist　　Skip　Allowlist 'start'　Run

출력

브라우저에서 웹 명함을 엽니다.

화면에 표시되는 내용:

- 위쪽에 애니메이션 캐릭터 얼굴
- 이름 "김다인"(그러데이션 텍스트)
- 직업 및 한 줄 소개
- 이메일과 전화번호 연락처 정보

체험해 볼 수 있는 기능:

- 캐릭터를 클릭하면 인사 애니메이션 실행
- 카드에 마우스를 오버하면 약간의 3D 회전 효과
- 연락처 항목을 호버하면 색상 변화

웹 브라우저에서 확인해 보세요. 문제가 있으면 알려 주세요.

웹 브라우저가 열리면서 첫 번째 바이브 코딩 결과물을 확인할 수 있습니다.

▼ **그림 5-8** 바이브 코딩 첫 결과물

저자 노트

생성형 AI로 바이브 코딩을 진행할 때는 AI 응답이 매번 다를 수 있습니다. 따라서 책에 나온 필자 결과물과 여러분 결과물이 다를 수 있다는 점 양해 바랍니다. 필자 내용은 하나의 예시로 참고하고, 여러분만의 결과물이 나온다면 그것도 충분히 좋은 결과입니다. 중요한 점은 AI와 대화를 하면서 원하는 결과물을 만들어 가는 과정을 경험하는 것입니다.

5.1.5 콘텐츠 수정하기

AI가 만든 명함이 마음에 들지 않거나 수정이 필요하다면 언제든 수정을 요청할 수 있습니다. 채팅창에 수정하고 싶은 부분을 구체적으로 입력하고 전송합니다.

입력 프롬프트 복사: https://github.com/lovedlim/vibe

명함 내용을 다음과 같이 수정해 주세요.

이름: 김태헌

직책: SideOnAI 대표

소개 문구: "AI와 함께 놀고 있습니다. 같이 노실 분?"

이메일: th@sideonai.com

폰: 010-1111-1111

링크드인 버튼 추가: https://www.linkedin.com/

캐릭터: 멋지게 그려 줘.

출력

다시 **Run** 버튼을 눌러 웹 브라우저를 열고 수정 사항을 확인합니다. 이전에 **Allowlist** 버튼을 누른 적이 있다면 추가 확인 없이 바로 웹 브라우저가 실행됩니다. 또는 웹 브라우저에서 새로고침을 하면 수정된 것을 확인할 수 있습니다.

▼ **그림 5-9** 수정된 웹 페이지 실행

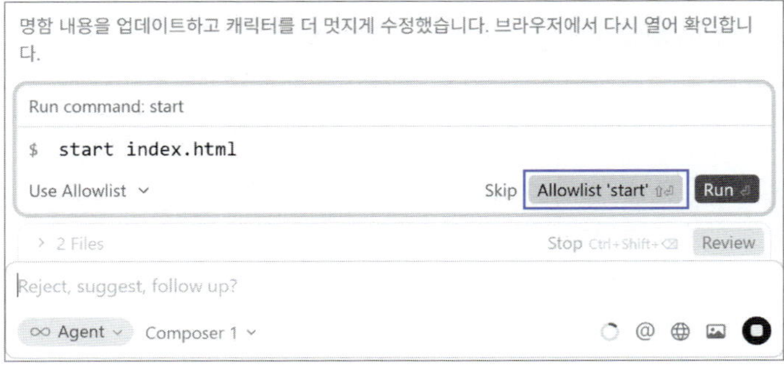

▼ **그림 5-10** 수정된 결과물

5.1.6 콘텐츠 추가하기

이번에는 웹 명함에 유용한 기능을 추가해 보겠습니다. 유튜브 링크 버튼을 추가해서 활용도를 높여 보겠습니다. AI에 다음처럼 요청합시다.

입력

기능추가

유튜브 링크 버튼 추가: https://www.youtube.com/@ai-study

저자 노트

어떤 작업을 요청했는데 바로 실행되지 않고 다음 그림과 같이 대기 목록(queued)으로 들어가는 경우가 있습니다. 지금 바로 실행하려면 화살표 버튼을 누르세요.

▼ **그림 5-11** 지금 바로 실행하기 위한 화살표 버튼

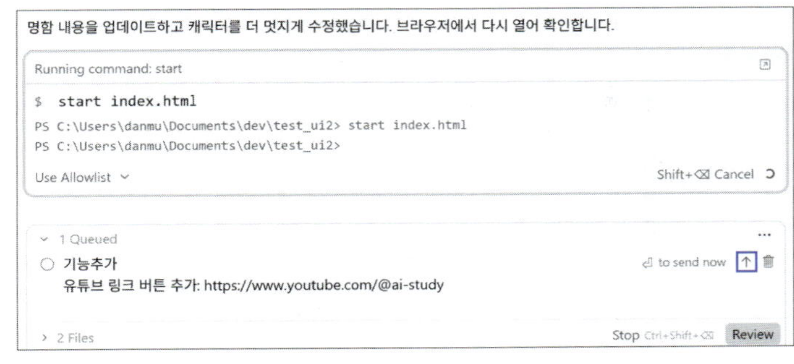

출력

추가된 기능:

- 유튜브 버튼: LinkedIn 버튼 아래에 추가
- 유튜브 브랜드 컬러(빨간색) 적용
- 호버 시 빨간색 그러데이션 효과
- 새 탭에서 열림(target="_blank")

이제 명함에 이메일, 전화번호, LinkedIn, YouTube 링크가 모두 포함되어 있습니다. 브라우저에서 확인해 보세요.

개발된 내용을 저장하려면 Keep All 버튼을 누릅니다.

▼ **그림 5-12** 추가 기능 개발 완료

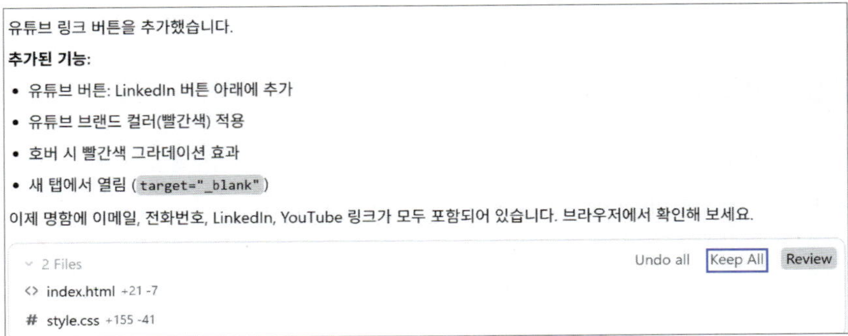

기존에 실행되고 있는 웹 페이지를 새로고침(F5)하여 결과를 확인합니다.

▼ **그림 5-13** SNS 버튼이 추가된 결과물

이처럼 바이브 코딩의 매력은 추가 기능을 언제든지 쉽게 요청할 수 있다는 점입니다. "배경색을 바꿀 수 있는 버튼을 만들어 줘.", "명함 스타일을 여러 개 중에서 선택할 수 있게 해 줘." 등 상상하는 모든 기능을 AI와 함께 무한대로 구현할 수 있어요.

저자 노트

결과물이 책과 다르다고요?

바이브 코딩은 생성형 AI를 활용한 방식이기에 시도할 때마다 매번 다른 결과가 도출됩니다. 여러분 결과물은 책에 실린 필자 결과물과는 다를 수 있습니다.

5.1.7 프로젝트 마무리하기

다음 프로젝트를 진행할 수 있게 현재 프로젝트는 종료하겠습니다. 프로젝트를 종료할 때는 File 〉 Close Folder 메뉴를 선택합니다.

▼ **그림 5-14** 커서 프로젝트 종료

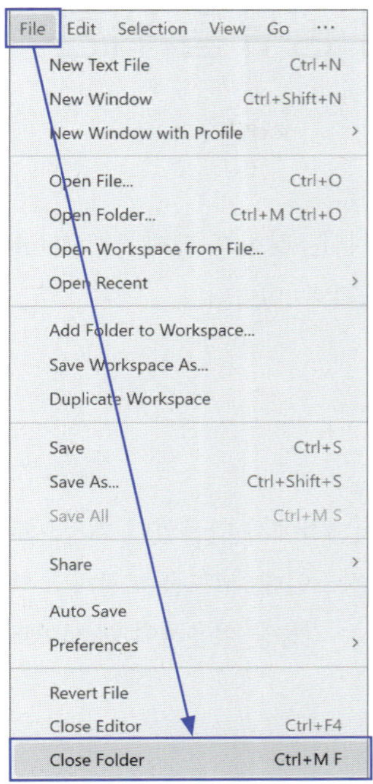

프로젝트가 종료되면 새로운 프로젝트를 시작할 수 있는 초기 화면이 나타납니다.

▼ **그림 5-15** 커서 초기 화면으로 돌아옴

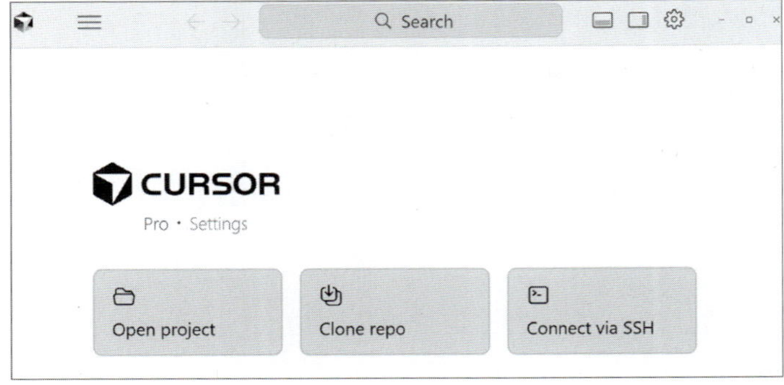

SECTION 5.2 미니 프로젝트 2: 웹 명함 공유를 위한 깃허브(GitHub) 연동

이제 여러분이 만든 멋진 웹 명함을 인터넷에 공개해 보겠습니다. 깃허브 페이지(GitHub Pages)라는 무료 서비스를 이용하면 여러분 웹 사이트를 쉽게 배포할 수 있습니다.

5.2.1 깃허브에 저장소 만들기

먼저 깃허브(https://github.com)에 접속해서 로그인하세요. 앞서 3장에서 만들었던 계정으로 로그인하면 됩니다. 깃허브는 전 세계 개발자가 사용하는 코드 저장소인데, 코드를 보관하고 다른 사람들과 공유할 수 있는 플랫폼입니다. 특히 깃허브 페이지라는 기능을 이용하여 웹 사이트를 무료로 배포(공유)할 수 있답니다.

▼ **그림 5-16** 깃허브(GitHub) 로그인 화면

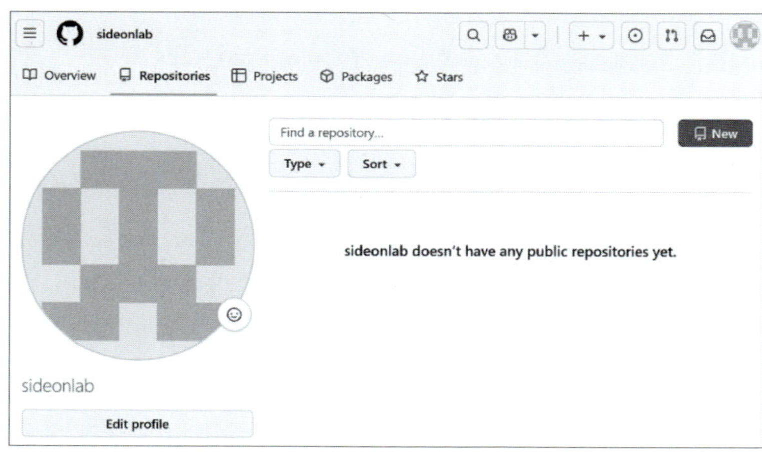

로그인 후 화면 오른쪽 위에 있는 +를 클릭하고 New repository 메뉴를 선택하세요. 리포지터리(repository)는 프로젝트 폴더라고 생각하면 됩니다.

▼ 그림 5-17 새 리포지터리 생성

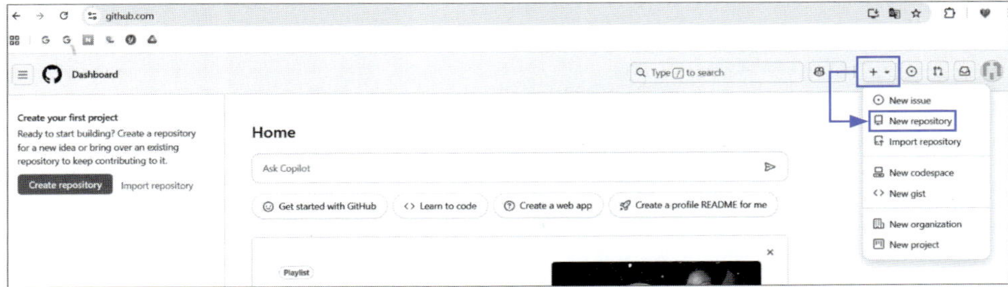

5.2.2 리포지터리 설정하기

리포지터리 이름은 'card'로 작성하겠습니다. 각자 원하는 이름으로 자유롭게 정하셔도 됩니다. 아래 Description(설명) 부분에는 '웹 명함' 정도로 간단하게 작성했습니다.

▼ 그림 5-18 리포지터리 정보 입력

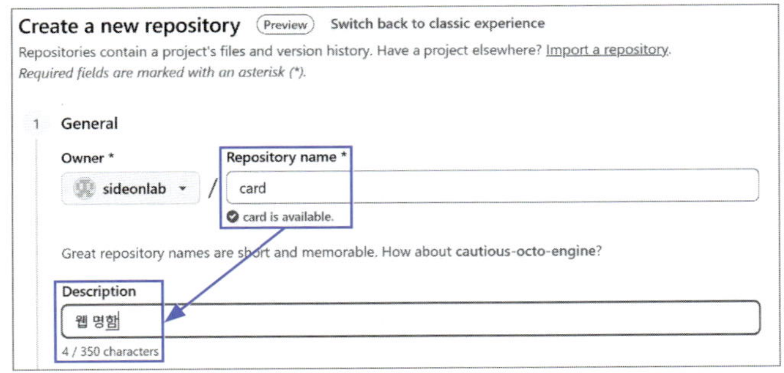

여기에서 'Add README' 옵션을 클릭하여 활성화하세요. 이렇게 하면 프로젝트 설명서를 담을 수 있는 파일이 만들어집니다. 모든 설정을 마쳤다면 Create repository 버튼을 누릅니다.

▼ 그림 5-19 리포지터리 생성

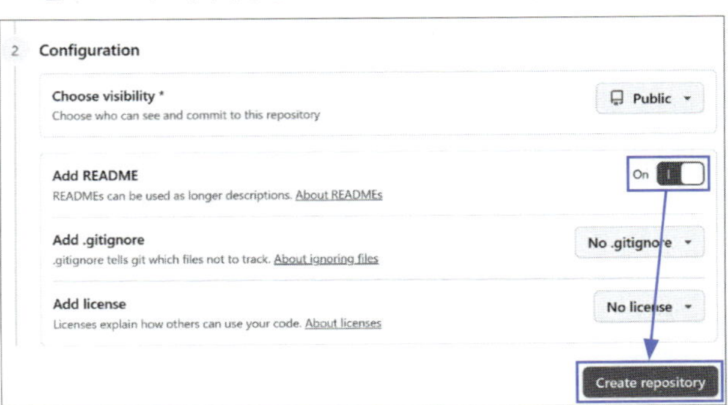

프로젝트 파일을 담을 리포지터리를 만들었습니다.

▼ **그림 5-20** 리포지터리 생성 완료

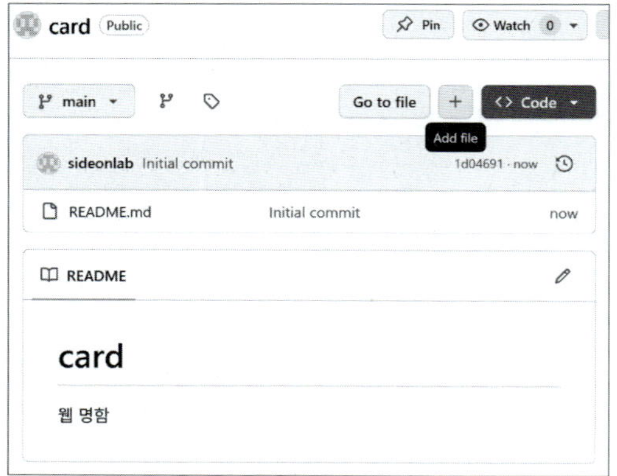

5.2.3 웹 명함 파일 업로드하기

이제 앞서 만든 웹 명함 파일들을 깃허브에 올려 보겠습니다. +(Add file)를 클릭하고 **Upload files** 메뉴를 선택하여 업로드합니다.

▼ **그림 5-21** 파일 추가 메뉴

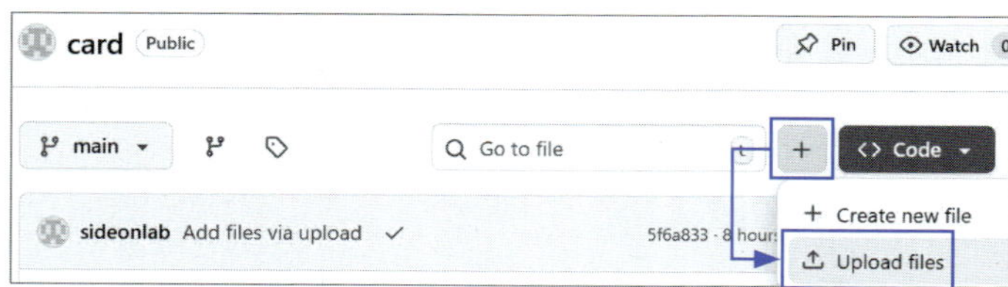

바이브 코딩으로 만든 모든 파일을 선택해서 드래그하거나 choose your files 버튼을 눌러 추가합니다. 보통 index.html, script.js, style.css 등 파일을 추가할 수 있습니다. AI가 생성한 파일 이름이나 수는 프로젝트마다 다를 수 있습니다.

▼ **그림 5-22** 파일 선택 및 업로드

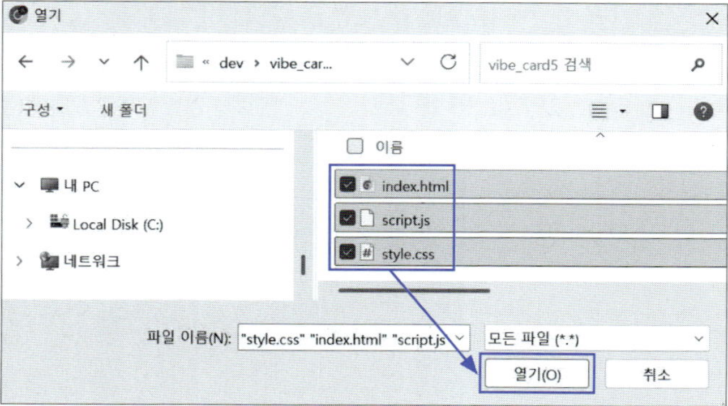

저자 노트

프로젝트 폴더 위치 찾는 방법

파일 위치를 찾기 어렵다면 커서에서 index.html 파일 위에서 마우스 오른쪽 버튼을 눌러 **Reveal in File Explorer** 메뉴를 선택하면 해당 폴더가 열립니다.

▼ **그림 5-23** 폴더 위치 찾기

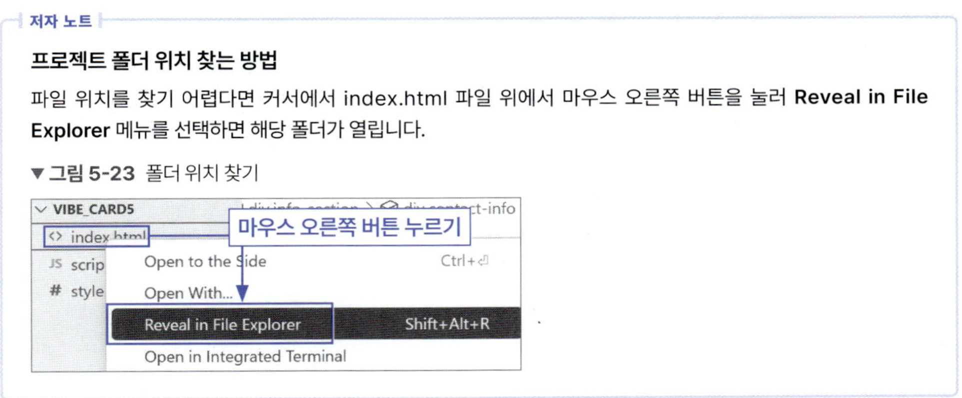

업로드한 HTML, CSS, JS 파일이 화면에 표시되면 성공적으로 업로드한 것입니다. 이제 페이지 아래쪽에 있는 Commit changes 버튼을 누르세요. 커밋(commit)은 '변경 사항을 저장한다'는 의미가 있습니다.

▼ **그림 5-24** 파일 업로드 완료

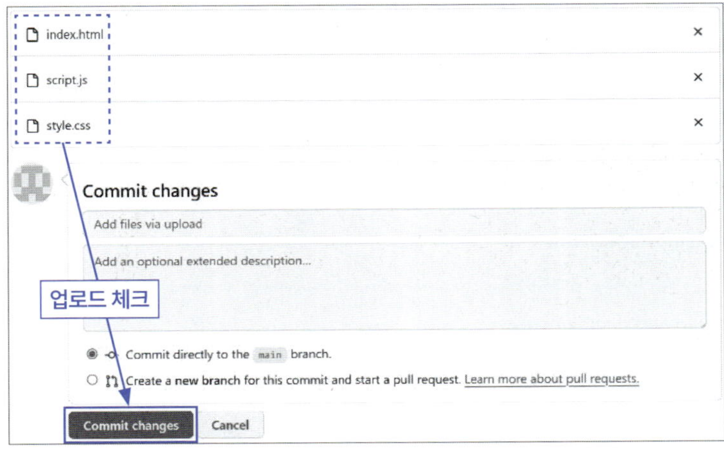

5.2.4 깃허브 페이지로 배포하기

가장 흥미진진한 단계입니다. 여러분 웹 명함을 인터넷에 공개해 보려고 합니다. 그림 5-25와 같이 깃허브에 파일이 올라와 있습니다.

▼ 그림 5-25 업로드된 파일 목록

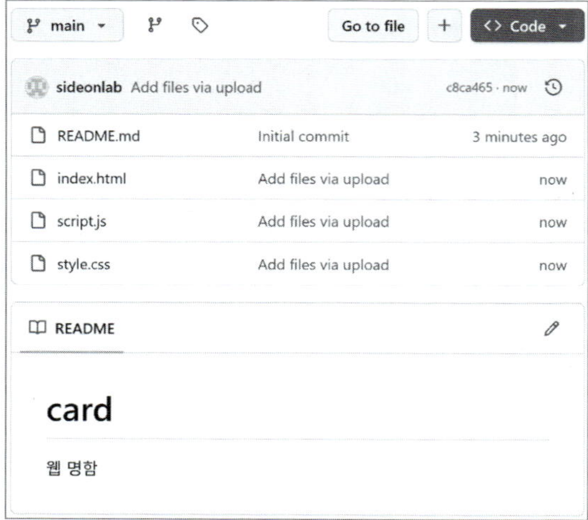

이제 배포(공유)를 위해 위쪽 메뉴에서 [Settings]를 선택하고 왼쪽 메뉴에서 [Pages]를 선택합니다. [Settings] 메뉴가 잘 보이지 않는다면 화면 비율 때문이니 Ctrl + - 을 눌러 화면 크기를 줄입니다.

▼ 그림 5-26 [Settings] 메뉴

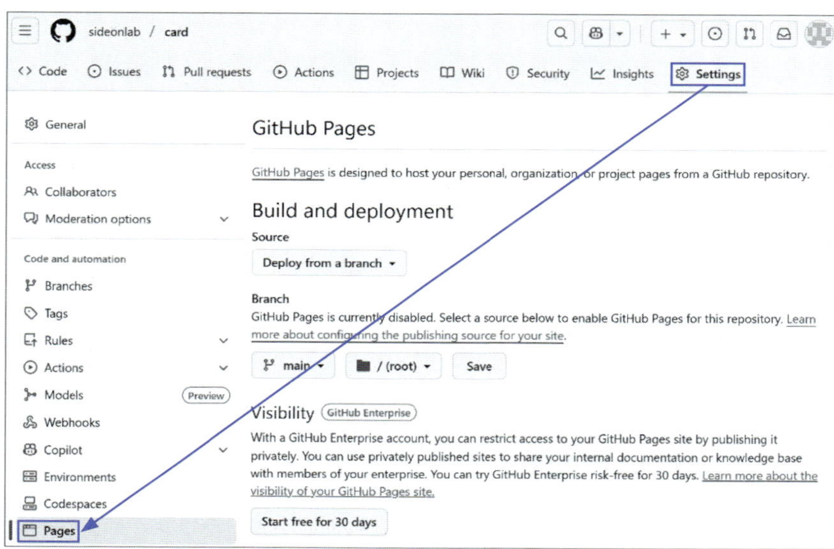

Build and deployment에서 Branch를 [None]에서 main으로, 폴더는 / (root)로 설정한 후 Save 버튼을 누르세요. 위쪽에 'GitHub Pages source saved.'라는 메시지가 표시될 것입니다.

▼ 그림 5-27 깃허브 페이지 설정

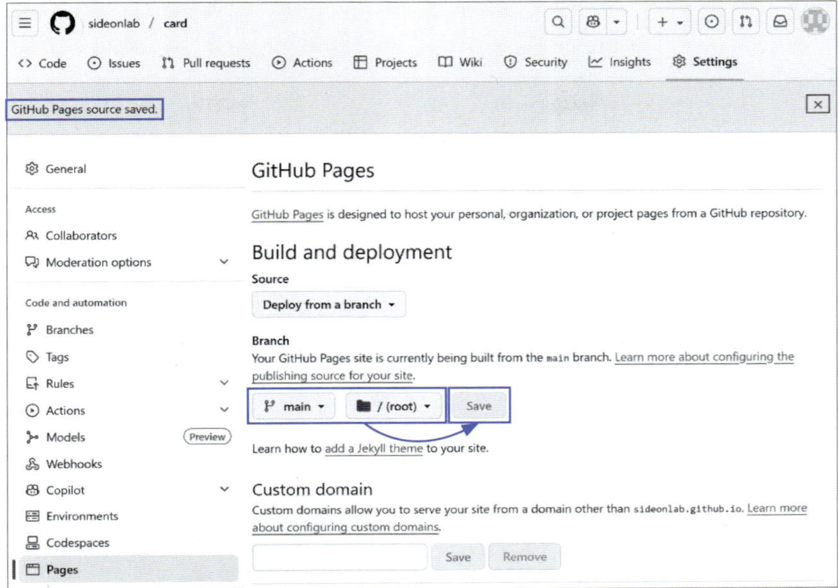

5.2.5 배포 과정 확인하기

배포가 진행되는 과정을 실시간으로 확인할 수 있습니다. 위쪽 메뉴에서 [Actions]를 선택해 보세요. 현재 'pages build and deployment'를 클릭해서 상세 진행 상황과 URL을 확인해 보겠습니다.

▼ 그림 5-28 배포 진행 상황

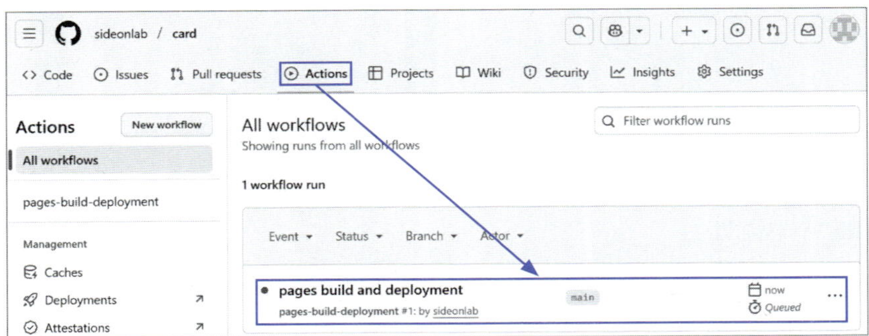

배포가 완료되어 초록색으로 변경되었고, deploy 박스에서 URL을 확인할 수 있습니다.

▼ **그림 5-29** 배포가 완료된 상태

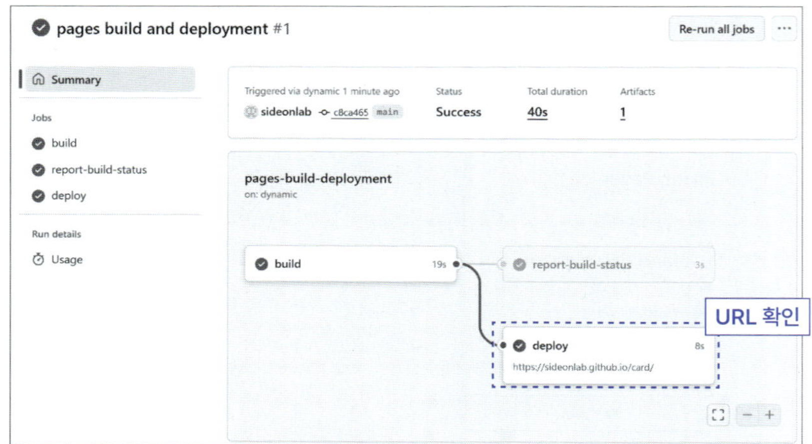

이 URL을 친구와 동료에게 공유하면 여러분이 만든 멋진 웹 명함을 아주 쉽게 자랑할 수 있습니다.

▼ **그림 5-30** 깃허브에서 생성된 URL로 접속한 모습

저자 노트

배포에 실패했을 때 대처 방법

책 내용을 그대로 따라 했는데도 혹시 배포에 실패했다면 에러 화면을 캡처해서 커서에 "깃허브 페이지 배포 중 이런 에러가 발생했어요. 어떻게 해결하면 될까요?"라고 물어보세요. 대부분의 문제는 쉽게 해결할 수 있답니다.

이 장에서는 첫 바이브 코딩 프로젝트로 웹 명함을 함께 만들어 보았습니다. 다음 장에서는 바이브 코딩을 더 잘할 수 있는 방법을 알아봅니다.

4부

바이브 코딩 실전

CHAPTER

06

바이브 코딩 스킬업: Plan으로 체계 잡기

바이브 코딩의 기본은 '말하고(Say) → 실행하고(Run) → 보는(See)' 흐름을 가집니다. 이는 빠르게 시도하고 반복 개선하는 실전 개발 전략으로, 간단한 기능들을 만들 때 매우 효과적입니다. 하지만 복잡한 서비스를 개발할 때는 한계가 있기 때문에 체계적인 계획이 필요합니다. 이 장에서는 Say → Run → See의 기본기부터 시작해서 복잡한 프로젝트를 체계적으로 관리하는 커서 Plan 모드 활용법까지 단계별로 알아보겠습니다.

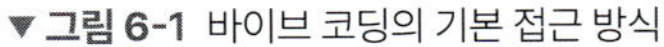
▼ **그림 6-1** 바이브 코딩의 기본 접근 방식

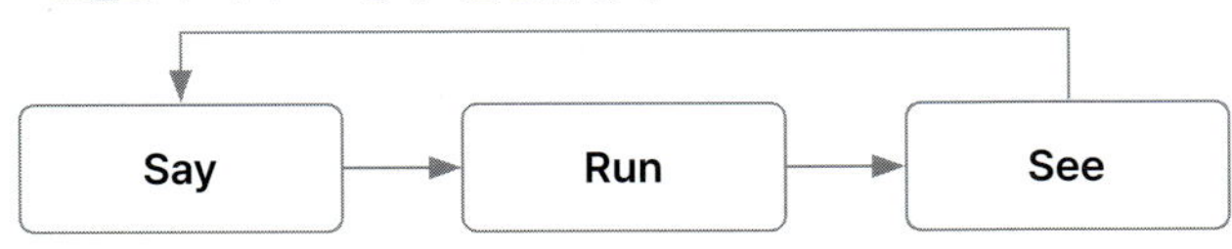

6.1 SECTION 바이브 코딩의 작업 방식: Say → Run → See

간단한 웹 기능이나 앱을 만들 때는 처음부터 완벽하게 설계하기보다는 우선 작게 시도하고 이를 반복적으로 개선하는 것이 효과적입니다. 바이브 코딩은 복잡한 사전 계획 없이도 '우선 실행하면서 다듬어 나가는 방식'으로 효율적인 결과를 얻을 수 있습니다.

그렇다면 왜 이런 방식이 효과적일까요?

기존 개발 방식은 마치 건축과 같습니다. 설계도를 완벽하게 그리고, 자재를 준비하고, 순서대로 건물을 올리죠. 하지만 간단한 웹 서비스는 건축보다는 요리에 더 가깝습니다. 맛을 보면서 간을 맞추고, 부족한 재료는 중간에 추가하면서 완성해 가는 것입니다.

바이브 코딩 방식은 나만의 번뜩이는 아이디어에서 시작하여 빠른 구현과 확인, 수정과 개선을 반복하는 과정을 거칩니다. 작은 단위로 계속 개선하며 진행하기에 짧은 시간 안에 사용 가능한 결과물을 얻을 수 있습니다. 반면에 기존 방식은 요구 사항 분석부터 설계, 개발, 테스트, 배포까지 각 단계를 완료한 후 다음 단계로 진행하므로 긴 시간이 흘러 첫 결과를 확인할 수 있습니다.

▼ **표 6-1** 바이브 코딩과 기존 코딩 방식 비교

구분	바이브 코딩 방식	기존 코딩 방식
프로세스	아이디어 → 빠른 구현 → 확인 → 수정 → 개선 → 반복	요구 사항 분석 → 설계 → 개발 → 테스트 → 배포
방법론	작은 단위로 계속 개선하며 진행	각 단계를 완료한 후 다음 단계 진행
완성 시간	1일 내 사용 가능한 결과물	2~3주 후 첫 결과 확인

저자 노트

커서에 "쇼핑몰 만들어 줘."라는 간단한 아이디어만 이야기해도 스스로 계획을 세워 간단한 쇼핑몰 웹 사이트를 만들어 줍니다. 여기에 다양한 기능을 추가하여 웹 사이트를 개선할 수 있으며, (완벽하지는 않더라도) 실제로 비즈니스를 시작할 수 있는 수준의 결과물을 얻을 수 있습니다.

▼ **그림 6-2** 간단한 아이디어만으로 만든 쇼핑몰

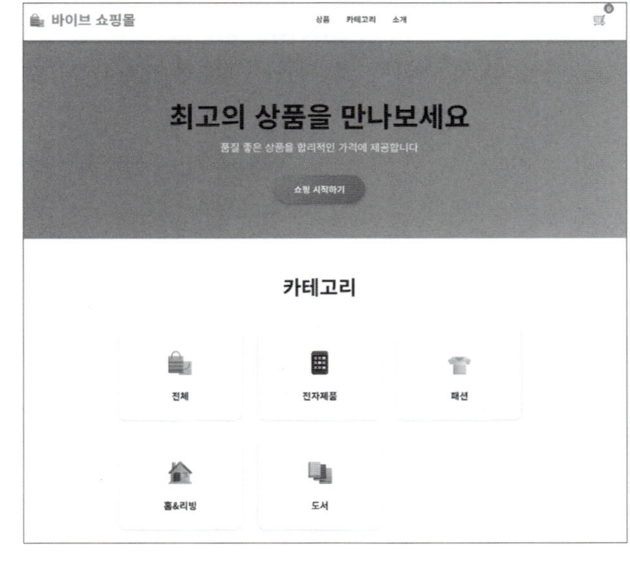

6.1.1 Say: 무엇을 만들고 싶은지 먼저 말한다

Say 단계에서는 만들고 싶은 것을 평상시 친구에게 말하듯이 설명합니다. "하루 일정을 짤 수 있는 투두리스트 만들어 줘!", "내가 카페를 운영 중인데, 메뉴판을 손님에게 안내하는 웹 사이트를 만들고 싶어. 아늑하고 따듯한 느낌으로 부탁해!"처럼 자연스럽게 표현하면 됩니다. 복잡한 기술 용어를 사용하지 않아도 괜찮습니다. 어차피 나중에 수정하면 되니까요.

구체적으로 요청하기

핵심은 세부 묘사입니다. 기능과 디자인을 문장으로 또렷하게 적어 주면 AI가 정확히 의도를 파악합니다. 예를 들어 "게시판을 카드 형태로 보여 줘. 각 카드에는 제목, 작성자, 작성일, 내용 미리보기를 넣고 카드를 클릭하면 상세 페이지로 이동하게 해 줘. 레이아웃은 깔끔한 그리드로 배치하고, 마우스를 올리면 카드가 살짝 위로 떠오르는 애니메이션 효과를 넣어 줘."처럼 구체적으로 지시하면 구현 방향이 분명해져 수정 횟수가 줄어듭니다.

입력

MZ세대 말투를 업무용 표현으로 바꾸어 주는 서비스를 만들어 줘.
사용자가 채팅창에 문장을 입력하면,
AI가 이를 회사 메일이나 보고서에 맞는 정중한 문장으로 변환해 줘.
예를 들어 "이거 별로인데요?" → "해당 안건은 개선이 필요해 보입니다."
UI는 입력창과 변환된 결과창이 나란히 보이도록 구성해 주고, 폰트 크기를 사용자가 조절할 수 있는 옵션도 추가해 줘.

출력

▼ **그림 6-3** 구체적으로 요청한 결과물

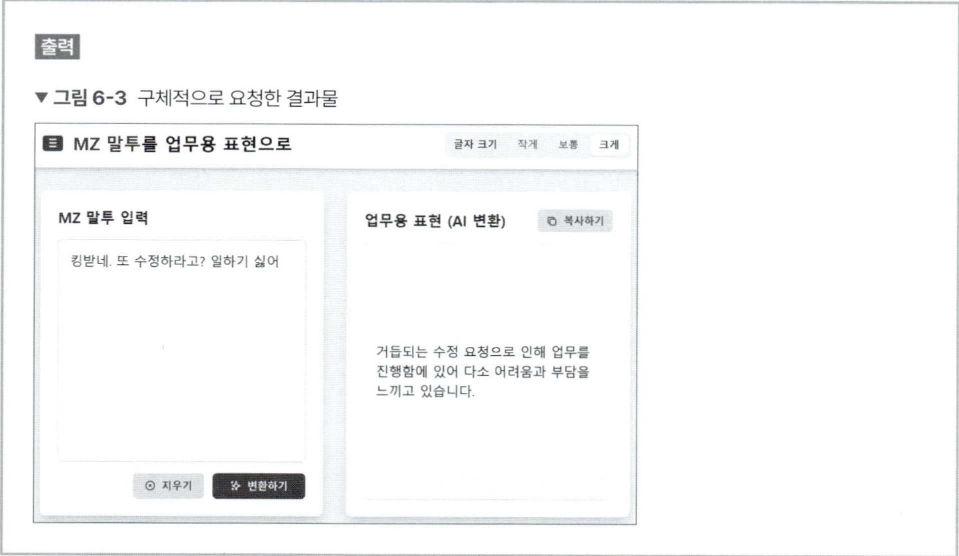

추상적 키워드로 느낌 전달하기

반면에 "간단하게 만들어 줘.", "예쁘게 만들어 줘.", "사용하기 편하게"처럼 모호한 표현도 유효합니다. 이는 '내가 전문 지식은 없으니, 이 느낌대로 편하게 만들어 달라'는 메시지로 이해하며, AI가 적절한 디자인과 예시를 스스로 제안하도록 유도합니다. 구체성과 추상성을 상황에 맞게 조합하면 원하는 결과를 더욱 빠르고 유연하게 얻을 수 있습니다.

간단하게 MBTI 성향을 체크할 수 있는 서비스를 만들어 줘.

출력

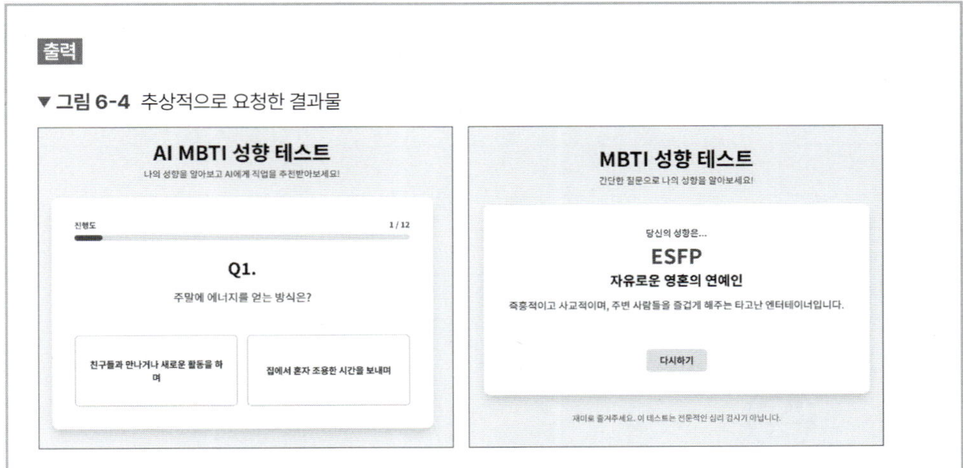

▼ 그림 6-4 추상적으로 요청한 결과물

스크린샷 이미지로 설명하기

내가 구현하고 싶은 것과 유사한 참고 화면이 있다면 스크린샷을 캡처하여 AI에 보여 주세요. 글로 설명하기 어려운 부분을 이미지로 정확하게 전달할 수 있습니다. 예를 들어 인스타그램 피드를 캡처하며 "이 화면처럼 SNS 피드를 만들어 줘. 프로필 사진, 이름, 게시물 이미지, 좋아요/댓글 버튼이 있었으면 좋겠어."라고 요청할 수 있습니다. 시각적 참고 자료를 제공하면 디자인 방향과 기대치를 더욱 명확하게 맞출 수 있습니다.

입력

이런 느낌의 디지털 명함 페이지 만들어 줘. (이미지 첨부)

▼ **그림 6-5** 유사한 이미지 첨부

출력

▼ **그림 6-6** 스크린샷을 이용하여 도출한 웹 페이지 결과물

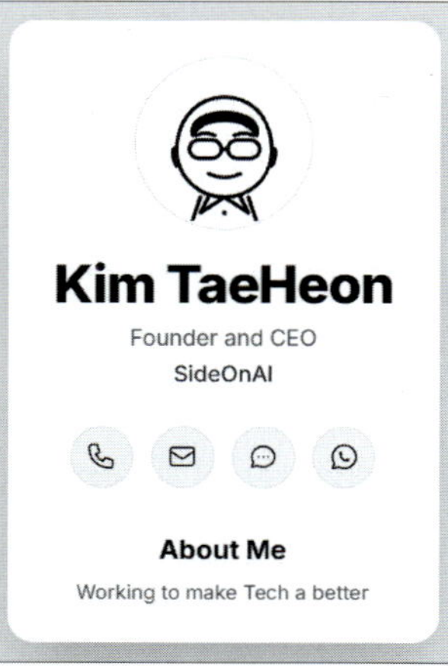

예시로 설명하기

고객 CRM 대시보드를 제작할 때 필요한 기능을 일일이 요청하기보다 "세일즈포스[1] 느낌으로 제작해 줘."라고 요청했을 때 전문적인 대시보드 느낌의 제작 결과를 얻을 수 있습니다. 프롬프트를 작성할 때는 구체적인 예시를 첨부하면 언제나 더 좋은 결과를 얻을 수 있었습니다.

세일즈포스 느낌으로 영업 대시보드 제작해 줘.

출력

▼ 그림 6-7 예시를 사용한 결과물

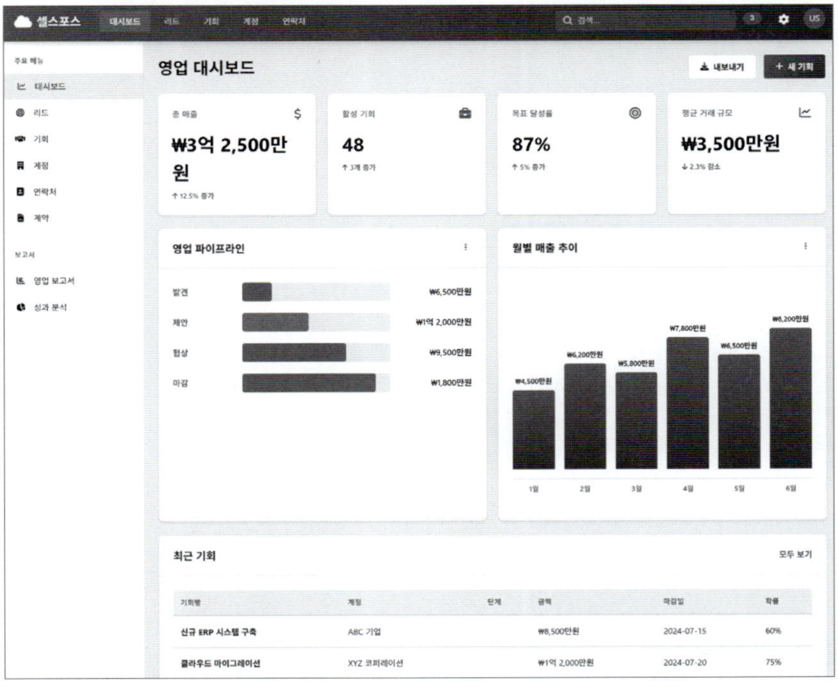

1 세계적인 CRM 도구입니다.

> **저자 노트**
>
> 여기에서 생성된 영업 대시보드는 UI 화면만 구현된 상태입니다. 실제 작동하는 기능을 구현하려면 추가 프롬프트가 필요합니다. 특히 데이터 저장 기능은 별도로 요청해야 합니다.

6.1.2 Run: 실제로 만들어 보기

바이브 코딩에서 Run 단계는 사실 **실행** 버튼을 누르는 것이 전부입니다. 실행을 시켜 놓고 가만히 결과를 기다리지 말고 AI가 '이런 기능을 추가했어요', '완료한 항목은 다음과 같아요'라고 설명해 주는 내용을 읽어 보는 것이 중요합니다. 이 과정을 거쳐 IT 이해도를 높일 수 있고, 어떤 과정을 거쳐 결과물을 개발했는지 알 수 있습니다.

▼ **그림 6-8** 프롬프트 창에 나오는 설명글

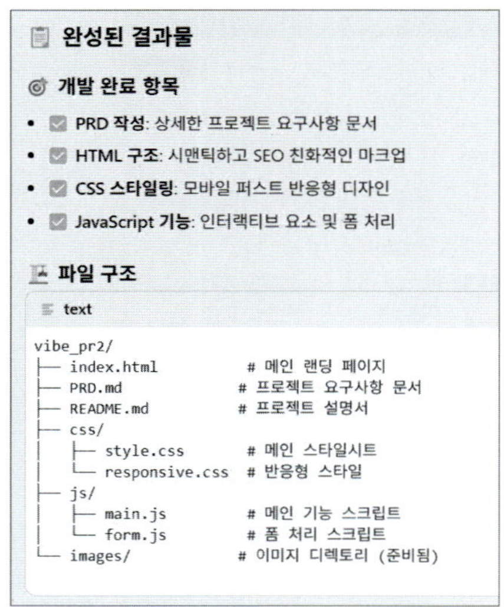

6.1.3 See: 결과를 보고 개선하기

See 단계는 만들어진 결과물을 실제로 사용해 보면서 추가할 부분 또는 문제점과 개선점을 찾는 것입니다. 그 후 다시 Say → Run → See를 반복하며 결과물의 질을 향상시키는 것이 중요합니다.

결과 확인 단계에서는 만들어진 것을 직접 클릭하고 사용해 보는 것이 필요합니다. 기본 기능이 제대로 작동하는지, 이상한 부분은 없는지, 빠진 부분은 없는지 체크해야 합니다. 피드백을 할 때는 '이상해'처럼 단순하고 느낌에 기반을 둔 피드백이 아닌 "버튼이 너무 작아서 클릭하기 어려워."처럼 구체적으로 표현하는 것이 중요합니다.

예를 들어 앞서 만든 간단한 MBTI 테스트에 'MBTI 결과에 따라 AI에 맞춤 직업을 추천받는 기능'을 추가해 보겠습니다.

입력

AI에 맞춤 직업을 추천받는 기능을 추가해 줘.

새로운 버튼이 생겼고 클릭할 때 AI에 직업을 추천받는 형태로 수정했습니다.

출력

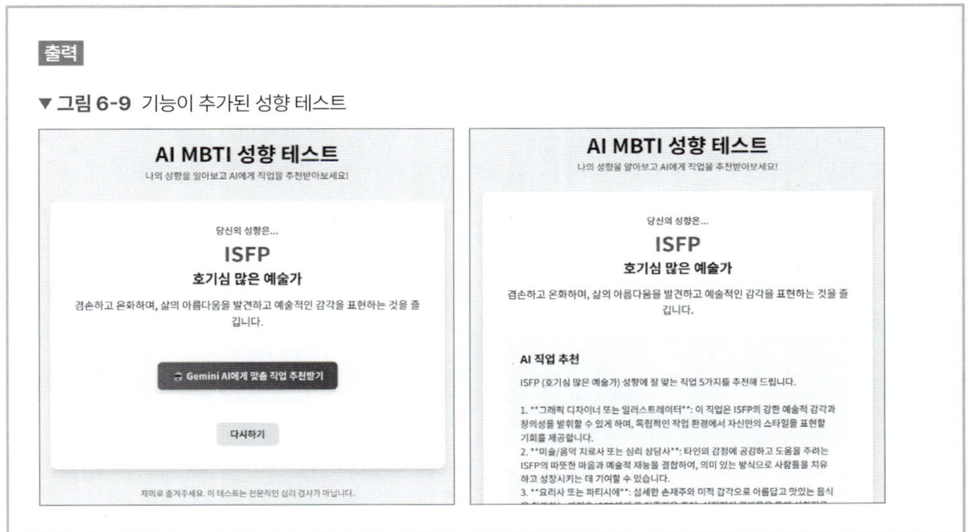

▼ **그림 6-9** 기능이 추가된 성향 테스트

6.2 SECTION 투두리스트 개발 전체 과정 예시

이 절에서는 투두리스트를 만드는 전체 과정을 단계별로 살펴보겠습니다. 투두리스트는 1단계(기본 기능) → 2단계(디자인 개선) → 3단계(기능 개선)를 거쳐 만들 것이며, 각 단계는 Say →

Run → See 형태로 진행됩니다.

▼ **그림 6-10** 개발 과정 예시

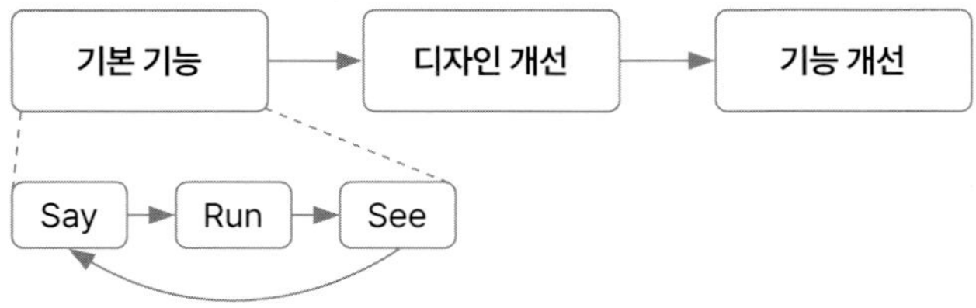

먼저 1단계입니다. 기본 기능을 구현해 봅시다.

"투두리스트를 만들려고 해. 체크박스 있는 할 일 목록 만들어 줘."라고 요청하고, AI가 생성한 기본 투두리스트를 실행한 후 기본 기능 작동을 확인합니다. 기본 기능이 제대로 작동하지 않는다면 다시 수정 요청을 진행합니다.

예를 들어 1단계에서 할 일을 입력하고 **추가** 버튼을 누른 후 체크박스를 클릭해서 완료 여부가 표시되는지 확인합니다. 문제를 발견한다면 "빈 내용으로 추가하려고 하면 '할 일을 입력해 주세요'라고 알림 띄워 줘.", "완료된 항목은 회색으로 변하고 취소선을 그어 줘."처럼 개선을 요청합니다.

▼ **그림 6-11** 투두리스트 서비스

할 일 목록
오늘의 작업을 관리하세요
새로운 할 일을 입력하세요...
추가
샘플 할 일 1
~~완료된 할 일 예시~~
샘플 할 일 3
총 3개 중 1개 완료

2단계에서는 디자인을 개선합니다.

"더 깔끔하고 미니멀한 디자인으로 수정해 줘."라고 요청하고, 디자인이 개선된 버전을 실행한 후 색상과 레이아웃을 확인하며 보완을 요청합니다.

▼ **그림 6-12** 미니멀한 디자인의 투두리스트 서비스

3단계에서는 기능을 추가합니다.

"템플릿을 미리 만들고 저장할 수 있는 기능 추가해 줘."라고 요청하고, 새 기능들이 추가된 버전을 실행한 후 새 기능들을 테스트하며 사용성을 평가합니다.

▼ **그림 6-13** 템플릿 기능이 적용된 투두리스트 서비스

6.3 SECTION 복잡한 서비스의 한계점

Say → Run → See는 바이브 코딩의 출발점입니다. 이 방식으로 간단한 기능들을 빠르게 만들어 보면서 개발의 재미와 자신감을 얻을 수 있습니다. 하지만 Say → Run → See만으로는 한계점도 분명합니다. 각 기능은 잘 만들어지지만 기능들이 서로 연결되는 부분에서는 문제가 발생할 수 있습니다. 또 페이지별로 제각각 다른 스타일을 갖게 되어 일관성 없는 디자인이 만들어지기 쉽습니다. 무엇을 먼저 만들어야 할지 개발 순서를 정하는 것도 쉽지 않습니다.

이런 문제들을 해결하는 가장 효과적인 방법이 바로 계획을 먼저 세우는 것입니다. 커서의 Plan 모드를 활용하면 복잡한 프로젝트도 체계적으로 관리할 수 있습니다.

6.4 SECTION 커서의 Plan 모드란

6.4.1 Plan 모드는 무엇인가?

Plan 모드는 코드를 작성하기 전에 AI가 전체 개발 계획을 세워 주는 커서 기능입니다. 마치 요리하기 전에 레시피를 확인하는 것처럼 코딩하기 전에 '무엇을 어떤 순서로 만들지' 미리 정리해 주는 계획표라고 생각하면 됩니다.

▼ 그림 6-14 커서의 Plan 모드

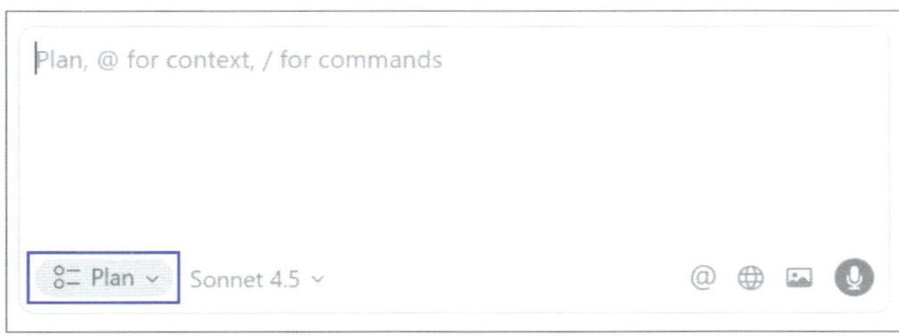

6.4.2 Plan이 해결하는 문제들

Plan 문서는 Say → Run → See의 주요 한계점을 체계적으로 해결합니다.

먼저 기능 간 연결이 모호한 문제를 해결합니다. Say → Run → See 방식에서는 "주문 기능 만들어 줘."라고 요청하면 주문 버튼은 만들지만 주문 후 어떤 화면으로 이동하는지가 명확하지 않을 수 있습니다. Plan을 활용하면 전체 사용자 여정을 미리 설계하여 '상품 선택 → 장바구니 → 주문서 작성 → 결제 → 주문 완료 → 주문 내역'처럼 개발 흐름을 명확히 정의할 수 있습니다.

일관성 없는 디자인 문제도 해결합니다. Say → Run → See 방식에서는 로그인 페이지는 파란색 버튼으로 디자인되고, 상품 페이지는 빨간색 버튼으로 디자인될 수 있습니다. 제각각 다른 스타일이 나타날 수 있죠. 그러나 Plan을 활용하면 전체 디자인 가이드라인을 미리 정의할 수 있으므로 '모든 주요 버튼은 파란색, 둥근 모서리'처럼 일관된 규칙을 설정할 수 있습니다.

개발 순서를 정하는 것은 항상 어려운 문제인데요, 이 역시나 해결할 수 있습니다. Say → Run → See 방식에서는 무엇을 먼저 만들지 매번 고민해야 하지만, Plan을 활용하면 개발 우선순위를 미리 설정해서 '1단계: 상품 조회 → 2단계: 장바구니 → 3단계: 결제'처럼 체계적인 계획을 세울 수 있습니다.

6.5 SECTION Plan 모드 사용 방법

Plan 모드는 비개발자도 쉽게 사용할 수 있도록 설계했습니다. AI와 자연스럽게 대화하여 프로젝트 계획을 세울 수 있습니다.

1. 새로운 프로젝트를 시작하려고 커서에서 **Open project** 버튼을 누릅니다.

▼ **그림 6-15** 프로젝트 시작

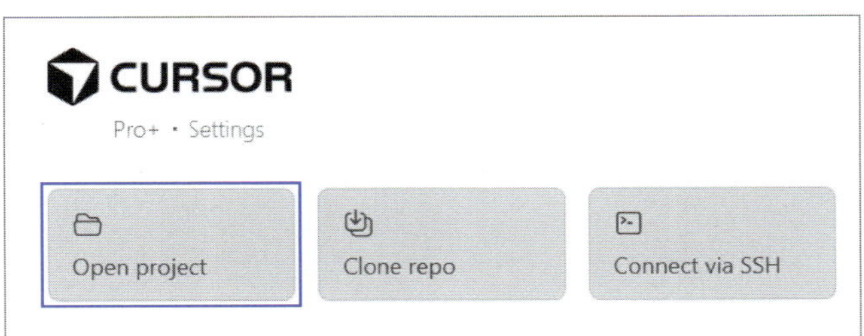

2. 새 폴더를 만듭니다. 필자는 'assets'라는 폴더를 만들었습니다. **폴더 선택** 버튼을 누릅니다.

▼ **그림 6-16** 프로젝트 폴더 생성

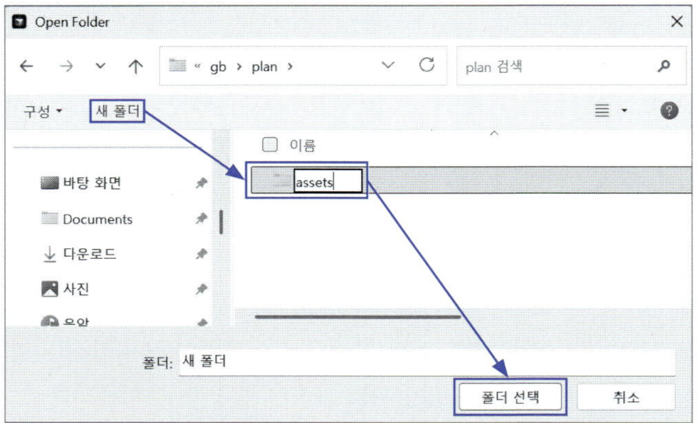

3. 채팅창에서 'Plan'을 선택합니다. 그러면 Plan 모드가 활성화됩니다. 모델은 소넷(Sonnet) 또는 컴포저(Composer) 모델을 선택합니다. 필자는 빠르게 제작하려고 컴포저 모델을 선택했습니다.

▼ **그림 6-17** 프로젝트 환경 준비

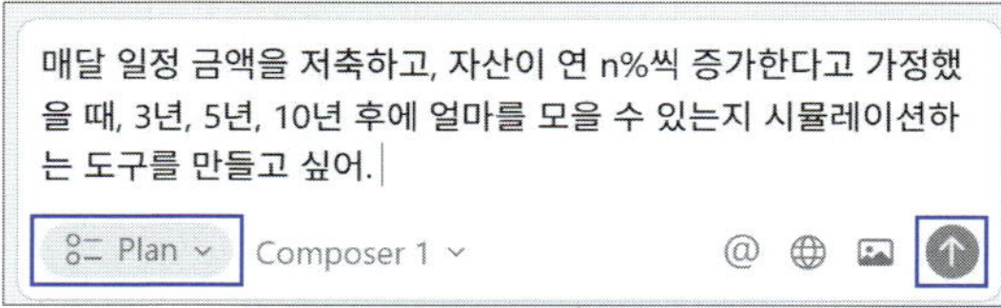

4. 만들고 싶은 서비스를 자연스럽게 설명합니다.

> **입력** 프롬프트 복사: https://github.com/lovedlim/vibe
>
> 매달 일정 금액을 저축하고, 자산이 연 n%씩 증가한다고 가정했을 때 3년, 5년, 10년 후에 얼마를 모을 수 있는지 시뮬레이션하는 도구를 만들고 싶어.

5. 커서가 프로젝트에 대해 몇 가지를 질문합니다.

> **출력**
>
> 1. 어떤 형태의 프로그램을 원하시나요?
>   - a) 웹 기반 인터랙티브 HTML/JavaScript 도구(브라우저에서 실행)
>   - b) Python 스크립트(명령줄에서 실행)
>   - c) Excel/스프레드시트 형식
>   - d) Jupyter Notebook(대화형 Python 노트북)

2. 결과를 어떻게 표시하고 싶으신가요?
   - a) 표(테이블) 형식으로만 표시
   - b) 그래프/차트로 시각화
   - c) 둘 다 포함

3. 추가 기능이 필요하신가요?
   - a) 기본 기능만(월 저축액, 연 수익률 입력 → 3년/5년/10년 결과 출력)
   - b) 세금/수수료 고려
   - c) 인플레이션 조정 옵션
   - d) 다양한 시나리오 비교 기능

원하는 내용이 있다면 선택하지만, 잘 모른다면 AI에 맡기는 방법을 추천합니다.

입력

네가 선택해 줄래?

완성된 저축 시뮬레이션 도구 개발 계획을 확인합니다.

출력

저축 시뮬레이터 도구 구현 계획

개요

HTML, CSS, JavaScript를 사용하여 매달 저축액과 연 이율을 기반으로 복리 계산을 수행하고, 3년/5년/10년 후의 자산을 시각화하는 웹 도구를 만듭니다.

기술 스택

- 차트 라이브러리: Chart.js(CDN 사용)
- 이자 계산: 월 복리(연 이율을 12로 나눠 매월 적용)
- 파일 구조: index.html, style.css, script.js

구현 내용

1. HTML 구조(index.html)
   - 입력 필드: 월 저축액, 연 이율(%)

- 계산 버튼
- 결과 표시 영역: 3년/5년/10년 후 자산 금액
- 차트 컨테이너
- Chart.js CDN 포함

2. CSS 스타일링(style.css)
   - 현대적이고 깔끔한 UI 디자인
   - 반응형 레이아웃
   - 입력 필드 및 버튼 스타일링
   - 결과 카드 스타일링
3. JavaScript 로직(script.js)
   - 복리 계산 함수: calculateSavings(monthlyAmount, annualRate, years)
     - 매월 저축액 추가
     - 월 이율 = 연 이율 / 12
     - 매월 복리 계산 적용
   - 차트 생성 함수: Chart.js를 사용하여 시간에 따른 자산 증가 추이 시각화
   - 3년, 5년, 10년 데이터 계산 및 표시
   - 입력 값 변경 시 실시간 업데이트(선택 사항)

계산 공식

- 월 이율 = 연 이율 / 12 / 100
- 매월: 자산 = (이전 자산 + 월 저축액) × (1 + 월 이율)
- 총 저축액 = 월 저축액 × 개월 수

최종 자산 = 복리 계산된 총액

바이브 코딩으로 프로젝트를 시작할 때는 Plan 모드를 실행하는 습관을 들이세요. 처음에는 귀찮아 보여도 결과적으로는 훨씬 빠르고 깔끔한 프로젝트를 완성할 수 있습니다.

간단한 기능은 바로 Say → Run → See로 시작하되, 여러 페이지와 기능이 연결되는 복잡한 프로젝트라면 꼭 Plan 모드부터 시작하는 것이 좋습니다.

이 장 목표는 계획을 세우는 것이지만, 실제 개발도 살짝 진행해 봅시다. 개발 모델을 먼저 선택합니다. 필자는 빠르게 개발하려고 컴포저를 선택했습니다. 그리고 Build 버튼을 누릅니다.

▼ 그림 6-18 개발 모델 선택

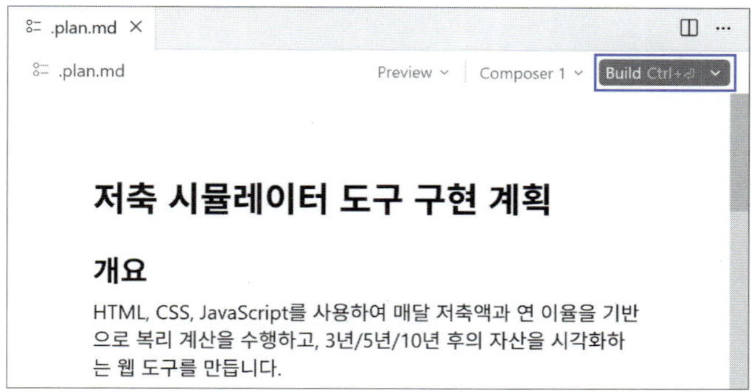

자세한 개발 과정은 다음 장에서 자세히 다루겠습니다. 개발이 완료되고 난 후 다음과 같이 출력되었습니다.

출력

구현을 완료했습니다. 저축 시뮬레이터 도구를 만들었습니다.

생성된 파일들

1. index.html - 입력 필드, 결과 표시 영역, 차트 컨테이너 포함
2. style.css – 그러데이션 배경과 카드 스타일의 UI
3. script.js – 복리 계산 로직 및 Chart.js 차트 생성 기능

주요 기능

- 월 복리 계산: 매월 저축액 추가 후 복리 적용
- 3년/5년/10년 후 자산 예측 표시
- 차트 시각화: 3개 기간의 자산 증가 추이를 한 번에 비교
- 입력 값 검증 및 천 단위 숫자 포맷팅
- 반응형 디자인: 모바일과 데스크톱 지원

사용 방법

1. index.html 파일을 브라우저에서 열기
2. 월 저축액과 연 이율 입력
3. 계산하기 버튼 클릭
4. 3년/5년/10년 후 예상 자산과 차트 확인

브라우저에서 index.html을 열어 바로 사용할 수 있습니다.

친절하게 사용법을 알려 주고 있지만 커서에 직접 실행을 요청합니다.

입력

네가 실행해 줄래?

다음은 앞서 Plan 모드로 제작한 개발 결과물입니다. 월 저축액과 연 이율을 입력하면 미래 자산을 계산해 줍니다. 입력 숫자를 바꾸면 그래프도 실시간으로 변화합니다.

출력

▼ **그림 6-19** 결과물

저자 노트

이 정도 간단한 도구는 Plan 모드 없이도 만들 수 있습니다. 진짜 위력은 다음 장에서 만들 복잡한 프로젝트에서 드러납니다. 여러 페이지가 연결되고, 데이터베이스가 필요하고, 사용자 인증이 들어가는 프로젝트에서 계획은 필수입니다.

다음 장에서는 본격적으로 계획을 세우고 개발하고 배포할 수 있는지 자세히 알아보겠습니다.

5부

Plan 적용 프로젝트: 나만의 브랜딩 사이트

CHAPTER

07

개인 브랜딩 사이트 만들기

이번 프로젝트에서는 개인 브랜딩 사이트를 만들어 봅니다. 단순히 정적인 웹 페이지가 아니라, 실제로 방문자가 문의를 남길 수 있고 여러분에게 이메일로 알림까지 받을 수 있는 완전한 기능의 웹 사이트를 구현할 예정입니다.

이를 위해 전체적인 프로젝트 계획을 세우고 이를 바이브 코딩으로 구현한 후 방문자가 문의를 남기는 기능을 추가하여 마지막으로 깃허브로 배포까지 하겠습니다. 차근차근 따라오면 나만의 개인 브랜딩 사이트가 완성될 것입니다.

7.1 SECTION Plan 모드로 프로젝트 계획 세우기

7.1.1 프로젝트 세팅하기

본격적인 개발에 앞서 프로젝트 환경을 준비해 보겠습니다. 체계적으로 프로젝트를 관리하려고 전용 폴더를 생성하고 커서 AI에서 열어볼 것입니다.

1. 커서를 실행하고 **Open project** 버튼을 누릅니다.

▼ **그림 7-1** 프로젝트 시작 화면

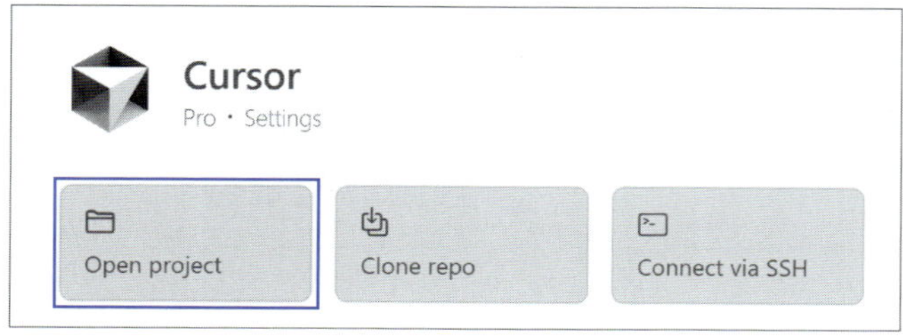

저자 노트

이전 프로젝트 종료

프로젝트 시작 화면이 나오지 않는다면 이전 프로젝트가 열려 있는 상태일 가능성이 높습니다. **File > Close Folder** 메뉴로 프로젝트를 닫고 나면 **Open project** 버튼이 보입니다.

▼ **그림 7-2** 열려 있는 프로젝트 닫기

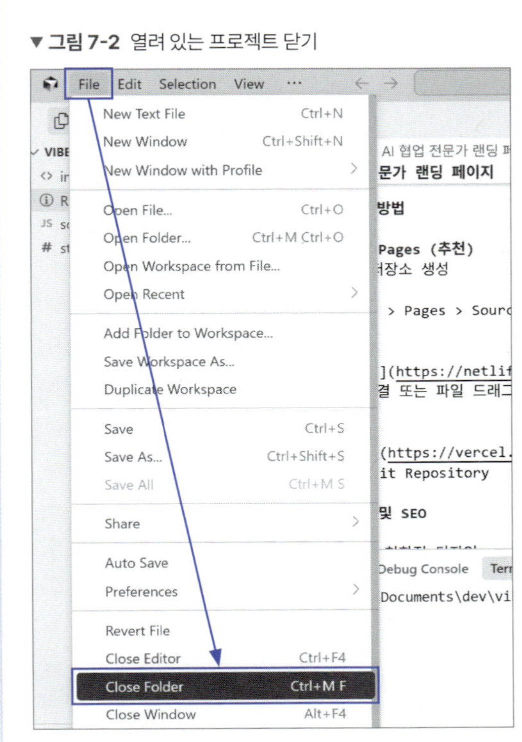

2. 원하는 위치에 새 폴더를 만든 후 해당 폴더를 선택합니다. 새 폴더를 만들고 이름은 'pr'로 지정하겠습니다. 이어서 **폴더 선택** 버튼을 누릅니다.

▼ **그림 7-3** 프로젝트 폴더 열기

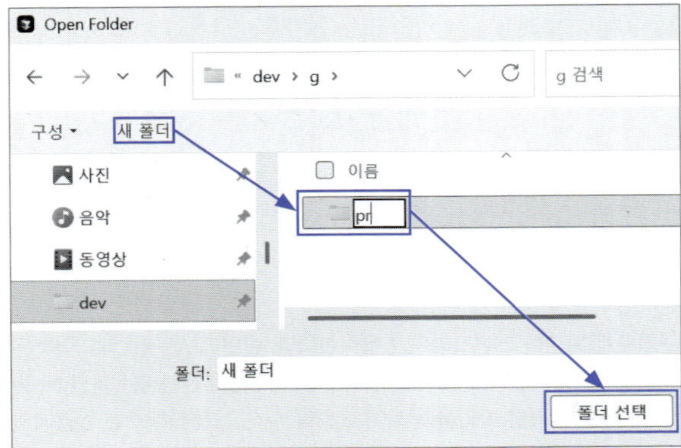

프로젝트를 열면 기본적으로 Editor 레이아웃이 표시됩니다. Ctrl + E를 사용하면 빠르게 레이아웃을 전환할 수 있습니다.

▼ **그림 7-4** Editor 레이아웃

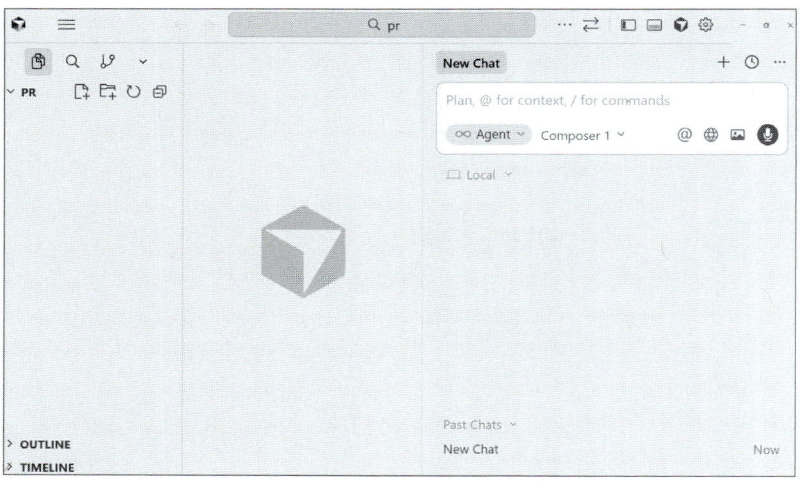

필자는 코드가 기본적으로 보이지 않는 Agent 레이아웃으로 선택하여 작업하겠습니다.

▼ **그림 7-5** Agent 레이아웃

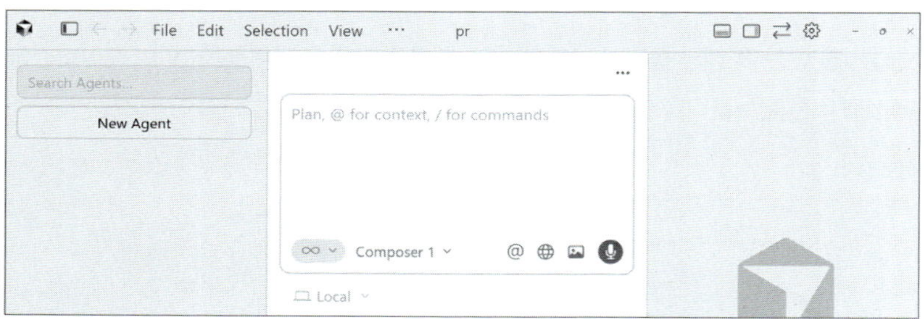

저자 노트

Editor 레이아웃과 Agent 레이아웃은 기능적으로 거의 동일하므로 본인의 작업 스타일에 맞는 레이아웃을 선택합니다.

Editor 레이아웃은 파일 구조와 코드를 직관적으로 확인하고 편집하기에 용이합니다. 반면에 Agent 레이아웃은 여러 에이전트를 동시에 활용할 수 있다는 장점이 있습니다. 예를 들어 한 에이전트가 개발을 진행하는 동안 **New Agent** 버튼을 눌러 새 에이전트에 코드 리뷰나 별도의 개발 작업을 동시에 요청할 수 있어 멀티태스킹 환경에서 효율적입니다.

7.1.2 개발 계획 세우기

효과적으로 개발하려면 먼저 명확한 계획이 필요합니다. 커서의 Plan 모드를 활용하여 계획을 수립하겠습니다.

무엇을 만들지 구체적이고 명확한 요청일수록 원하는 결과를 얻을 수 있습니다. 요청 사항에는 만들고자 하는 것과 기술을 명시했습니다. 웹 사이트 구조를 담당하는 HTML 파일, 디자인을 담당하는 CSS 파일, 동적 기능을 담당하는 자바스크립트(JS) 파일로 요청했고, 관련 컨텍스트에는 간단한 소개 내용을 작성했습니다. 소개 내용은 자유롭게 작성합니다. 다음은 예시 입력 프롬프트입니다.

입력 프롬프트 복사: https://github.com/lovedlim/vibe

[요청 사항]

개인 브랜딩, 모바일 랜딩 페이지를 만들려고 해.

HTML, CSS, JS로 구현

UI는 밝은 톤으로 제작

콘텐츠는 [관련 컨텍스트] 참고

[관련 컨텍스트]

1. 개요

"AI 활용이 막막한 직장인에게 실무에 바로 적용 가능한 AI 협업 방법을 활용하여 업무 생산성을 극대화하고 창의적인 일에 집중하는 즐거움을 제공합니다."

2. 콘텐츠

주제 1. AI 워크 스마트: 실전 AI 활용법 & 성공 사례

주제 2. AI 동료 만들기: No-code/Low-code 업무 자동화

주제 3. AI로 데이터 인사이트 발견: 데이터 분석 & 시각화

3. 커피챗 링크 버튼: 추후 구글 폼 링크 연결

Plan 모드로 변경하고 모델은 소넷 4.5를 선택하겠습니다. 프롬프트를 작성하고 오른쪽 아래에 있는 화살표 모양(제출) 버튼을 클릭합니다.

▼ **그림 7-6** 계획을 요청하는 화면

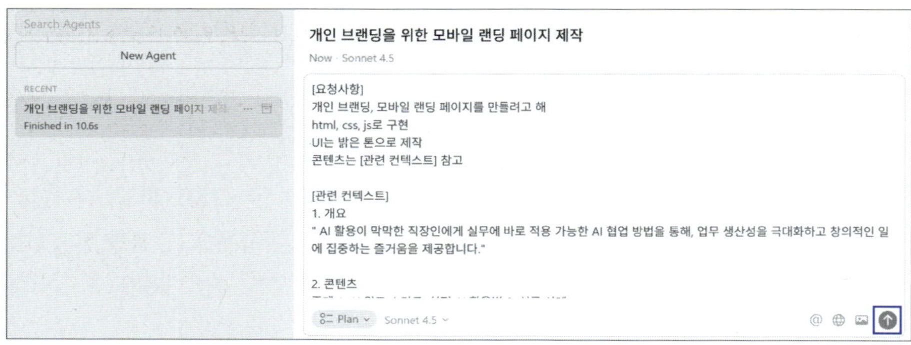

계획서를 작성하려고 요청 사항에서 부족한 부분을 묻고 있습니다. 친절하게 질문과 함께 보기까지 제공하고 있습니다.

출력

안녕하세요! 개인 브랜딩 모바일 랜딩 페이지를 만들어 드리겠습니다.

계획을 수립하기 전에 몇 가지만 확인하고 싶습니다.

1. 페이지 스타일은 어떤 느낌을 선호하시나요?
    - a) 미니멀하고 깔끔한 느낌(단순한 레이아웃, 여백 중심)
    - b) 모던하고 역동적인 느낌(애니메이션, 인터랙티브 요소 포함)
    - c) 전문적이고 고급스러운 느낌(세련된 타이포그래피, 그러데이션)
2. 커피챗 신청 기능은 어떻게 구성할까요?
    - a) 간단한 버튼만 배치(추후 구글폼 링크 연결)
    - b) 버튼 + 간단한 문구 섹션(신청 방법 설명 포함)
    - c) 별도의 전용 섹션 구성(강조 배치)
3. 3가지 주제(AI 워크 스마트, AI 동료 만들기, AI 데이터 인사이트)를 어떻게 표현할까요?
    - a) 카드 형태로 나열(각 주제별 간단한 설명)
    - b) 아코디언 형태(클릭하면 상세 내용 펼침)
    - c) 탭 형태(탭 전환으로 내용 보기)

직접 선택하는 것도 좋지만 잘 모른다면 커서에 최적의 선택을 하도록 맡겨 주세요.

입력

네가 선택해 줄래?

완성된 계획이 나왔습니다. 소개 내용으로 작성했던 부분이 제대로 포함된 것을 확인할 수 있습니다.

출력

AI 브랜딩 모바일 랜딩 페이지 제작

구현할 주요 섹션

1. 히어로 섹션
   - 메인 헤드라인: "AI 활용이 막막한 직장인에게..."
   - 서브 카피와 간단한 소개
   - 부드러운 페이드인 애니메이션
2. 콘텐츠 카드 섹션
   3개의 카드로 주제 표현:
   - AI 워크 스마트: 실전 AI 활용법 & 성공 사례
   - AI 동료 만들기: No-code/Low-code 업무 자동화
   - AI로 데이터 인사이트 발견: 데이터 분석 & 시각화

   각 카드는 호버/터치 시 살짝 떠오르는 효과 적용
3. 커피챗 CTA 섹션
   - 눈에 띄는 배경색으로 강조
   - 구글폼 연결용 버튼 배치(추후 링크 수정 가능)
   - 신청 유도 문구

기술 스택

- index.html: 시맨틱 HTML5 구조
- styles.css: 밝은 톤의 색상 팔레트(연한 파랑, 민트, 라벤더 등), 모바일 우선 반응형 디자인
- script.js: 스크롤 애니메이션, 부드러운 인터랙션

디자인 특징

- 밝은 그러데이션 배경

• 넉넉한 여백과 가독성 좋은 타이포그래피
• 모바일 최적화(320px~768px)
• 부드러운 애니메이션과 전환 효과

이 계획은 개발자가 웹 페이지를 만들 때 필요한 핵심 정보를 담고 있습니다. 이제 이 문서를 바탕으로 실제 개발을 시작해 보겠습니다.

7.2 SECTION 개인 브랜딩 사이트 만들기

7.2.1 계획을 활용한 개발 요청

오른쪽 위에서 모델을 선택할 수 있고, [Build] 버튼도 있습니다. 모델은 '소넷'을 그대로 사용할 수도 있고, 빠르게 제작하려고 '하이쿠' 또는 '컴포저' 모델을 사용할 수도 있습니다. 하이쿠는 소넷보다 비용이 저렴하면서 개발 성능이 좋은 모델입니다. 이번에는 하이쿠 모델을 선택해 보겠습니다. 그리고 Build 버튼을 누릅니다.

▼ 그림 7-7 계획 완료

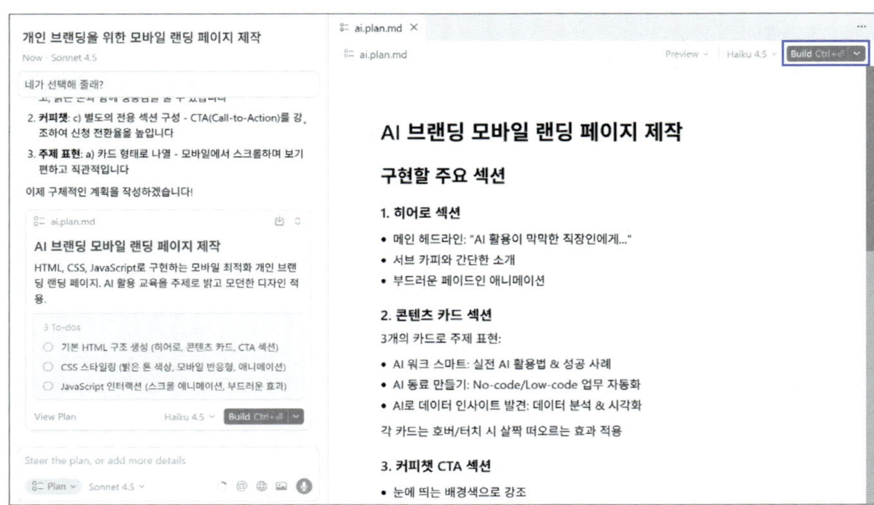

7.2.2 AI의 개발 과정 확인하기

계획대로 커서가 개발을 시작합니다. ① 파일을 순서대로 생성하고, ② 코드를 구현합니다. ③ HTML 구조를 만들고, ④ CSS로 스타일링하고, ⑤ 자바스크립트로 인터랙션을 추가하고, ⑥ 마지막으로 프로젝트 문서를 작성하는 과정을 단계별로 진행합니다.

> **출력**
>
> To-dos
>
> index.html 파일 생성(시맨틱 구조, 메타 태그, 4개 섹션)
>
> styles/main.css 생성(커서 시스템, 반응형 레이아웃, 애니메이션)
>
> scripts/main.js 생성(스크롤 애니메이션, 폼 검증)
>
> README.md 생성(프로젝트 설명 및 실행 방법)

개발이 완료되면 완료된 내용은 줄이 그어지는 것을 확인할 수 있습니다. 이 순서나 내용은 달라질 수 있다는 점을 참고해 주세요.

> ~~기본 HTML 구조 생성(히어로, 콘텐츠 카드, CTA 섹션)~~
>
> ~~CSS 스타일링(밝은 톤 색상, 모바일 반응형, 애니메이션)~~
>
> JavaScript 인터랙션(스크롤 애니메이션, 부드러운 효과)

7.2.3 개발 완료 및 코드 저장

개발이 완료되었습니다! 개인 브랜딩 랜딩 페이지 개발 내용을 친절하게 설명합니다.

> **출력**
>
> 구현 완료 사항
>
> 생성된 파일들:
>
> 1. index.html - 시맨틱 HTML5 구조
>   - 히어로 섹션(주요 메시지 + 애니메이션)

- 콘텐츠 카드 섹션(3가지 주제)
- 커피챗 CTA 섹션
- 푸터

다음 단계

구글 폼 링크를 연결하려면 script.js의 openCoffeeChat() 함수에서:

Const googleFormLink = 'https://forms.gle/YOUR-ACTUAL-FORM-LINK';

로컬 서버로 실행하려면:

Python -m http.server 8000

모든 파일이 준비되었습니다!

AI가 제안하는 모든 코드를 프로젝트에 적용하려면 Keep All 버튼을 눌러 저장합니다.

▼ 그림 7-8 개발 완료 화면

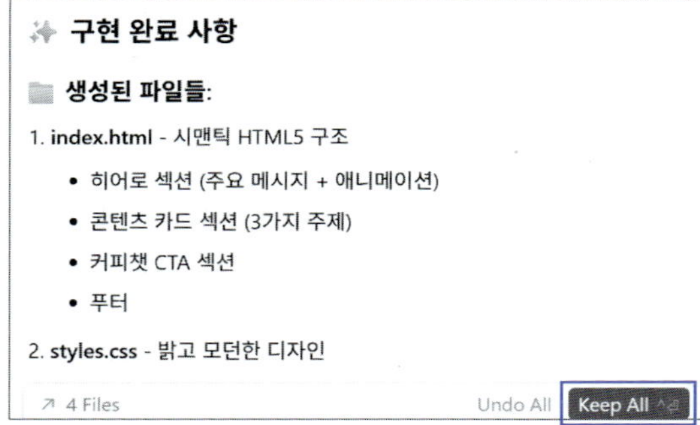

7.2.4 웹 사이트 실행하기

완성된 웹 사이트가 실제로 어떻게 보이는지 확인해 보겠습니다. AI가 친절하게 실행 방법을 알려 주었지만, 더 간편하게 "실행해 줄래?"라고 직접 요청해 보겠습니다.

실행해 줄래?

프롬프트를 입력한 후 Add to Allowlist 또는 Run 버튼을 누릅니다. 웹 브라우저가 실행되면서 개발된 결과물을 확인할 수 있습니다. [Add to Allowlist] 버튼은 한번 누르면 다음부터는 동일한 명령어를 자동으로 실행합니다.

▼ 그림 7-9 실행 수락

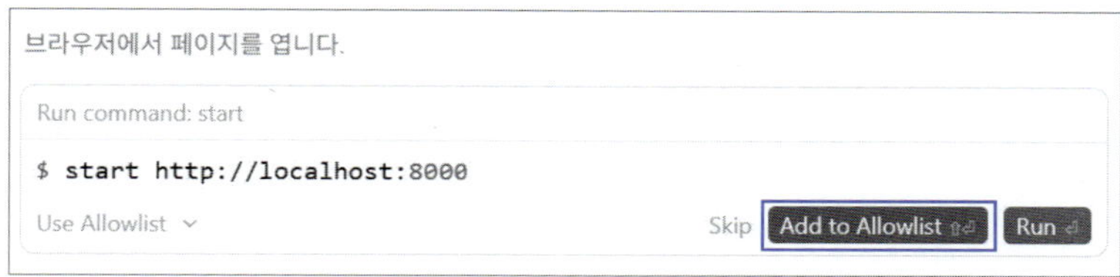

커서는 사용자의 컴퓨터를 임시 웹 서버로 만들어서 실행시킵니다. 'localhost'는 '내 컴퓨터'를 뜻하는 이름이고, 8000은 포트 번호라고 해서 컴퓨터 안의 여러 문 중에서 8000번 문을 통해 들어간다는 의미입니다. 그래서 http://localhost:8000을 웹 브라우저에 입력하면 "내 컴퓨터의 8000번 문을 통해 웹 페이지를 보여 주세요."라고 요청하는 것입니다. 중요한 점은 이것은 아직 인터넷에 올라간 것이 아니라 사용자의 컴퓨터 안에서만 작동하므로 다른 사람은 볼 수 없습니다.

저자 노트

실행 방식의 차이

HTML, CSS, JS로 개발한 후 결과물 실행을 요청했을 때 명령어를 보면 'start'로 시작할 때가 있고, 'python'으로 시작할 때가 있습니다.

- **start 명령어**

'start'는 우리가 index.html 파일을 더블클릭하는 것과 동일한 방식입니다. 웹 브라우저가 자동으로 열리면서 웹 페이지가 보입니다.

```
start http://localhost:8000
```

- **python 명령어**

반면에 'python'으로 실행한 결과는 로컬 서버를 실행합니다. 사용자는 직접 웹 브라우저에 커서가 알려 준 URL을 입력하고 접속하는 방식입니다. 예를 들어 http://localhost:8000 같은 경로로 접속하라고 안내합니다(8000은 포트 번호이며, 때마다 달라질 수 있습니다).

```
python -m http.server 8000
```

7.2.5 결과물 확인하기

http://localhost:8000 주소로 접속한 결과, 멋진 개인 브랜딩 웹 사이트가 완성되었습니다. 앞서 계획한 대로 구현된 것을 확인할 수 있습니다.

▼ **그림 7-10** 완성된 초기 웹 페이지

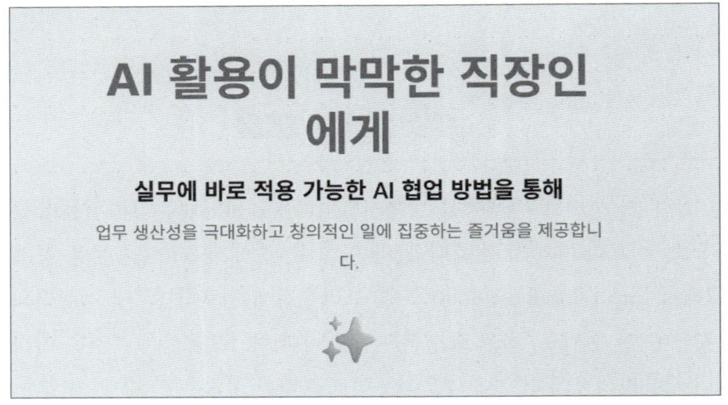

7.3 SECTION 커피챗 기능 추가

7.3.1 구글 폼 연결 준비하기

앞서 만든 웹 사이트에 실제로 활용할 수 있는 커피챗 기능을 추가해 보겠습니다. 구글 폼을 만들고 링크를 연결하겠습니다.

1. 로그인된 구글 페이지에서 **메뉴 > 드라이브**를 선택합니다.

▼ **그림 7-11** 구글 드라이브

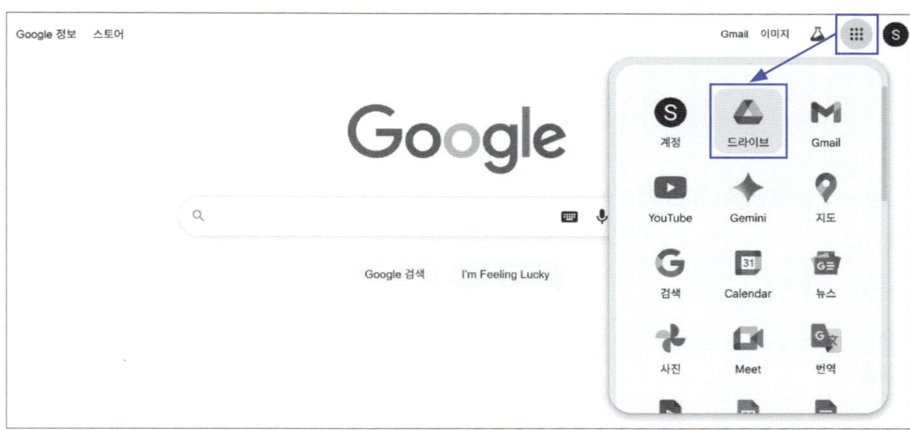

2. **신규 > Google 설문지 > 빈 양식**을 선택합니다.

▼ **그림 7-12** 구글 설문지

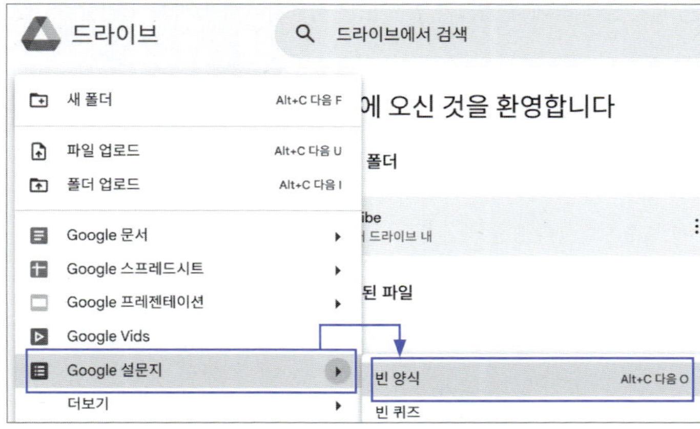

3. 이름, 연락처, 문의 내용 등 입력 항목을 작성하고 **응답** 탭을 클릭합니다.

▼ **그림 7-13** 설문 양식 작성

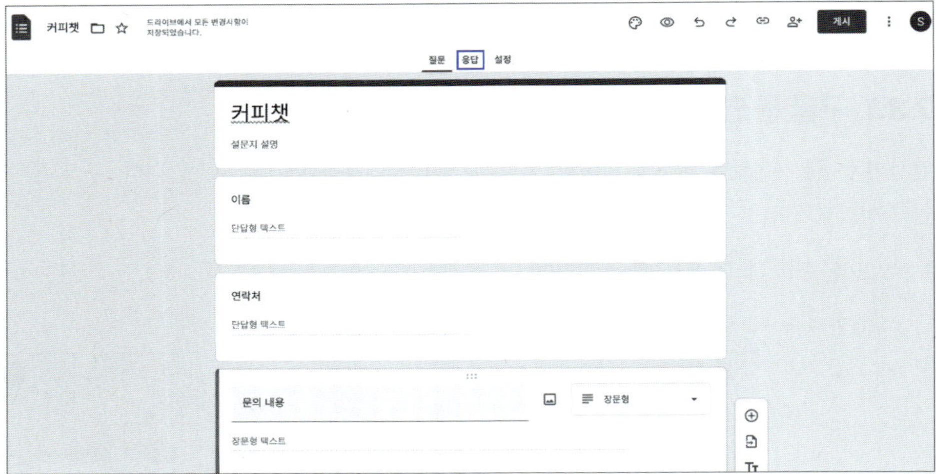

4. 오른쪽 위에 **답변 옵션 더보기 아이콘 > 새로운 응답에 대한 이메일 알림 받기**를 클릭하고 **게시** 버튼을 누릅니다.

▼ **그림 7-14** 응답 알림 받기

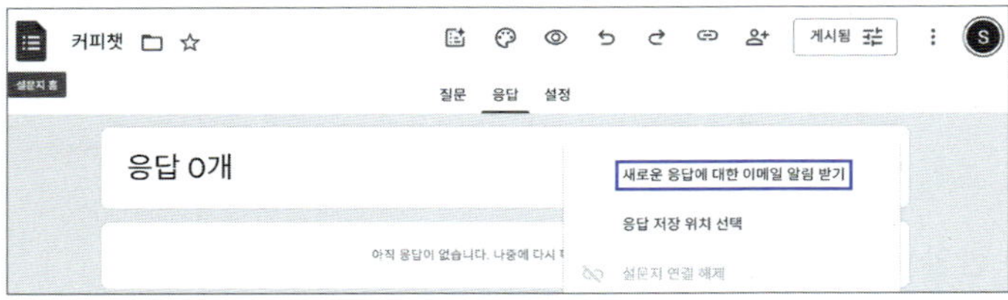

5. [게시] 버튼을 누르면 뜨는 게시 양식 창에서 '링크가 있는 모든 사용자에게 공개'를 확인한 후 **게시** 버튼을 누릅니다.

▼ **그림 7-15** 설문 게시

6. **URL 단축**에 체크한 후 짧아진 URL을 복사합니다.

▼ **그림 7-16** 설문 링크 복사

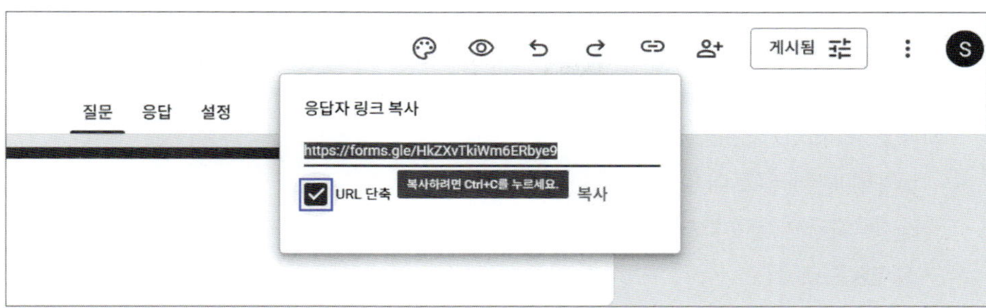

7.3.2 구글 폼 연결하기

커서 채팅창에서 다음처럼 입력합니다.

> **입력**
>
> 커피챗 URL: https://forms.gle/HkZXvTkiWm6ERbye9

커서가 코드를 수정하고 링크를 연결합니다.

> **출력**
>
> 최종 완료 요약
>
> 구글 폼 링크 연결 완료
>
> script.js 파일이 다음과 같이 업데이트되었습니다.
>
> // 구글 폼 링크
>
> Const googleFormLink = 'https://forms.gle/HkZXvTkiWm6ERbye9';
>
> // 새 탭에서 구글 폼 열기
>
> window.open(googleFormLink, '_blank');
>
> 커피챗 폼 필드
>
> 연결된 폼에는 다음 필드들이 있습니다.
>
> • 이름

- 연락처
- 문의 내용

이제 사용 가능합니다!

"커피챗 신청하기" 버튼을 클릭하면:

1. 새 탭에서 구글 폼이 열립니다.
2. 사용자가 이름, 연락처, 문의 내용을 입력
3. 제출 완료!

웹 브라우저를 새로고침하고, **커피챗 신청하기** 버튼을 누릅니다.

▼ **그림 7-17** [커피챗 신청하기] 버튼이 뜬 화면

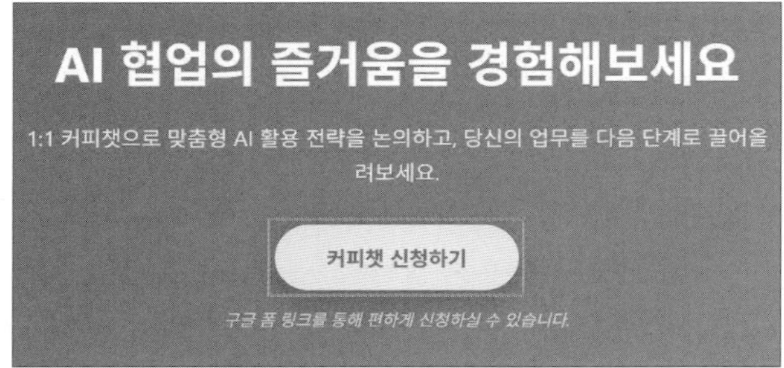

새 창이 열리면서 구글 폼으로 연결되는 것을 확인할 수 있습니다.

▼ **그림 7-18** 커피챗 링크 연결

커피챗

danmujicafe@gmail.com 계정 전환

비공개

이름

내 답변

연락처

내 답변

7.3.3 프로젝트 설명서 리드미(README) 작성하기

리드미(README)는 'Read Me(나를 읽어라)'를 대문자로 표기한 것으로, 소프트웨어 프로젝트나 코드 저장소(repository)의 가장 기본적이고 핵심적인 안내서입니다. README.md라는 마크다운(markdown) 파일 이름으로 보이며, 프로젝트와 관련된 모든 중요한 정보를 한눈에 파악할 수 있도록 정리해 놓은 문서입니다.

커서에 리드미를 작성해 달라고 요청합니다. 개발할 때 사용한 모델에 따라 리드미를 자동으로 작성하기도 하고 직접 요청해야 하기도 합니다. 이미 작성되어 있더라도 확인 차원에서 한 번 더 요청하겠습니다.

입력

README 작성해 줘.

필자는 이미 작성이 되어 있는 상태라 커서가 '업데이트한다'는 표현을 사용했습니다.

출력

프로젝트 구조와 주요 파일을 확인한 후 README를 작성합니다.

프로젝트 구조를 확인했습니다. README를 더 상세하게 업데이트합니다.

README를 더 상세하게 업데이트 중입니다.

README를 작성했습니다. (생략)

리드미가 완성되었습니다.

7.4 SECTION 깃허브 페이지로 배포

이제 완성된 웹 사이트를 인터넷에 공개해 보겠습니다. 깃허브 페이지(GitHub Pages)를 활용하면 무료로 웹 사이트를 호스팅할 수 있습니다.

7.4.1 두 가지 깃허브를 활용한 배포 방식

깃허브를 활용한 배포는 크게 두 가지가 있습니다. 첫 번째는 깃허브에 직접 업로드하는 방식입니다. 이 방식은 초보자에게 매우 적합합니다. 하지만 코드를 수정할 때마다 수동으로 업로드해야 하는 단점이 있습니다.

두 번째는 깃허브 CLI(터미널)를 활용한 방식입니다. 코드 변경 사항을 쉽게 관리하고 업데이트할 수 있는 장점이 있습니다. 단점은 초기 설정이 다소 복잡합니다. 하지만 바이브 코딩을 계속 진행한다면 더 편리한 방법입니다.

앞서 5장에서 웹 명함 프로젝트를 진행할 때는 첫 번째 방식을 사용했지만, 이번에는 더 전문적인 두 번째 방식을 배워 보겠습니다. 초기에는 어려워 보일 수 있습니다. 그러나 한 번 제대로 설정해 두면 이후 업데이트가 매우 편리합니다.

저자 노트

지속적인 업데이트 방법

웹 사이트를 배포한 후에도 내용을 수정하고 업데이트할 일이 많습니다. 깃허브 CLI를 사용하면 다음처럼 업데이트가 매우 간편합니다.

- **로컬에서 코드 수정:** 커서에서 필요한 변경 사항을 적용합니다.
- **변경 사항 저장:** 커서 채팅창에 "변경된 내용을 깃허브에 저장해 주세요."라고 요청합니다.
- **자동 배포:** 깃허브가 자동으로 변경 사항을 감지하고 웹 사이트를 업데이트합니다.

7.4.2 깃허브 리포지터리 생성

깃허브(https://github.com/)에 접속한 후 오른쪽 위에서 +를 클릭하고 New repository 메뉴를 선택하여 새로운 리포지터리를 생성합니다.

▼ 그림 7-19 깃허브 리포지터리 생성

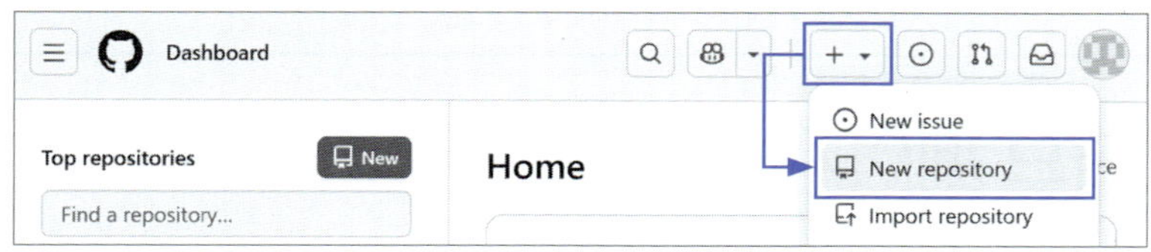

리포지터리 이름을 설정합니다. 필자는 'pr'로 작성했습니다. Description에는 '개인 브랜딩'으로 작성하고, Add README는 off를 선택한 후 Create repository 버튼을 누릅니다. README를

'off'로 선택한 이유는 직접 만들지 않고 커서에서 만들기 때문입니다.

▼ 그림 7-20 리포지터리 설정

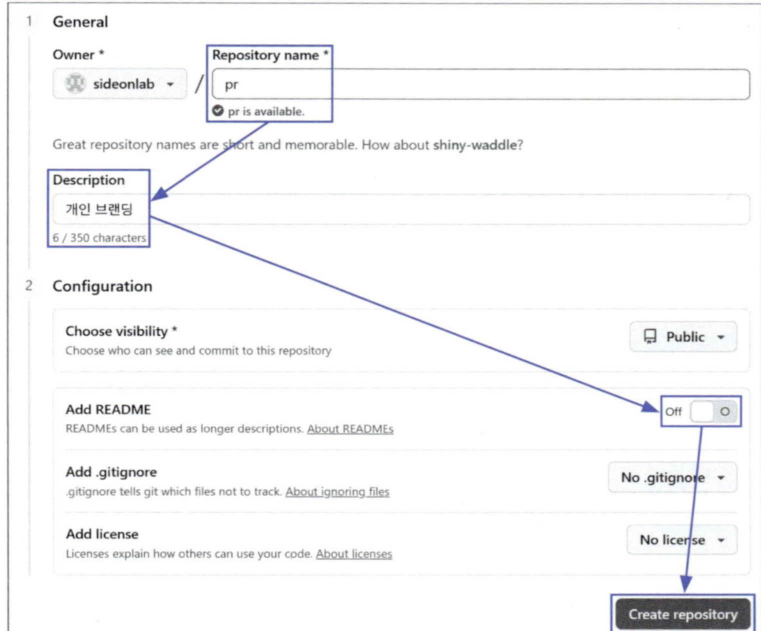

생성이 완료되면 다음 그림 형태의 URL이 표시됩니다. 나중에 커서에서 사용할 예정이므로 이 URL을 복사하여 메모장에 잘 붙여 둡니다.

▼ 그림 7-21 생성된 리포지터리 URL

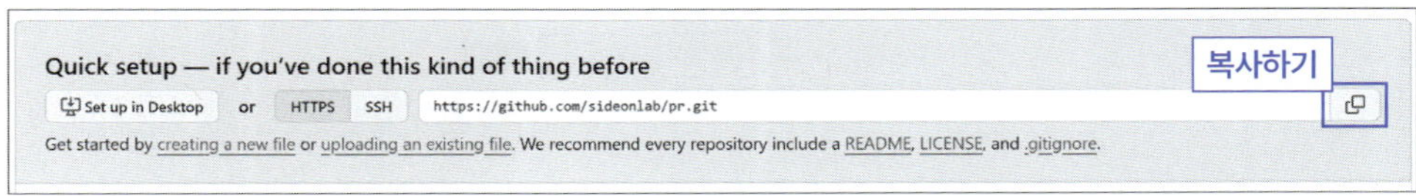

7.4.3 깃허브 CLI 로그인

깃허브 CLI를 쓰려면 로컬 개발 환경에서 깃허브에 접속할 수 있도록 설정해야 합니다.

1. 깃허브 CLI를 사용할 때는 커서의 터미널을 반드시 열어 주세요. 이 터미널을 통해 진행 과정을 확인할 수 있습니다. 단축키는 Ctrl + J입니다.

▼ **그림 7-22** 터미널 열기

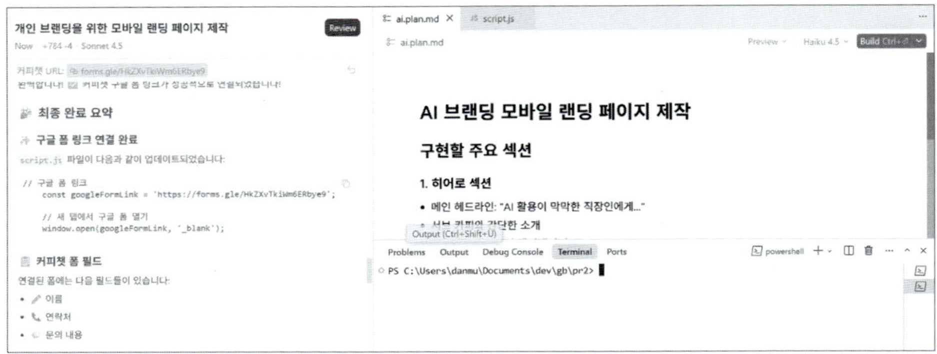

2. 터미널이 열리면 커서 채팅창에 "깃허브 CLI에 로그인해 줘."라고 요청합니다. 그 후 커서가 안내하는 명령을 하나씩 실행합니다.

입력

깃허브 CLI에 로그인해 줘.

출력

▼ **그림 7-23** 깃허브 CLI 로그인 요청

3. 명령을 실행한 후 다음 질문들이 터미널에 나타납니다.

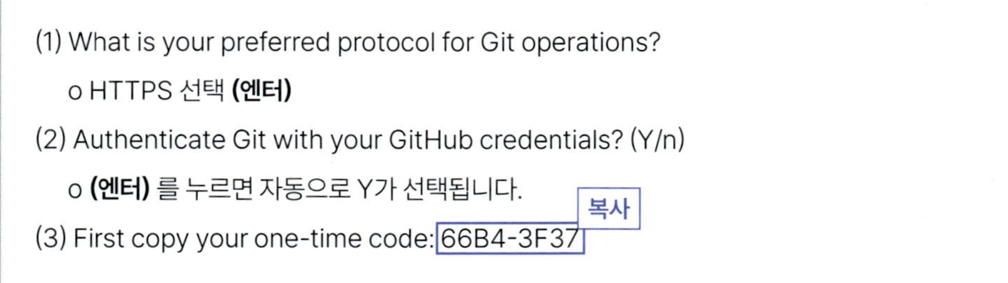

(1) What is your preferred protocol for Git operations?

o HTTPS 선택 **(엔터)**

(2) Authenticate Git with your GitHub credentials? (Y/n)

o **(엔터)** 를 누르면 자동으로 Y가 선택됩니다.

복사

(3) First copy your one-time code: 66B4-3F37

Press Enter to open https://github.com/login/device in your browser... **(엔터)**

　o 표시된 코드를 복사하고, 엔터를 눌러 웹 브라우저를 엽니다.

(3)만 나오거나 웹 브라우저가 자동으로 열리지 않는다면 https://github.com/login/device에 직접 접속하여 로그인한 후 커서에서 출력된 8자리 코드 입력

4. 자동으로 열린 페이지(https://github.com/login/device)에 코드를 입력하고 **Continue** 버튼을 누릅니다.

▼ **그림 7-24** 인증 코드 입력

5. **Authorize github** 버튼을 누릅니다.

▼ **그림 7-25** 깃허브 인증

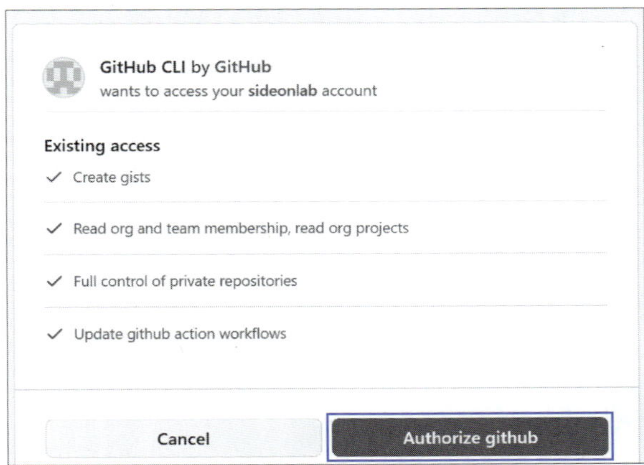

6. 이메일을 인증하려고 **Verify via email** 버튼을 누릅니다. 이 단계는 상황에 따라 생략하고 넘어갈 수 도 있습니다.

▼ **그림 7-26** 이메일 인증

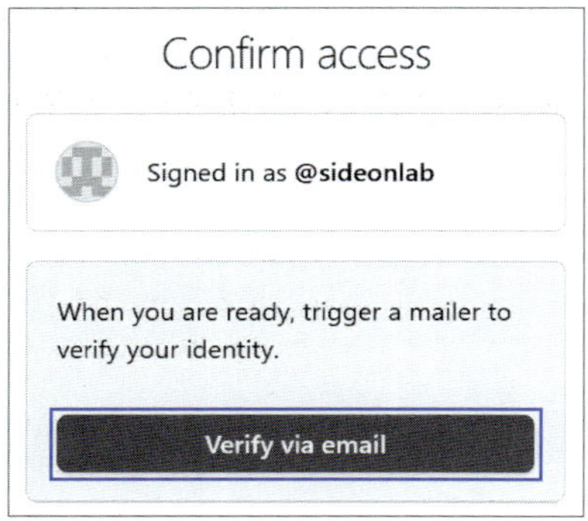

7. 깃허브 회원가입을 할 때 작성한 이메일에서 인증 코드를 확인합니다.

▼ **그림 7-27** 이메일로 발송된 코드

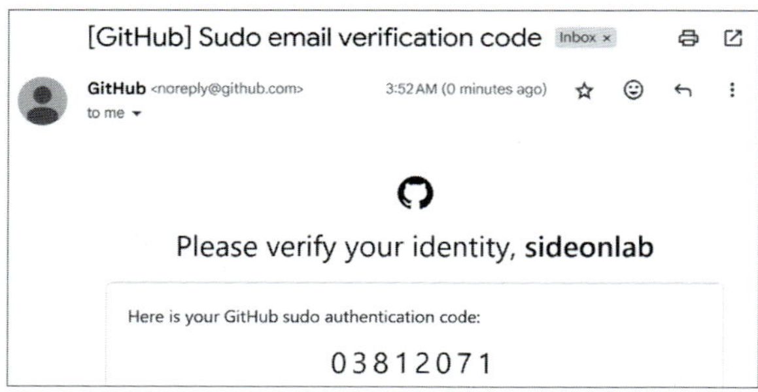

8. 인증 코드를 입력하고 **Verify** 버튼을 누릅니다.

▼ **그림 7-28** 인증 코드 입력

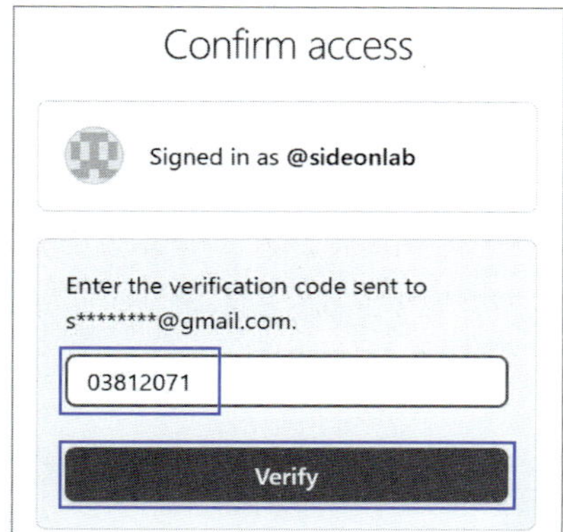

9. 인증이 완료되면 터미널에 성공했다는 메시지가 표시됩니다.

▼ **그림 7-29** 깃허브 인증 완료

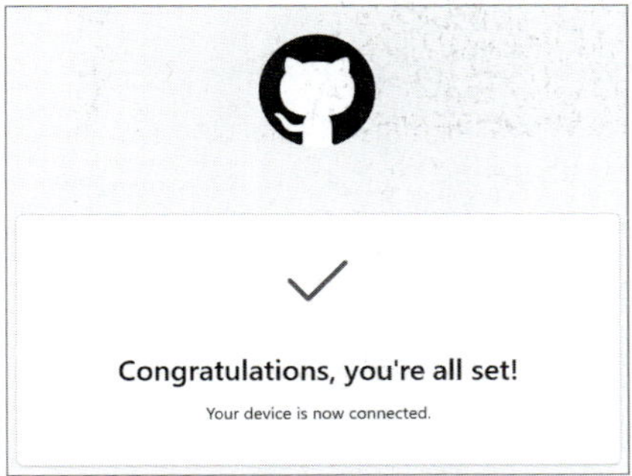

"로그인되었는지 확인해 줘."라고 요청하면 `gh auth status` 명령을 실행하여 로그인 상태를 확인해 줄 것입니다.

입력

로그인되었는지 확인해 줘.

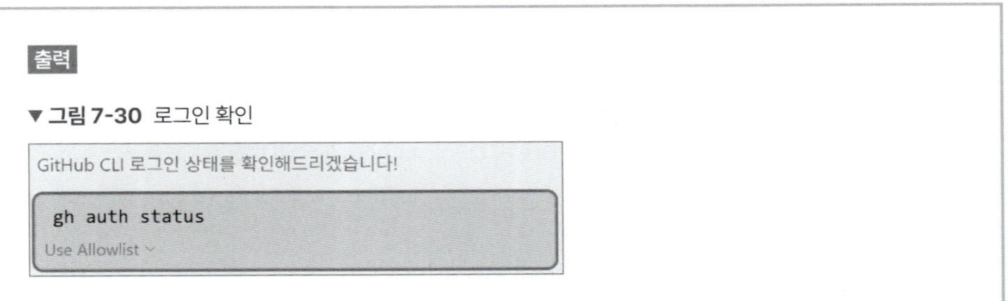

출력

▼ **그림 7-30** 로그인 확인

10. 로그인이 잘된 것을 확인할 수 있습니다.

▼ **그림 7-31** 로그인 상태 확인

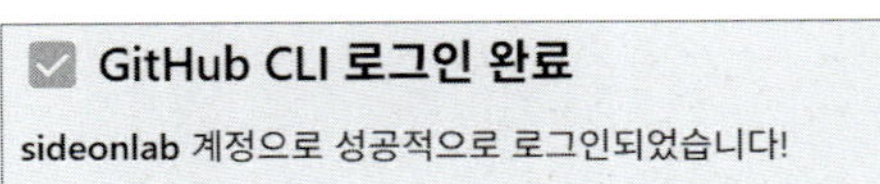

7.4.4 깃허브 CLI를 활용한 배포

이 프로젝트를 깃허브에 업로드하고 배포해 보겠습니다.

> **입력**
>
> 깃허브 CLI를 활용하여 배포해 줄래?
>
> https://github.com/sideonlab/pr.git(앞에서 본인이 만든 리포지터리 URL)

다음 그림과 같이 [Run] 버튼이 나타납니다. 이는 터미널에서 이 명령이 실행되는 것을 의미합니다. 이후 자동으로 명령을 실행하려면 Use Allowlist 모드를 선택합니다.

▼ **그림 7-32** 명령 실행

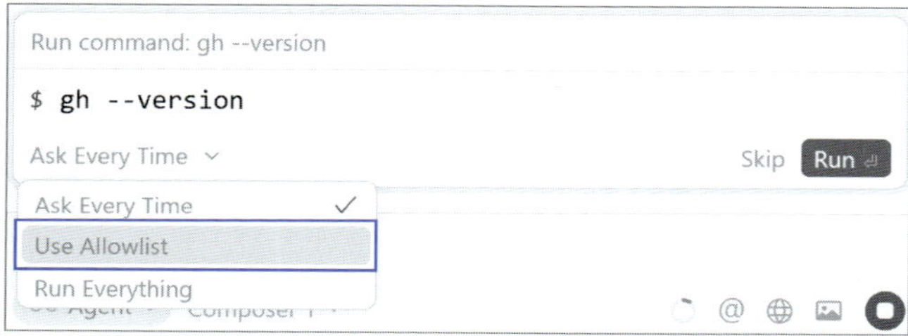

> **저자 노트**
>
> 'Authorize Git Credential Manager' 권한 허용창이 뜬다면 **authorize(승인)** 버튼을 누르세요.

▼ **그림 7-33** 깃허브 CLI 배포 명령 실행

GitHub CLI로 배포 진행합니다. 먼저 인증 상태를 확인하고, 저장소를 설정한 뒤 코드를 푸시하겠습니다.

Auto-Ran command: gh auth

```
$ gh auth status
```

Git 저장소 상태 확인 중:

Auto-Ran command: git status

```
$ git status
```

Git 저장소 초기화 및 원격 저장소 설정 진행:

Auto-Ran command: git init

```
$ git init
```

파일 추가 및 커밋 진행:

Auto-Ran command: git add

다음 명령을 순차적으로 실행할 것입니다.

```
git init
git add .
git commit -m "(설명글)"
git remote add origin(주소)
git branch -M main
git push -u origin main
```

7.4.5 깃허브에서 업로드 확인하기

명령어 실행이 완료되면 깃허브 저장소 페이지로 가서 파일들이 정상적으로 업로드되었는지 확인해 보겠습니다.

웹 브라우저에서 본인의 저장소 주소로 접속하면 다음 파일들을 볼 수 있습니다.

▼ **그림 7-34** 업로드된 파일 확인

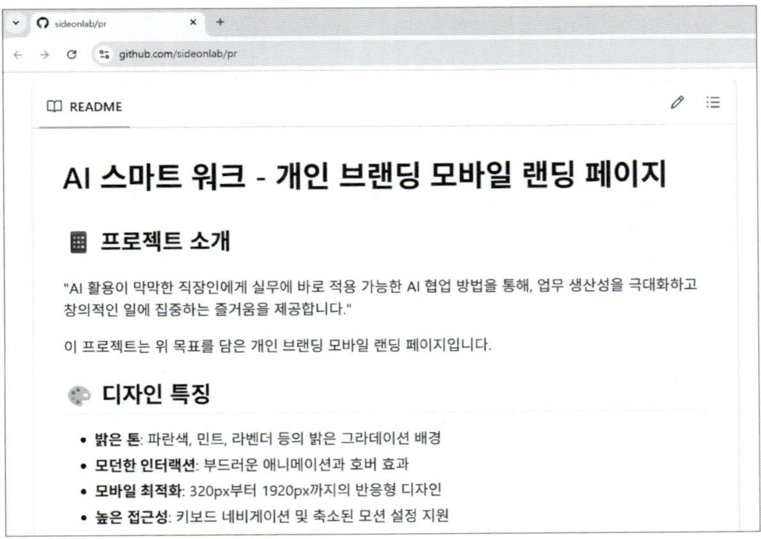

7.4.6 깃허브 페이지 설정하기

업로드된 코드를 실제 웹 사이트로 배포해 보겠습니다. Settings > Pages 메뉴에서 다음 그림과 같이 Branch를 main으로 선택, Folder는 / (root)로 선택한 후 Save 버튼을 누릅니다. 약 3분 정도 기다리면 깃허브 페이지로 배포가 완료됩니다.

▼ 그림 7-35 깃허브 페이지 설정

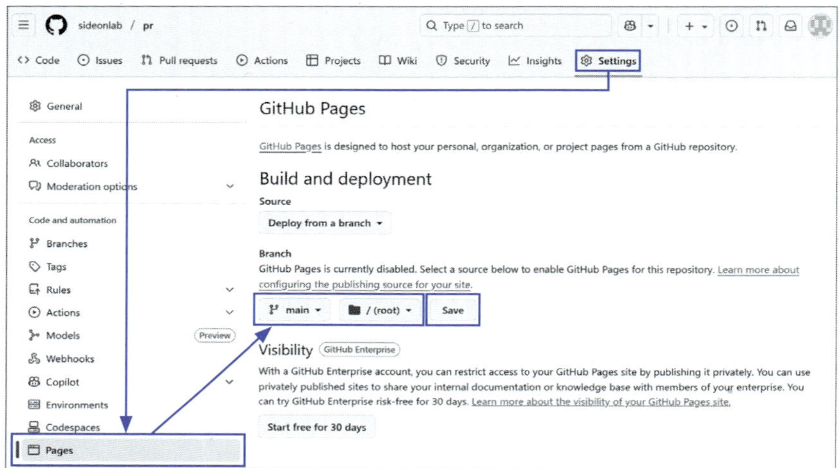

배포 과정은 [Actions] 메뉴에서 확인 가능하며, URL로도 확인할 수 있습니다. URL은 모두 다르게 나타납니다.

▼ 그림 7-36 배포 과정 확인

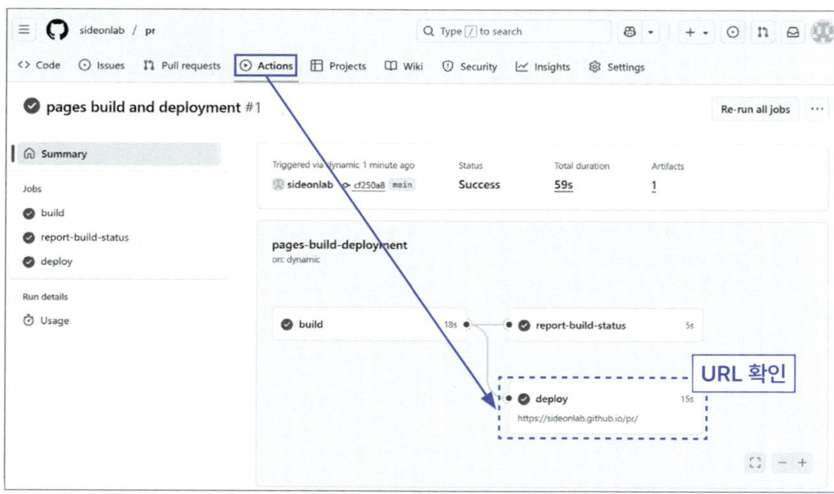

7.4.7 완성된 웹 사이트 테스트하기

필자가 깃허브에서 확인한 URL(https://sideonlab.github.io/pr/)로 접속하여 실제로 배포된 웹 사이트가 제대로 작동하는지 확인해 보겠습니다. 웹 페이지가 잘 열리는지 확인한 후 [커피챗 신청하기] 버튼도 잘 작동하는지 확인하겠습니다.

▼ 그림 7-37 완성된 웹 사이트 테스트

이 장에서는 바이브 코딩 첫 실습으로 간단한 개인 브랜딩 웹 사이트를 만들어 보았습니다. 다음 장에서는 바이브 코딩을 본격적으로 실습해 보고 개인의 요구 사항과 취향에 맞는 다양한 서비스를 구현합니다.

특별코너

저자와 편집자가 마주한 11가지 에러 상황

이제 본격적인 서비스 개발을 시작합니다. 8장부터 다루는 내용은 결코 쉽지 않으며, 간단한 프로젝트와는 달리 개발 과정에서 다양한 에러를 마주할 것입니다. 실제 개발 현장에서는 코드를 작성하는 시간보다 에러 원인을 찾고 해결하는 시간이 훨씬 더 많이 소요됩니다. 어떤 사람은 한 번에 완성할 수 있지만, 또 다른 사람에게는 해결하기 어려운 장벽이 될 수도 있습니다.

본격적으로 8장 실습을 시작하기 전에 저자와 편집자가 바이브 코딩 과정에서 실제로 마주했던 대표적인 에러 상황 11가지를 미리 공유하고자 합니다. 이 내용들을 먼저 숙지한다면 향후 발생할 수 있는 문제들을 보다 수월하게 해결할 수 있을 것입니다.

01 커서 채팅창에 편하게 물어보세요

개발 중 막히는 부분이 있다면 주변 사람에게 질문하듯이 커서 AI에 물어보세요. 비개발자라는 점을 미리 알려 주면 AI가 더 쉽고 자세하게 설명해 줍니다.

1. 채팅창에 물어보세요.

진행되고 있는 것 맞아?
어떻게 실행해?
왜 실행이 안 되니? 나는 비개발자야. 자세히 설명해 줘.

2. 텍스트로 해결이 어렵다면 화면을 직접 보여 주세요.

   상황에 따라 에러 메시지가 표시된 화면이나 문제가 발생한 화면을 캡처해서 채팅창에 직접 붙여 넣고 질문하세요. 시각적 자료와 함께 질문하면 AI가 문제를 더 정확하게 파악하고 해결책을 제시할 수 있습니다.

   - Win + Shift + S를 누르면 화면 캡처 도구가 실행됩니다.
   - 캡처하고 싶은 영역을 드래그로 선택하세요. 캡처된 이미지가 클립보드에 저장됩니다.
   - 커서 AI 채팅창에서 Ctrl + V로 붙여 넣기를 하세요.

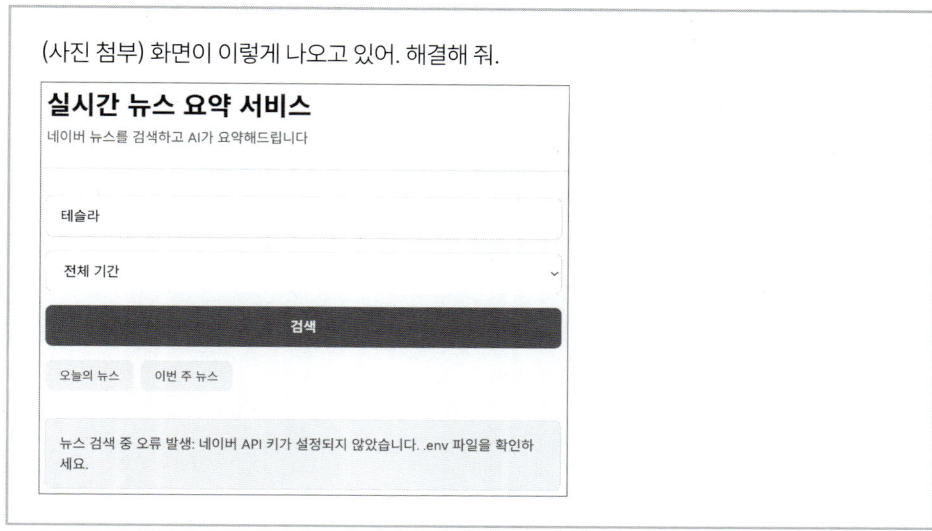

02 [환경] 노드, 깃허브 CLI 명령어를 실행할 수 없는 에러

Node.js와 깃허브 CLI를 분명히 설치했음에도 터미널에서 "내부 또는 외부 명령, 실행할 수 있는 프로그램, 또는 배치 파일이 아닙니다." 같은 에러 메시지가 표시될 수 있습니다.

이런 에러가 발생하는 이유는 시스템이 설치된 프로그램 위치를 찾지 못하기 때문입니다. 먼저 컴퓨터를 재부팅해 보세요. 많은 경우 재부팅만으로도 문제를 해결할 수 있습니다. 재부팅 후에도 동일한 문제가 발생한다면 다음 절차에 따라 환경 변수를 수동으로 설정해 주세요.

1. 윈도우 검색창에서 '시스템 환경 변수 편집'을 검색하여 실행합니다.

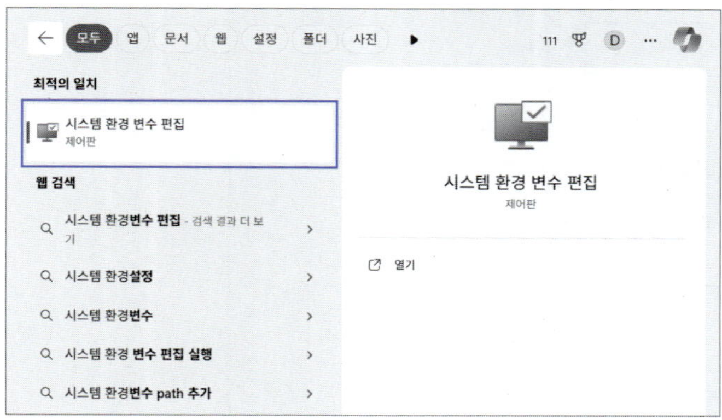

2. 나타난 창에서 **환경 변수** 버튼을 누릅니다.

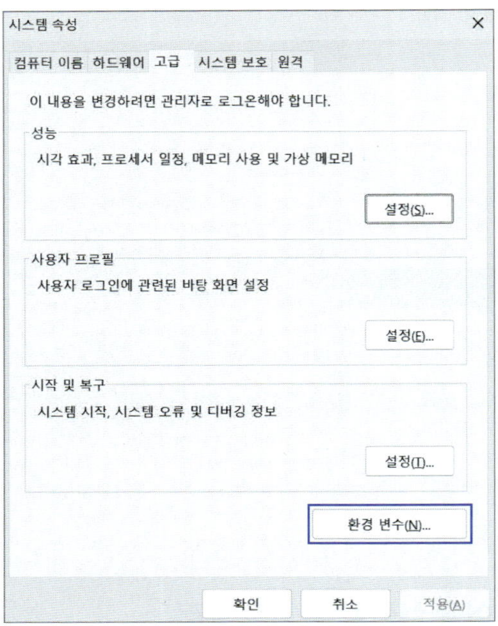

3. 위쪽의 사용자 변수 목록에서 변수 이름이 'Path'인 항목을 찾아 선택한 후 **편집** 버튼을 누릅니다.

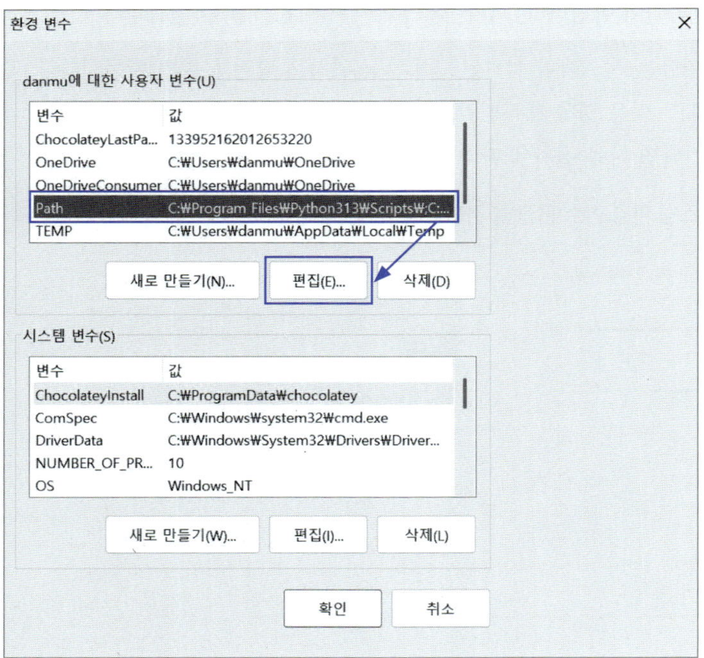

4. 이제 Node.js와 깃허브 CLI의 설치 경로를 추가하겠습니다. 다음은 기본 설치 경로입니다.[1]

C:\Program Files\nodejs
C:\Program Files\GitHub CLI

5. 이 링크를 각각 **새로 만들기** 버튼을 누르고 추가해 주세요.

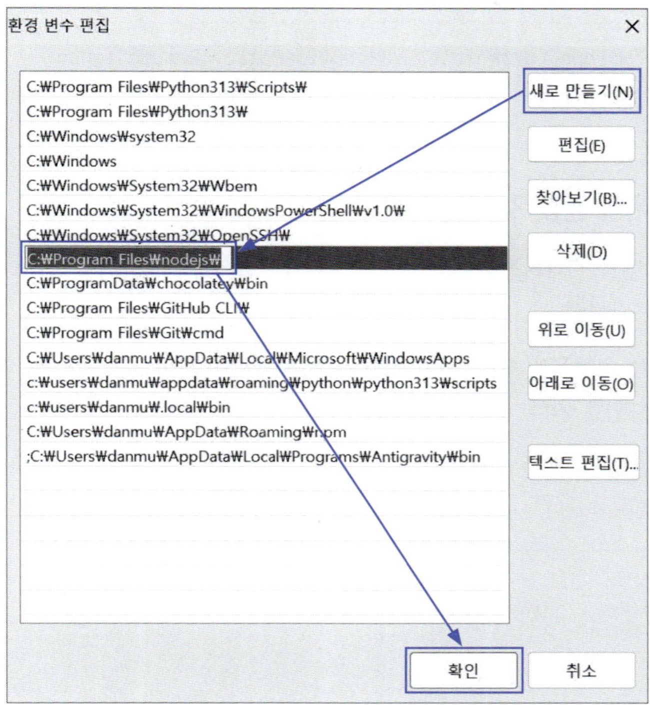

모든 창에서 **확인** 버튼을 눌러 설정을 저장합니다. 커서를 완전히 종료하고 다시 실행하면 node, npx, gh 등 명령어가 정상적으로 작동합니다.

1 https://github.com/lovedlim/vibe에 본문의 링크를 복사할 수 있도록 작성해 두겠습니다.

03 [환경] 명령 프롬프트 / 파워셸 권한 문제

터미널에서 스크립트 실행 정책과 관련된 에러가 발생할 수 있습니다. npx 같은 명령어를 실행할 때 권한 관련 에러, 실행할 수 없다는 메시지가 표시된다면 다음 명령어로 해결할 수 있습니다.

1. 커서에서 Ctrl + J 를 눌러 커서의 터미널을 열어 주세요.

2. 다음 명령을 입력한 후 Enter 를 눌러 주세요.[2]

```
Set-ExecutionPolicy -Scope CurrentUser -ExecutionPolicy RemoteSigned
```

04 [환경] 설치 과정에서 멈춘 것처럼 보인다면?

프로젝트를 처음 시작할 때 필요한 라이브러리를 설치하는 과정에서 때때로 시스템이 사용자 입력을 기다리며 멈추어 있는 것처럼 보일 수 있습니다.

예를 들어 npm create 명령을 실행했을 때 물음표(?) 또는 선택 옵션이 나타나면 이는 시스템이 멈춘 것이 아니라 여러분 대답을 기다리고 있는 상태입니다.

1. 다음 그림과 같이 '?'로 끝나는 질문이 나온다면 이는 개발 중이 아니라 응답을 기다리는 중입니다. 오른쪽 위에 있는 화살표를 클릭해 주세요.

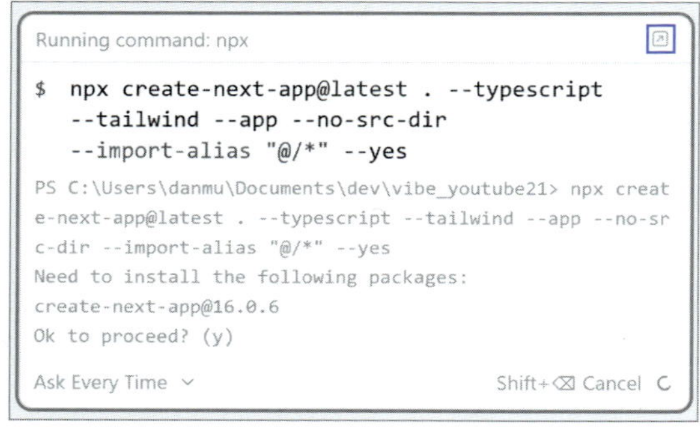

2 입력 실수를 방지하려면 https://github.com/lovedlim/vibe에서 명령을 직접 복사하여 사용합니다.

2. 커서 가운데 아래쪽에 터미널이 나타납니다.

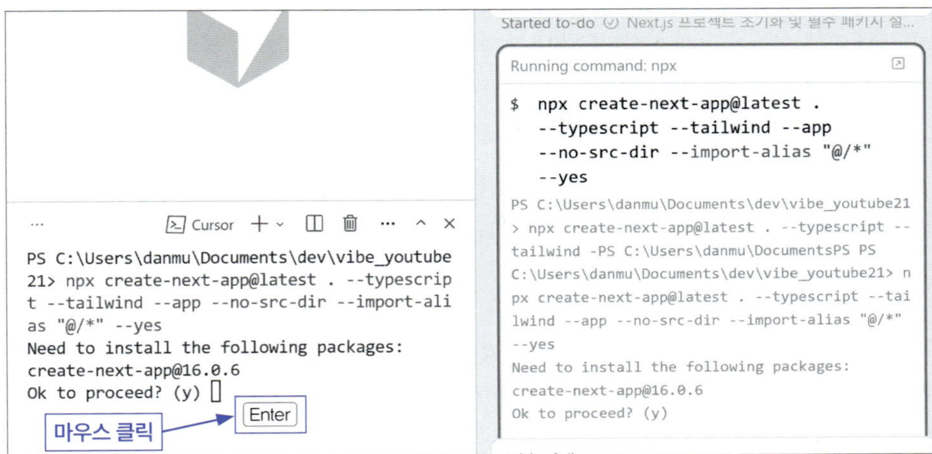

3. 터미널에서 마우스를 한 번 클릭한 후 Enter 를 누릅니다. 이것은 기본값인 y라고 응답한 것입니다. 누르고 나면 설치가 진행 중인 것을 확인할 수 있습니다.

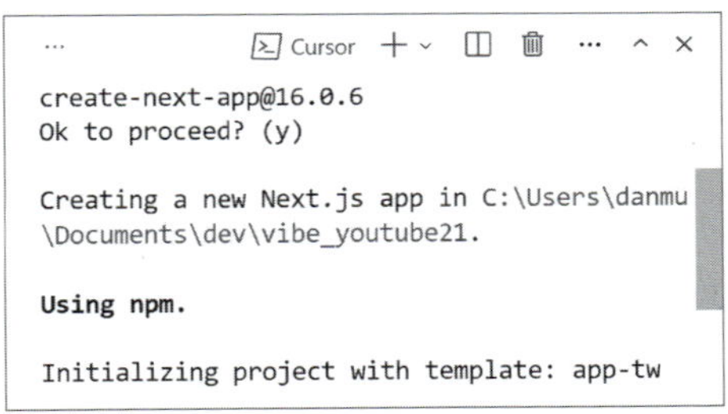

4. 사용하는 라이브러리에 따라 다음 그림과 같이 질문을 여러 개 할 수도 있습니다.

```
문제   출력   디버그 콘솔   터미널   포트                    + ∨  Cursor ⚠

○ sktop\vibe coding\quiz2> npm create vite@latest . -- --template react

 > npx
 > create-vite . --template react

 ◇  Use rolldown-vite (Experimental)?:
 │  No
 │
 ◇  Install with npm and start now?
 │  Yes
 │
 ◇  Scaffolding project in C:\Users\gilbut\Desktop\vibe coding\quiz2...
 │
 ◇  Installing dependencies with npm...
 █
```

05 요청한 대로 수정이 잘되지 않을 경우

최근 AI 모델 성능이 크게 향상되어 대부분의 수정 요청은 성공적으로 처리됩니다. 하지만 모델에 따라 수정을 잘 못하기도 합니다. 작업 중이라도 다른 모델을 사용하고 있다면 클로드 소넷으로 수정하기를 추천합니다. 또는 Debug 모드로 수정 요청합니다.

간혹 동일한 수정 요청을 열 번 이상 반복했음에도 에러가 계속 발생하는 경우가 있습니다. 이런 상황에서는 계속 같은 프로젝트에서 문제를 해결하려고 하기보다는 프로젝트를 새로 시작하는 것이 더 효율적입니다.

1. 현재 프로젝트 폴더를 닫습니다. **File > Close Folder** 메뉴를 선택합니다.
2. 새로운 프로젝트 폴더를 생성하여 처음부터 다시 시작합니다.

여러 차례의 수정 시도 과정에서 코드가 복잡하게 꼬이면 원인을 찾아 해결하기보다는 새로 시작하는 편이 훨씬 빠릅니다. 물론 끝까지 원인을 찾을 수는 있지만, 그 과정에서 불필요하게 많은 시간과 에러를 마주하게 됩니다. 단, 이전 프로젝트 폴더는 삭제하지 말고 그대로 두세요. 나중에 열어서 참고할 수 있습니다. 필자는 프로젝트 폴더에 vibe1, vibe2, vibe3처럼 번호를 붙이고 있습니다.

06 [웹 브라우저] 커서가 알려 준 URL로 접속했는데 웹 사이트로 연결할 수 없다면?

커서 AI가 안내한 대로 웹 브라우저에서 localhost:3000으로 접속했는데 '사이트에 연결할 수 없음' 또는 'This site can't be reached'라는 메시지가 표시될 수 있습니다.

이런 문제가 발생하는 주요 원인은 두 가지입니다.

- **서버가 실행되지 않은 상태**: 개발 서버가 제대로 시작되지 않았거나 중단된 경우
- **포트 충돌**: 이전에 실행한 다른 프로젝트가 동일한 포트(예 3000번)를 사용하고 있는 경우

커서 AI 채팅창에 발생한 에러 메시지를 그대로 복사하여 붙여 넣기를 하세요.

```
사이트에 연결할 수 없음 ...
```

AI가 터미널의 로그를 확인하여 정확한 원인을 파악하고, 서버를 재시작하거나 다른 포트로 변경하는 등 해결책을 제시해 줍니다.

그래도 해결이 안 된다면 서버를 완전히 재시작하세요. AI에 다음처럼 요청해 보세요.

```
모든 서버를 종료한 후 다시 실행해 줘.
```

이 요청으로 실행 중인 모든 서버를 깨끗하게 정리하고 새로 시작할 수 있습니다.

07 [웹 브라우저] 빈 화면이 나온다면?

웹 브라우저에서 웹 페이지에 접속했을 때 아무 내용도 표시되지 않고 흰 화면만 나타나는 경우가 있습니다. 이는 자바스크립트 에러로 페이지 렌더링이 중단된 상태일 가능성이 높습니다.

1. 웹 브라우저에서 F12를 눌러 개발자 도구를 엽니다(또는 마우스 오른쪽 버튼을 눌러 **검사** 메뉴 선택).
2. 위쪽에서 **Console** 탭을 클릭합니다.
3. 콘솔에 빨간색으로 표시된 에러 메시지를 모두 복사합니다.
4. 커서 채팅창에 복사한 내용을 붙여 넣습니다.

커서가 에러 원인을 분석하고 코드를 수정해 줍니다.

08 [웹 브라우저] 화면에 에러가 나온다면?

때로는 개발자 도구를 열지 않아도 웹 브라우저 화면에 직접 에러 메시지가 표시되는 경우가 있습니다. 빨간색 배경에 하얀색 글씨로 에러 내용이 크게 나타나는 경우가 대표적입니다. 주로

버전 차이나 라이브러리 호환성 문제로 발생할 때가 많습니다. AI가 자동으로 호환되는 코드로 수정해 주니 걱정하지 마세요!

```
[plugin:vite:css] [postcss] It looks like you're trying to use `tailwindcss`
directly as a PostCSS plugin. The PostCSS plugin has moved to a separate package,
so to continue using Tailwind CSS with PostCSS you'll need to install
`@tailwindcss/postcss` and update your PostCSS configuration.

C:/Users/danmu/Documents/dev/gb/q2/quiz/src/style.css:undefined:null

    at at (C:\Users\danmu\Documents\dev\gb\q2\quiz\node_modules\tailwindcss\dist\lib.js:38:1629)
    at LazyResult.runOnRoot (C:\Users\danmu\Documents\dev\gb\q2\quiz\node_modules\postcss\lib\lazy-resu
    at LazyResult.runAsync (C:\Users\danmu\Documents\dev\gb\q2\quiz\node_modules\postcss\lib\lazy-resu
    at LazyResult.async (C:\Users\danmu\Documents\dev\gb\q2\quiz\node_modules\postcss\lib\lazy-result.
    at LazyResult.then (C:\Users\danmu\Documents\dev\gb\q2\quiz\node_modules\postcss\lib\lazy-result.j

Click outside, press Esc key, or fix the code to dismiss.
You can also disable this overlay by setting server.hmr.overlay to false in vite.config.js.
```

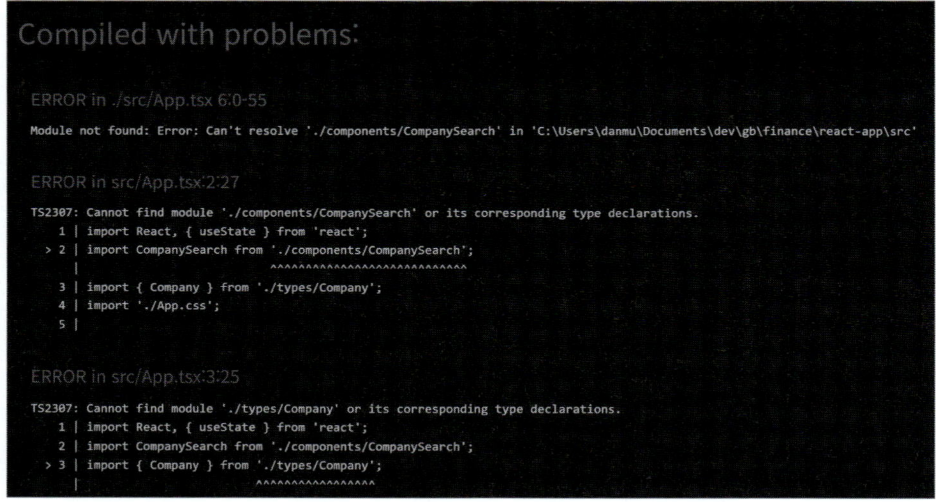

이 경우는 더욱 간단합니다. 화면에 표시된 에러 메시지 전체를 마우스로 드래그하여 선택한 후 Ctrl + C로 복사합니다. 커서 AI 채팅창에 복사한 에러 메시지를 붙여 넣고 간단하게 설명을 덧붙입니다.

> (에러 메시지 붙여 넣기)
> 이런 에러가 발생했어요.

AI가 원인을 분석하고 자동으로 문제를 해결합니다.

09 [웹 브라우저] 화면은 나오나 원하는 대로 작동하지 않는다면?

웹 페이지는 정상적으로 로딩되고 화면도 잘 나오는데 특정 기능이 작동하지 않는 경우가 있습니다.

- 검색 버튼을 눌렀는데 아무런 결과가 나오지 않는 경우
- 버튼을 클릭했을 때 전혀 반응이 없는 경우
- 폼을 제출했는데 데이터가 저장되지 않는 경우
- 로그인 버튼을 눌렀는데 아무 일도 일어나지 않는 경우
- 차트에 그래프가 그려지지 않는 경우

1. F12를 눌러 개발자 도구를 엽니다(또는 마우스 오른쪽 버튼을 눌러 **검사** 메뉴 선택).

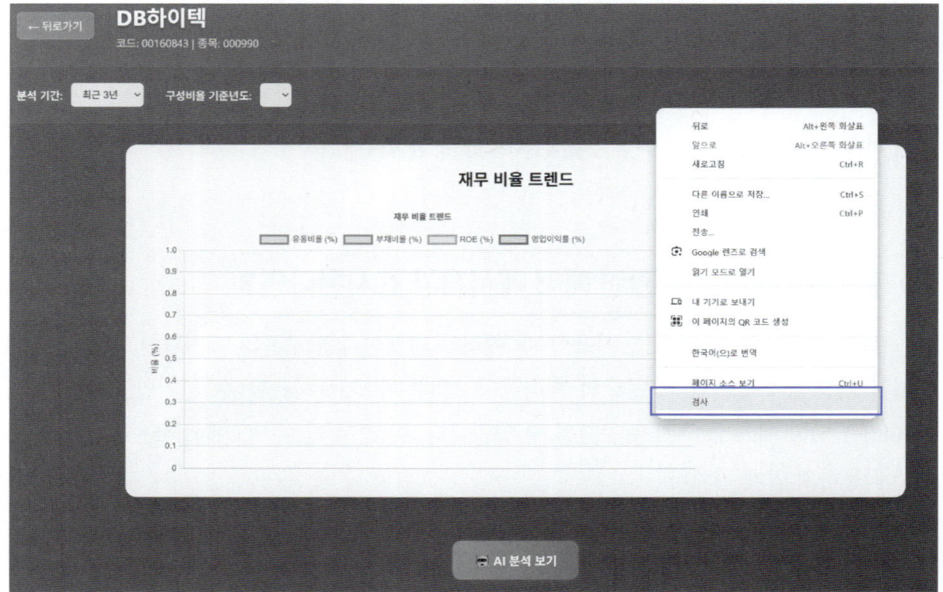

2. **Console** 탭을 클릭합니다.

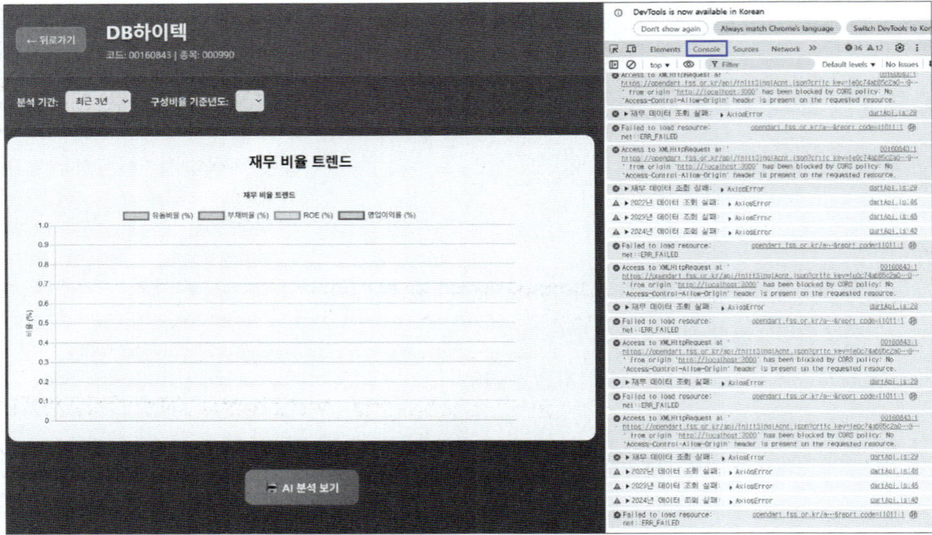

3. 콘솔에 나타난 빨간색 에러 메시지를 찾아 복사합니다. 에러가 여러 개 있다면 모두 복사하세요.

4. 커서 AI 채팅창에 에러 메시지를 붙여 넣습니다.

AI가 에러 원인을 파악하고 해당 부분의 코드를 수정합니다.

10 [LLM] 제미나이 관련 에러 메시지가 표시된다면?

퀴즈 생성 버튼이나 AI 기능을 사용할 때 에러가 발생한다면 구글의 제미나이 API 모델 버전 문제일 가능성이 높습니다. 구글의 제미나이 API는 무료로 사용할 수 있지만, 이전 버전(예 gemini-1.5)이 예고 없이 사용 중단될 수 있습니다. 이 경우 기존 코드에서 사용하던 모델이 더 이상 작동하지 않게 됩니다.

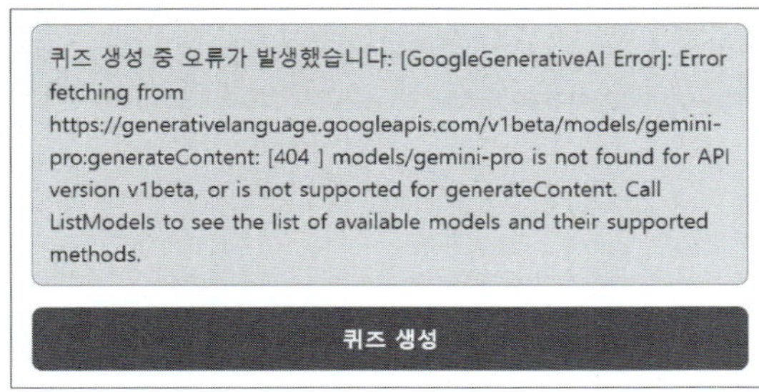

현재 사용 가능한 모델로 변경해야 합니다. 현재 사용 가능한 모델은 gemini-2.0-flash 또는 gemini-2.5-flash입니다. 사용 가능한 무료 모델은 시간이 지나면서 변경될 수 있습니다.[3]

커서 AI에 다음처럼 요청합니다.

입력

gemini-2.5-flash로 변경해 줄래?

출력

변경 완료. Gemini 모델을 gemini-2.5-flash로 변경했습니다.

이제 퀴즈 생성 시 gemini-2.5-flash 모델을 사용합니다. 브라우저를 새로고침한 후 퀴즈 생성을 다시 시도해 보세요.

모델을 변경했는데도 작동하지 않는다면 API 키에 문제가 있을 수 있습니다. 커서 AI에 다음처럼 요청하세요.

입력

제미나이 API 키는 (실제 키 붙여 넣기)야.

내 API 키로 정상 작동하는지 테스트해 줘.

AI가 API 키의 유효성을 확인하고, 문제가 있다면 어떻게 해결해야 하는지 안내합니다.

[핵심 원칙]

- 에러 메시지는 여러분의 적이 아니라 문제를 해결하는 열쇠입니다. 에러 메시지를 잘 읽고 AI에 전달하면 대부분의 문제는 해결됩니다.
- 화면에 보이는 모든 에러 메시지를 AI에 공유하세요. 에러 내용을 그대로 복사해서 보여 주세요.
- 열 번 이상 같은 에러가 반복된다면 새로 시작하는 것도 좋은 전략입니다. 깨끗하게 새로 시작하는

3 최신 정보는 https://github.com/lovedlim/vibe에서 확인하세요.

것이 더 빠를 수 있습니다.

- 커서 AI 채팅을 적극적으로 활용하세요. 궁금한 것, 막히는 것, 이해 안 되는 것 모두 물어보세요. 그것이 바로 AI를 사용하는 이유입니다!

11 Connection failed 메시지를 해결하는 방법

커서를 사용하는 중 채팅창에 다음 에러 메시지가 표시될 수 있습니다.

```
Connection failed. If the problem persists, please check your internet connection or VPN
```

이 문제는 채팅 기록을 삭제하면 대부분 해결할 수 있습니다.

채팅창 오른쪽 위에서 메뉴 버튼(…)을 클릭합니다. 채팅 기록을 삭제하기 전에 저장하고 싶다면 Export Chat 메뉴를 먼저 선택하여 백업합니다. 그러고 나서 Clear All Chats 메뉴를 선택합니다.

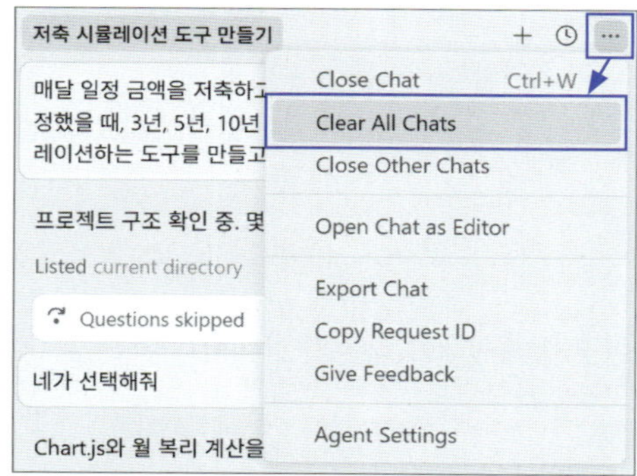

새 채팅이 자동으로 생성되면 정상적으로 사용 가능합니다. 채팅 기록이 너무 길거나 손상되면 연결 에러가 발생할 수 있습니다.

에러를 만나더라도 당황하지 마세요. 11가지 해결 방법을 기억한다면 대부분의 문제는 충분히 해결할 수 있습니다. 에러는 여러분이 성장하고 있다는 증거입니다.

마음의 준비를 했나요? 이제부터 본격적으로 개발 실습을 시작해 봅시다.

6부

외부 데이터를 활용한 서비스 제작

CHAPTER

08

재무제표 시각화 및 AI 분석

숫자를 제대로 읽지 못하면 비즈니스를 이해할 수 없기 때문에 직장인이라면 누구나 회계를 알아야 합니다. 기업 숫자를 체계적으로 정리한 것이 바로 재무제표입니다.

재무제표 안에는 재무상태표와 손익계산서 등이 있습니다. 재무상태표는 기업의 자산, 부채, 자본을 보여 줍니다. 손익계산서에서는 매출, 비용, 이익을 확인할 수 있습니다.

▼ **그림 8-1** 재무상태표(왼쪽)와 손익계산서(오른쪽)

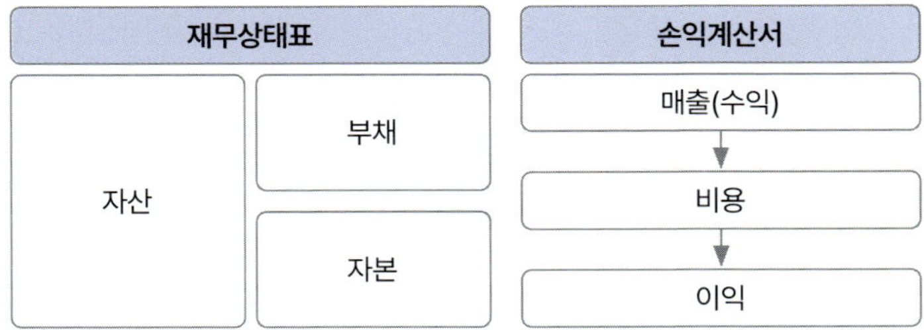

저자 노트

재무제표의 다섯 가지 구성 요소

재무제표는 기업의 재무 상태와 경영 성과를 나타내는 공식 문서로, 다섯 가지로 구성됩니다.

1. 재무상태표
    - 특정 시점의 기업 재무 상태를 보여 주는 '스냅샷'
    - 자산 = 부채 + 자본(회계 등식)
    - "이 회사가 무엇을 가지고 있고, 빚은 얼마나 되는가?"
2. 손익계산서
    - 일정 기간 동안의 경영 성과를 나타냄
    - 매출 - 비용 = 이익
    - "이 회사가 얼마나 벌고, 얼마나 썼고, 결국 남은 것은?"
3. 현금흐름표
    - 일정 기간 동안의 현금 유입과 유출을 보여 줌
    - 영업, 투자, 재무 활동으로 구분
    - "이 회사의 실제 현금은 어떻게 움직였는가?"
4. 자본변동표
    - 일정 기간 동안 자본의 변동 내역을 나타냄
    - 자본금, 이익잉여금 등 증감을 추적
5. 주석
    - 재무제표에 대한 상세한 설명과 보충 정보
    - 회계 정책, 우발 부채 등을 기재

프로젝트 개요

이제부터 전자공시시스템인 DART(Data Analysis, Retrieval and Transfer system)에서 제공하는 재무제표를 활용하여 누구나 쉽게 이해할 수 있는 재무제표 시각화 서비스를 만들어 보겠습니다.

복잡한 회계 용어와 숫자를 그래프와 차트로 변환하고 AI가 쉬운 말로 설명해 주는 실용적인 서비스를 구현할 것입니다.

실습 진행 방식

본 프로젝트는 기업 재무 데이터 분석 시스템으로, 총 세 단계로 구성됩니다. 이 단계는 독자가 이해하기 쉽게 필자가 임의로 구분한 것으로, AI가 계획을 세우면서 변경될 수 있다는 점을 감안합니다.

1단계에서는 회사 이름을 검색하여 고유 회사 코드를 조회하며, 이를 위한 회사 정보 데이터베이스를 구축합니다.

2단계에서는 1단계에서 확보한 회사 코드를 활용하여 오픈다트(DART) API에서 재무제표 데이터를 수집하고, 수집된 데이터를 차트와 그래프로 시각화합니다.

3단계에서는 제미나이 API를 연동하여 수집된 재무 데이터에 대한 AI 기반 분석을 수행하고, 분석 결과 및 인사이트를 제공합니다.

▼ **그림 8-2** 요청 계획

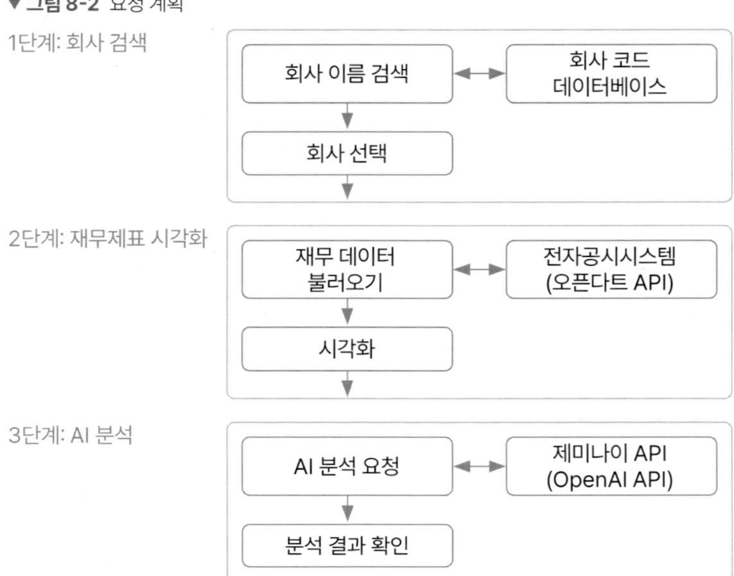

8.1 SECTION 전자공시시스템 오픈다트 키 발급받기

전자공시시스템에서 재무 데이터를 가져오려면 먼저 인증 키가 필요합니다. 이 인증 키를 오픈다트 키(OpenDart Key)라고 합니다. 지금부터 발급 방법을 단계별로 설명하겠습니다.

8.1.1 웹 사이트 접속 및 인증 키 신청

전자공시시스템은 두 가지 형태로 운영됩니다. 먼저 일반 사용자를 위한 전자공시시스템(https://dart.fss.or.kr/)이 있습니다. 이 웹 사이트는 누구나 접속하여 PDF 형태로 재무제표를 열람할 수 있습니다. 사람이 눈으로 보려고 만든 웹 사이트입니다.

그리고 개발자를 위한 전자공시 오픈다트시스템(https://opendart.fss.or.kr/)이 있습니다. 오픈다트시스템은 프로그램으로 데이터를 가져올 수 있도록 API를 제공합니다. DART에 공시된 보고서 원문 등을 오픈 API로 활용할 수 있으며 개인, 기업, 기관 누구나 무료로 이용할 수 있습니다. 본 프로젝트에서는 오픈다트시스템을 이용하여 재무 데이터를 받아 오겠습니다.

▼ **그림 8-3** 전자공시 오픈다트시스템

1. 오픈다트 웹 사이트에 접속하면 위쪽 메뉴에서 [인증키 신청/관리]를 찾을 수 있습니다. 여기에서 **인증키 신청** 메뉴를 선택하면 API 키 신청과 회원가입을 한번에 진행할 수 있습니다.

▼ **그림 8-4** 인증 키 신청 메뉴

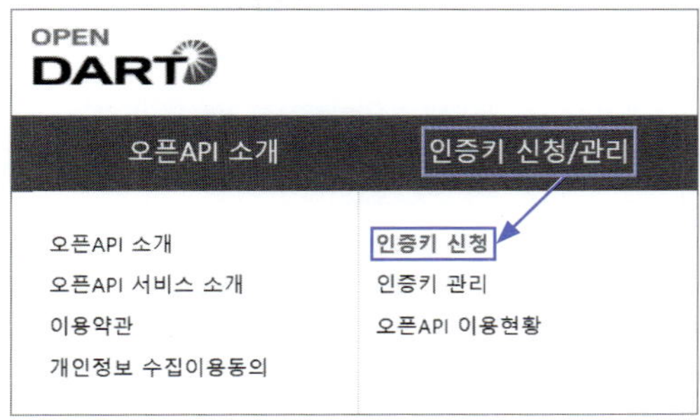

2. 본인 이메일과 사용할 패스워드를 입력합니다. API 사용 환경은 '웹'으로 선택하고, 사용 용도는 '학습용'으로 작성합니다. 확인 URL은 공란으로 두어도 무방합니다. 모든 입력을 완료한 후 **등록** 버튼을 눌러 가입을 완료합니다.

▼ **그림 8-5** 회원가입 및 API 사용 환경 설정

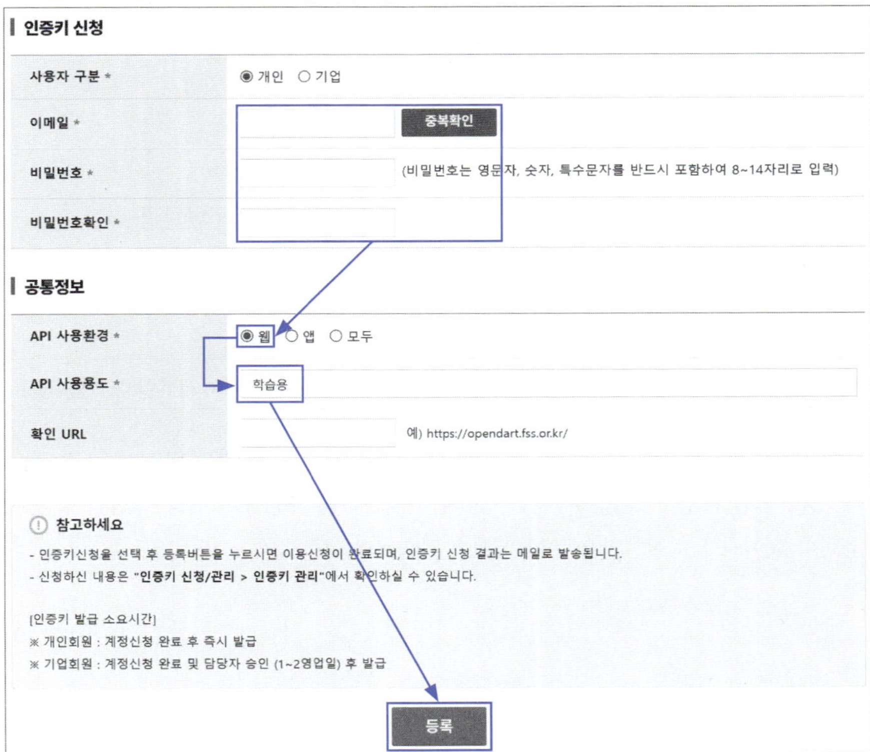

8.1.2 로그인 및 인증 키 복사

1. 회원가입이 완료되면 로그인을 진행합니다. 로그인 후 위쪽 메뉴에서 **인증키 신청/관리**를 다시 클릭하고 이번에는 **오픈API 이용현황** 메뉴를 선택합니다.

▼ **그림 8-6** API 키 확인 방법

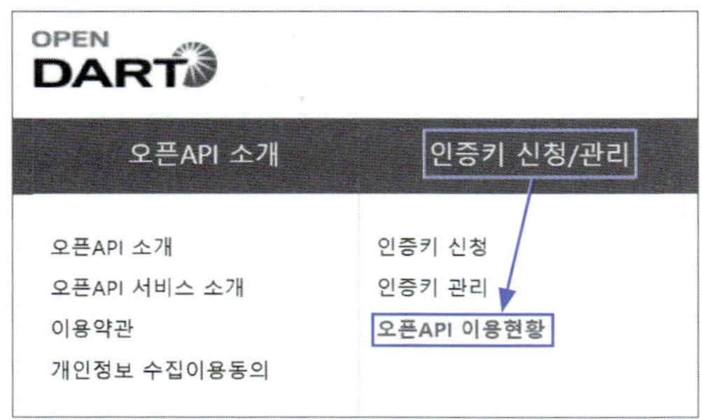

2. 이 웹 페이지에서 오픈다트를 이용할 수 있는 API 키를 확인할 수 있습니다. API 키는 재무 정보를 받아 오는 인증서 역할을 합니다. 마치 도서관에서 책을 빌릴 때 도서 카드가 필요한 것처럼 오픈다트에서 데이터를 가져올 때도 이 키가 필요합니다.

▼ **그림 8-7** API 키 확인

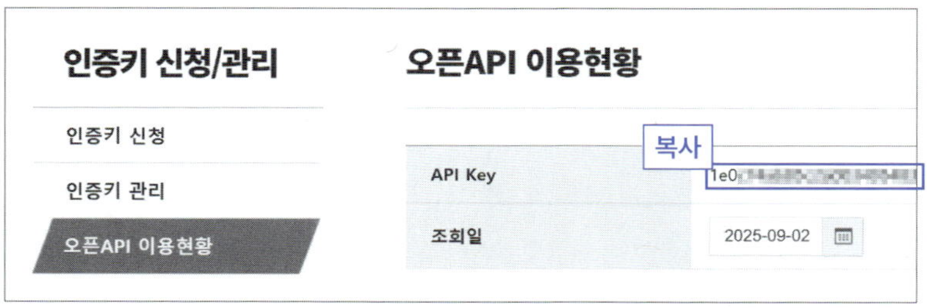

3. 생성된 키를 복사해서 메모장에 붙여 넣습니다. 이 키는 나중에 프로그램에서 사용할 예정입니다.

무료로 제공되는 API에는 사용량 제한이 있습니다. 하루에 받아 올 수 있는 일일 허용 건수는 2만 건입니다. 일반적인 개인 프로젝트에서는 충분한 양입니다. 사용량은 다음 그림과 같이 오픈 API 이용현황 페이지에서 실시간으로 확인할 수 있습니다.

▼ **그림 8-8** 오픈 API 이용 현황

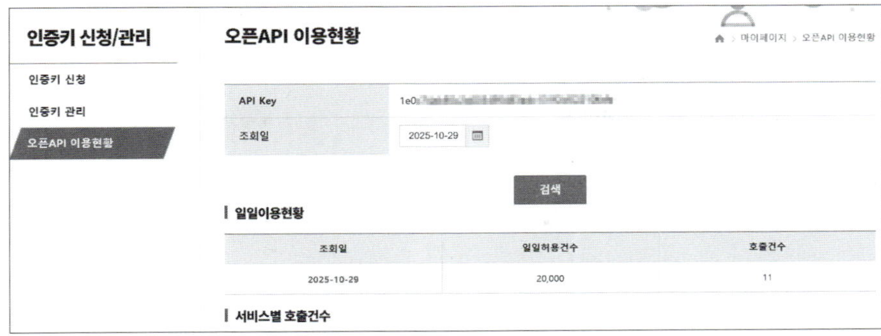

8.1.3 회사 정보 파일

특정 회사의 재무 정보를 전자공시시스템에서 받아 오려면 해당 회사의 고유 코드를 알고 있어야 합니다. 삼성전자 회사 코드는 '00126380'처럼 숫자로 조합되어 있습니다. 모든 상장 기업은 이런 고유 코드를 가지고 있습니다.

예시는 다음 표와 같습니다.

회사 이름	회사 코드
삼성전자	00126380
DB하이텍	00160843
SK하이닉스	00164779

회사 이름과 회사 코드가 정리된 파일을 https://github.com/lovedlim/vibe에서 내려받아 봅시다.

1. 웹 사이트에 접속한 후 **chapter08** 폴더를 클릭합니다.

▼ **그림 8-9** 깃허브 저장소 접속

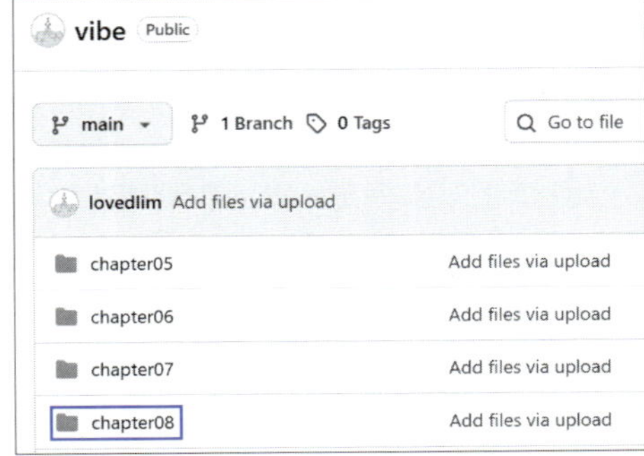

2. 다음으로 **corp.xml** 파일을 클릭합니다.

▼ **그림 8-10** corp.xml 파일 선택

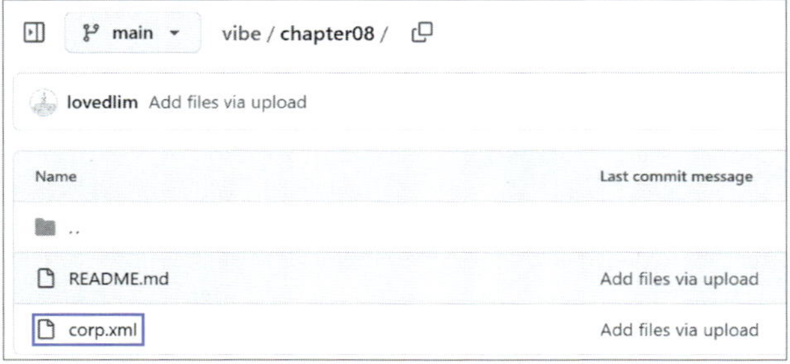

3. 다운로드 버튼을 클릭하여 corp.xml 파일을 내려받아 사용하면 됩니다. 이 파일에는 상장된 모든 기업의 회사 이름(corp_name)과 회사 코드(corp_code)가 정리되어 있습니다. 예를 들어 삼성전자 회사 이름은 '삼성전자', 회사 코드는 '00126380' 같은 형태로 저장되어 있습니다.

▼ **그림 8-11** 다운로드 화면

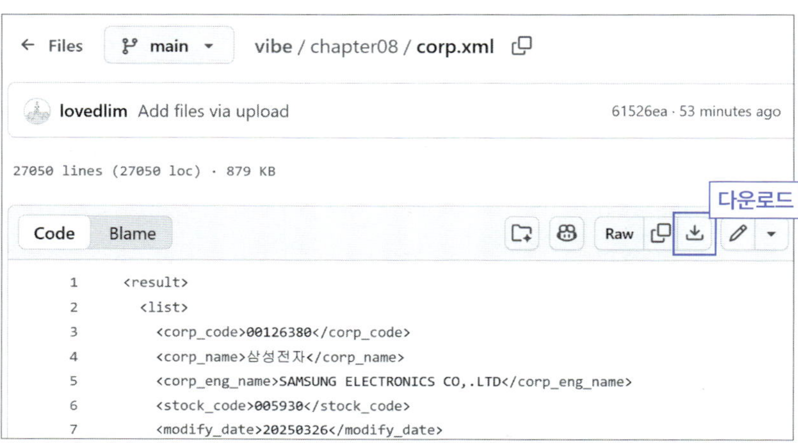

저자 노트

XML이란

XML은 eXtensible Markup Language의 약어로 데이터를 저장하고 전달하는 형식입니다. 쉽게 말하면 데이터를 정리된 방식으로 담는 상자라고 생각하면 됩니다. XML을 서랍장에 비유하면 다음과 같습니다.

```
<서랍장>
  <서랍1>
    <양말>검은색 양말</양말>
```

```
    <양말>흰색 양말</양말>
  </서랍1>
  <서랍2>
    <티셔츠>파란색 티셔츠</티셔츠>
  </서랍2>
</서랍장>
```

8.1.4 단일회사 주요계정 개발가이드

오픈다트 API는 각 회사의 다양한 데이터를 제공하지만, 이번 프로젝트에서는 재무제표 중에서도 재무상태표와 손익계산서만 불러와서 시각화를 진행하겠습니다. 이 두 가지 재무제표가 기업의 현재 상황과 수익성을 가장 잘 보여 주기 때문입니다.

1. 개발 방법을 확인하려면 오픈다트 웹 사이트에서 **개발가이드** 메뉴를 선택합니다. 그다음 **정기보고서 재무정보**를 선택하고 단일회사 주요계정의 **바로가기**를 클릭합니다.

▼ **그림 8-12** 개발가이드: 단일회사 주요계정

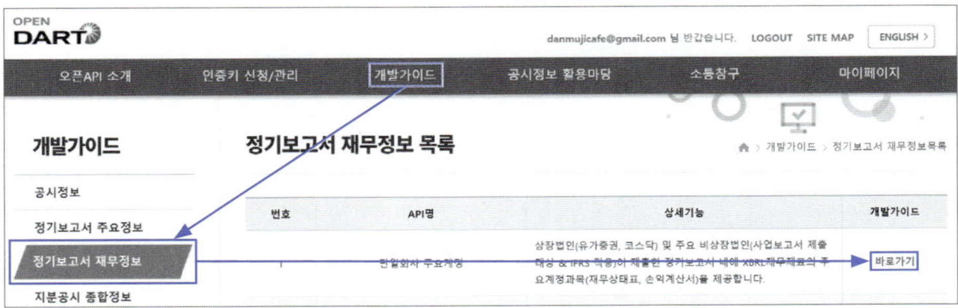

이 웹 페이지에는 단일회사 주요계정 개발가이드가 상세히 설명되어 있습니다. 이것은 API를 어떻게 사용해야 하는지 알려 주는 매뉴얼입니다. 개발 경험이 없다면 이 내용을 모두 이해할 필요는 없습니다. 그 대신 이 가이드 내용을 AI에 알려 주면 AI가 이를 바탕으로 정확한 코드를 작성할 수 있습니다.

2. 메모장을 열고 '단일회사 주요계정 개발가이드' 페이지의 전체 내용을 마우스로 선택해서 복사한 후 메모장에 임시로 붙여 넣습니다.

▼ **그림 8-13** 단일회사 주요계정 개발가이드 페이지

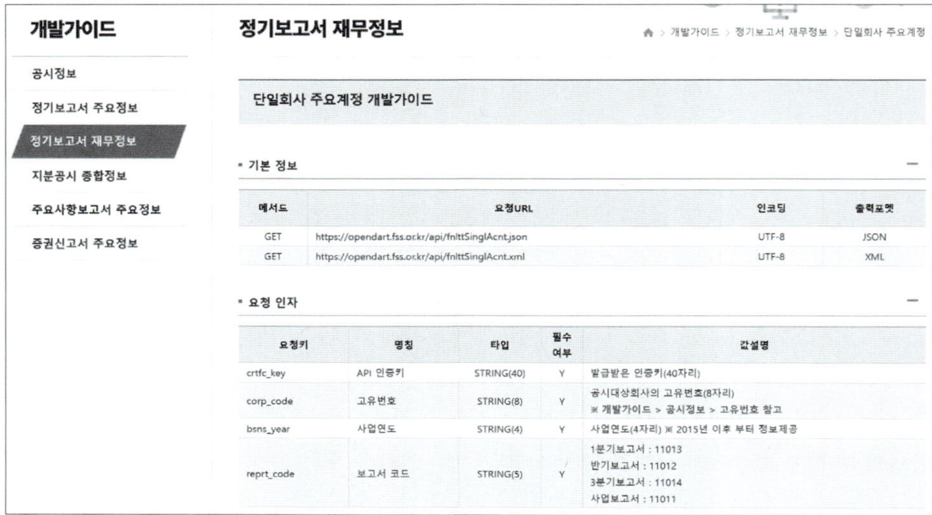

3. 웹 페이지를 스크롤해서 중간 부분을 보면 'OpenAPI 테스트' 섹션이 있습니다. 여기에서 **JSON**에 체크하고 **검색** 버튼을 누릅니다. 그러면 실제 API가 어떤 형태의 데이터를 반환하는지 확인할 수 있습니다. 이 데이터 구조를 보면 프로그램에서 어떻게 정보를 주고받는지 알 수 있습니다.

▼ **그림 8-14** OpenAPI 테스트: JSON 검색

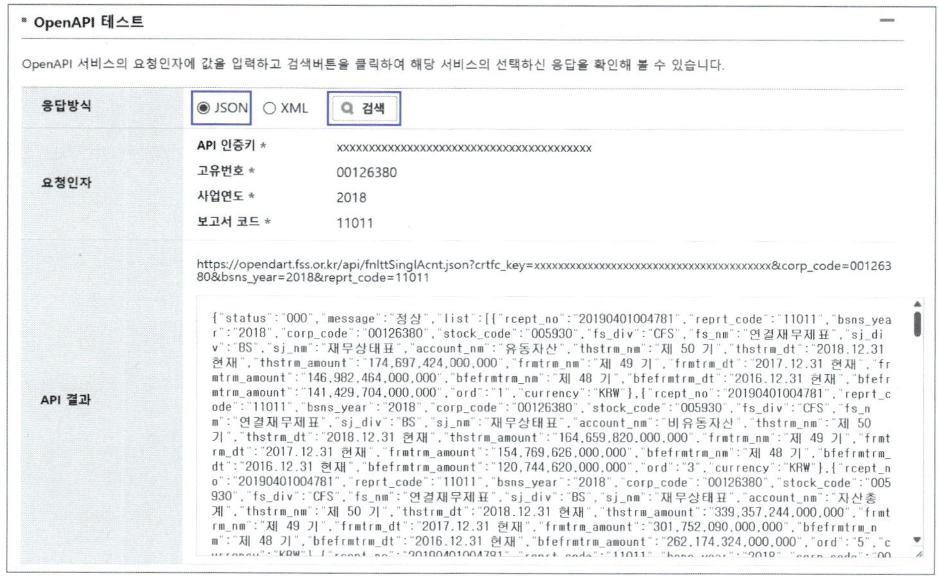

AI에 코딩을 요청할 때 개발가이드와 함께 이 API 결과 예시도 함께 제공하면 더 정확한 코딩 결과를 얻을 수 있습니다. AI가 실제 데이터 구조를 미리 알고 있으면 그에 맞는 시각화 코드를 작성할 수 있기 때문입니다. 따라서 API 결과 예시도 복사해서 같은 메모장 아랫부분에 추가로 붙여 넣습니다. 이 내용은 나중에 AI에 제공할 중요한 참고 자료입니다.

저자 노트

물론 필요한 내용만 딱 골라서 AI에 제공하면 더 좋습니다. 하지만 이것은 무엇이 필요한지 잘 아는 사람한테만 해당되고, 잘 모를 때는 필자처럼 관련 정보(컨텍스트)를 전부 알려 주면 됩니다.

8.2 SECTION 생성형 AI의 API 키 발급받기

이번 단계에서는 재무 데이터 AI 분석에서 사용할 생성형 AI의 API 키를 발급받아 봅니다.

8.2.1 생성형 AI의 API 키가 필요한 이유

바이브 코딩에서 사용하는 AI와 완성된 서비스에서 사용하는 AI는 역할이 다릅니다. 바이브 코딩 과정에서 사용하는 AI는 개발자를 도와 코드를 작성하는 역할을 합니다. 반면에 완성된 앱에서 사용하는 AI는 실제 사용자에게 재무 데이터를 분석해서 쉽게 설명해 주는 역할을 합니다.

따라서 우리가 만든 서비스에서 독립적으로 AI 기능을 사용하려면 별도의 생성형 API 키가 필요합니다. 대표적인 AI 서비스로는 OpenAI의 챗GPT API와 구글의 제미나이 API가 있습니다. 이 프로젝트에서는 무료로 발급받을 수 있는 구글의 제미나이 API 키를 사용하겠습니다. 다만 무료 정책은 향후 변경될 수 있습니다.

▼ 그림 8-15 AI 역할 구분

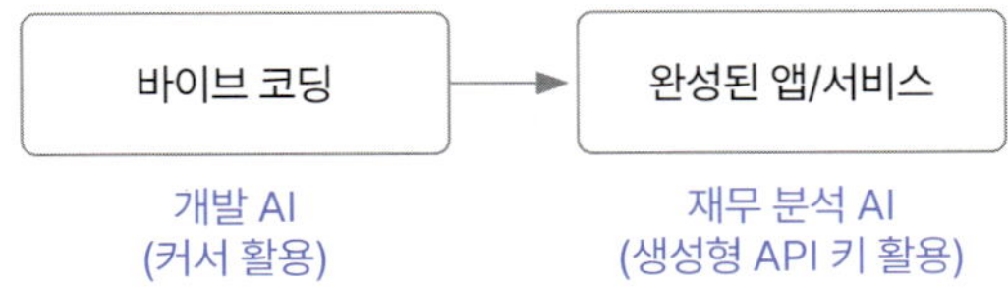

8.2.2 구글 AI 스튜디오 접속 및 로그인

크롬 브라우저를 열고 https://aistudio.google.com/에 접속합니다. 구글 AI 스튜디오는 구글에서 제공하는 AI 개발 플랫폼입니다. 구글 계정으로 로그인이 필요합니다.

8.2.3 API 키 발급받기

1. 구글 AI 스튜디오 페이지에 로그인하면 왼쪽 메뉴에서 **Get API key**를 찾을 수 있습니다. 이 메뉴를 선택합니다.

▼ **그림 8-16** 구글 AI 스튜디오

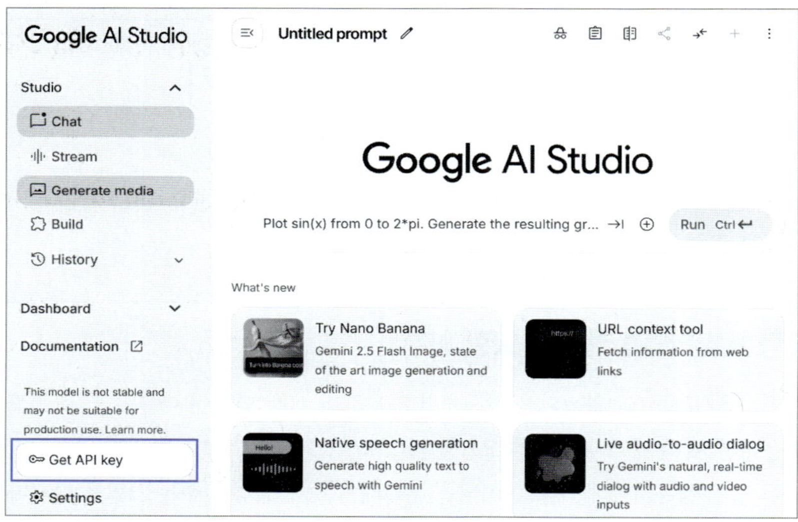

2. 새로운 웹 페이지가 열리면 오른쪽 위에서 [+ API 키 만들기] 버튼을 볼 수 있습니다. 이 버튼을 눌러 새로운 API 키 생성을 시작합니다.

Google AI Studio
Studio
Dashboard
API keys
Usage & Billing
Changelog
Documentation
API 키
+ API 키 만들기
Gemini API를 빠르게 테스트하세요
API 빠른 시작 가이드
Code

```
curl "https://generativelanguage.googleapis.com/v1beta/models/gemini-2.0-flash:generateContent" ₩
  -H 'Content-Type: application/json' ₩
```

▼ **그림 8-17** API 키 생성

3. API 키를 만들 때는 키 이름과 프로젝트를 선택해야 합니다. 키 이름은 자유롭게 작성하면 됩니다. 이 책에서는 'finance'로 하겠습니다. 프로젝트 선택에서는 **Create project** 버튼을 눌러 새로운 프로젝트를 만듭니다.

▼ **그림 8-18** 제미나이 프로젝트 생성

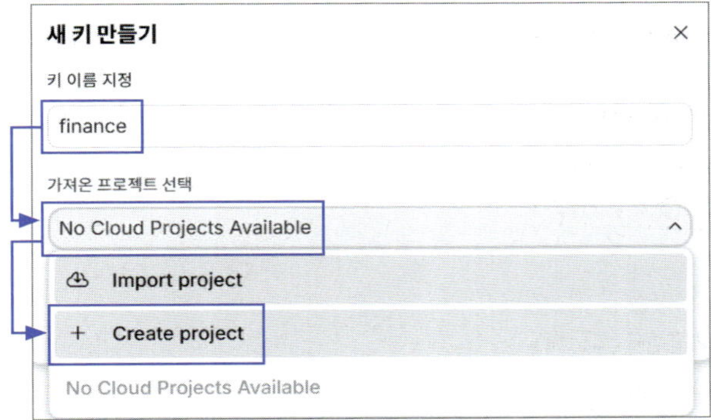

4. 새 프로젝트 이름은 자유롭게 작성하세요. 필자는 'Gemimi API'로 했습니다. **프로젝트 만들기** 버튼을 누릅니다.

▼ **그림 8-19** 제미나이 프로젝트 이름 작성

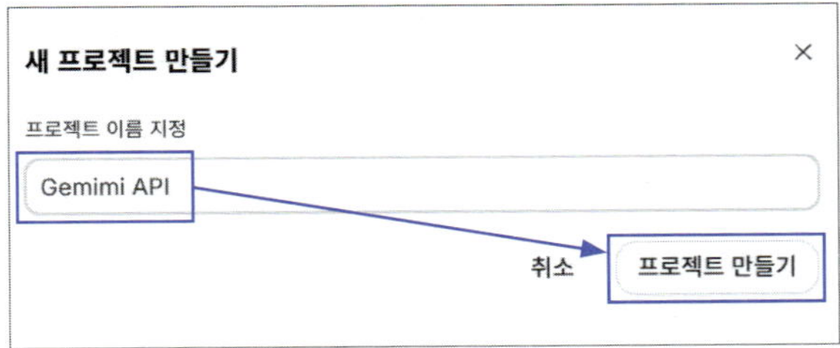

5. **Gemini API** 프로젝트를 선택하고 **키 만들기** 버튼을 누릅니다.

▼ **그림 8-20** API 키 생성

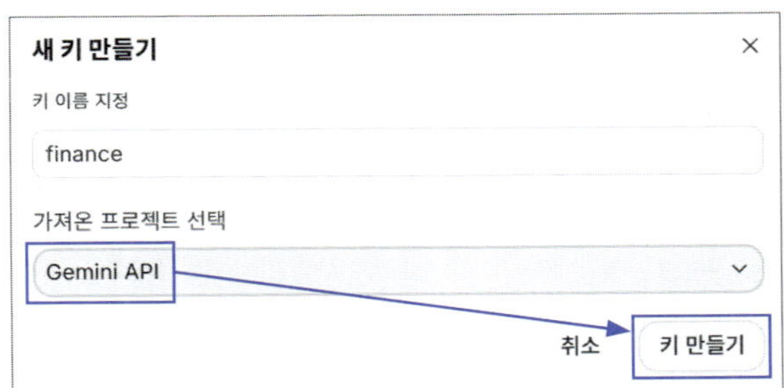

6. API 키가 생성되면 화면에 나타납니다. 이 키를 복사해서 메모장에 붙여 두세요. 나중에 사용합니다. API 키는 나중에 프로그램에서 AI 기능을 사용할 때 필요한 인증 정보입니다. 'AIzaSyDtRAnbcsnT(생략)'처럼 영문, 숫자, 특수 문자가 결합된 형태입니다.

▼ **그림 8-21** 생성된 API 키

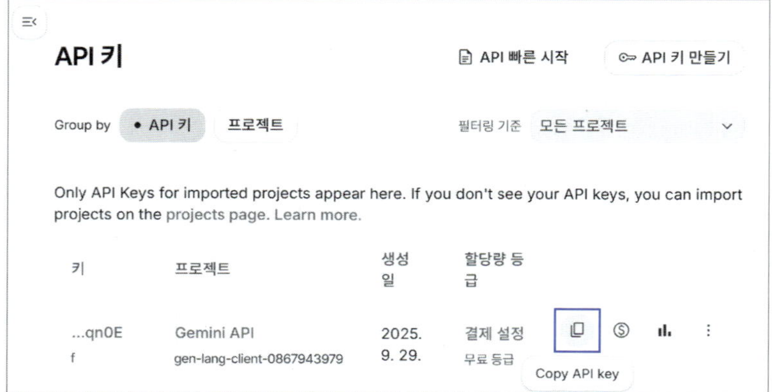

저자 노트

제미나이 API의 장단점

구글의 제미나이 API는 무료로 일부 제공되는 장점은 있지만 모델이 업데이트되면 구 버전은 비교적 빠르게 지원을 종료합니다. 따라서 AI가 코드를 작성하는 바이브 코딩에서는 AI가 지원이 종료되었다는 것을 알지 못해 혼란이 있을 수 있습니다. 예를 들어 제미나이 1.5 Flash 모델, gemini-2.0-flash-exp가 종료되었지만 과거 학습 데이터로 만든 AI는 이를 알지 못해 에러를 발생하기도 합니다. 이를 위해 구글 제미나이 API 웹 사이트(https://ai.google.dev/gemini-api/docs/models?hl=ko)에서 사용 가능한 모델을 확인하면 좋습니다. 독자들을 위해 https://github.com/lovedlim/vibe에 현재 사용 가능한 모델을 작성해 두겠습니다.

반면에 OpenAI API는 구 버전 모델(GPT-3.5)도 장기간 지원하는 정책을 유지하고 있어 한번 작성한 코드도 오랫동안 안정적으로 작동합니다. 다만 OpenAI는 유료 서비스이므로 두 가지 중 원하는 것을 사용합니다.

프로젝트 시작

지금부터 본격적으로 재무제표 시각화 및 AI 분석 서비스를 개발해 보겠습니다.

8.3.1 프로젝트 시작하기

1. 먼저 커서를 실행하고 **Open project** 버튼을 누릅니다.

▼ **그림 8-22** 프로젝트 시작 화면

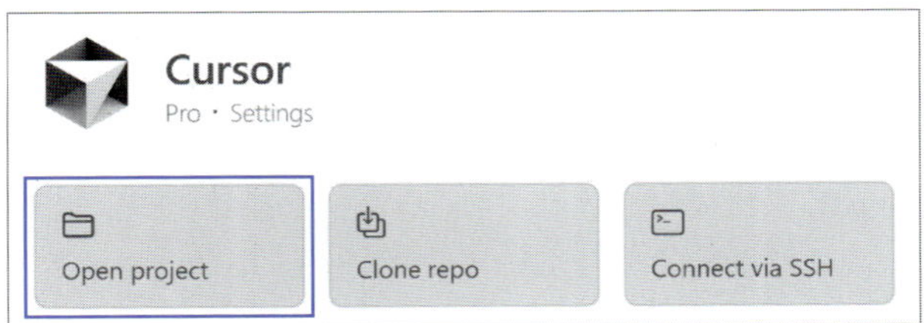

2. 새로운 프로젝트를 위해 새 폴더를 만들고 프로젝트 이름을 정합니다. 필자는 'finance'라고 작성했습니다. 프로젝트 이름은 자유롭게 작성해도 괜찮습니다만 영어로 작성하기를 권장합니다. 이름을 입력했다면 **폴더 선택** 버튼을 누릅니다.

▼ **그림 8-23** 프로젝트 이름 설정

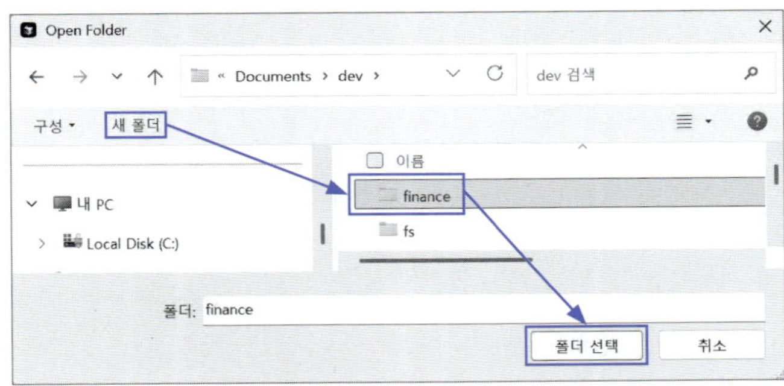

저자 노트

특수 문자가 포함된 폴더

바이브 코딩 강의를 하다 보면 [폴더] > [★중요폴더] > [☆바이브코딩]처럼 특수 문자가 포함된 폴더 경로에 프로젝트를 만드는 경우를 종종 봅니다. 이 경우 에러가 발생할 가능성이 매우 높으므로 가능하면 영문과 숫자, 언더스코어(_)나 하이픈(-)만 사용한 폴더 이름을 권장합니다. 예를 들어 projects/vibe-coding/my-project처럼 단순하고 명확한 경로 구조를 유지하면 좋습니다.

3. Agent 레이아웃을 사용하겠습니다. Editor 레이아웃을 사용해도 무방하지만, Agent 레이아웃은 채팅창이 화면 가운데 나타나 바이브 코딩을 하기 편합니다. 레이아웃을 변환하는 단축키는 Ctrl + E입니다.

▼ **그림 8-24** Agent 레이아웃

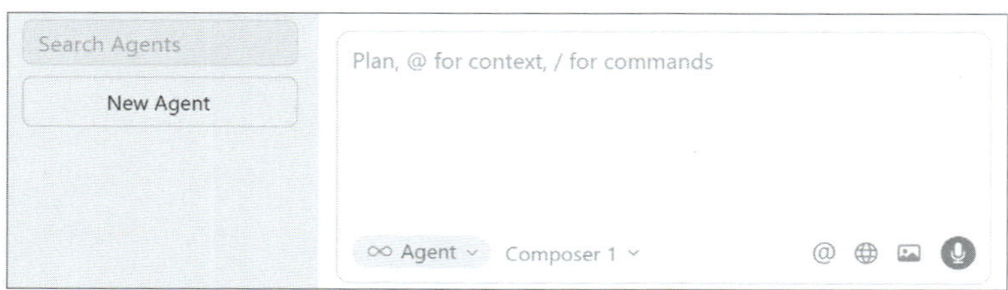

8.3.2 회사 정보 파일 첨부하기

1. 앞서 깃허브에서 내려받은 회사 정보가 정리된 corp.xml 파일을 프로젝트에 추가해야 합니다. 파일 탐색기에서 corp.xml 파일을 찾아 커서 채팅창에 드래그 앤 드롭합니다.

▼ **그림 8-25** corp.xml 파일을 드래그 앤 드롭

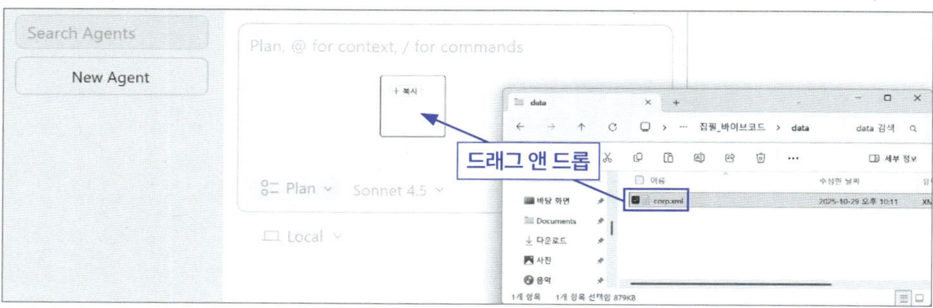

2. 파일을 추가하면 링크가 나타납니다. Shift + Enter 를 누르면 줄내림하여 텍스트를 입력할 수 있습니다.

▼ **그림 8-26** corp.xml 파일 링크 추가 확인

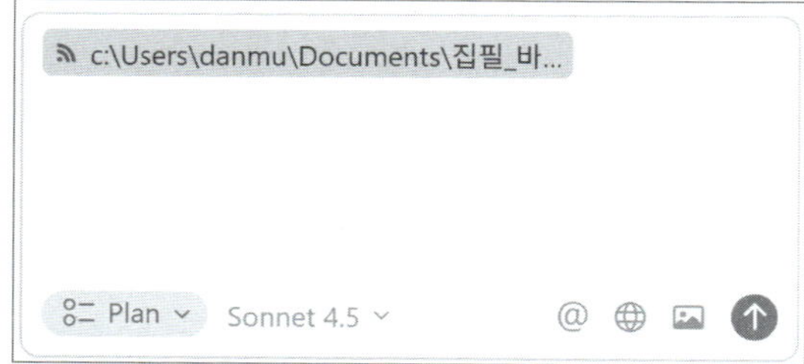

SECTION 8.4

프로젝트 계획 세우기

8.4.1 계획 세우기

본격적인 개발에 앞서 프로젝트 계획을 세워 보겠습니다. 커서의 Plan 모드를 사용하여 계획을 작성하겠습니다. 커서 채팅창에서 Plan 모드를 선택합니다. 계획을 세울 때는 성능이 뛰어난 소넷 4.5 모델을 사용하겠습니다.

▼ **그림 8-27** Plan 모드 및 모델 선택

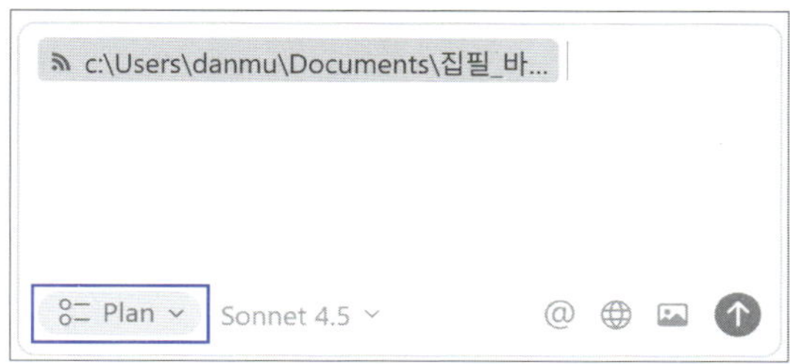

저자 노트

Plan 모드에서는 claude-haiku 같은 일부 모델을 사용할 수 없습니다.

1. 채팅창에 다음과 같이 입력합니다.[1]

> **입력** 프롬프트 복사: https://github.com/lovedlim/vibe
>
> "누구나 쉽게 이해할 수 있는 재무 데이터 시각화 분석 서비스를 단계별로 개발하려고 합니다. React로 구현하고, 보기 좋은 차트로 표현하고자 합니다."
>
> 1. 검색
>
>   - corp.xml을 데이터베이스로 만들어서 회사 이름을 검색하면 corp_code를 웹 페이지에서 검색할 수 있게 만들어 줘.

1 텍스트는 https://github.com/lovedlim/vibe에 접속하여 chapter08에서 복사할 수 있습니다.

2. 시각화

이제 오픈다트에서 정보를 읽어 와서 시각화해 보자.

- opendart api key: (아래 참고)
- 단일회사 주요계정 개발가이드 설명
  https://opendart.fss.or.kr/guide/detail.do?apiGrpCd=DS003&apild=2019016
  에 있는 내용(아래 참고)

3. AI 분석

제미나이 API 키를 활용해서 재무 정보를 누구나 이해할 수 있게 쉽게 분석해 줘.

- 모델: gemini-2.0-flash 또는 gemini-2.5-flash

주의 사항

- API 키는 별도 파일로 분리 관리하고, 배포할 때는 예외 처리 적용
- 데모 데이터는 사용하지 않으며, 반드시 실제 데이터로 처리
- 버셀 배포 환경을 고려하여 최적의 기술 스택 선택

[추가로 입력해야 할 설정 값]

- opendart api key: (직접 입력)
- gemini api: (직접 입력)
- 단일회사 주요계정 개발가이드: (직접 입력)

2. 앞서 메모장에 복사한 오픈다트 API 키와 제미나이 API 키, 단일회사 주요계정 개발가이드를 차례대로 채팅창에 붙여 넣습니다.

▼ **그림 8-28** 추가로 설정 값을 입력한 화면

주의사항
- API 키는 별도 파일로 분리 관리하고, 배포 시에는 예외 처리 적용
- 데모 데이터는 사용하지 않으며, 반드시 실제 데이터로 처리
- Vercel 배포 환경을 고려하여 최적의 기술 스택 선택

[추가로 입력해야 할 설정값]
- opendart api key: 1e0c74ab85c2a[illegible]131f2d52210fafe
- gemini api: AIzaSyC-9-VEBGJV5U[illegible]ziOojxol
- 단일회사 주요계정 개발가이드:
기본 정보
메서드 요청URL 인코딩 출력포멧
GET https://opendart.fss.or.kr/api/fnlttSinglAcnt.json UTF-8 JSON
GET https://opendart.fss.or.kr/api/fnlttSinglAcnt.xml UTF-8 XML

3. 실행 버튼을 클릭하여 계획을 요청합니다.

▼ **그림 8-29** 계획 요청

Plan 모드에서는 요청 사항에 불명확하거나 부족한 부분이 있을 때 추가 확인 질문을 해서 세부 사항을 파악합니다. 커서가 차트 라이브러리는 무엇을 사용할지, 백엔드 구조는 어떻게 할지, 데이터베이스는 어떻게 구현할지, 검색 조건은 어떻게 할지 등을 물어보고 있습니다.

출력

먼저 몇 가지 확인이 필요합니다.

1. 차트 라이브러리는 어떤 것을 선호하시나요?
    - a) Recharts(간단하고 React 친화적)
    - b) Chart.js with react-chartjs-2
    - c) D3.js(고급 커스터마이징)
    - d)상관없음(추천해 주세요)
2. 백엔드 API 서버 구조는 어떻게 하시겠습니까?
    - a) Next.js API Routes(서버리스, Vercel 최적화)
    - b) Express.js 별도 서버
    - c) Next.js App Router with Server Components

3. corp.xml 파일의 데이터베이스 구현은?
   - a) 클라이언트에서 JSON으로 변환하여 검색(빠른 구현, Vercel 친화적)
   - b) 실제 DB(SQLite, PostgreSQL 등) 사용
   - c) Vercel KV/Postgres 같은 서버리스 DB
4. 사용자가 입력할 검색 조건은?
   - a) 회사명 + 연도 + 보고서 타입 선택
   - b) 회사명만 입력(최신 사업보고서 자동 조회)
   - c) 고급 필터 포함(재무제표 구분, 계정 선택 등)

관련 사전 지식이 없다는 가정하에 AI에 모든 결정을 위임합니다.

입력

네가 선택해 줘.

커서가 최적의 선택을 하고 답변해 줍니다.

출력

좋습니다! 제가 최적의 선택을 해 드리겠습니다.

1. 차트 라이브러리: Recharts(React 친화적이고 사용이 간단하며 반응형 디자인 지원)
2. 백엔드: Next.js App Router with Server Components(Vercel 최적화, 서버리스, API Routes 활용)
3. 데이터베이스: 클라이언트에서 JSON으로 변환하여 검색(빠른 구현, 추가 인프라 불필요, Vercel 친화적)
4. 검색 조건: 회사명 + 연도 + 보고서 타입 선택(유연성과 사용성의 균형)

이제 프로젝트 구조를 분석하고 계획을 세우겠습니다.

계획이 작성되었습니다. 왼쪽 패널 아래에는 투두리스트가 보이고, 오른쪽 패널에서는 구체적인 계획을 확인할 수 있습니다.

▼ **그림 8-30** 개발 계획서

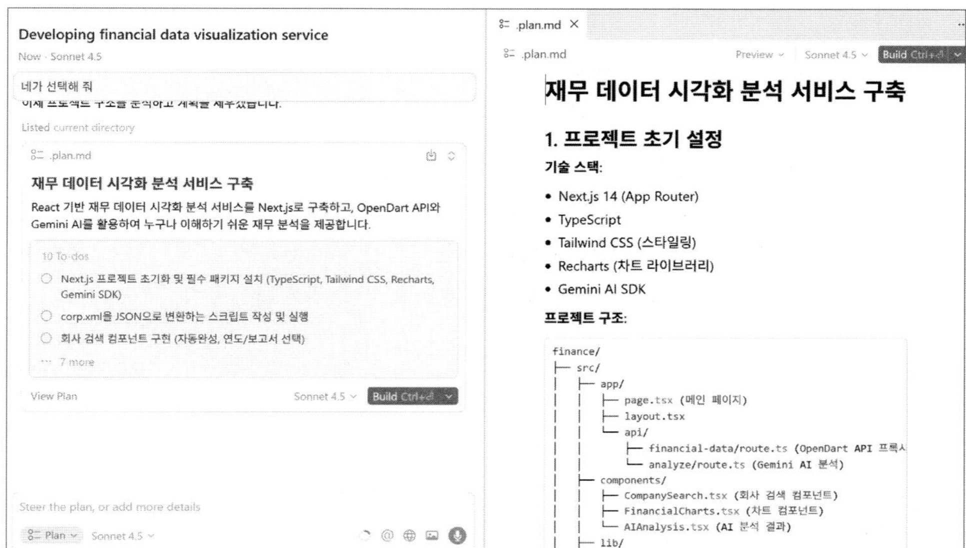

단계별 구현 계획이 자세히 나왔습니다. 1단계에서는 프로젝트 초기 설정과 회사 검색 기능을 만들고, 2단계에서는 오픈다트 API를 연동해서 재무 데이터를 시각화하며, 3단계에서는 제미나이 AI로 재무 분석 기능을 추가하는 순서입니다.

보안 및 배포 고려 사항도 포함되어 있어 API 키를 안전하게 관리하고 배포 환경에 최적화된 구조로 만들어집니다.

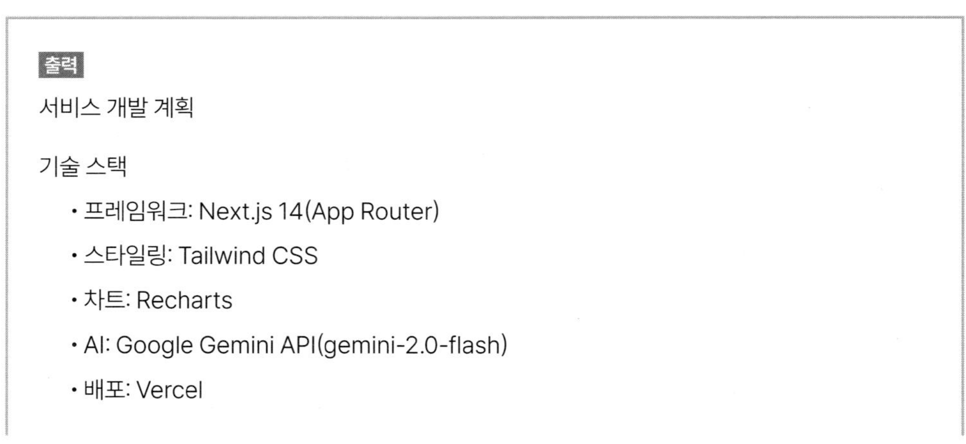

출력

서비스 개발 계획

기술 스택

- 프레임워크: Next.js 14(App Router)
- 스타일링: Tailwind CSS
- 차트: Recharts
- AI: Google Gemini API(gemini-2.0-flash)
- 배포: Vercel

단계별 구현

1단계: 프로젝트 초기 설정 및 회사 검색 기능

- Next.js 프로젝트 생성 및 기본 설정
- .env.local 파일 생성하여 API 키 관리
- corp.xml을 JSON으로 변환하는 스크립트 작성(scripts/convert-corp-data.js)
- 변환된 데이터를 public/corp-data.json에 저장
- 회사명 검색 API 엔드포인트 생성(app/api/search-company/route.js)
- 검색 UI 컴포넌트 구현(자동 완성 기능 포함)

핵심 파일:

- next.config.js: Next.js 설정
- .env.local: API 키 저장(gitignore 처리)
- .env.example: 환경 변수 템플릿
- scripts/convert-corp-data.js: XML → JSON 변환
- app/api/search-company/route.js: 검색 API
- app/page.js: 메인 검색 페이지
- app/components/CompanySearch.js: 검색 컴포넌트

2단계: OpenDart API 연동 및 재무 데이터 시각화

- OpenDart API 호출 백엔드 API 생성(app/api/financial-data/route.js)
- 재무제표 데이터 파싱 및 가공 로직 구현
- 연도 및 보고서 타입 선택 UI(2015~현재, 사업보고서/분기보고서)
- Recharts를 활용한 차트 컴포넌트 구현:
- 재무상태표(자산/부채/자본) - 막대 차트
- 손익계산서(매출/영업이익/순이익) - 라인 차트
- 연결/개별 재무제표 비교 - 그룹 차트
- 로딩 상태 및 에러 처리

핵심 파일:

- app/api/financial-data/route.js: OpenDart API 프록시
- app/company/[corpCode]/page.js: 회사별 재무 데이터 페이지
- app/components/FinancialCharts.js: 차트 컴포넌트
- app/components/YearSelector.js: 연도/보고서 선택 UI

3단계: Gemini AI 재무 분석 기능

- Gemini API 연동 백엔드 API 생성(app/api/analyze-financial/route.js)
- 재무 데이터를 자연어로 변환하여 Gemini에 전달
- 프롬프트 엔지니어링: "초보자도 이해할 수 있는 재무 분석" 유도
- AI 분석 결과를 마크다운 형식으로 렌더링
- 주요 분석 항목:
- 재무 건전성 평가
- 수익성 분석
- 전년 대비 성장률 분석
- 투자 포인트 및 주의 사항
- 스트리밍 응답 처리(점진적 렌더링)

핵심 파일:

- app/api/analyze-financial/route.js: Gemini API 호출
- app/components/AIAnalysis.js: AI 분석 결과 표시 컴포넌트
- app/utils/financial-prompt.js: 프롬프트 템플릿

보안 및 배포 고려 사항

- .env.local에 API 키 저장, .gitignore에 추가
- Vercel 환경 변수에 프로덕션 API 키 설정
- API Routes에서 서버 사이드로 API 호출(클라이언트 노출 방지)
- API 호출 실패 시 명확한 에러 메시지 제공
- 존재하지 않는 데이터 요청 시 안내 메시지 표시

데이터 흐름

1. 사용자가 회사명 검색
2. corp_code 조회 후 회사 상세 페이지로 이동
3. 연도 및 보고서 타입 선택
4. OpenDart API로 재무 데이터 조회
5. 차트로 시각화
6. Gemini API로 AI 분석 요청
7. 분석 결과 표시

8.5 재무제표 시각화 개발 시작

이제 Plan 모드에서 출력한 계획에 따라 실제 개발을 진행해 보겠습니다.

8.5.1 바이브 코딩 모델 선택 및 개발 시작하기

1. 본격적인 개발에 앞서 모델을 선택하겠습니다. 이 프로젝트에서는 '하이쿠(Haiku 4.5)' 모델을 사용합니다. 하이쿠는 소넷 모델보다 약 2~3배 저렴하면서 빠른 모델입니다. 성능이나 시각화 결과물은 소넷이 좋지만 비용을 절감하고자 하이쿠를 사용합니다.

▼ 그림 8-31 모델 선택

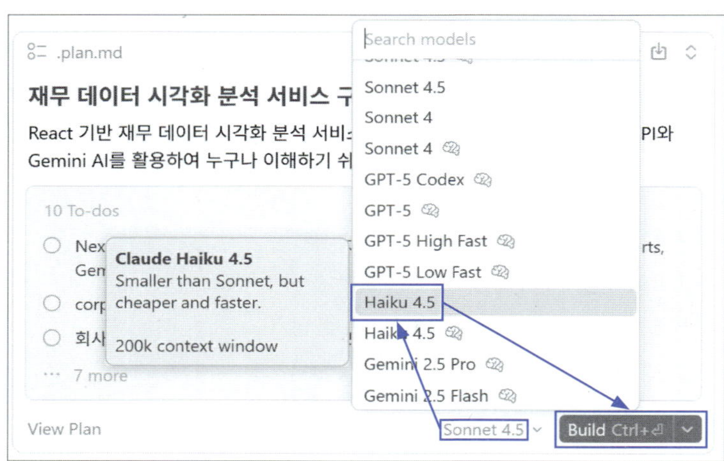

2. **Build** 버튼을 눌러 개발을 시작합니다.

▼ 그림 8-32 개발 시작

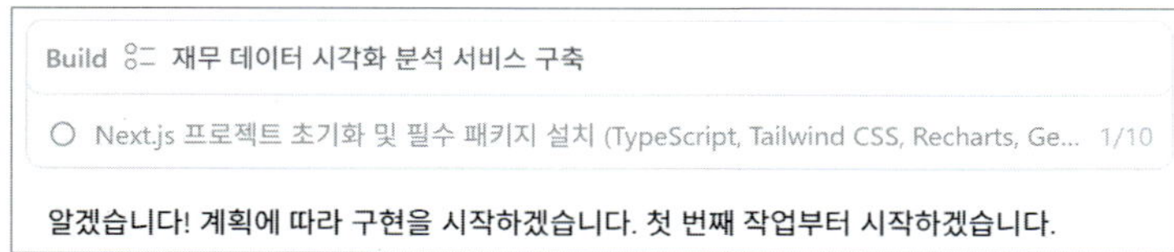

3. AI가 개발을 진행하다 명령어 실행 권한을 요청할 수 있습니다. **Allowlist** 버튼을 누릅니다. [Run] 버튼은 해당 명령어를 이번만 허용하는 것이라면, [Allowlist] 버튼은 현재 프로젝트에서 계속 허용하는 설정입니다.

▼ **그림 8-33** 명령어 권한 요청

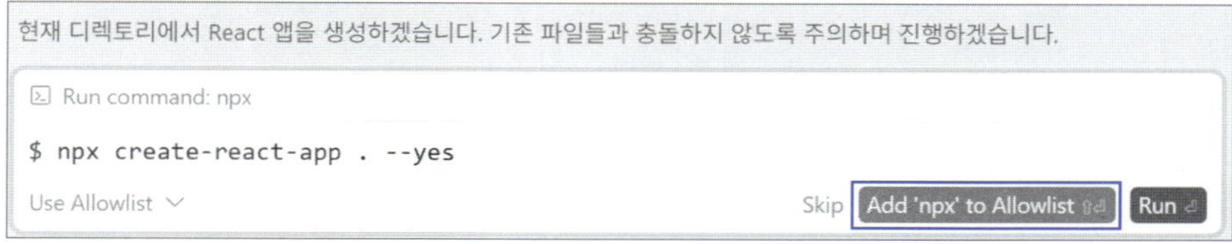

4. 프로젝트 개발이 완료되었습니다. 완료 문구와 함께 아래쪽에 있는 **Keep All** 버튼을 눌러 작성된 내용을 저장합니다.

▼ **그림 8-34** 프로젝트 개발 완료

8.5.2 결과 실행하기

1. AI가 설명한 것처럼 localhost:3000을 웹 브라우저에서 실행합니다. 3000은 포트 번호이며, 상황에 따라 달라질 수 있는 부분입니다.

▼ **그림 8-35** 개발 구현 결과

저자 노트

아무런 화면이 나오지 않아요

아무런 실행 방법이 나오지 않는다면 사람에게 물어보듯 AI에 "어떻게 실행해?" 하고 물어보면 됩니다. 그 외 상황도 커서에 물어보세요.

2. 2024년 삼성전자 사업보고서를 검색해 보겠습니다. 시각화와 AI 검색까지 한번에 결과를 얻을 수 있습니다.

▼ **그림 8-36** 재무 데이터 시각화 및 AI 분석 결과

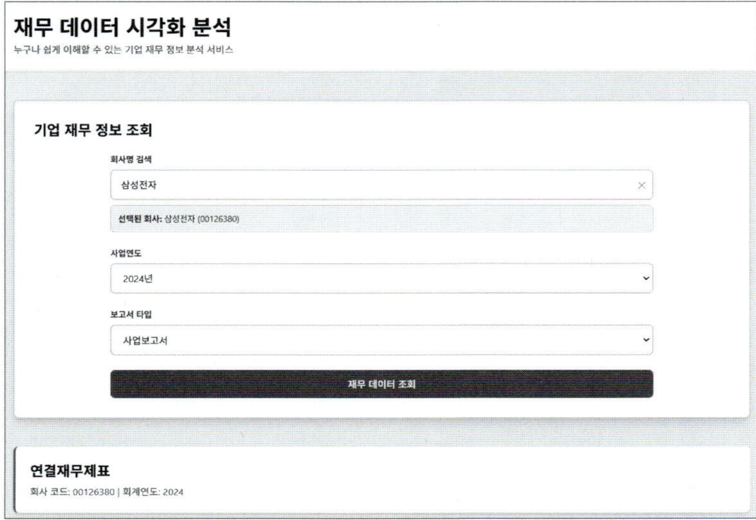

계속

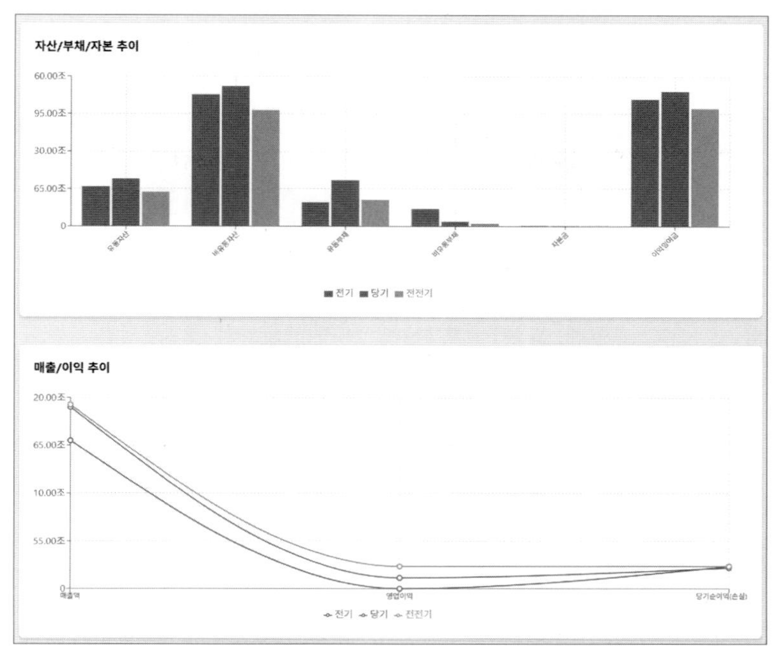
자산/부채/자본 추이
60.00조
95.00조
30.00조
65.00조
0
유동자산
비유동자산
유동부채
비유동부채
자본금
이익잉여금
전기 당기 전전기
매출/이익 추이
20.00조
65.00조
10.00조
55.00조
0
매출액
영업이익
당기순이익(손실)
전기 당기 전전기

자본 구성 비율
부채 27.3%
자본 72.7%
주요 지표
유동자산
82.32조
당기 기준
비유동자산
242.65조
당기 기준
유동부채
80.16조
당기 기준
비유동부채
8.41조
당기 기준
자본금
897.51억
당기 기준
이익잉여금
233.73조
당기 기준
매출액
209.05조
당기 기준
영업이익
12.36조
당기 기준
당기순이익(손실)
23.58조
당기 기준

계속

AI 재무 분석

2024년 연결재무제표 분석 (쉬운 한국어)

1. 회사의 전반적인 재무 상태

- **재산 (자산):** 회사가 가지고 있는 모든 것입니다. 당기에 324.9조원 (유동자산 82.3조원 + 비유동자산 242.6조원)으로, 작년 296.8조원보다 늘었습니다.
- **유동자산:** 현금처럼 바로 쓸 수 있는 돈이나 1년 안에 현금으로 바꿀 수 있는 것들 (예: 재고).
- **비유동자산:** 땅, 건물, 설비처럼 오랫동안 사용하는 자산.
- **빚 (부채):** 회사가 갚아야 할 돈입니다. 당기에 88.6조원 (유동부채 80.2조원 + 비유동부채 8.4조원)으로, 작년 72.1조원보다 늘었습니다.
- **유동부채:** 1년 안에 갚아야 할 빚 (예: 외상값).
- **비유동부채:** 1년 넘어서 갚아도 되는 빚 (예: 장기 대출).
- **자본:** 회사의 순수한 재산입니다. 총 자산에서 총 부채를 뺀 금액으로, 주주들이 투자한 돈과 회사가 벌어들인 이익이 쌓인 것입니다. 자본금은 변동이 없고 이익잉여금이 증가했습니다.
- **자본금:** 주식을 발행하여 조달한 자금.
- **이익잉여금:** 회사가 벌어들인 이익이 쌓인 돈.

쉽게 말하면, 회사는 2024년에 재산이 더 많아졌지만, 갚아야 할 빚도 늘었습니다. 그리고 주주들이 투자한 돈은 그대로이고 이익이 늘어 회사에 쌓인 돈이 많아졌습니다.

2. 작년 대비 성장성 분석

- **매출액:** 상품이나 서비스를 팔아서 얻은 돈입니다. 당기에 209.1조원으로, 작년 170.4조원보다 크게 늘었습니다. **매출이 늘었다는 것은 회사가 더 많은 상품을 팔고 서비스를 제공했다는 의미입니다.**
- **영업이익:** 물건을 팔고 서비스를 제공하는 과정에서 벌어들인 이익입니다. 당기에 12.4조원으로, 작년에는 -11526297.0백만원 (약 -11.5조원) 적자였습니다. **영업이익이 흑자로 전환되었다는 것은 회사가 본업에서 이익을 내기 시작했다는 의미입니다.**

저자 노트

8장에서 발생하기 쉬운 에러 사항들

바이브 코딩을 하다 보면 다양한 상황이 발생할 수 있으며, 한번에 모든 서비스가 제대로 구현되지 않을 수도 있습니다. 이 모든 상황은 AI에 물어보고 해결하는 방안을 권장합니다.

• 사이트에 연결할 수 없음

커서가 알려 준 대로 localhost:3000으로 접속했는데 '사이트에 연결할 수 없다'는 메시지가 표시된다면 ① 서버가 실행되지 않은 상태이거나 ② 이전에 다른 프로젝트로 포트 번호 3000번을 사용하고 있는 경우입니다. 채팅창에 화면에 나타난 에러 메시지를 그대로 붙여 넣어 주세요. AI가 원인을 파악하고 문제를 해결해 줍니다.

▼ **그림 8-37** 웹 사이트 연결 불가 에러

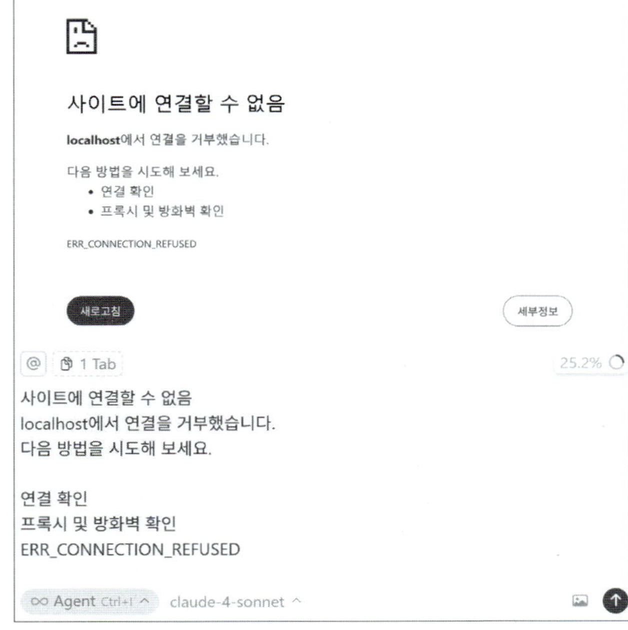

• 웹 브라우저에 발생한 에러 메시지

다음 그림과 같이 웹 브라우저에 에러가 발생한다면 이 에러 메시지를 복사해서 커서 AI에 붙여 넣은 후 에러가 발생한다고 알려 주세요. AI가 원인을 분석하고 문제를 해결해 줍니다.

▼ **그림 8-38** 웹 브라우저 에러 메시지

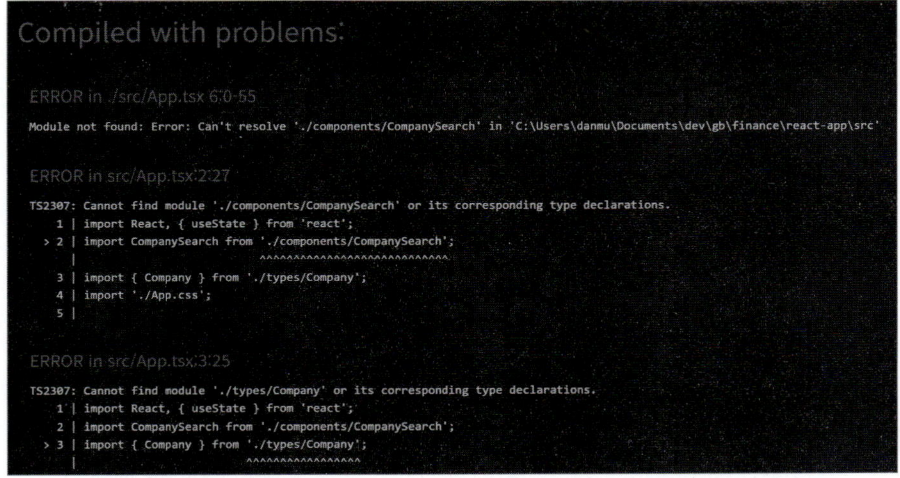

• 실행은 되었으나 정상적으로 작동하지 않을 때

회사를 검색했지만 아무런 데이터도 나오지 않습니다. 이때는 크롬에서 개발자 도구(F12)를 열어서 확인합니다. 마우스 오른쪽 버튼을 누른 후 **검사** 메뉴를 선택하고 **Console** 탭을 클릭합니다.

▼ **그림 8-39** 개발자 도구 열기

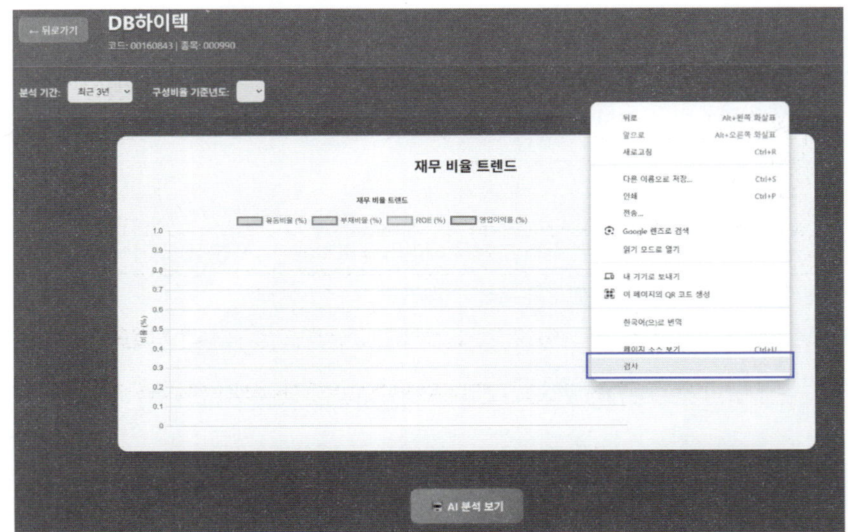

[Console] 탭에 빨간색으로 표시되는 에러 메시지를 복사하여 커서 채팅창에 붙여 넣습니다. 그러면 AI가 원인을 파악하고 문제를 해결합니다.

▼ **그림 8-40** 개발자 도구 콘솔

8.5.3 개선 보완하기

필자의 결과물은 시각화를 요청하면 AI 분석을 바로 진행합니다. AI 분석 기능을 별도로 분리하여 필요할 때만 요청하겠습니다. 그리고 투자자 관점에서 설명해 달라고 요청하겠습니다. 별도 버튼을 처음부터 만들었다면 AI 분석 관점 변경만 요청해도 좋습니다.

입력

AI 분석 기능을 별도 버튼으로 만들어 주세요. 재무 데이터를 조회한 후 [AI 분석 시작] 버튼을 누르면 투자자 관점에서 쉽게 이해할 수 있도록 분석해 주세요.

웹 브라우저에서 새로고침을 했더니 [AI 분석 시작] 버튼이 생겼습니다.

▼ **그림 8-41** [AI 분석 시작] 버튼

클릭하면 투자자 입장에서 AI 분석 결과를 얻을 수 있습니다.

▼ 그림 8-42 AI 분석 결과

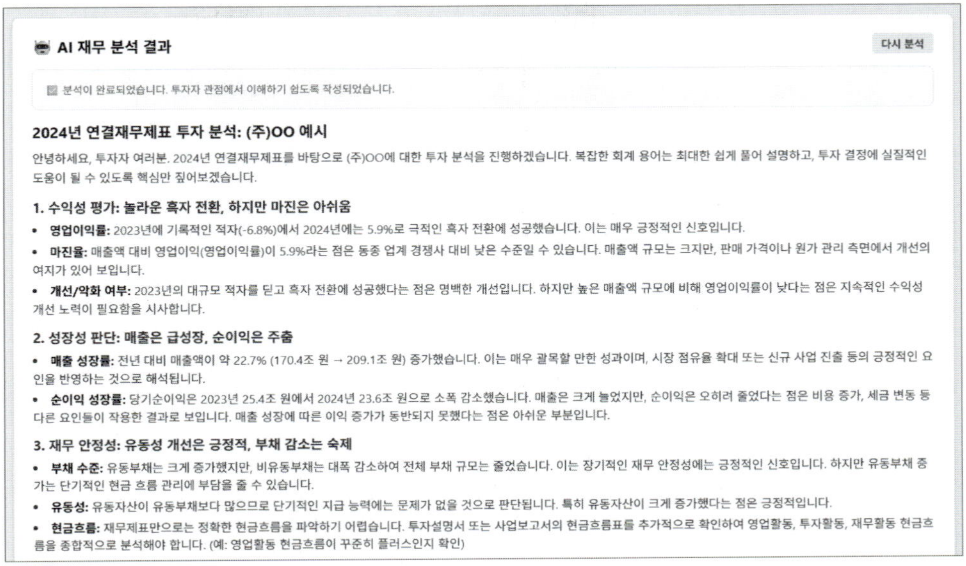

AI 재무 분석 결과 다시 분석

분석이 완료되었습니다. 투자자 관점에서 이해하기 쉽도록 작성되었습니다.

2024년 연결재무제표 투자 분석: (주)OO 예시

안녕하세요, 투자자 여러분. 2024년 연결재무제표를 바탕으로 (주)OO에 대한 투자 분석을 진행하겠습니다. 복잡한 회계 용어는 최대한 쉽게 풀어 설명하고, 투자 결정에 실질적인 도움이 될 수 있도록 핵심만 짚어보겠습니다.

1. 수익성 평가: 놀라운 흑자 전환, 하지만 마진은 아쉬움

- **영업이익률:** 2023년에 기록적인 적자(-6.8%)에서 2024년에는 5.9%로 극적인 흑자 전환에 성공했습니다. 이는 매우 긍정적인 신호입니다.
- **마진율:** 매출액 대비 영업이익(영업이익률)이 5.9%라는 점은 동종 업계 경쟁사 대비 낮은 수준일 수 있습니다. 매출액 규모는 크지만, 판매 가격이나 원가 관리 측면에서 개선의 여지가 있어 보입니다.
- **개선/악화 여부:** 2023년의 대규모 적자를 딛고 흑자 전환에 성공했다는 점은 명백한 개선입니다. 하지만 높은 매출액 규모에 비해 영업이익률이 낮다는 점은 지속적인 수익성 개선 노력이 필요함을 시사합니다.

2. 성장성 판단: 매출은 급성장, 순이익은 주춤

- **매출 성장률:** 전년 대비 매출액이 약 22.7% (170.4조 원 → 209.1조 원) 증가했습니다. 이는 매우 괄목할 만한 성과이며, 시장 점유율 확대 또는 신규 사업 진출 등의 긍정적인 요인을 반영하는 것으로 해석됩니다.
- **순이익 성장률:** 당기순이익은 2023년 25.4조 원에서 2024년 23.6조 원으로 소폭 감소했습니다. 매출은 크게 늘었지만, 순이익은 오히려 줄었다는 점은 비용 증가, 세금 변동 등 다른 요인들이 작용한 결과로 보입니다. 매출 성장에 따른 이익 증가가 동반되지 못했다는 점은 아쉬운 부분입니다.

3. 재무 안정성: 유동성 개선은 긍정적, 부채 감소는 숙제

- **부채 수준:** 유동부채는 크게 증가했지만, 비유동부채는 대폭 감소하여 전체 부채 규모는 줄었습니다. 이는 장기적인 재무 안정성에는 긍정적인 신호입니다. 하지만 유동부채 증가는 단기적인 현금 흐름 관리에 부담을 줄 수 있습니다.
- **유동성:** 유동자산이 유동부채보다 많으므로 단기적인 지급 능력에는 문제가 없을 것으로 판단됩니다. 특히 유동자산이 크게 증가했다는 점은 긍정적입니다.
- **현금흐름:** 재무제표만으로는 정확한 현금흐름을 파악하기 어렵습니다. 투자설명서 또는 사업보고서의 현금흐름표를 추가적으로 확인하여 영업활동, 투자활동, 재무활동 현금흐름을 종합적으로 분석해야 합니다. (예: 영업활동 현금흐름이 꾸준히 플러스인지 확인)

저자 노트

AI 분석이 불안정하다면?

필자가 테스트한 결과 무료로 제미나이 2.5 Flash 모델을 사용할 때는 반응이 느리고 간헐적으로 작동하지 않을 때도 있었습니다. 여러분이 다수의 AI 분석을 진행하고 있으며 안정적인 AI 분석 결과를 원한다면 OpenAI API를 유료로 구매하여 GPT-5 등 최신 모델을 사용하기를 권장합니다.

8.6 SECTION 깃허브 업로드 및 버셀로 배포

앞선 프로젝트에서는 깃허브 페이지(GitHub Pages)를 사용하여 웹 사이트를 배포했습니다. 깃허브 페이지는 정적 사이트만 호스팅할 수 있습니다. 정적 사이트란 HTML, CSS, JS 파일만으로 구성된 웹 사이트를 의미합니다. 깃허브 페이지의 가장 큰 단점은 API 키를 안전하게 저장할 수 없다는 것입니다. 깃허브 페이지에서 API를 사용하려면 API 키를 코드에 직접 작성해야 하는데, 이렇게 하면 누구나 웹 브라우저에서 API 키를 확인할 수 있어 보안에 매우 취약합니다.

반면에 버셀(Vercel)은 API 키를 환경 변수로 안전하게 관리할 수 있습니다. 버셀의 서버에서 API 호출을 처리하므로 사용자 웹 브라우저에는 API 키가 노출되지 않습니다. 이런 이유로 제미나이 API 키가 필요한 프로젝트를 배포할 때는 깃허브 페이지가 아닌 버셀 같은 전문 배포 서비스를 사용하면 좋습니다.

프로젝트를 배포하려면 먼저 깃허브에 코드를 저장해야 합니다. 깃허브에 코드를 저장하면 버셀은 깃허브의 코드를 가져와서 웹 사이트로 배포합니다.

▼ **그림 8-43** 버셀 웹 사이트(https://vercel.com)

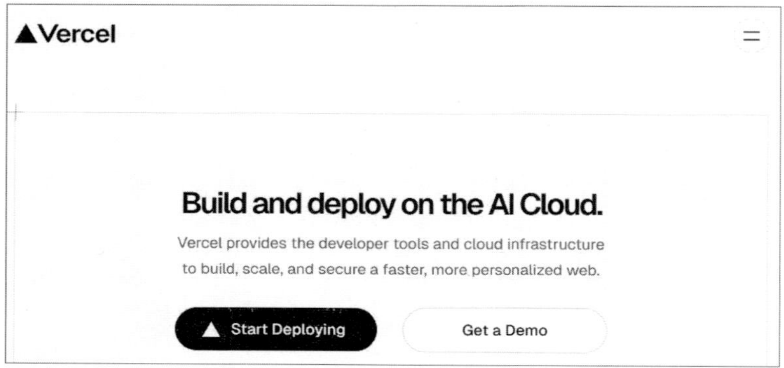

배포 과정은 간단합니다. 먼저 개발한 프로젝트를 깃허브 저장소에 업로드합니다. 그다음 버셀에서 해당 깃허브 저장소를 연결하고, 버셀의 환경 변수 설정에 API 키를 입력합니다. 이렇게 하면 버셀이 자동으로 코드를 빌드하고 배포하여 실제 작동하는 웹 사이트를 만들어 줍니다.

▼ **그림 8-44** 배포 과정

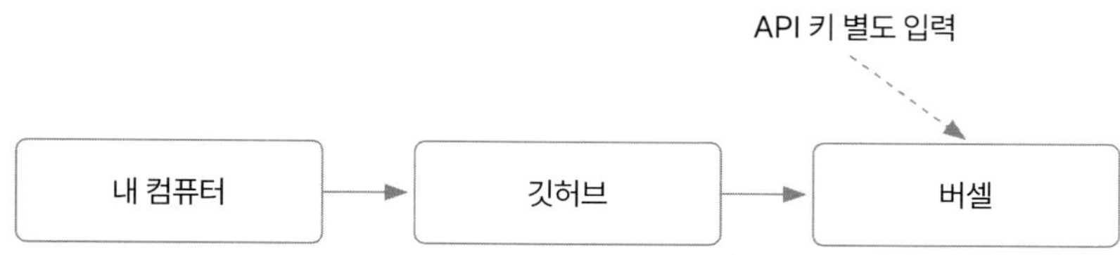

8.6.1 깃허브 저장소에 프로젝트 저장하기

깃허브 CLI를 이용하여 깃허브 리포지터리에 프로젝트를 저장하겠습니다. 깃허브에 업로드를 요청할 때 가장 중요한 점은 반드시 API 키는 업로드하지 말아야 한다는 것입니다. API 키가 깃허브 저장소에 포함되어 업로드되면 누구나 여러분의 API 키를 볼 수 있습니다. 이렇게 노출된 API 키는 다른 사람이 무단으로 사용할 수 있어 예상하지 못한 비용이 발생하거나 사용량 제한에 도달하는 등 문제가 생길 수 있습니다.

따라서 AI에 깃허브 업로드를 요청할 때는 "API 키는 업로드하지 마세요."라고 명확하게 지시해야 합니다.

> **입력**
>
> 깃허브 CLI를 사용하여 저장소에 업로드해 주세요. 업로드 후 버셀에 배포할 예정입니다. 단, API 키는 업로드하지 마세요.

커서가 깃허브 CLI를 이용하여 자동으로 새로운 리포지터리를 만들고 프로젝트를 업로드합니다.

> **출력**
>
> GitHub 업로드 완료!
>
> 업로드 성공
>
> 모든 파일이 GitHub에 성공적으로 업로드되었습니다!
>
> GitHub 저장소:
>
> https://github.com/lovedlim/finance-data-visualization
>
> (생략)

새롭게 생성된 깃허브 리포지터리에 접속하면 그림 8-45와 같이 확인할 수 있습니다.[2]

2 각자 계정에 리포지터리가 생기며 URL은 각각 다릅니다. 필자 주소는 https://github.com/lovedlim/finance-data-visualization이었습니다.

▼ **그림 8-45** 깃허브 저장소에 업로드된 모습

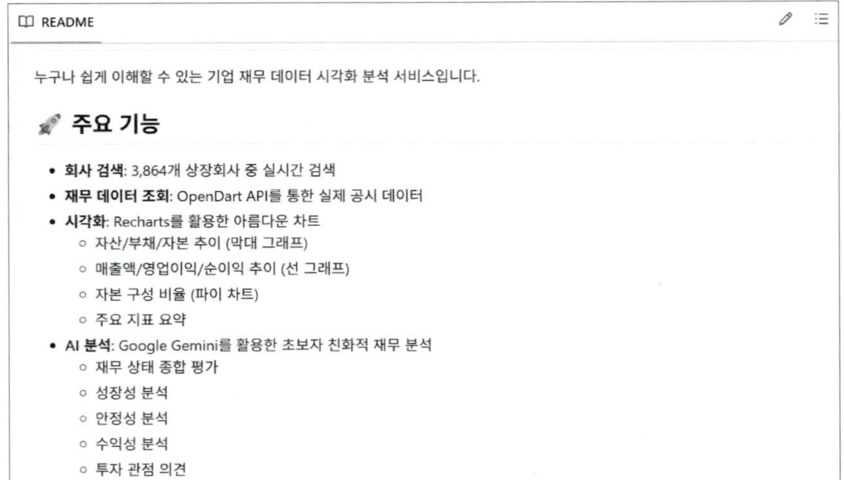

저자 노트

깃허브 CLI 로그인 및 로그아웃

깃허브 CLI로 진행되지 않는다면 대부분 로그인 문제입니다. 로그인 후 다시 업로드를 요청해 보세요.

1. 커서에서 터미널(Ctrl + J)을 열고, 터미널에 직접 로그인 명령을 입력합니다.

   - 로그아웃 명령: `gh auth logout`

   ▼ **그림 8-46** 깃허브 CLI 로그아웃

   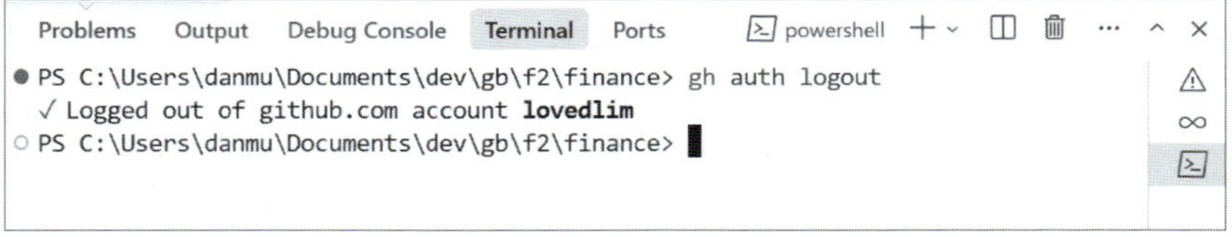

   - 로그인 명령: `gh auth login`

   질문이 네 개, 코드 입력 요청이 한 개 나옵니다. 모두 Enter 를 누릅니다.

   Enter 를 누르는 의미는 기본값으로 선택하겠다는 것입니다. 질문은 선택형 질문이며, 방향키 또는 Y/n 입력으로 결정할 수 있습니다.

```
? Where do you use GitHub?  [Use arrows to move, type to filter]
> GitHub.com
  Other

? What is your preferred protocol for Git operations on this host?
[Use arrows to move, type to filter]
```

```
> HTTPS
  SSH

? Authenticate Git with your GitHub credentials? (Y/n)

? How would you like to authenticate GitHub CLI?  [Use arrows to
move, type to filter]
> Login with a web browser
  Paste an authentication token

! First copy your one-time code: BDE1-F3E1
Press Enter to open https://github.com/login/device in your browser...
```

2. Press Enter to open https://github.com/login/device in your browser...에서 Enter 를 누르면 웹 브라우저가 열리면서 깃허브 인증을 요청합니다. **Continue** 버튼을 누릅니다.

▼ **그림 8-47** 깃허브 인증 화면

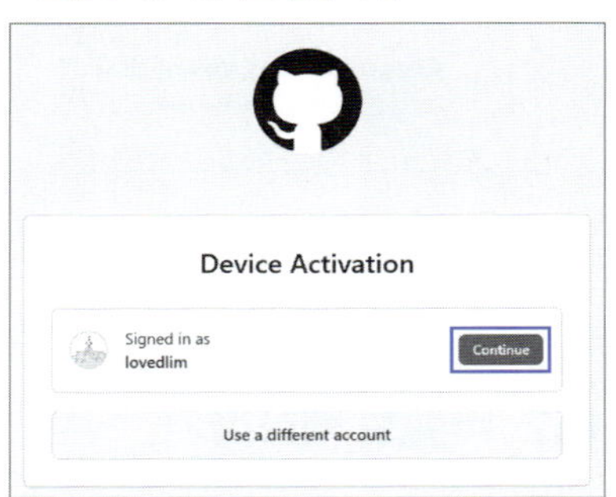

3. 커서(터미널)에서 알려 준 인증 키 'BDE1-F3E1'을 복사해서 웹 브라우저에 붙여 넣고 **Continue** 버튼을 누릅니다. 인증 키는 매번 변경됩니다.

▼ **그림 8-48** 인증 키 입력

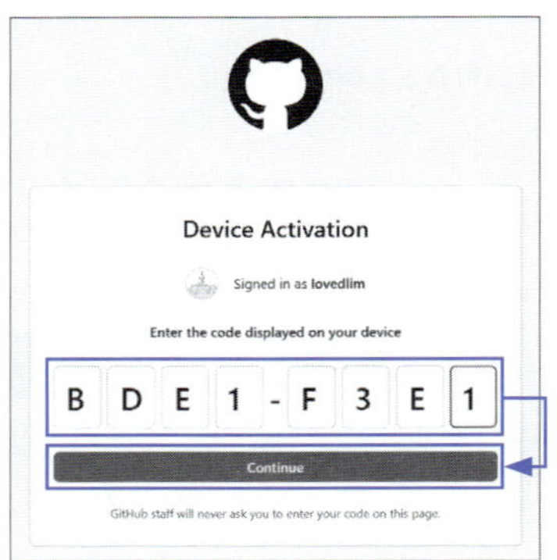

4. 다음으로 **Authorize github** 버튼을 눌러 깃허브 인증을 진행하면 로그인이 완료됩니다.

▼ **그림 8-49** 깃허브 CLI 인증

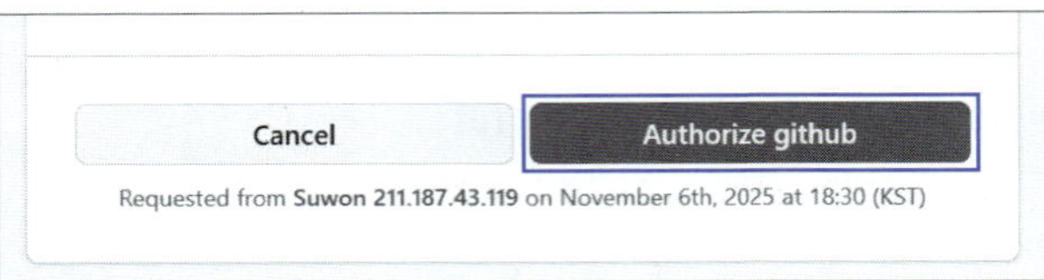

5. 로그인이 완료된 화면입니다. 이제 커서로 돌아갑니다.

▼ **그림 8-50** 로그인 완료

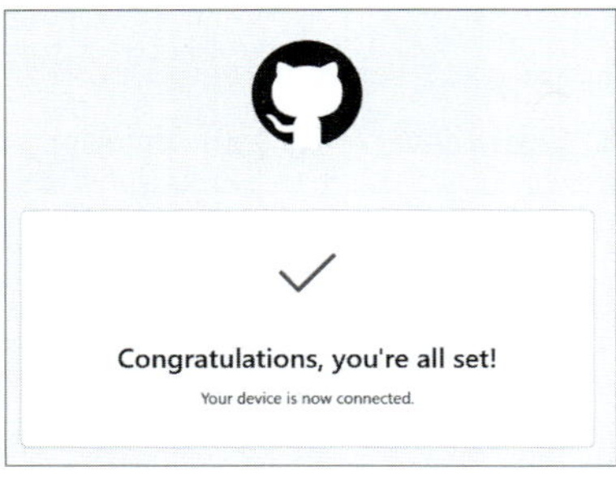

8.6.2 버셀로 배포하기

1. 웹 브라우저에서 버셀(https://vercel.com)에 접속한 후 깃허브 계정으로 회원가입하고 로그인을 합니다.

▼ **그림 8-51** 버셀 로그인

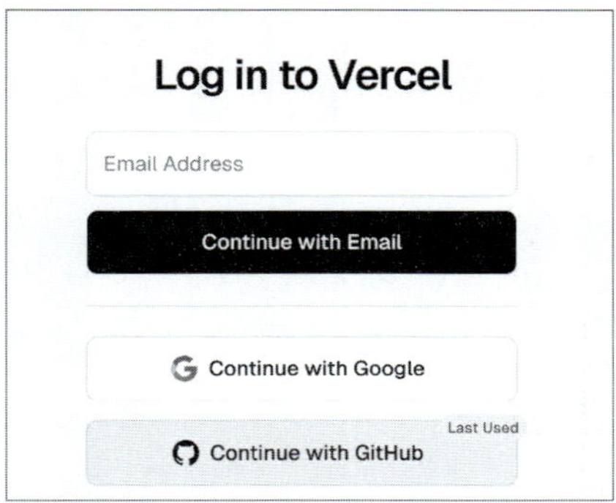

깃허브로 회원가입 및 로그인을 할 때는 다음 그림과 같이 인증 화면이 나타날 수도 있습니다. **Authorize Vercel** 버튼을 눌러 인증을 진행합니다.

▼ 그림 8-52 버셀 인증 확인

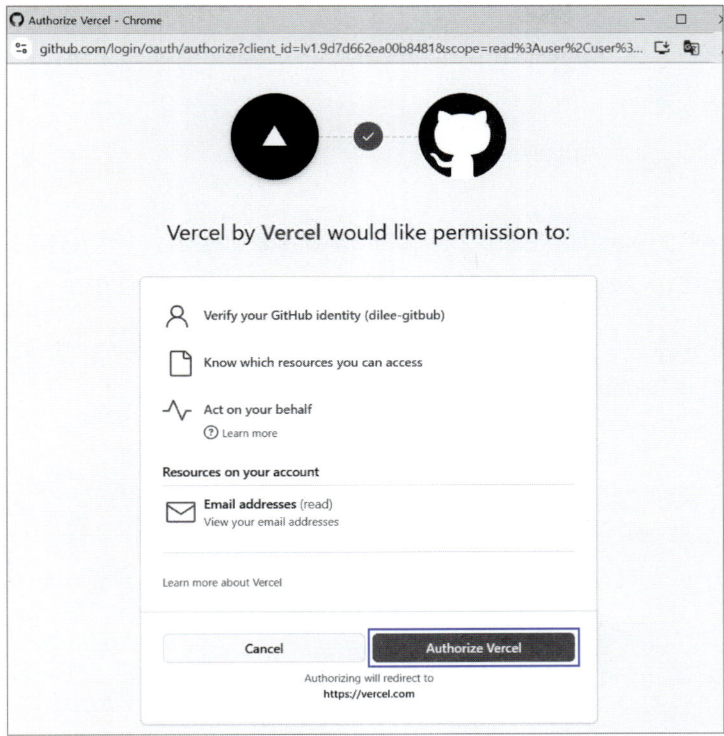

2. 배포는 버셀 웹 사이트를 통한 배포와 버셀 CLI를 활용한 배포가 있습니다. 깃허브 CLI처럼 버셀 CLI를 사용하면 더 간편합니다. 이에 CLI를 사용하여 배포해 달라고 요청하겠습니다.

입력
버셀 CLI를 사용하여 배포해 줄래?

배포는 완료되었지만, 환경 변수는 사용자가 직접 입력해야 합니다. 어떻게 입력하면 되는지 커서가 자세히 알려 줍니다.

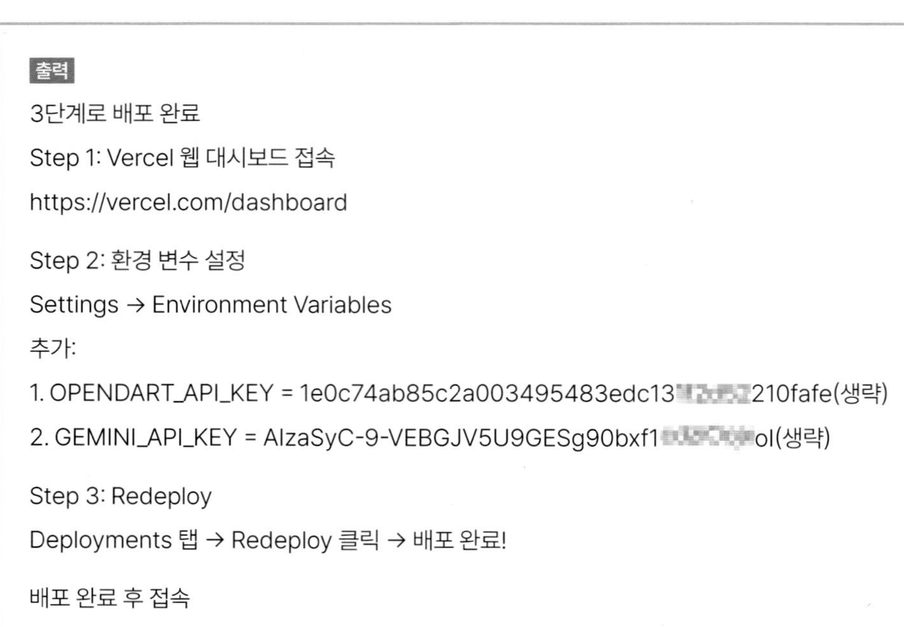

출력

3단계로 배포 완료

Step 1: Vercel 웹 대시보드 접속

https://vercel.com/dashboard

Step 2: 환경 변수 설정

Settings → Environment Variables

추가:

1. OPENDART_API_KEY = 1e0c74ab85c2a003495483edc13 210fafe(생략)

2. GEMINI_API_KEY = AIzaSyC-9-VEBGJV5U9GESg90bxf1 ol(생략)

Step 3: Redeploy

Deployments 탭 → Redeploy 클릭 → 배포 완료!

배포 완료 후 접속

https://finance-qgmsw4xeh-danmujicafe-gmailcoms-projects.vercel.app

환경 변수를 입력하지 않는다면 기업 검색은 할 수 있지만 오픈다트에서 다음 그림과 같이 재무 정보는 불러올 수 없습니다.

▼ **그림 8-53** 환경 변수를 미설정할 때 발생하는 에러

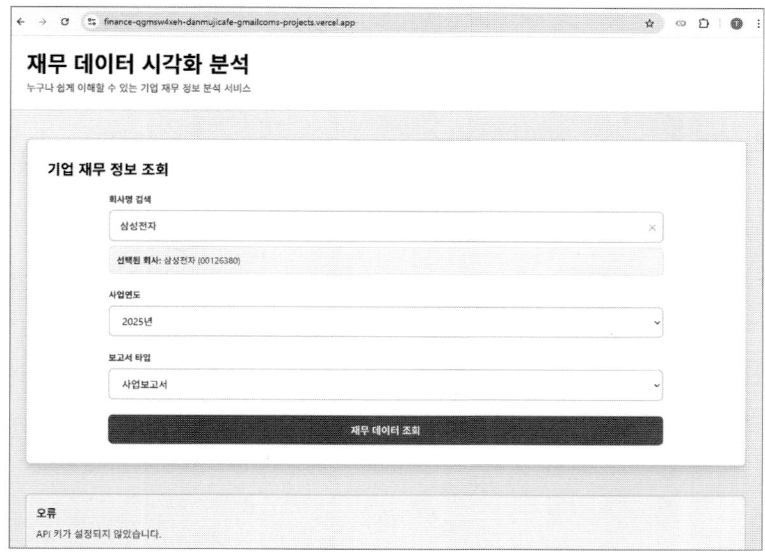

3. 환경 변수를 입력해 보겠습니다. https://vercel.com/dashboard에 접속한 후 finance 프로젝트를 찾습니다. 해당 프로젝트 오른쪽 위에서 메뉴 버튼(···)을 클릭하고 **Settings**를 선택합니다.

▼ **그림 8-54** 프로젝트 설정

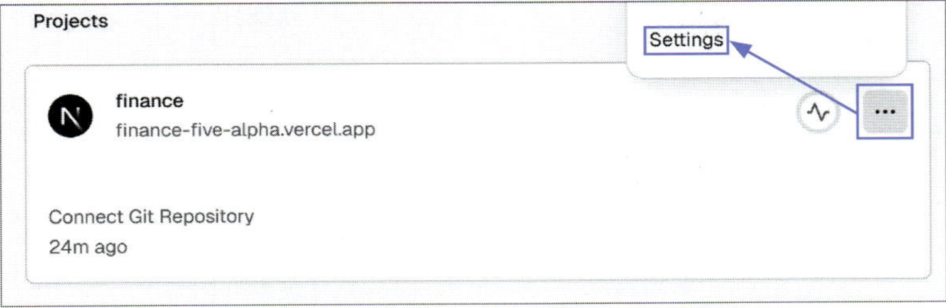

4. **Settings > Environment Variables** 메뉴를 선택합니다.

▼ **그림 8-55** 환경 변수 메뉴

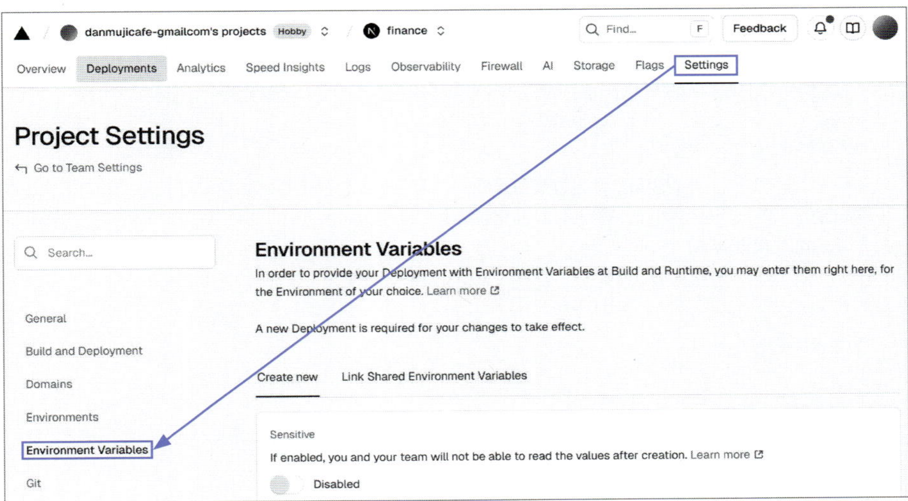

5. 가운데 있는 Key와 Value에 커서 설명대로 오픈다트 키와 제미나이 키를 입력합니다. **Add Another** 버튼으로는 Key와 Value를 여러 개 입력할 수 있습니다. 그 후 **Save** 버튼을 누릅니다. 복사와 붙여넣기를 하면서 문자 앞뒤에 공백을 포함하여 입력하지 않도록 주의하세요.

▼ **그림 8-56** API 키 입력

Save 버튼을 누르고 나면 Key와 Value가 공백으로 변경됩니다. [Save] 버튼 아래쪽에 API 키가 두 개 등록되었는지 반드시 확인합니다. 간혹 한 개만 등록되고 한 개는 누락될 수 있습니다.

저자 노트

여러 번 테스트한 결과, 간헐적으로 환경 변수를 커서가 자동으로 설정해 주는 경우도 있었습니다. 자동으로 설정되었다면 이 단계는 넘어가도 됩니다. 다만 항상 자동으로 설정되는 것은 아니므로 직접 입력하는 방법을 미리 숙지하기 바랍니다.

▼ **그림 8-57** 환경 변수 등록 확인

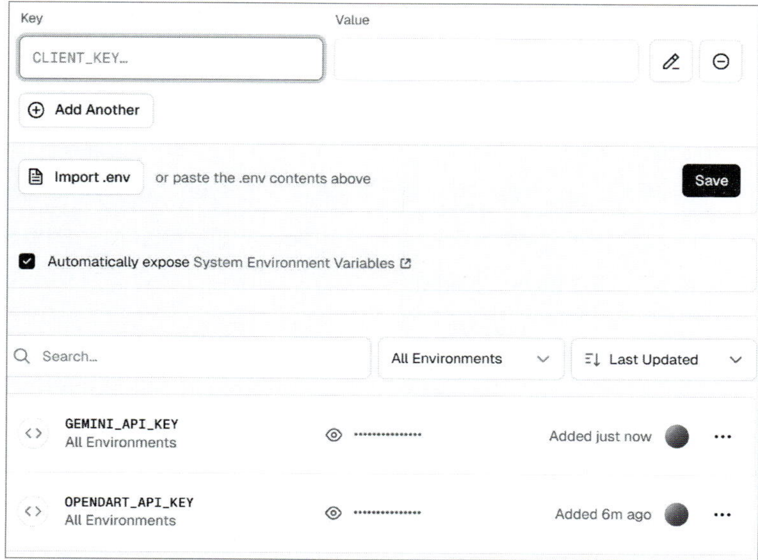

6. **Save** 버튼을 누르고 나면 다시 배포할지(redeploy) 묻습니다. **Redeploy** 버튼을 누릅니다.

▼ **그림 8-58** 재배포 요청

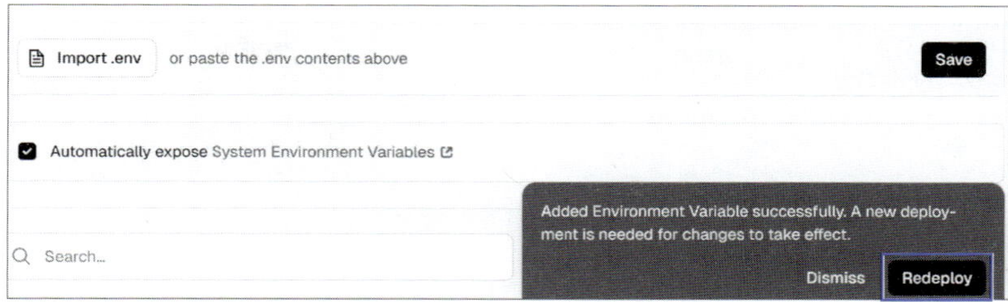

팝업창이 나타나면 배포 세부 사항을 확인합니다. **Redeploy** 버튼을 누릅니다.

▼ **그림 8-59** 재배포 세부 내용 확인

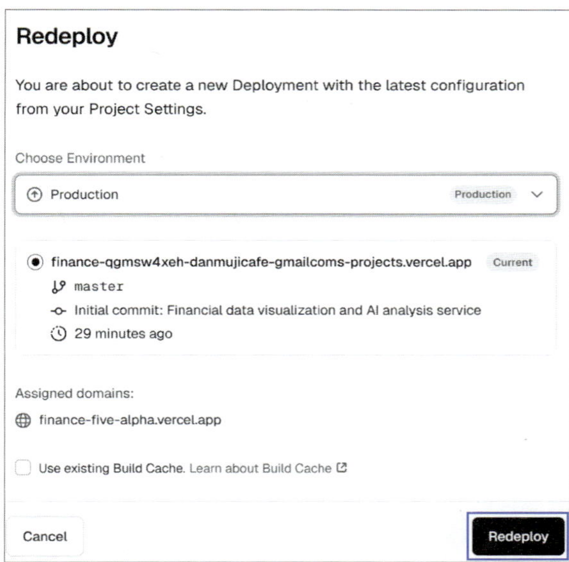

7. 배포가 완료되고 나면 팝업창에 [View Deployment] 버튼이 나타납니다. **View Deployment** 버튼을 누릅니다.

▼ **그림 8-60** 배포 상태 확인

8. 배포 상태를 확인할 수 있고, 도메인(Domains)에 접속할 수 있는 링크도 확인할 수 있습니다. 배포된 URL은 각자 다르며, 이는 모두가 접속할 수 있는 공개용 URL입니다. 버셀 배포 상태에서 알려 주고 있는 https://finance-five-alpha.vercel.app/을 클릭합니다.

▼ **그림 8-61** 도메인 URL 확인

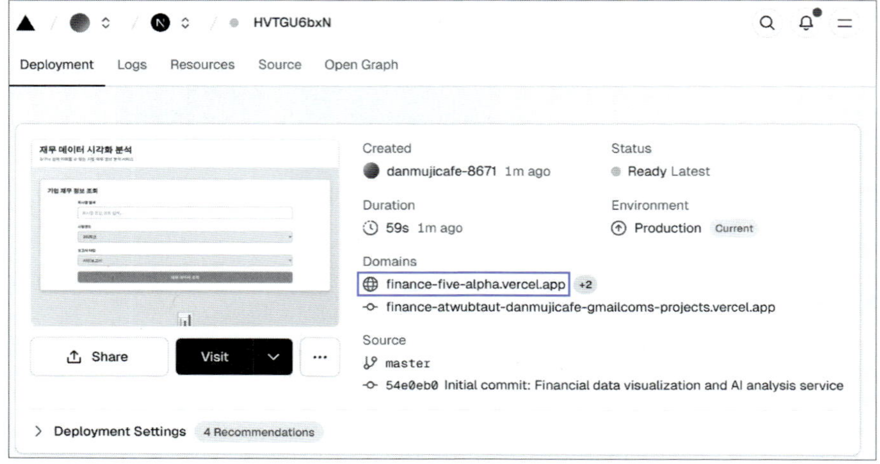

저자 노트

배포 후 에러가 발생한다면?

내 컴퓨터에서는 잘 작동했지만 배포 후에 에러가 발생할 수도 있습니다. 이는 로컬 개발 환경과 버셀의 서버 환경이 다르기 때문입니다. 웹 페이지에 표시된 에러 메시지나 [개발자 도구(F12)] > [Console] 탭에 나타나는 에러 메시지를 커서에 전달하면 해결해 줍니다.

9. 웹 사이트가 구현되었습니다. 검색, 시각화, AI 분석 기능 역시나 정상적으로 진행됩니다.

▼ **그림 8-62** 재무제표 시각화 배포 성공 화면

finance-five-alpha.vercel.app

기업 재무 정보 조회

회사명 검색

SK하이닉스

선택된 회사: SK하이닉스 (00164779)

사업연도

2024년

보고서 타입

사업보고서

재무 데이터 조회

계속

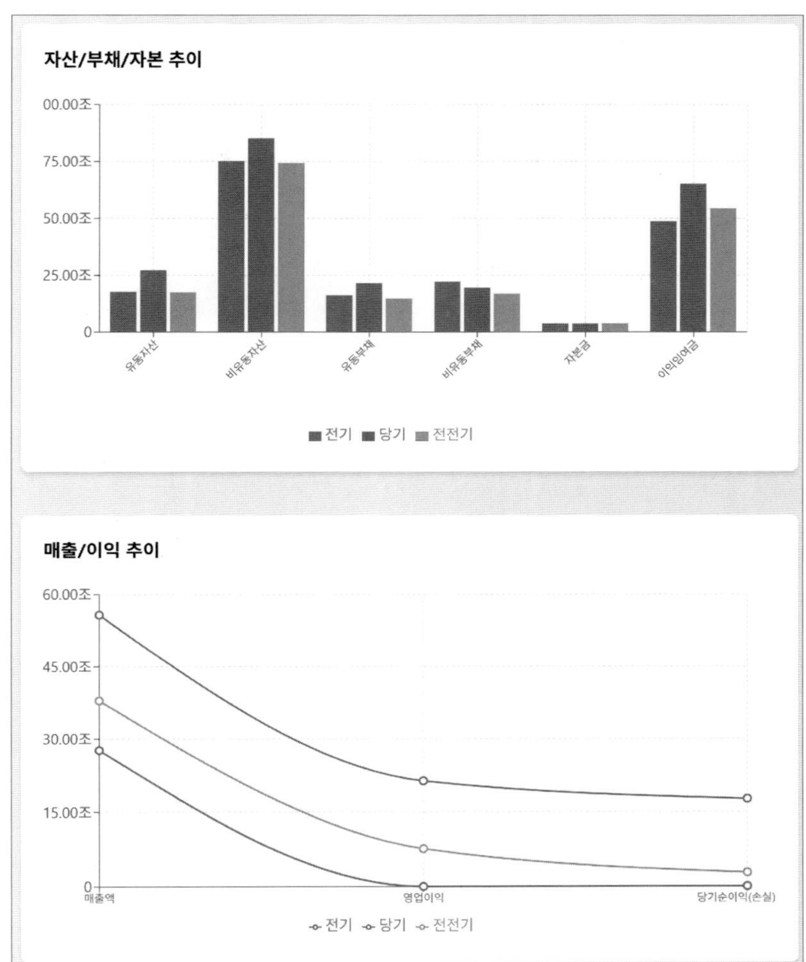
자산/부채/자본 추이
00.00조
75.00조
50.00조
25.00조
0
유동자산
비유동자산
유동부채
비유동부채
자본금
이익잉여금
전기 당기 전전기
매출/이익 추이
60.00조
45.00조
30.00조
15.00조
0
매출액
영업이익
당기순이익(손실)
전기 당기 전전기

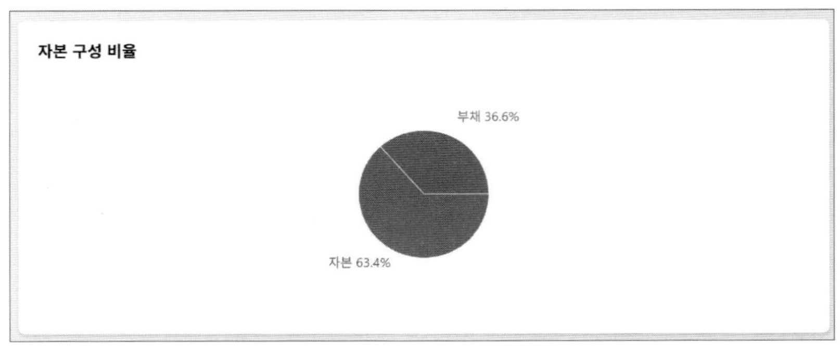
자본 구성 비율
부채 36.6%
자본 63.4%

계속

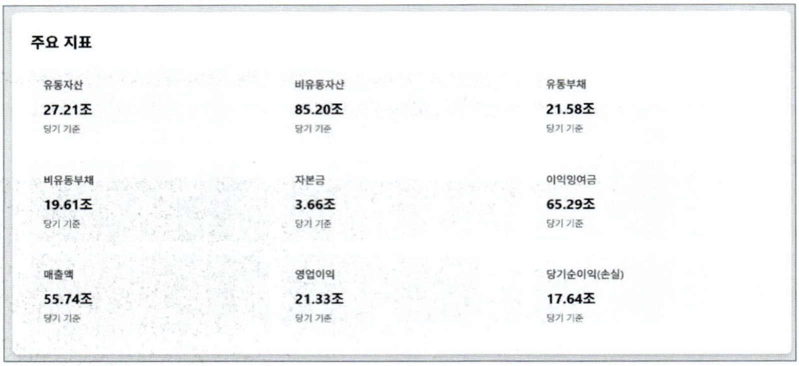

주요 지표

유동자산	비유동자산	유동부채
27.21조 당기 기준	**85.20조** 당기 기준	**21.58조** 당기 기준

비유동부채	자본금	이익잉여금
19.61조 당기 기준	**3.66조** 당기 기준	**65.29조** 당기 기준

매출액	영업이익	당기순이익(손실)
55.74조 당기 기준	**21.33조** 당기 기준	**17.64조** 당기 기준

지금까지 우리는 전자공시시스템의 재무 데이터를 활용하여 누구나 쉽게 이해할 수 있는 재무제표 시각화 및 AI 분석 서비스를 만들어 보았습니다. AI에 시각화도 역시나 모두 맡겼습니다. 특정 연도를 시각화하는 것 말고도 과거 3년과 5년 비교, 유동 비율, 부채 비율, 자기 자본 이익률, 매출액 영업 이익률 등 다양한 형태를 요청해서 추가할 수 있습니다. 이 경험을 바탕으로 더 다양한 재무제표 시각화 프로젝트에 도전해 보기 바랍니다.

다음 프로젝트를 재부팅 없이 바로 이어서 진행할 것이라면 내 컴퓨터에서 실행 중인 재무제표 시각화 서버는 종료하는 것이 좋습니다. 서버를 종료하지 않고 다음 프로젝트의 서버를 실행하면 포트 충돌이 발생할 수 있기 때문입니다. 커서 채팅창에 다음처럼 입력합니다.

입력

로컬 서버 닫아 줄래?

출력

http://localhost:3000 서버 종료됨

서버가 정상적으로 종료되었습니다. 이제 다음 프로젝트를 시작할 준비를 했습니다.

다음 장에서는 유튜브 댓글을 AI로 분석하는 서비스를 제작해 보겠습니다.

CHAPTER

09

유튜브 댓글 AI 분석 서비스

이 장에서는 유튜브 영상의 댓글을 수집하고 AI로 분석하는 프로그램을 함께 만들어 보겠습니다. 단순히 댓글을 하나씩 읽는 것을 넘어 댓글에 담긴 감정을 자동으로 분석하고 주요 키워드를 추출하여 시청자 반응을 한눈에 파악할 수 있는 유용한 도구를 제작할 예정입니다.

유튜브 댓글 정보를 가져오려면 구글 API 키 발급이 필요합니다. 개발 초보에게는 설정 화면이 다소 복잡해 보일 수 있지만 걱정하지 마세요. 한 번만 차근차근 따라 하면 이후에는 편하게 사용할 수 있습니다.

9.1 SECTION 구글 콘솔에서 API 키 발급받기

9.1.1 구글 콘솔 접속 및 사용자 인증

1. 먼저 구글 클라우드 콘솔(https://console.cloud.google.com/)에 접속하세요. 구글 계정으로 로그인하지 않은 상태라면 로그인 화면이 나타날 것입니다. 본인의 구글 계정 정보를 입력하여 로그인을 완료하세요. 로그인이 완료되면 구글 콘솔 화면이 나타납니다. **무료로 시작하기** 버튼을 누릅니다.

▼ 그림 9-1 로그인된 화면

2. 구글 콘솔을 처음 사용한다면 서비스 약관 동의 화면이 나타날 것입니다. 내용을 확인한 후 서비스 약관 동의에 체크하고 **계속** 버튼을 누릅니다.

▼ **그림 9-2** 구글 클라우드 서비스 약관 동의 화면

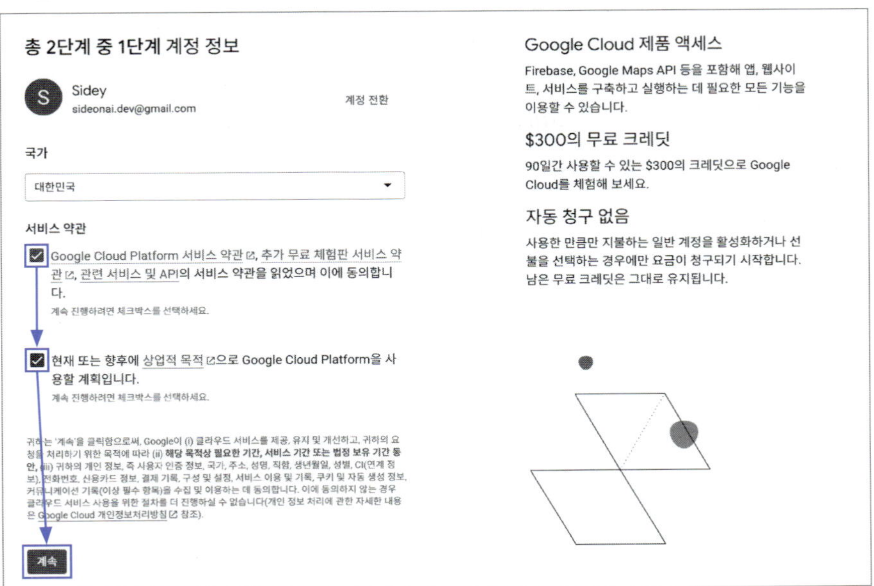

3. 다음으로 개인 정보를 입력하는 화면이 나타납니다. 본인의 이름과 주소를 입력하세요. 이 정보는 구글 클라우드 서비스를 이용할 수 있는 필수 정보입니다.

▼ **그림 9-3** 이름 및 주소 입력

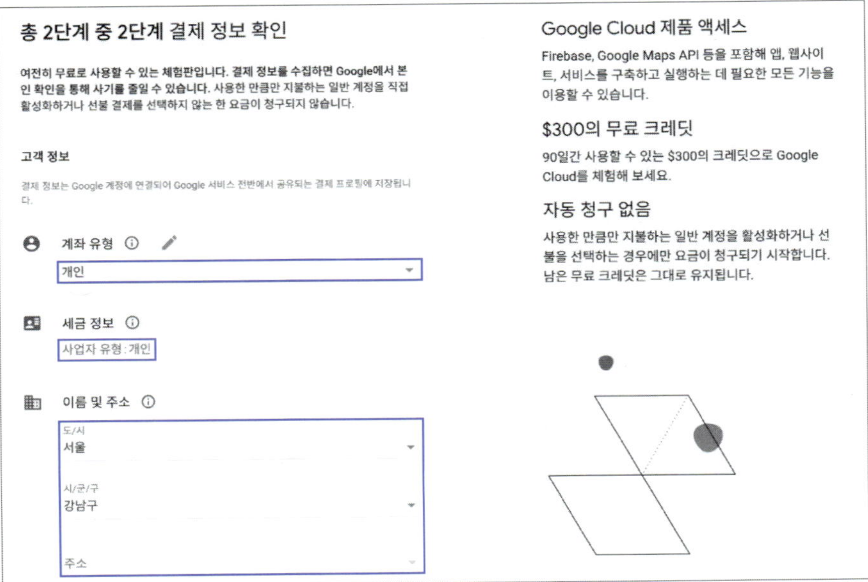

4. 웹 페이지를 아래로 스크롤하면 모바일 인증 단계가 나옵니다. 본인의 핸드폰 번호를 입력하고 인증 절차를 진행하세요. 입력한 번호로 인증 코드가 전송되며 이를 입력하여 본인 확인을 완료합니다.

▼ **그림 9-4** 모바일 인증 화면

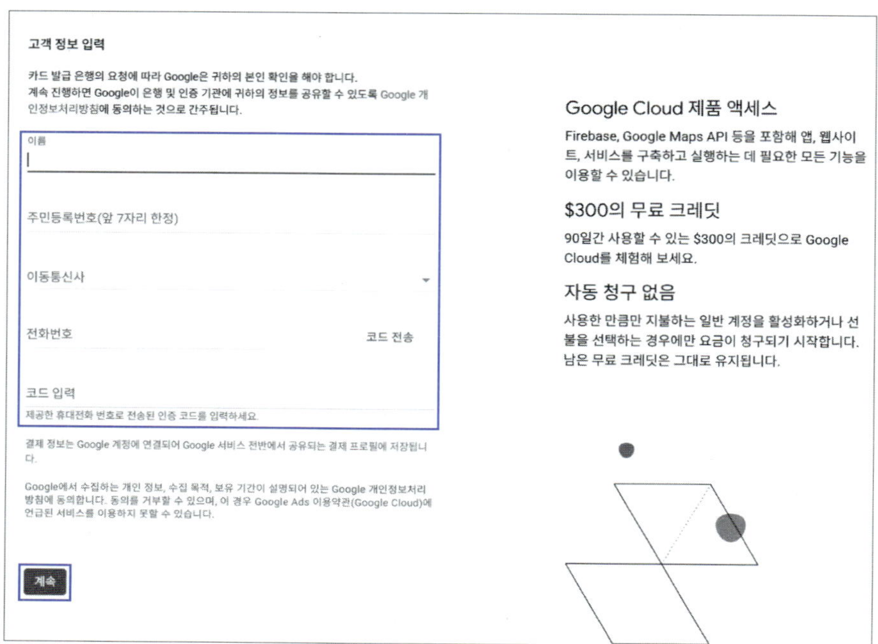

5. 마지막으로 카드 정보를 입력하는 단계입니다. 카드 정보를 입력한 후 **무료로 시작하기** 버튼을 누르세요.

저자 노트

비용이 청구되나요?

카드 정보를 등록한다고 해서 비용이 자동으로 결제되는 것은 아닙니다. 여러분이 직접 '활성화'하여 유료로 전환하기 전까지는 어떤 비용도 청구하지 않습니다. 또 신규 가입자에게는 90일간 사용할 수 있는 300달러 상당의 무료 크레딧을 제공하고 있으니 안심하고 이용해도 됩니다.

▼ **그림 9-5** 결제 정보 입력 화면

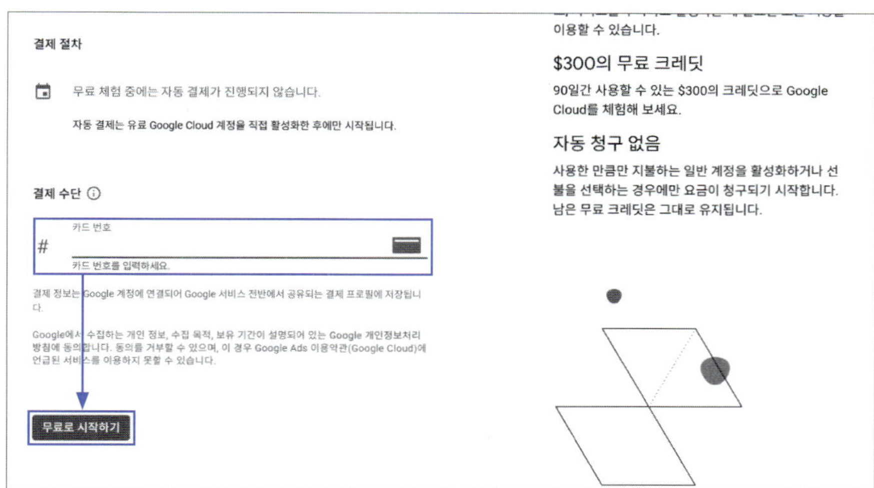

6 카드 정보 입력을 마치면 간단한 설문이 나타납니다. 이 설문은 구글이 서비스를 개선하려고 수집하는 것으로, 자유롭게 작성하면 됩니다.

▼ **그림 9-6** 구글 클라우드 설문 화면

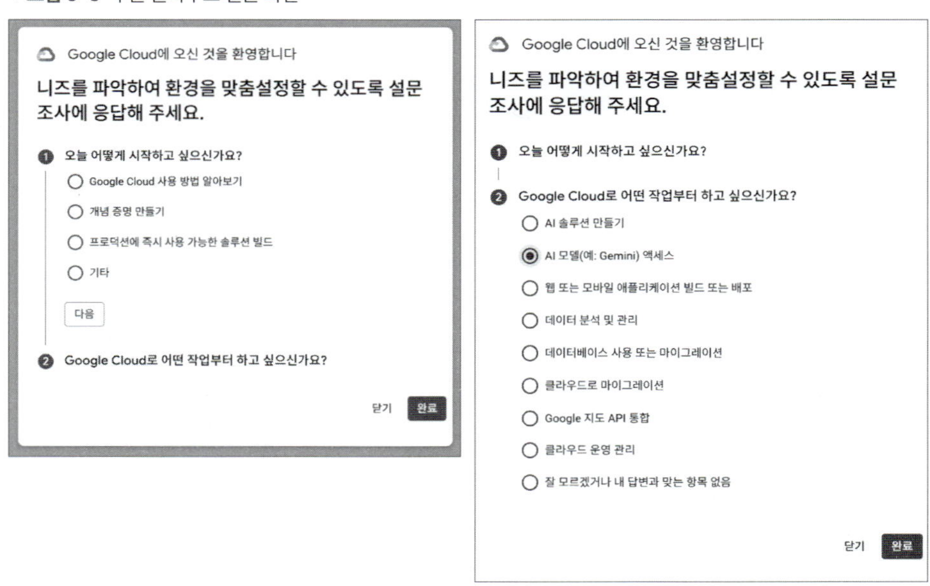

9.1.2 구글 프로젝트 시작하기

1. 이제 본격적으로 프로젝트를 시작해 보겠습니다. 화면 왼쪽 위를 보면 프로젝트 선택 도구가 있습니다. 처음 접속했다면 **My First Project**라는 이름으로 표시되어 있을 것입니다. 이 부분을 클릭합니다.

▼ **그림 9-7** 구글 클라우드 콘솔 화면

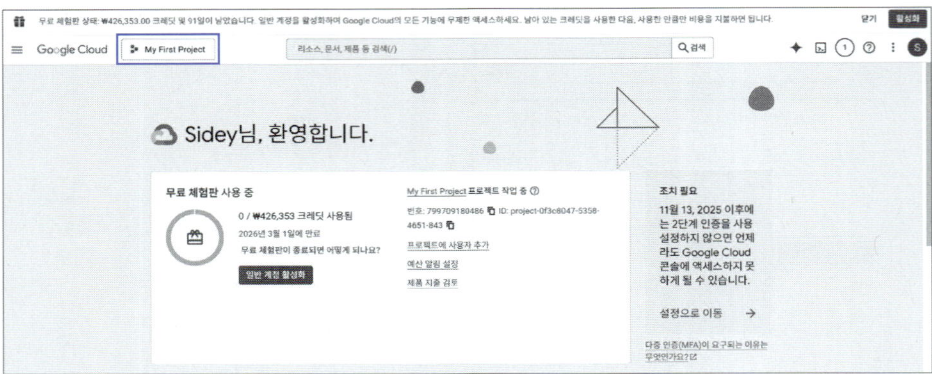

2. 기존 프로젝트를 선택하거나 새로운 프로젝트를 만들 수 있는 팝업창이 나타납니다. 새로운 프로젝트를 만들기 위해 오른쪽 위에 있는 **새 프로젝트** 버튼을 누릅니다.

▼ **그림 9-8** 프로젝트 선택 팝업창

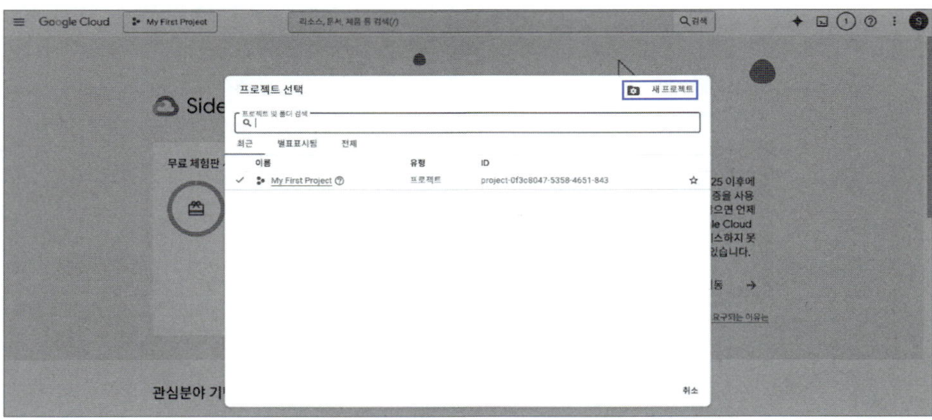

3. 구글 콘솔을 처음 사용한다면 다음 그림과 같이 2단계 인증을 요청하는 화면이 나타날 수 있습니다. 보안을 위한 필수 절차이니 화면 안내에 따라 **설정으로 이동** 버튼을 눌러 문자 인증 등을 해서 2단계 인증을 완료해 주세요.

▼ **그림 9-9** 구글 2단계 인증 요청 화면

4. 2단계 인증이 완료되면 다시 메인 화면으로 돌아옵니다. 이제 다시 한 번 화면 왼쪽 위에 있는 **My First Project**를 클릭하세요.

▼ **그림 9-10** 인증 완료 후 프로젝트 이름 클릭

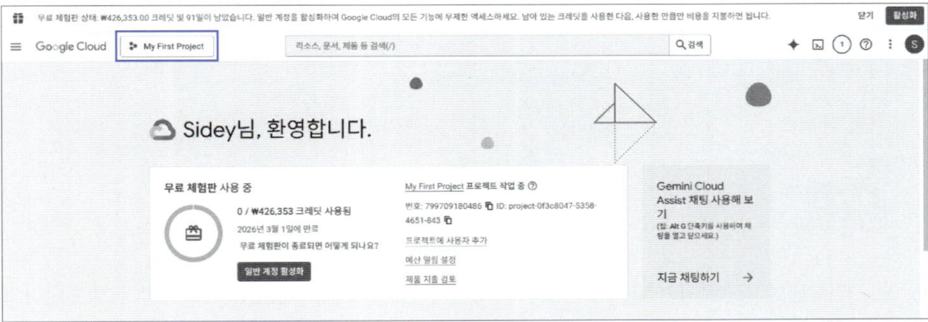

5. 프로젝트 선택 팝업창이 다시 나타나면 오른쪽 위에 있는 **새 프로젝트** 버튼을 누르세요.

▼ **그림 9-11** 새 프로젝트 생성

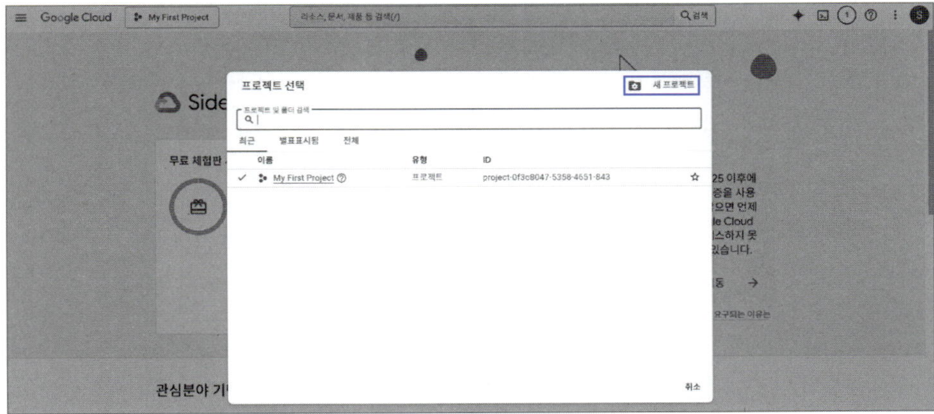

6. 프로젝트 생성 화면이 나옵니다. 여기에서 프로젝트 이름을 입력해 주세요. 필자는 'youtube-analysis'로 작성했습니다. 프로젝트 이름은 원하는 대로 자유롭게 작성합니다.
조직 항목은 선택 사항이므로 비워 두어도 됩니다. 모든 정보 입력이 완료되었다면 **만들기** 버튼을 누릅니다.

▼ 그림 9-12 프로젝트 생성

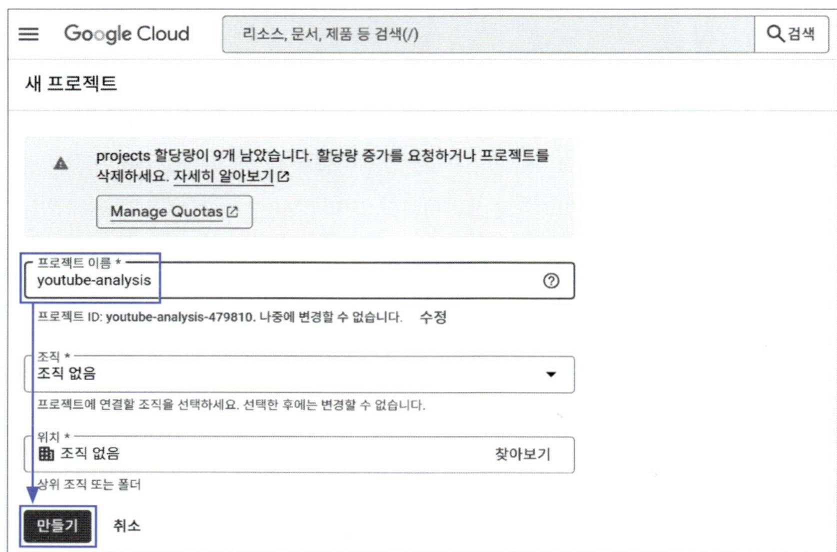

7. 프로젝트 생성이 완료되면 화면 오른쪽 위에 있는 알림(종 모양 아이콘)에서 확인할 수 있습니다. 알림을 클릭하면 방금 생성한 'youtube-analysis' 프로젝트가 보일 것입니다. 이를 클릭하여 프로젝트로 전환합니다.

▼ 그림 9-13 프로젝트 선택 및 전환 확인

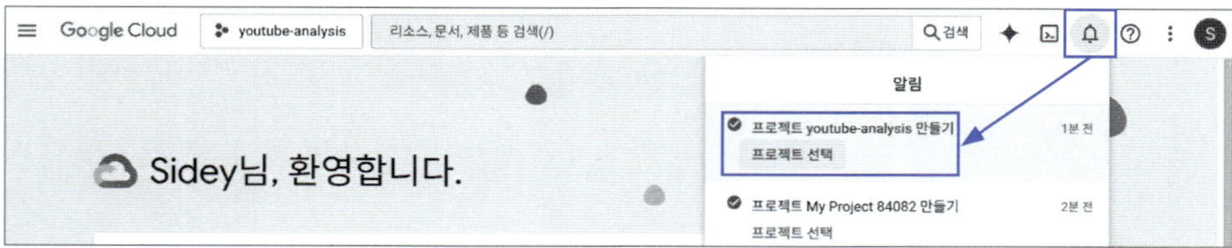

8. 이제 유튜브 API를 활성화해야 합니다. 화면 왼쪽 메뉴(햄버거 아이콘)를 클릭한 후 **API 및 서비스 > 라이브러리** 메뉴를 선택합니다.

▼ **그림 9-14** API 라이브러리 메뉴

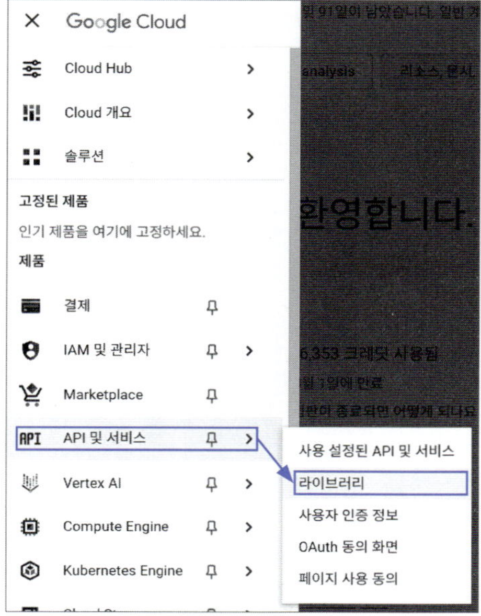

9. API 라이브러리 페이지 위쪽 검색창에 'youtube data api v3'를 입력하고 검색합니다.

▼ **그림 9-15** YouTube Data API v3 검색

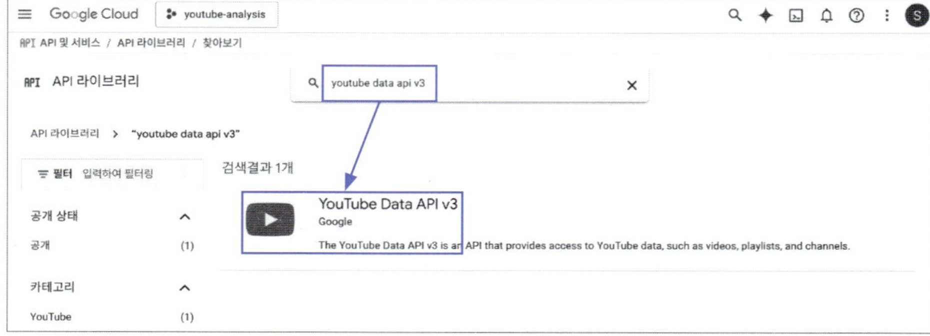

10. 검색 결과에서 'YouTube Data API v3'를 클릭한 후 나타나는 페이지에서 **사용** 버튼을 눌러 API를 활성화합니다.

▼ **그림 9-16** YouTube Data API v3 사용 설정

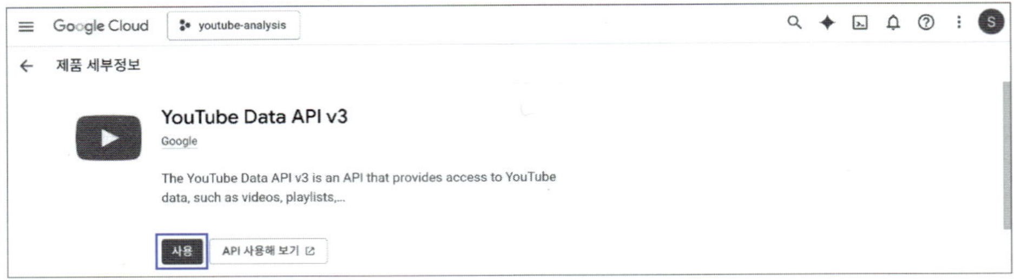

11. 유튜브 데이터 API 활성화 설정이 완료되었습니다.

▼ **그림 9-17** 유튜브 데이터 API 활성화

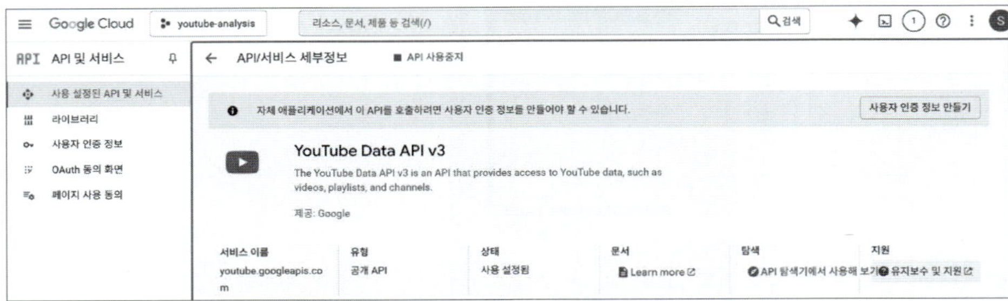

9.1.3 구글 API 키 생성하기

1. 구글 API를 사용할 수 있는 키를 생성해야 합니다. 왼쪽 메뉴에서 **사용자 인증 정보**를 선택합니다. 혹시 보이지 않는다면 왼쪽 메뉴에서 **API 및 서비스 > 사용자 인증 정보**를 선택합니다.

▼ **그림 9-18** 사용자 인증 정보 화면

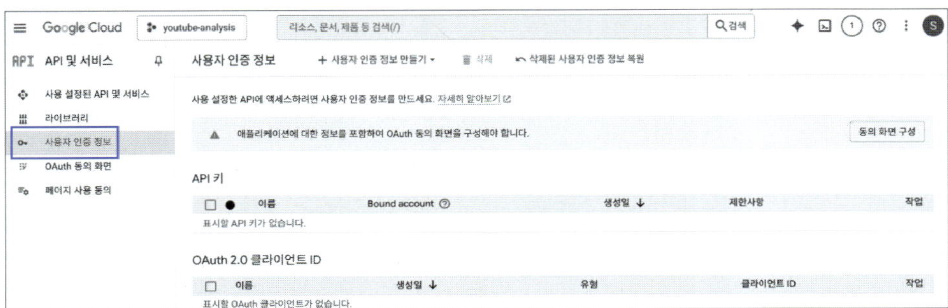

2. 처음 사용자 인증 정보를 만들 때는 '동의 화면을 먼저 구성해야 합니다'는 안내와 함께 **동의 화면 구성** 버튼이 있는 팝업창이 나타납니다. 이 버튼을 누릅니다.

▼ 그림 9-19 동의 화면 구성

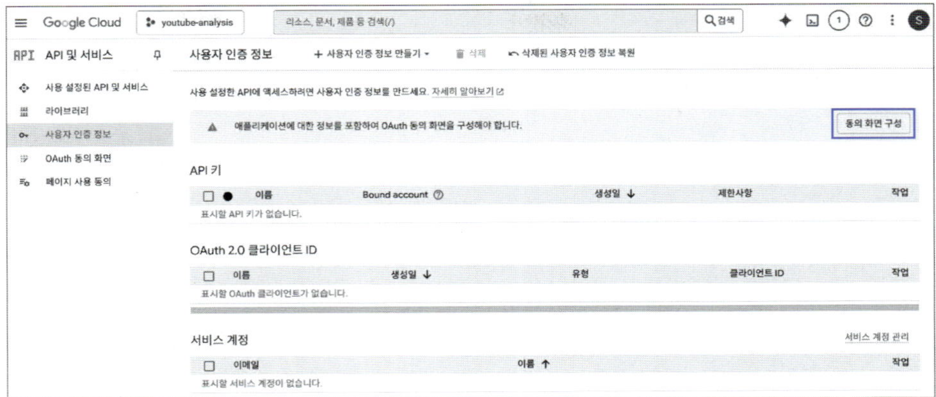

3. 동의 화면 구성 웹 페이지가 열리면 [시작하기] 버튼이 보입니다. 이 버튼을 눌러 설정을 시작합니다.

▼ 그림 9-20 동의 화면 구성 시작

4. 앱 이름을 자유롭게 입력하고, 사용자 지원 이메일은 본인의 구글 계정 이메일을 선택합니다. 정보 입력을 완료했다면 **다음** 버튼을 누릅니다.

▼ **그림 9-21** 앱 기본 정보 입력

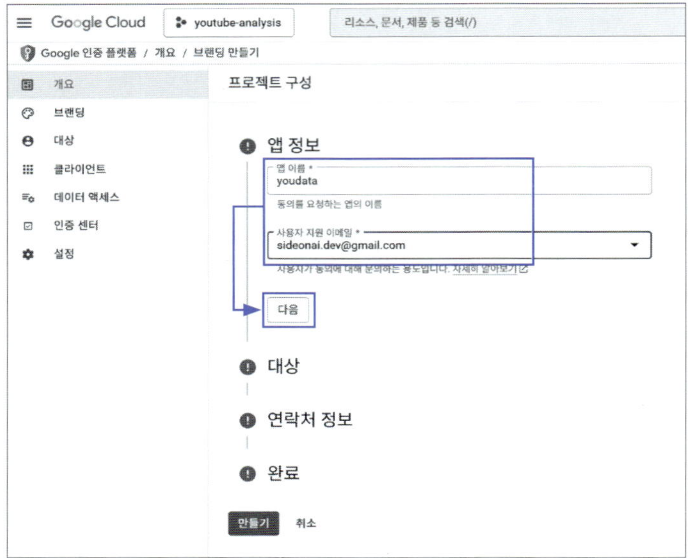

5. 앱 공개 대상을 설정하는 화면입니다. **외부**에 체크하고 **다음** 버튼을 누르세요. 외부로 설정하면 누구나 이 앱을 사용할 수 있습니다.

▼ **그림 9-22** 앱 공개 대상 선택

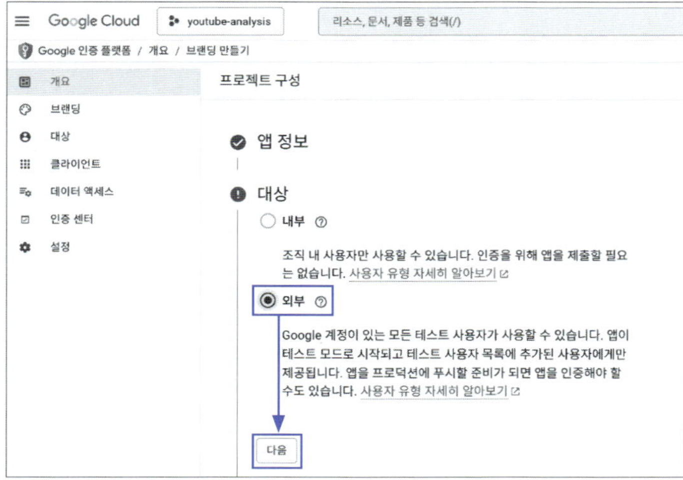

6. 연락처 정보에 본인의 이메일 주소를 입력하고 **다음** 버튼을 누릅니다.

▼ **그림 9-23** 연락처 정보 입력

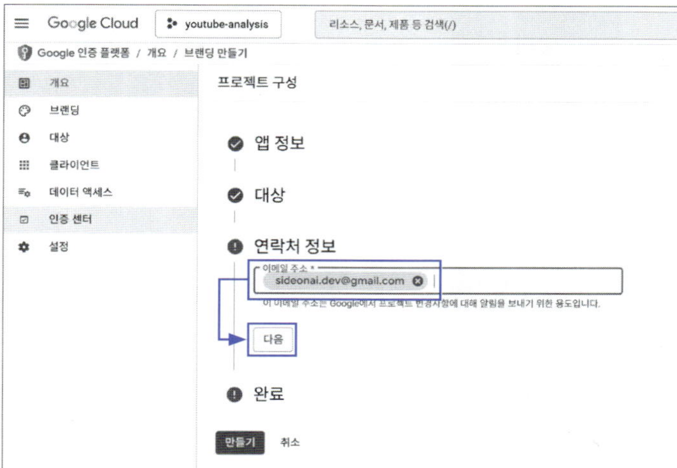

7. 마지막 단계에서 동의 항목들을 확인하고 체크해 주세요. 모든 항목에 체크했다면 **계속** 버튼을 누르고 **만들기** 버튼을 눌러 동의 화면 설정을 완료합니다.

▼ **그림 9-24** 동의 화면 설정 완료

8. 동의 화면 설정이 완료된 후 다시 왼쪽 메뉴에서 **API 및 서비스 > 사용자 인증 정보**를 선택합니다.

▼ 그림 9-25 사용자 인증 정보 웹 페이지로 이동

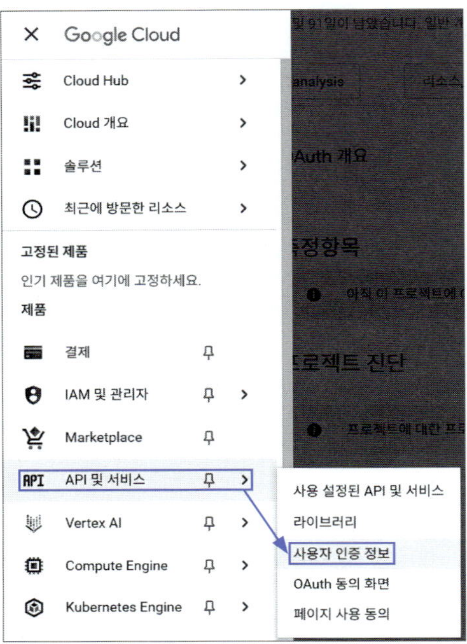

9. 웹 페이지 위쪽의 **+ 사용자 인증 정보 만들기** 버튼을 눌러 드롭다운 메뉴에서 **API 키**를 선택합니다.

▼ 그림 9-26 API 키 생성 메뉴

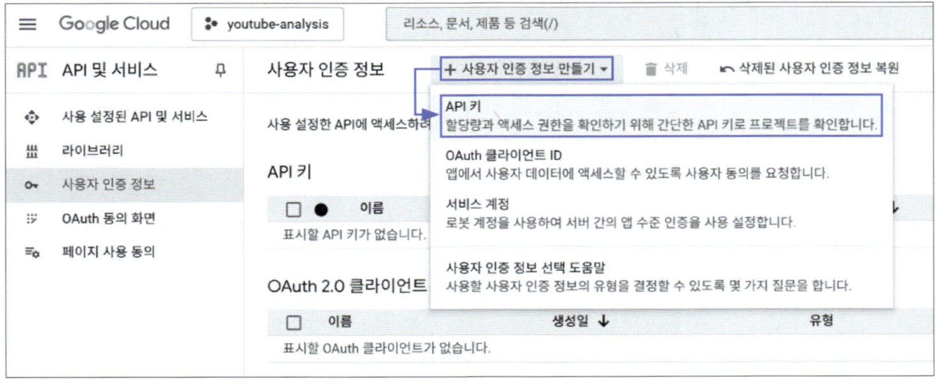

10. API 키를 만들 때는 몇 가지를 설정해야 합니다. 먼저 이름 입력란에 원하는 API 키 이름을 입력합니다. 필자는 'youdata'로 입력했습니다.

애플리케이션 제한 사항 섹션에서는 **없음**을 선택합니다. 이렇게 설정하면 어떤 환경에서든 API 키

를 사용할 수 있습니다. 웹사이트, IP 주소, Android 앱, iOS 앱 같은 다른 옵션은 특정 환경으로만 제한하는 보안 설정인데, 처음 사용할 때는 제한 없이 설정하는 것이 편리합니다.

마지막으로 API 제한사항에서는 **키 제한 안함**을 선택합니다. 이렇게 하면 이 키로 모든 구글 API를 호출할 수 있습니다. '키 제한'을 선택하면 특정 API만 사용하도록 제한할 수 있지만, 학습 단계에서는 제한하지 않는 것이 좋습니다.

모든 설정을 완료했다면 **만들기** 버튼을 눌러 API 키를 생성합니다.

▼ **그림 9-27** API 키 상세 설정

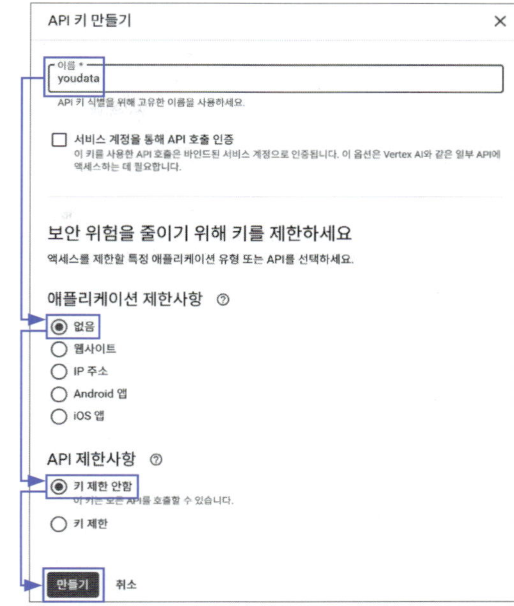

11. 화면에 표시된 API 키를 복사하여 메모장이나 텍스트 에디터에 붙여 넣기 합니다. 이 키는 나중에 파이썬 코드에서 유튜브 데이터를 가져올 때 사용합니다.

▼ **그림 9-28** API 키 복사 및 저장

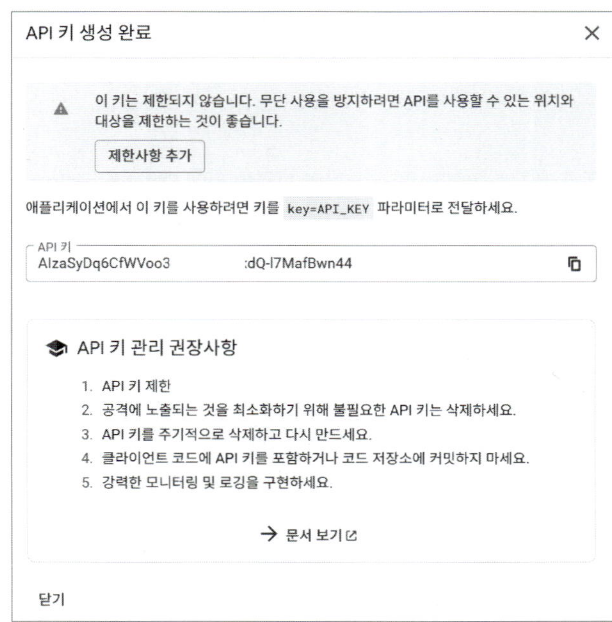

9.2 OpenAI API 키 발급받기

제미나이 무료 API 키로도 유튜브 AI 분석 기능을 사용할 수 있습니다. 하지만 좀 더 복잡한 상황에서는 OpenAI 유료 API가 훨씬 빠르고 안정적으로 작동합니다. 따라서 이번 프로젝트는 OpenAI API 유료 버전을 사용합니다.

1. OpenAI API 키를 발급받기 위해 OpenAI 플랫폼(https://platform.openai.com/)에 접속합니다. 챗GPT 계정이 없다면 **Sign up** 버튼을 눌러 회원가입한 후 로그인하세요.

▼ **그림 9-29** OpenAI 플랫폼 로그인

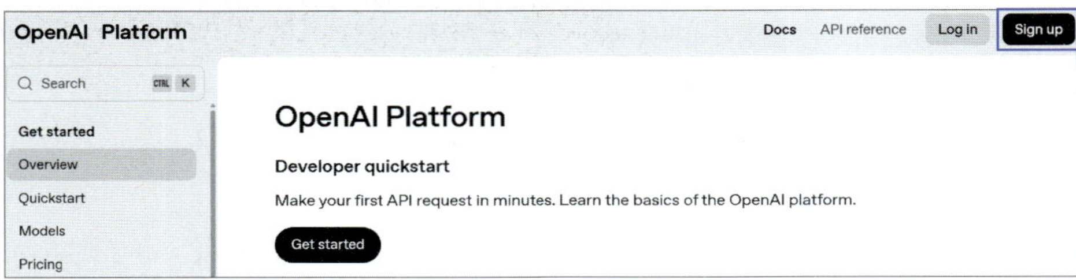

저자 노트

일반적으로 많이 사용하는 OpenAI의 챗GPT와 OpenAI의 API는 다른 서비스이므로 챗GPT 유료 결제와는 별개입니다. 다만 ID는 함께 사용할 수 있습니다. API의 최소 결제 금액은 5달러입니다. 선결제 후 사용량에 따라 차감하는 방식이며, 이 금액이면 낮은 모델(GPT-3.5, 4o 모델)을 테스트용으로 사용했을 때 꽤 오랫동안(필자는 수개월간) 쓸 수 있는 양입니다.

2. 로그인이 완료되면 OpenAI 플랫폼의 메인 화면이 나옵니다. 화면 오른쪽 위에 **Start building** 버튼이 보입니다. 이 버튼을 누르면 다음 단계로 진행합니다.

▼ **그림 9-30** OpenAI 플랫폼 메인 화면

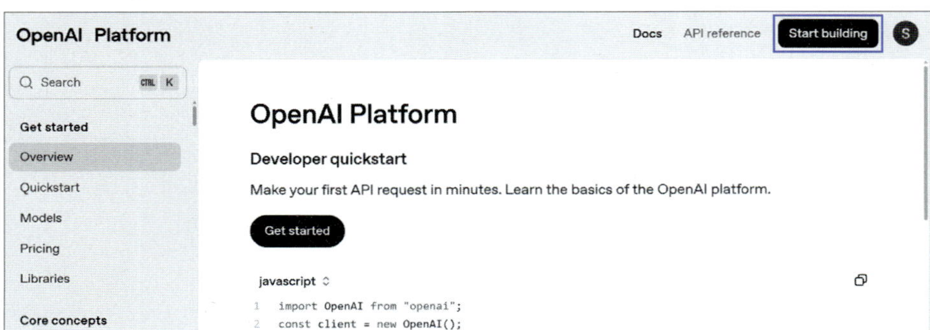

3. API 키를 생성하는 기본 정보를 입력하는 화면이 나옵니다. 프로젝트 이름, 사용 목적 등을 자유롭게 입력하거나 선택하세요.

▼ **그림 9-31** 기본 정보 입력

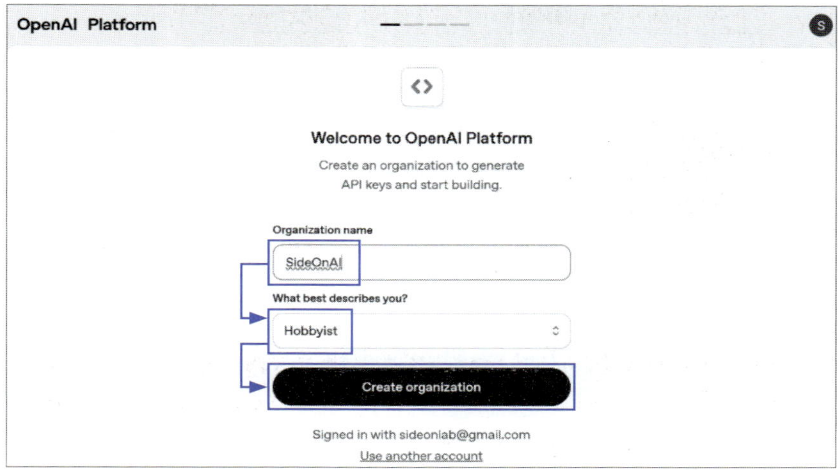

4. 다음 화면에서는 팀원을 초대할 수 있는 옵션이 나타납니다. 우리는 개인 프로젝트로 진행하므로 화면 아래쪽에서 **I'll invite my team later**를 클릭하여 이 단계는 건너뜁니다.

▼ **그림 9-32** 팀 초대 건너뛰기

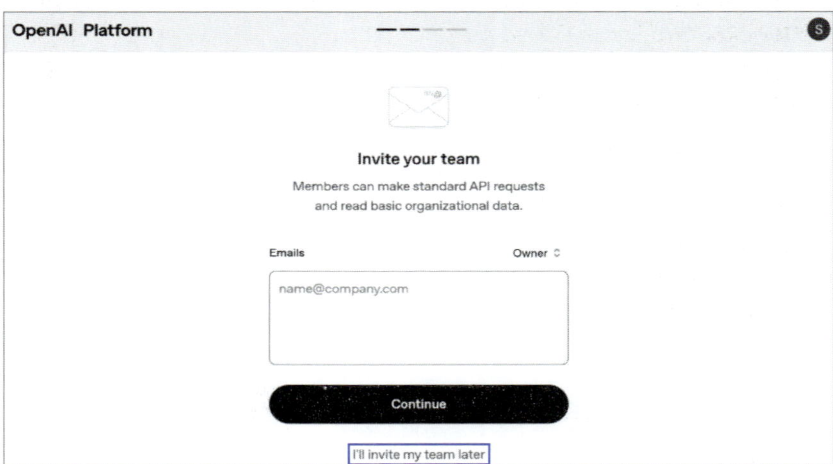

5. 화면에 표시된 키와 프로젝트 이름은 기본값 그대로 두고 **Generate API Key** 버튼을 누릅니다.

▼ **그림 9-33** API 키 생성 버튼

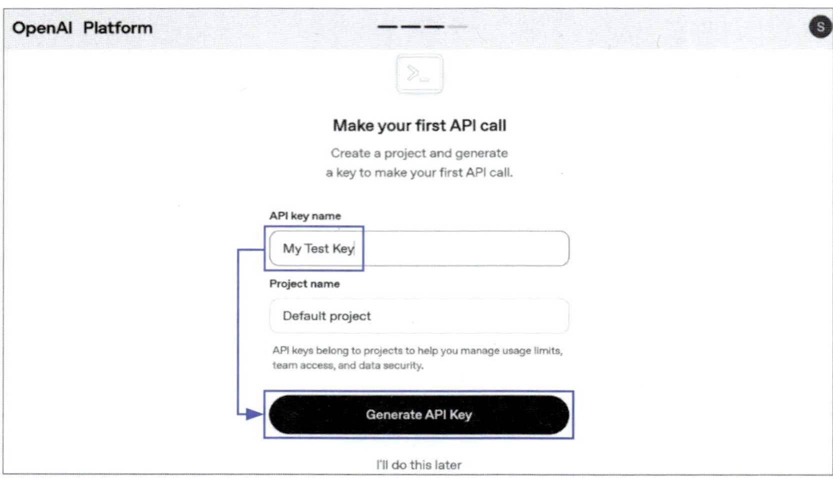

6. API 키가 생성되면 OpenAI에서 제공하는 테스트 예시와 사용 방법을 안내하는 화면이 나옵니다. 간단히 내용을 확인한 후 **Continue** 버튼을 누릅니다.

▼ **그림 9-34** API 키 생성 완료 안내

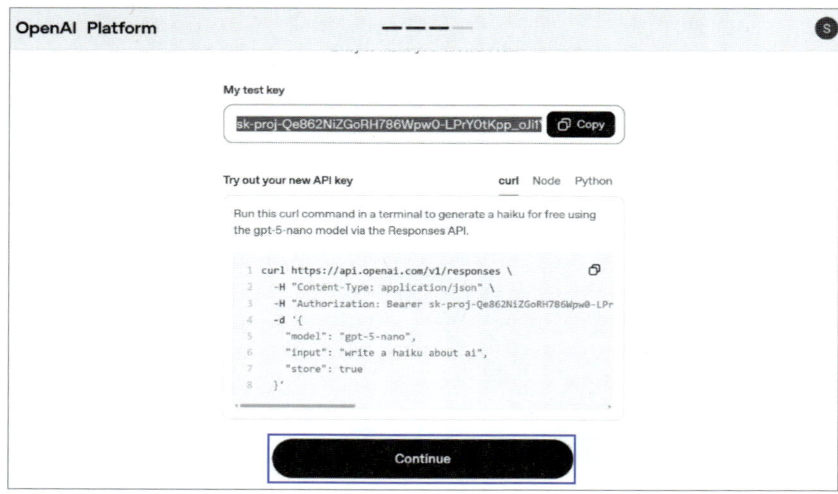

7. API를 사용하려면 크레딧을 구매해야 합니다. 화면에 여러 금액 옵션이 표시되는데 우리는 최소 결제 금액인 **$5 credits**를 선택할 것입니다. 큰 금액은 아니지만 개인 활용 용도로는 충분합니다. 크레딧을 구매하려고 **Purchase credits** 버튼을 누릅니다.

▼ **그림 9-35** 크레딧 금액 선택

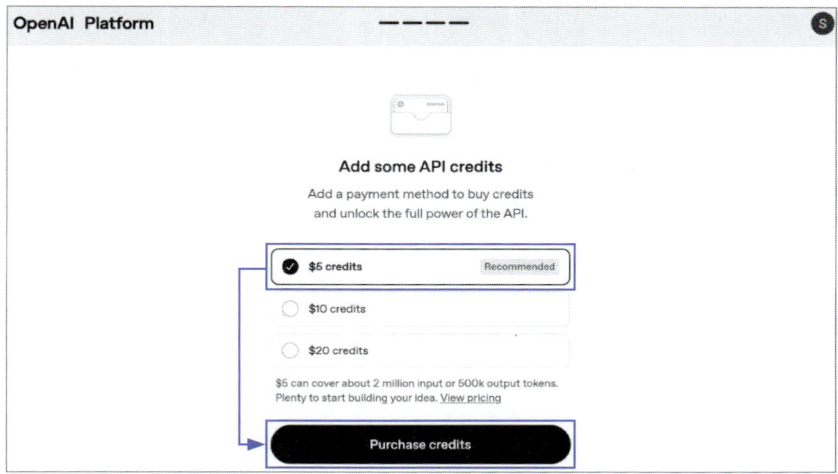

8. 카드 정보를 입력한 후 **Add payment method** 버튼을 누릅니다.

▼ **그림 9-36** 결제 수단 정보 입력

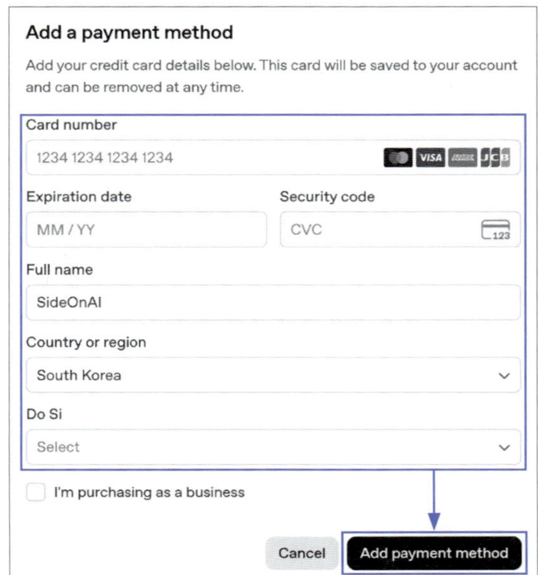

9. 내역을 확인한 후 **Confirm payment** 버튼을 누릅니다.

▼ **그림 9-37** 최종 결제 확인

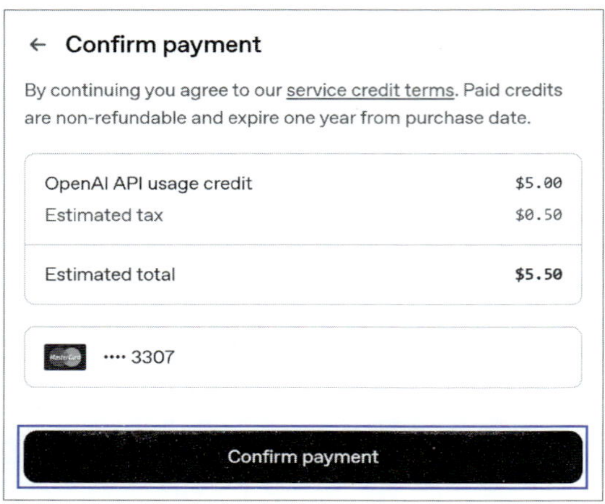

10. 결제 후 위쪽 메뉴에서 **Dashboard**를 선택합니다. 다음으로 왼쪽 메뉴에서 **API keys**를 선택하고, 오른쪽 위에서 **Create new secret key** 버튼을 누릅니다.

▼ **그림 9-38** [API keys] 메뉴 선택

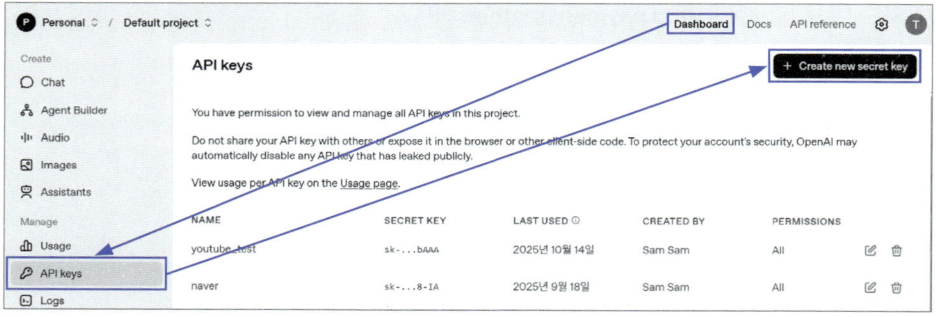

11. 키 이름(name)을 입력하고 **Create secret key** 버튼을 눌러 API 키를 생성합니다. 필자는 'test'로 생성했습니다.

▼ **그림 9-39** 새 API 키 생성

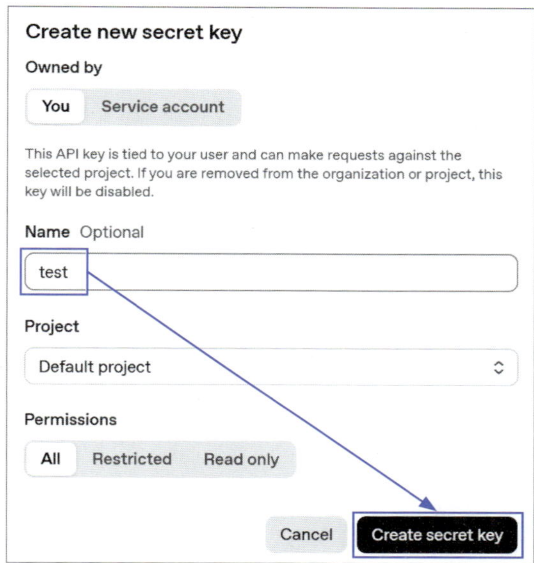

12. 이 키는 생성되는 시점에 한 번만 확인할 수 있으니 메모장에 잘 저장해 두세요.

▼ **그림 9-40** API 키 복사 및 저장

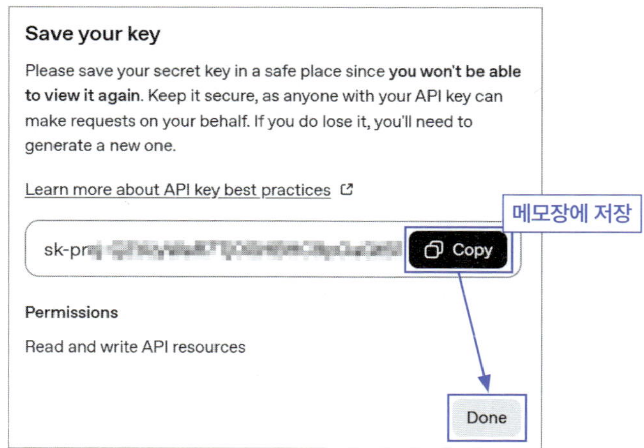

유튜브 API 키와 OpenAI API 키를 모두 발급받았습니다. 이 키 두 개를 사용하여 유튜브 댓글 분석 서비스를 만들 준비를 완료했습니다.

저자 노트

제미나이 API를 무료로 사용해도 괜찮은가요?

다음은 제미나이 API를 사용하여 만든 서비스입니다. 원활하게 진행하려고 댓글 수가 적은 영상을 분석했습니다. 학습하는 과정에서 OpenAI API를 결제하기 부담스럽고 가볍게 테스트만 할 것이라면 제미나이를 사용해도 좋습니다.

▼ **그림 9-41** 제미나이 API를 사용하여 만든 서비스 예시

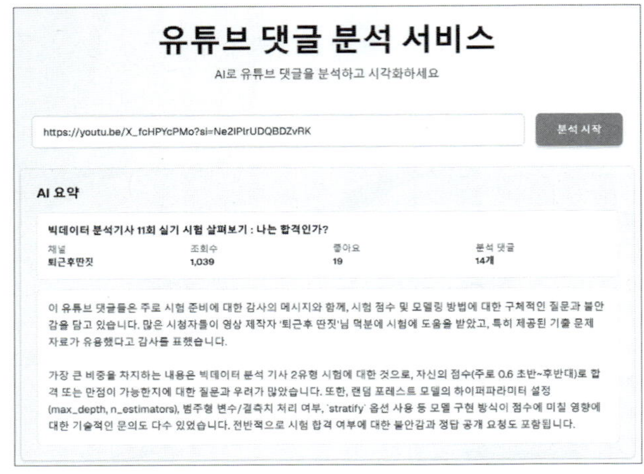

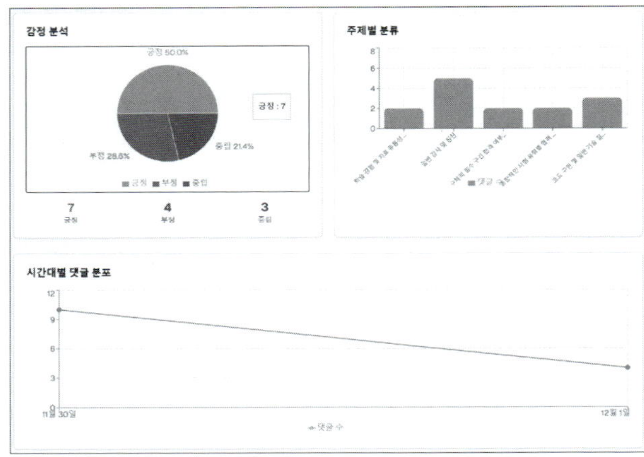

프로젝트 계획 세우기

9.3.1 프로젝트 시작하기

1. 유튜브 댓글 시각화 및 AI 분석 서비스를 개발하겠습니다. 먼저 커서를 실행하고 **Open project** 버튼을 누릅니다.

▼ **그림 9-42** 커서 실행 화면

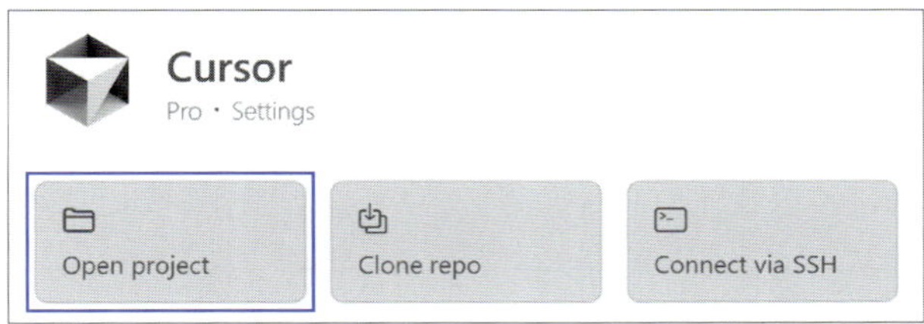

2. 새 폴더를 만들고 프로젝트 이름을 입력하여 새로운 프로젝트를 생성하세요. 필자는 'youtube'로 작성했습니다. 그 후 **폴더 선택** 버튼을 누릅니다.

▼ **그림 9-43** 프로젝트 폴더 생성

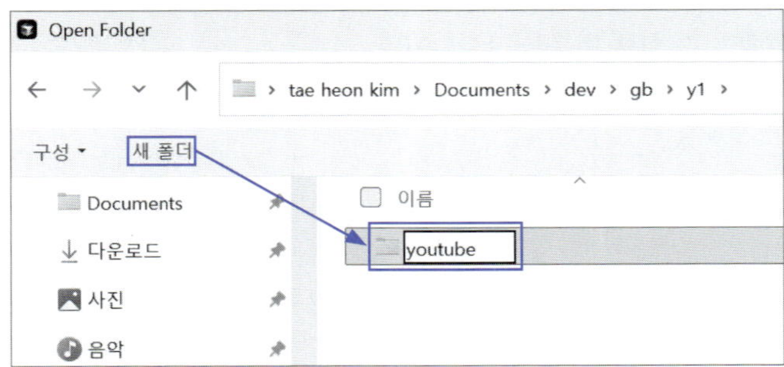

9.3.2 계획 세우기

커서 Plan 모드를 사용하여 계획을 작성하겠습니다. 앞선 재무제표 프로젝트에서는 오픈다트 API 활용법을 커서에 알려 주었습니다. 하지만 구글(유튜브) 같은 빅테크 기업의 API는 별도로 활용 문서를 제공하지 않아도 AI가 이미 학습한 데이터를 바탕으로 정확하게 코딩합니다. 따라서 이번에는 더 간단하게 요청할 수 있습니다.

커서 채팅창에 다음처럼 입력하세요. 유튜브 댓글을 분석하는 서비스를 만들고 싶다는 기본 요구 사항과 함께 (직접 입력)이라고 써 있는 위치에 앞서 발급받은 API 키들을 붙여 넣으면 됩니다.

입력 프롬프트 복사: https://github.com/lovedlim/vibe

유튜브 댓글을 시각화하고 분석하는 서비스를 만들고 싶어.

- 유튜브 API 키와 OpenAI API 키 줄게.
- 모든 API 키는 별도로 관리
- UI는 밝은 톤으로 제작

[API 키 입력]

- 유튜브 API: (직접 입력)
- openAI API: (직접 입력)

이번 프로젝트의 계획 단계에서는 커서의 컴포저(Composer) 모델을 사용해 보겠습니다. 컴포저는 커서 2.0 버전부터 도입된 모델이며, 저렴한 비용과 빠른 속도가 장점입니다.

필자는 일반적으로 소넷 모델을 추천하지만, 독자 여러분의 비용을 절감하고 빠르게 제작할 수 있도록 컴포저 모델을 선택했습니다. 앞서 복사한 유튜브 API와 OpenAI API 키를 붙여 넣고, Plan 모드와 컴포저 모델을 선택한 후 실행 버튼을 클릭합니다.

▼ **그림 9-44** 계획을 세우기 위한 요청

요청을 보내면 커서가 구체적인 계획을 작성하려고 몇 가지를 추가로 질문합니다.

출력

계획 수립 전 확인 사항:

1. 프레임워크 선호도
   - a) Next.js(React 기반, 풀스택)
   - b) React + Express(프런트/백 분리)
   - c) 기타(지정해 주세요)
2. 댓글 분석 기능 범위
   - a) 감정 분석(긍정/부정/중립), 키워드 추출, 기본 통계(댓글 수, 평균 길이 등)
   - b) 추가 기능 포함(예: 주제 분류, 요약, 트렌드 분석 등)
   - 기본 계획(Next.js + OpenAI 감정 분석 + 기본 시각화)으로 진행할지, 위 항목을 먼저 선택할지 알려 주세요.

커서가 프레임워크는 무엇을 사용할지, 댓글 분석 기능의 범위는 어디까지 할지 물어보고 있습니다. AI에 선택권을 맡겨 보겠습니다.

입력

네가 알아서 해 줘.

커서가 최적의 기술 스택을 선택하고 구체적인 계획을 작성합니다. 주요 기능으로는 유튜브 댓글을 수집하고, 감정을 분석하며, 다양한 차트로 결과를 시각화하는 것이 포함되어 있습니다.

출력

유튜브 댓글 분석 서비스 구축 계획

기술 스택

- 프레임워크: Next.js 14(App Router)
- 언어: TypeScript
- 스타일링: Tailwind CSS
- 차트 라이브러리: Recharts
- API: YouTube Data API v3, OpenAI API

주요 기능

1. 유튜브 댓글 수집: YouTube API를 통해 비디오 ID로 댓글 가져오기
2. 댓글 분석: OpenAI API를 사용한 감정 분석(긍정/부정/중립) 및 키워드 추출
3. 시각화:
   - o 감정 분포 파이 차트
   - o 시간대별 댓글 수 라인 차트
   - o 키워드 워드클라우드
   - o 댓글 통계 카드(총 댓글 수, 평균 길이 등)
4. UI: 밝은 톤의 모던한 디자인

파일 구조

```
youtube/
├── .env.local                # API 키 관리
├── .gitignore
├── package.json
├── next.config.js
├── tailwind.config.js
├── tsconfig.json
├── app/
│   ├── layout.tsx            # 루트 레이아웃
│   ├── page.tsx              # 메인 페이지
│   └── api/
│       ├── youtube/route.ts  # 유튜브 댓글 가져오기 API
│       └── analyze/route.ts  # OpenAI 분석 API
├── components/
│   ├── CommentAnalyzer.tsx   # 메인 분석 컴포넌트
│   ├── SentimentChart.tsx    # 감정 분포 차트
│   ├── TimelineChart.tsx     # 시간대별 차트
│   ├── KeywordCloud.tsx      # 키워드 시각화
│   └── StatsCards.tsx        # 통계 카드
├── lib/
│   ├── youtube.ts            # 유튜브 API 유틸리티
│   └── openai.ts             # OpenAI API 유틸리티
└── types/
    └── index.ts              # TypeScript 타입 정의
```

구현 단계

1. 프로젝트 초기 설정(Next.js, TypeScript, Tailwind CSS)
2. 환경 변수 설정(.env.local에 API 키 저장)
3. 유튜브 API 연동(댓글 가져오기)
4. OpenAI API 연동(감정 분석 및 키워드 추출)
5. 시각화 컴포넌트 구현
6. 메인 UI 구성 및 스타일링
7. 에러 처리 및 로딩 상태 관리

API 키 관리

- .env.local 파일에 YOUTUBE_API_KEY와 OPENAI_API_KEY 저장
- .gitignore에 .env.local 추가하여 버전 관리 제외

주요 기능으로는 유튜브 댓글 수집, 감정 분석, 다양한 차트를 이용한 결과 시각화가 포함되어 있습니다. 커서가 매우 체계적이고 구체적인 계획을 작성해 주었습니다.

9.4 SECTION 유튜브 댓글 분석 서비스 개발

커서가 계획을 세우고 나면 [Build] 버튼이 자동으로 생성됩니다. 이 버튼을 누르면 Plan 모드에서 Agent 모드로 자동으로 변경되면서 개발을 시작합니다. 이때 모델을 변경할 수 있지만 필자는 그대로 컴포저 모델을 사용하겠습니다. Build 버튼을 누르면 커서가 자동으로 코드를 작성하기 시작합니다.

▼ **그림 9-45** 개발 시작

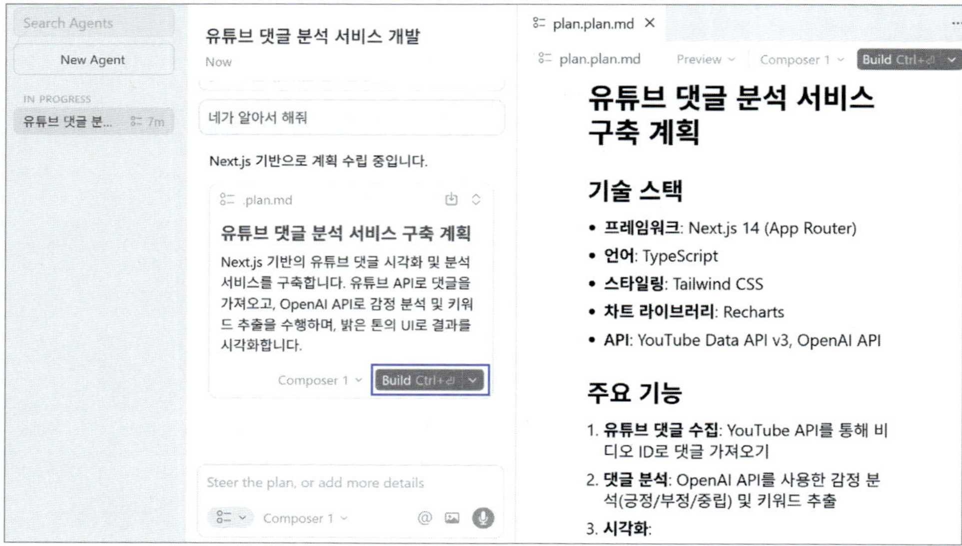

다음처럼 '?'로 끝나는 질문이 나온다면 이는 개발 중이 아니라 응답을 기다리는 중이라는 의미입니다. 오른쪽 위에 있는 화살표를 클릭하세요.

▼ **그림 9-46** 응답 대기 중인 터미널 화면

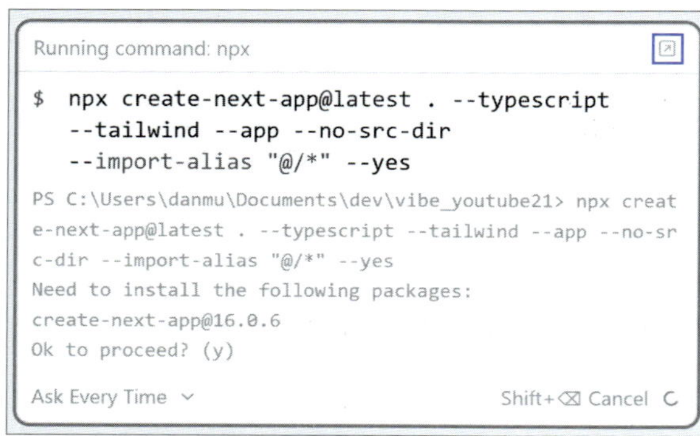

커서 가운데 아래쪽에 터미널이 나타납니다.

▼ 그림 9-47 터미널 열기

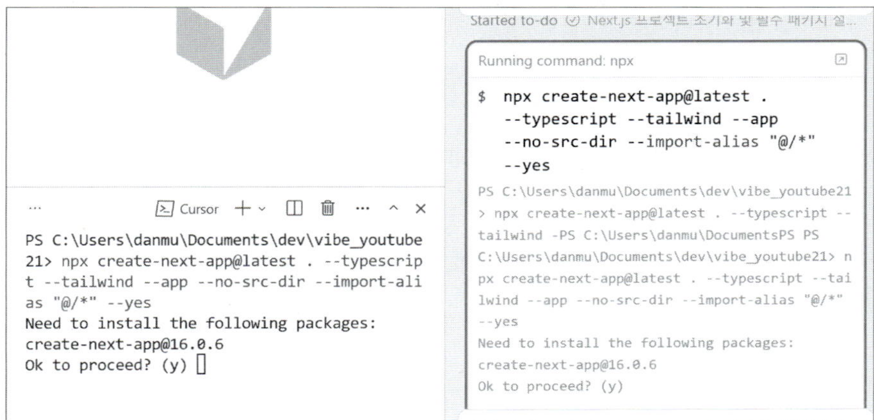

터미널에서 마우스를 한 번 클릭하여 활성화한 후 Enter를 눌러 주세요. Enter를 누르는 것은 기본값인 'y(yes)'로 응답하는 것과 같습니다. 누르고 나면 설치가 진행 중인 것을 확인할 수 있습니다.

▼ 그림 9-48 터미널에서 응답

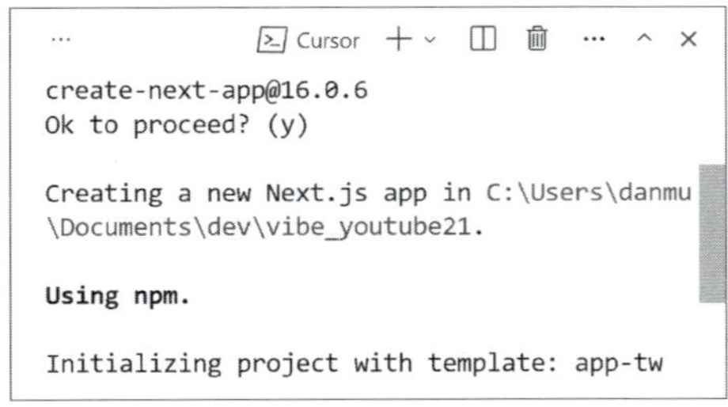

개발이 완료되었습니다. Keep All 버튼을 눌러 개발한 내용을 저장합니다.

▼ 그림 9-49 개발 완료 화면

사용한 모델에 따라 구현을 완료했을 때 약간의 차이는 있지만 기본적으로 어떤 기능들이 구현되었는지 자세히 설명해 줍니다.

출력

구현 완료. 유튜브 댓글 분석 서비스 구축을 마쳤습니다.

구현된 기능

1. 프로젝트 초기 설정: Next.js 14, TypeScript, Tailwind CSS 설정
2. API 연동:
   - 유튜브 API로 댓글 수집
   - OpenAI API로 감정 분석 및 키워드 추출
3. 시각화 컴포넌트:
   - 통계 카드(총 댓글 수, 평균 길이, 감정 분포)
   - 감정 분포 파이 차트
   - 시간대별 댓글 추이 라인 차트
   - 인기 키워드 클라우드
4. UI: 밝은 톤의 그러데이션 디자인
5. 에러 처리 및 로딩 상태: 사용자 피드백 포함

실행 방법

웹 브라우저에서 http://localhost:3000을 열고, 유튜브 URL 또는 비디오 ID를 입력해서 분석을 시작하세요.

모든 작업이 완료되었습니다.

출력 메시지를 보면 프로젝트 초기 설정부터 API 연동, 시각화 컴포넌트, UI 디자인까지 모든 작업이 완료되었다고 알려 줍니다. 구현된 서비스를 확인할 수 있는 로컬 서버 주소도 알려 줍니다. 접속 링크는 여러분 환경에 따라 다를 수 있습니다. 커서가 알려 준 URL로 접속하니 다음 그림과 같은 화면이 나옵니다.

▼ **그림 9-50** 유튜브 댓글 분석 서비스 화면

화면에 유튜브 URL을 입력하는 창이 나타납니다. 이제 실제로 유튜브 영상을 분석해 보겠습니다. 유튜브에서 원하는 영상을 열고 URL을 복사합니다. 이 URL을 댓글 분석기의 입력창에 붙여 넣고 **분석 시작** 버튼을 누릅니다.

▼ **그림 9-51** 분석 시작

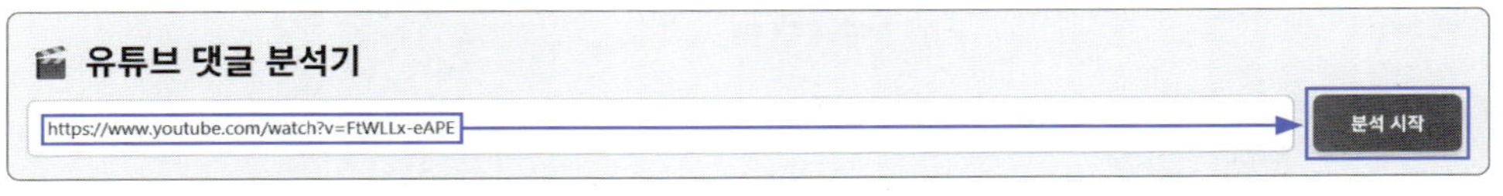

저자 노트

에러가 발생한다면?

다음 그림과 같이 에러라고 나올 수도 있고 화면에 아무것도 나오지 않을 수도 있는데, 개발자 도구(F12)에서 **Console** 탭을 클릭합니다. 출력된 에러 메시지(빨간색)를 복사하여 커서 채팅창에 붙여 넣고 수정을 요청합니다.

▼ **그림 9-52** 에러 해결

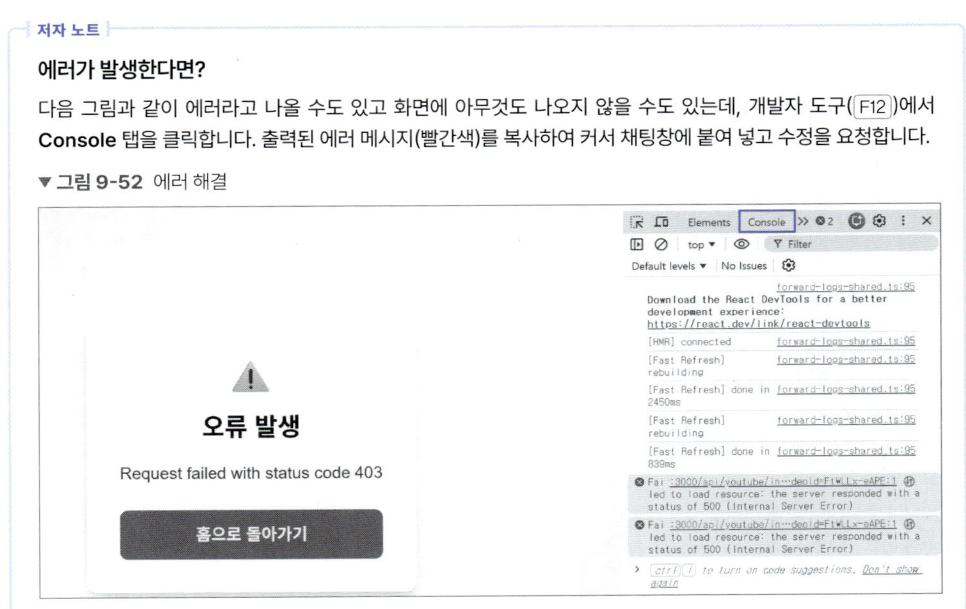

분석 시작 버튼을 누르면 프로그램이 작동하기 시작합니다. 먼저 유튜브 API를 통해 해당 영상의 댓글들을 수집합니다. 그다음 OpenAI API로 각 댓글의 감정을 분석하고 주요 키워드를 추출합니다. 이 과정은 댓글 수에 따라 1~3분 정도 걸릴 수 있습니다. 분석이 완료되면 결과가 화면에 표시됩니다.

결과 화면에는 다양한 정보가 시각적으로 표시됩니다. 위쪽에는 총 댓글 수, 평균 댓글 길이 같은 기본 통계가 카드 형태로 보입니다. 감정 분포 파이 차트를 사용하여 긍정, 부정, 중립 댓글의 비율을 한눈에 파악할 수 있습니다.

시간대별 댓글 추이를 보여 주는 라인 차트도 있어 언제 댓글이 많이 달렸는지 확인할 수 있습니다. 키워드 클라우드를 사용하여 댓글에서 자주 언급된 단어들을 시각적으로 볼 수 있습니다.

▼ **그림 9-53** 유튜브 댓글 분석 결과 화면

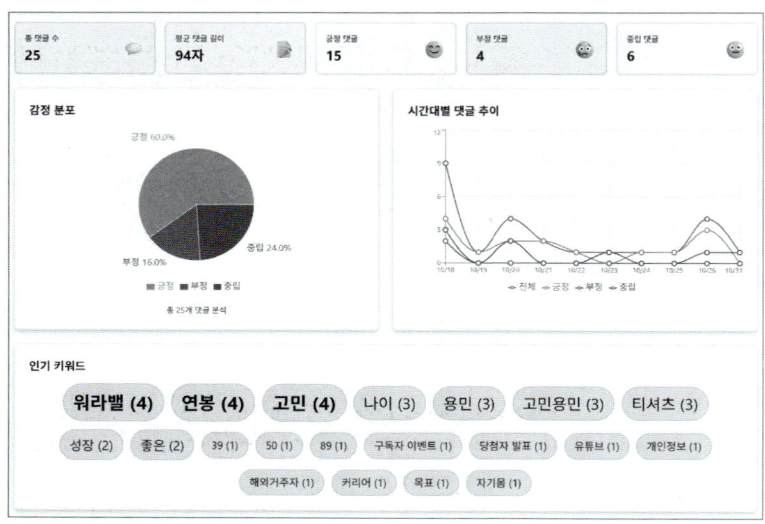

저자 노트

더 정확한 분석을 하고 싶다면?

기본적으로 사용하고 있는 모델은 보통 GPT-3.5 또는 GPT-4o-mini로, 최신 모델에 비해서는 성능이 다소 떨어집니다. 좀 더 정확하게 분석하고 싶다면 "모델을 'GPT-5'로 변경해서 더 정확한 감정 분석이 되도록 해 줘."라고 요청할 수 있습니다.

커서가 코드에서 모델 이름을 찾아서 자동으로 변경해 줍니다. 다만 최신 모델은 비용이 더 많이 들기 때문에 정확도와 비용 사이에서 적절히 선택하면 됩니다.

▼ **그림 9-54** 분석에 사용하는 모델 확인 화면

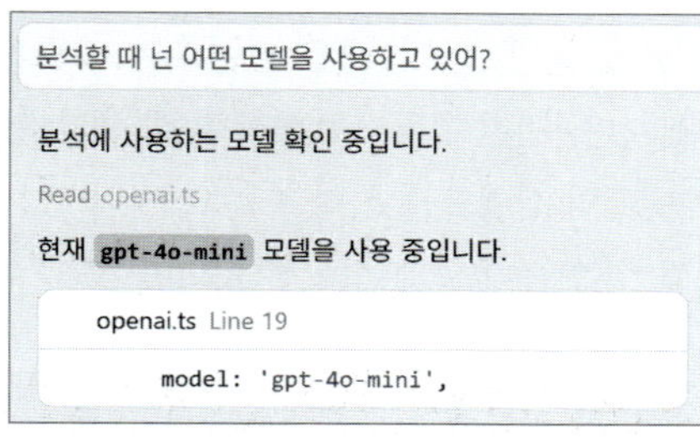

유튜브 댓글 API는 무료로 불러올 수 있는 양이 제한되어 있어 배포보다는 내부 분석용으로 적합합니다. 기본 할당량은 일일 1만 단위이며, API 요청은 종류에 따라 소비되는 '단위'가 다릅니다. 공식 문서에 따르면 댓글 목록 조회는 개당 1단위를 사용한다고 합니다.

이 서비스는 유튜브 크리에이터가 자신의 영상에 시청자가 어떻게 반응하는지 분석하거나, 마케팅 팀에서 경쟁사 영상 반응을 조사하는 등 다양한 용도로 활용할 수 있습니다.

다음 프로젝트를 재부팅 없이 바로 이어서 진행하려면 내 컴퓨터에서 실행 중인 유튜브 댓글 분석 서버는 종료하는 것이 좋습니다. 서버를 종료하지 않고 다음 프로젝트의 서버를 실행하면 포트 충돌이 발생할 수 있기 때문입니다. 커서 채팅창에 다음처럼 입력합니다.

입력

로컬 서버 닫아 줄래?

출력

로컬 서버가 종료되었습니다.

서버가 정상적으로 종료되었습니다. 이제 다음 프로젝트를 시작할 준비가 되었습니다.

다음 장에서는 네이버 API를 활용해서 뉴스를 검색하고 AI로 분석해 주는 서비스를 만들어 보겠습니다.

CHAPTER

10

네이버 뉴스 검색 및 AI 분석 서비스

이번 프로젝트에서는 네이버 뉴스를 검색하고 AI로 분석하는 프로그램을 만들어 보겠습니다. 네이버와 OpenAI API 키를 발급받은 후 커서를 활용하여 서비스를 구현하겠습니다.

10.1 SECTION 네이버와 OpenAI API 키 발급받기

10.1.1 네이버 API 키 발급받기

1. 먼저 네이버 개발자 센터(https://developers.naver.com/)에 접속하세요. 네이버 계정으로 로그인 한 후 아래쪽에서 **서비스 API**를 클릭합니다.

▼ **그림 10-1** 네이버 개발자 플랫폼 메인 화면

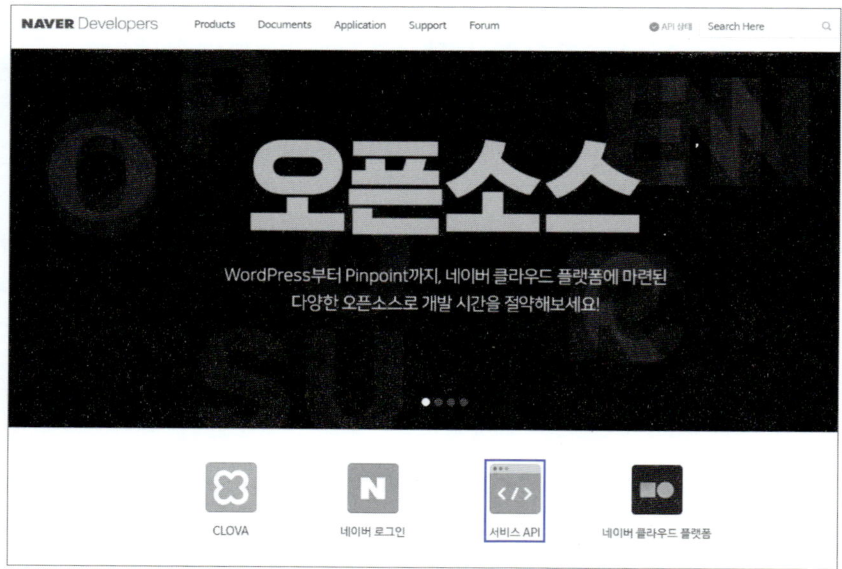

2. 화면에 표시된 **오픈 API 이용 신청** 버튼을 누릅니다.

▼ **그림 10-2** [오픈 API 이용 신청] 버튼 클릭

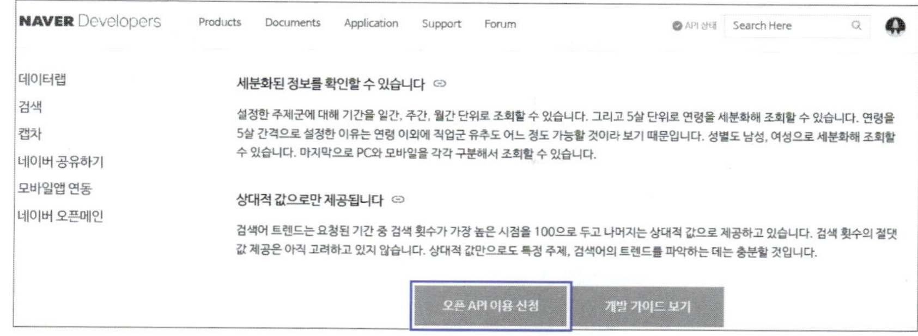

3. 왼쪽 메뉴에서 **애플리케이션 등록**을 선택합니다. 약관 동의 화면이 나온다면 **동의** 버튼을 누르세요. 애플리케이션 이름은 자유롭게 작성하면 됩니다. 필자는 'news'로 설정했습니다. 사용 API는 **검색**을, 서비스 환경은 **WEB 설정**을 선택한 후 URL에 'http://localhost'를 입력합니다. 모든 입력이 완료되면 **등록하기** 버튼을 누릅니다.

▼ **그림 10-3** 애플리케이션 등록 화면

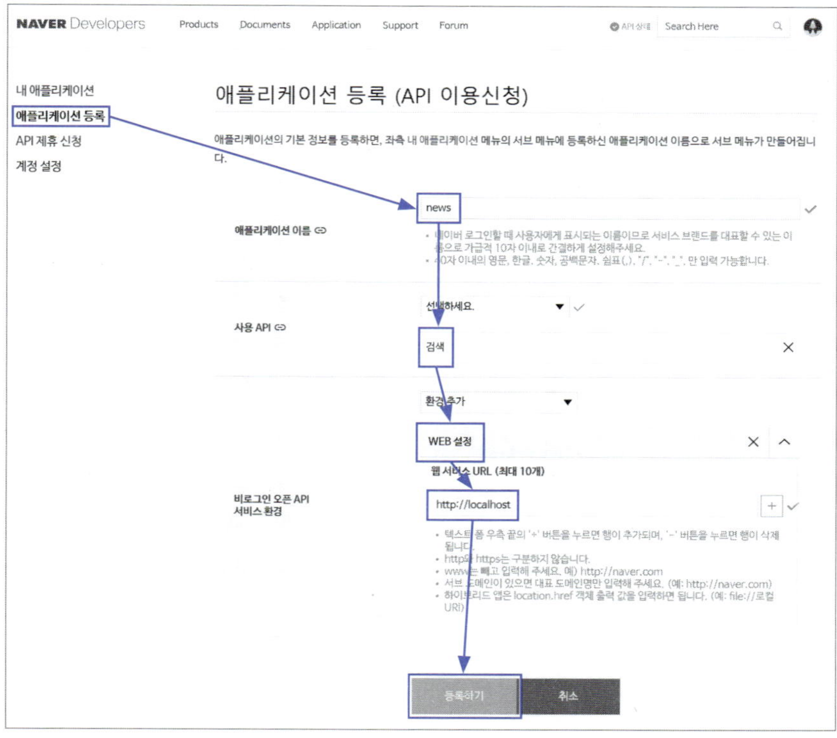

저자 노트

로컬 호스트는 여러분 컴퓨터를 의미합니다. 실제로 배포할 때는 서비스 주소로 변경해야 합니다.

4. 애플리케이션 정보 웹 페이지에서 Client ID와 Client Secret을 확인할 수 있습니다. 이 두 키를 복사한 후 메모장에 붙여 넣으세요. 나중에 사용합니다.

▼ 그림 10-4 Client ID와 Client Secret 확인

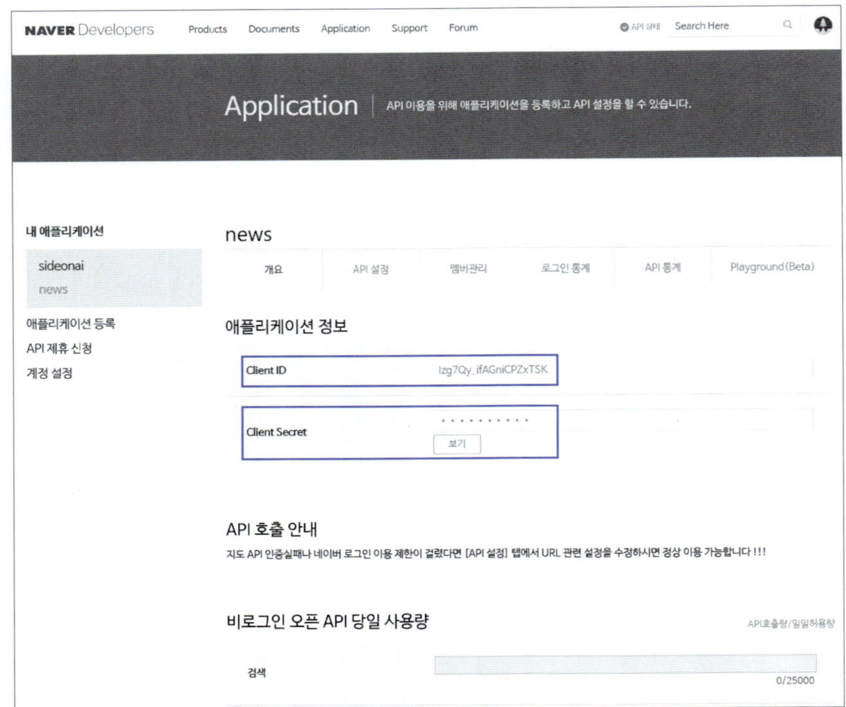

10.1.2 OpenAI API 키 발급받기

OpenAI API 키는 9장에서 썼던 키를 그대로 사용해도 되지만, 프로젝트별로 키를 발급받아 관리하기를 권장합니다. 이렇게 하면 각 프로젝트의 API 사용량을 별도로 추적하고 관리할 수 있습니다.

1. OpenAI API 키를 발급받기 위해 OpenAI 플랫폼(https://platform.openai.com/)에 접속합니다.

▼ 그림 10-5 OpenAI 플랫폼 메인 화면

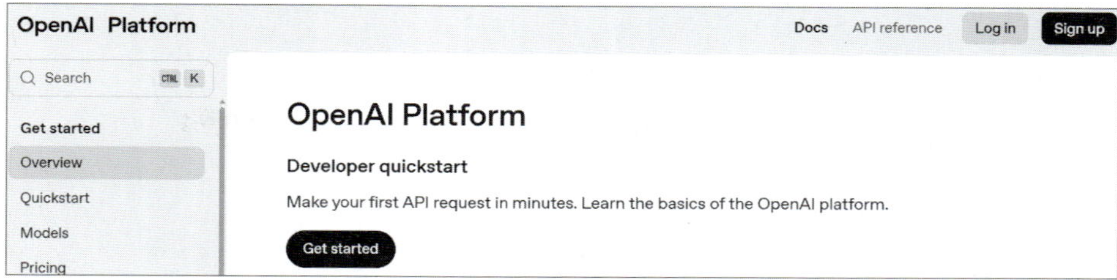

2. 위쪽 메뉴 중 **Dashboard**를 선택합니다. 그리고 왼쪽 메뉴에서 **API keys**를 선택한 후 오른쪽 위에서 **Create new secret key** 버튼을 누릅니다.

▼ 그림 10-6 [API keys] 메뉴

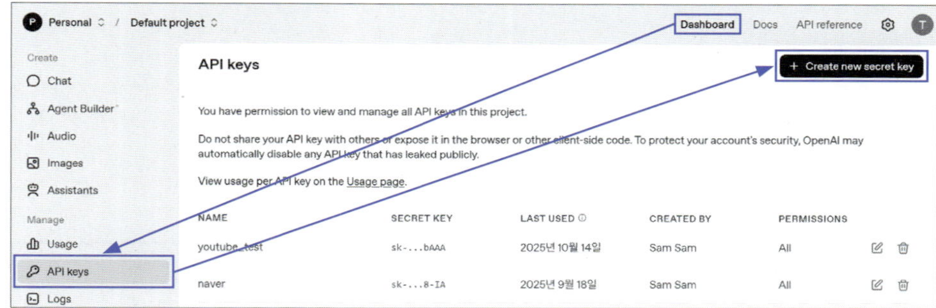

3. 키 이름(name)을 입력하고 **Create secret key** 버튼을 눌러 API 키를 생성합니다. 필자는 'news'로 생성했습니다.

▼ 그림 10-7 새 API 키 생성

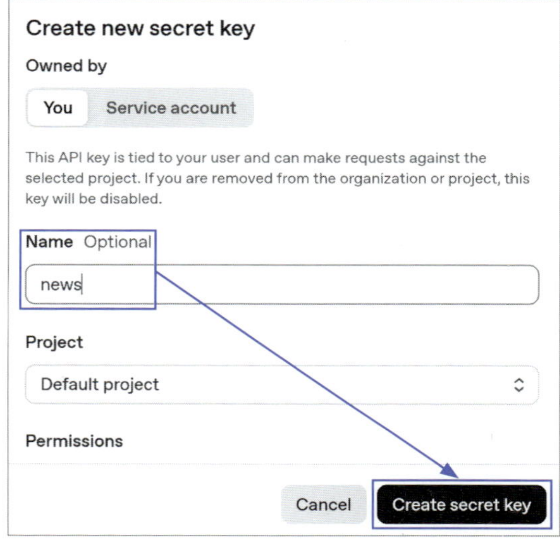

4. OpenAI로 생성된 키는 이 팝업창에서 단 한 번만 확인할 수 있습니다. 복사하여 메모장에 저장해 주세요.

▼ **그림 10-8** API 키 복사 및 저장

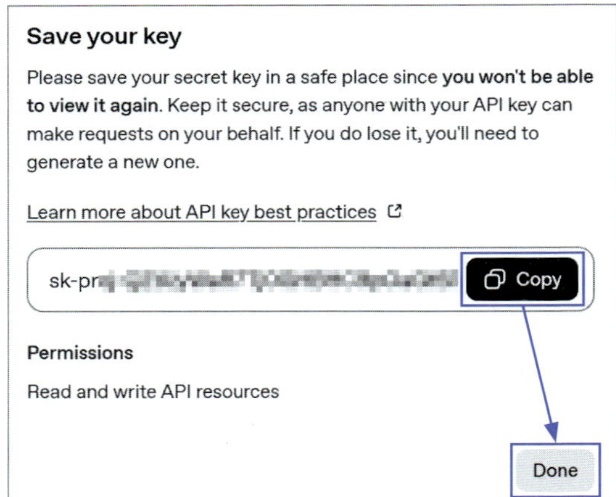

10.2 SECTION 프로젝트 계획 세우기

10.2.1 프로젝트 시작하기

1. 네이버 뉴스 검색 및 AI 분석 서비스 개발을 시작하겠습니다. 먼저 커서를 실행하고 **Open project** 버튼을 누릅니다.

▼ **그림 10-9** 커서 실행 화면

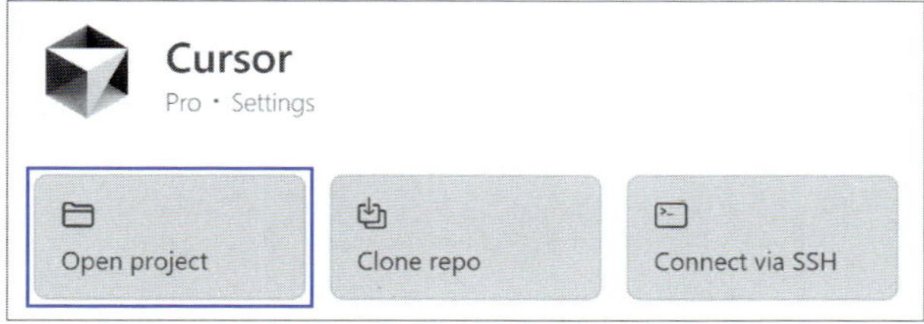

2. 새 폴더를 만들고 프로젝트 이름을 입력하여 새로운 프로젝트를 생성합니다. 그 후 **폴더 선택** 버튼을 누릅니다.

▼ **그림 10-10** 프로젝트 폴더 생성

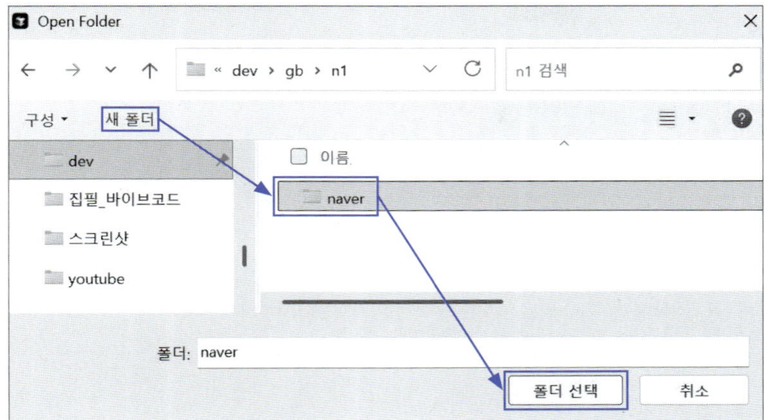

10.2.2 계획 세우기

실시간 뉴스 요약 웹 서비스를 만드는 계획을 세워 보겠습니다. 이번 프로젝트는 사용자가 특정 키워드를 입력하고 뉴스 요약을 요청하면 네이버 검색 API로 최신 뉴스를 검색해서 그 내용을 생성형 AI가 분석하고 요약해서 보여 주는 서비스입니다.

커서 Plan 모드와 컴포저 모델을 사용해서 계획을 요청하겠습니다.

커서 채팅창에 다음처럼 입력해 주세요. 앞서 복사한 네이버 API 키와 OpenAI API 키를 함께 붙여 넣어야 합니다.

입력 프롬프트 복사: https://github.com/lovedlim/vibe

실시간 뉴스 요약 웹 서비스를 만들고 싶어.

사용자가 특정 키워드를 입력하거나 '오늘', '이번 주' 뉴스 요약을 요청하면 네이버 Search API를 사용하여 최신 뉴스를 검색하고, 그 내용을 인공지능이 요약해서 보여 주는 서비스야. 아래와 같은 내용이 포함되었으면 좋겠어.

1. 키워드 추출 - 중요도 기반 키워드 선별
2. 감정 분석 - 맥락 기반 감정 판단

3. 카테고리 분류 - 주제별 자동 분류

4. 트렌드 인사이트

[API 키 입력]

- Naver Client ID: (직접 입력)

- Naver Client Secret: (직접 입력)

- OpenAI API: (직접 입력)

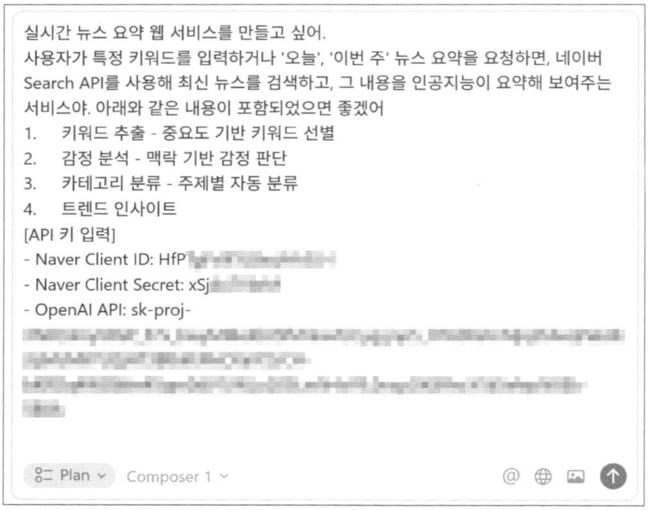

▼ **그림 10-11** 계획 요청

실시간 뉴스 요약 웹 서비스를 만들고 싶어.
사용자가 특정 키워드를 입력하거나 '오늘', '이번 주' 뉴스 요약을 요청하면, 네이버 Search API를 사용해 최신 뉴스를 검색하고, 그 내용을 인공지능이 요약해 보여주는 서비스야. 아래와 같은 내용이 포함되었으면 좋겠어
1. 키워드 추출 - 중요도 기반 키워드 선별
2. 감정 분석 - 맥락 기반 감정 판단
3. 카테고리 분류 - 주제별 자동 분류
4. 트렌드 인사이트
[API 키 입력]
- Naver Client ID: HfP
- Naver Client Secret: xSj
- OpenAI API: sk-proj-

Plan Composer 1

커서가 백엔드는 파이썬을 쓸지 Node.js를 쓸지, UI 디자인은 어떤 스타일로 할지 물어보고 있습니다.

출력

계획 수립 전 확인 사항:

1. 기술 스택 선호도는?
   - a) Python(FastAPI/Flask) + React
   - b) Node.js(Express) + React
   - c) Python만(Flask + Jinja2 템플릿)

2. UI 스타일 선호도는?

- a) 모던한 디자인(Tailwind CSS 등)
- b) 심플한 기본 스타일
- c) 특정 디자인 시스템/라이브러리 사용

기본값: Python FastAPI 백엔드 + React 프런트엔드 + 모던 UI로 진행합니다. 다른 선호가 있으면 알려 주세요.

원하는 기술 스택이 있다면 선택하고 없거나 모른다면 AI가 선택하도록 합니다. 우리는 커서가 선택해서 진행하도록 하겠습니다.

입력

네가 알아서 해 줘.

출력된 계획서를 살펴보면 네이버 검색 API로 뉴스를 수집하고 OpenAI로 뉴스를 요약하며 키워드 추출, 감정 분석, 카테고리 분류, 트렌드 인사이트까지 제공하는 것으로 계획되어 있습니다.

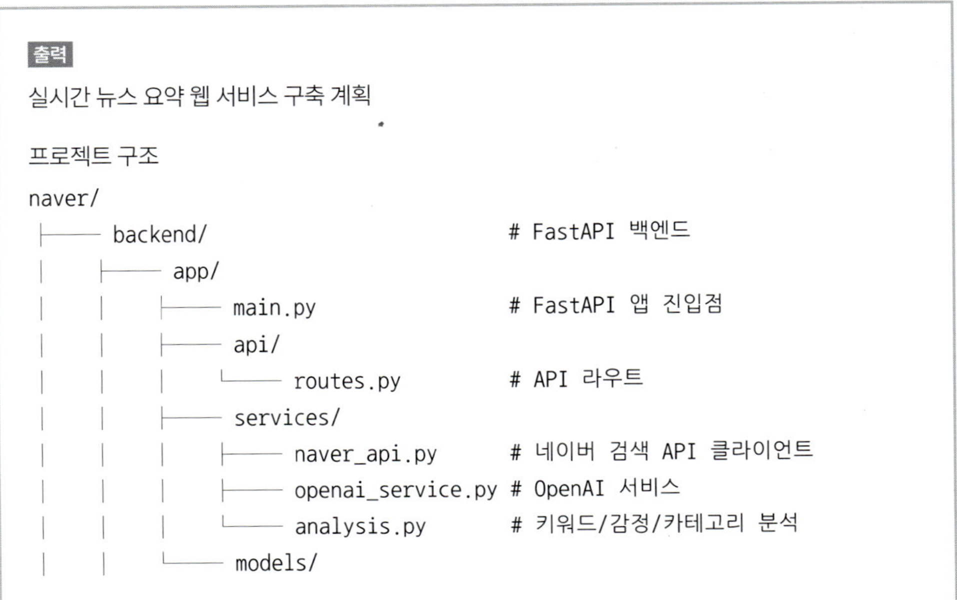

출력

실시간 뉴스 요약 웹 서비스 구축 계획

프로젝트 구조

```
naver/
├── backend/                      # FastAPI 백엔드
│   ├── app/
│   │   ├── main.py              # FastAPI 앱 진입점
│   │   ├── api/
│   │   │   └── routes.py         # API 라우트
│   │   ├── services/
│   │   │   ├── naver_api.py      # 네이버 검색 API 클라이언트
│   │   │   ├── openai_service.py # OpenAI 서비스
│   │   │   └── analysis.py       # 키워드/감정/카테고리 분석
│   │   └── models/
```

```
│   │       └── schemas.py          # Pydantic 스키마
│   ├── requirements.txt
│   └── .env.example
├── frontend/                       # React + TypeScript 프런트엔드
│   ├── src/
│   │   ├── components/
│   │   │   ├── SearchForm.tsx      # 검색 폼
│   │   │   ├── NewsCard.tsx        # 뉴스 카드 컴포넌트
│   │   │   ├── SummaryView.tsx     # 요약 뷰
│   │   │   ├── KeywordCloud.tsx    # 키워드 클라우드
│   │   │   ├── EmotionChart.tsx    # 감정 분석 차트
│   │   │   └── TrendInsights.tsx   # 트렌드 인사이트
│   │   ├── services/
│   │   │   └── api.ts              # API 클라이언트
│   │   ├── App.tsx
│   │   └── main.tsx
│   ├── package.json
│   └── tailwind.config.js
├── .gitignore
└── README.md
```

주요 기능 구현

백엔드(FastAPI)

1. 네이버 검색 API 통합(services/naver_api.py)
   - 뉴스 검색 API 호출
   - 키워드 기반 검색
   - 날짜 범위 필터링('오늘', '이번 주' 지원)
   - 응답 파싱 및 정규화
2. OpenAI 서비스(services/openai_service.py)
   - 뉴스 요약 생성
   - 키워드 추출(중요도 기반)
   - 감정 분석(맥락 기반)
   - 카테고리 분류
   - 트렌드 인사이트 생성

3. API 엔드포인트(api/routes.py)
   - o POST /api/news/search: 키워드/날짜 기반 뉴스 검색 및 요약
   - o GET /api/news/trends: 트렌드 인사이트 조회
   - o CORS 설정

프런트엔드(React + TypeScript)

1. 검색 인터페이스(components/SearchForm.tsx)
   - o 키워드 입력 필드
   - o 날짜 선택('오늘', '이번 주', 커스텀)
   - o 검색 버튼
2. 결과 표시 컴포넌트
   - o SummaryView.tsx: AI 요약 결과 표시
   - o NewsCard.tsx: 개별 뉴스 카드(제목, 링크, 날짜)
   - o KeywordCloud.tsx: 중요 키워드 시각화
   - o EmotionChart.tsx: 감정 분석 결과 차트
   - o TrendInsights.tsx: 트렌드 인사이트 표시
3. 스타일링
   - o Tailwind CSS 사용
   - o 반응형 디자인
   - o 모던한 UI/UX

기술 스택

- 백엔드: Python 3.9+, FastAPI, httpx, python-dotenv
- 프런트엔드: React 18+, TypeScript, Tailwind CSS, Axios
- AI: OpenAI API(GPT-4 또는 GPT-3.5-turbo)
- 외부 API: 네이버 검색 API

환경 변수 설정

- NAVER_CLIENT_ID: 네이버 클라이언트 ID
- NAVER_CLIENT_SECRET: 네이버 클라이언트 시크릿
- OPENAI_API_KEY: OpenAI API 키

구현 순서

1. 프로젝트 구조 생성 및 기본 설정
2. 백엔드: 네이버 API 통합 및 기본 검색 기능
3. 백엔드: OpenAI 서비스 구현(요약, 분석)
4. 백엔드: API 라우트 구현
5. 프런트엔드: 기본 레이아웃 및 검색 폼
6. 프런트엔드: 결과 표시 컴포넌트 구현
7. 통합 테스트 및 UI 개선

10.3 SECTION 실시간 뉴스 분석 서비스 개발

계획이 완성되었으니 이제 실제 개발을 시작하겠습니다. 개발할 AI 모델을 선택하고 **Build** 버튼을 누릅니다. 빠르게 개발하려고 컴포저 모델을 그대로 사용합니다.

▼ **그림 10-12** 개발 시작

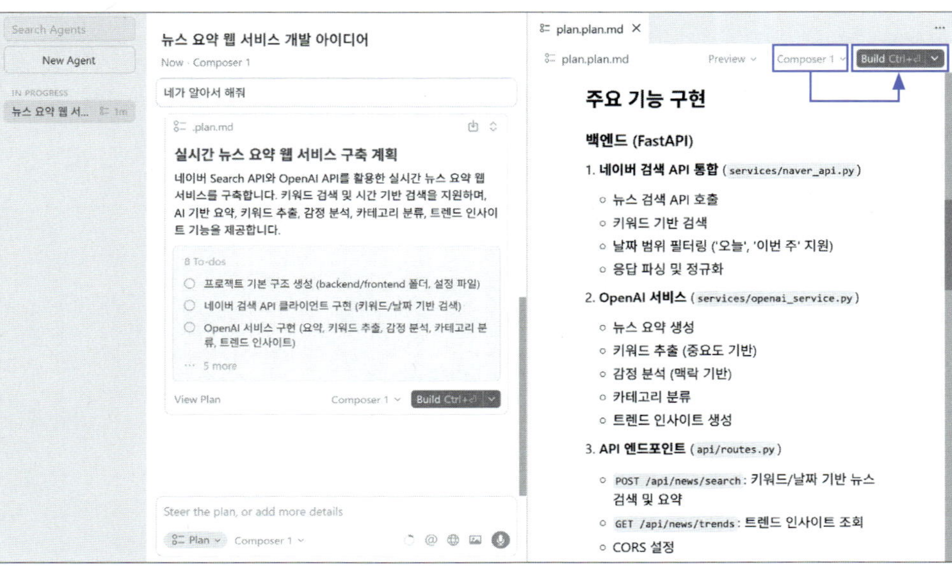

개발이 완료되었습니다. **Keep All** 버튼을 눌러 개발된 내용을 저장합니다.

▼ **그림 10-13** 개발 내용 저장

구현 완료 내용

백엔드 (FastAPI)

- 네이버 검색 API 통합: 키워드/날짜 기반 뉴스 검색
- OpenAI 서비스: 뉴스 요약, 키워드 추출, 감정 분석, 카테고리 분류, 트렌드 인사이트
- API 라우트: `/api/news/search`, `/api/news/trends` 엔드포인트
- CORS 설정: 프론트엔드와 통신 가능

프론트엔드 (React + TypeScript)

- 검색 폼: 키워드 입력 및 날짜 필터 선택
- 결과 표시 컴포넌트:
  - `SummaryView`: AI 요약 결과
  - `KeywordCloud`: 중요 키워드 시각화

↗ 25 Files Undo All Keep All

출력 메시지를 보면 백엔드에서는 네이버 검색 API 통합과 OpenAI 서비스가 구현되었고, 프런트엔드에서는 검색 폼과 다양한 결과를 보여 준다고 알려 줍니다.

출력

실시간 뉴스 요약 웹 서비스 구현을 완료했습니다.

구현 완료 내용

백엔드(FastAPI)

- 네이버 검색 API 통합: 키워드/날짜 기반 뉴스 검색
- OpenAI 서비스: 뉴스 요약, 키워드 추출, 감정 분석, 카테고리 분류, 트렌드 인사이트
- API 라우트: /api/news/search, /api/news/trends 엔드포인트
- CORS 설정: 프런트엔드와 통신 가능

프런트엔드(React + TypeScript)

- 검색 폼: 키워드 입력 및 날짜 필터 선택
- 결과 표시 컴포넌트:
- SummaryView: AI 요약 결과
- KeywordCloud: 중요 키워드 시각화
- EmotionChart: 감정 분석 차트

- TrendInsights: 트렌드 인사이트
- NewsCard: 개별 뉴스 카드
- Tailwind CSS 스타일링

실행 방법

1. 백엔드 설정: (생략)
2. 프런트엔드 설정: (생략)
3. 브라우저에서 http://localhost:5173 접속

모든 기능이 구현되었고, 린터 에러도 없습니다. 프로젝트를 실행하여 테스트해 보세요.

안내된 내용을 살펴보면 백엔드와 프런트엔드를 각각 설정하고 웹 브라우저에 접속하라고 안내하고 있습니다. 하지만 직접 실행 명령을 입력하기보다 커서에 실행을 요청하는 것이 더 편리합니다.

입력

직접 실행해 줘.

출력 메시지를 보면 백엔드와 프런트엔드가 실행되고 있고, 웹 브라우저에서 http://localhost:5173에 접속하라고 안내하고 있습니다.

출력

백엔드와 프런트엔드가 실행 중입니다.

실행 상태

- 백엔드: http://localhost:8000에서 실행 중
- 프런트엔드: http://localhost:5173에서 실행 중

접속 방법

브라우저에서 http://localhost:5173에 접속하세요.

웹 브라우저에서 http://localhost:5173으로 접속하면 우리가 만든 뉴스 검색 서비스 화면이 나옵니다. 특정 키워드를 입력하고 **검색** 버튼을 눌러 보겠습니다. 그런데 [검색] 버튼을 누르면 에러가 발생하는 것을 확인할 수 있습니다.

▼ **그림 10-14** 뉴스 검색 서비스 화면: API 키 에러 발생

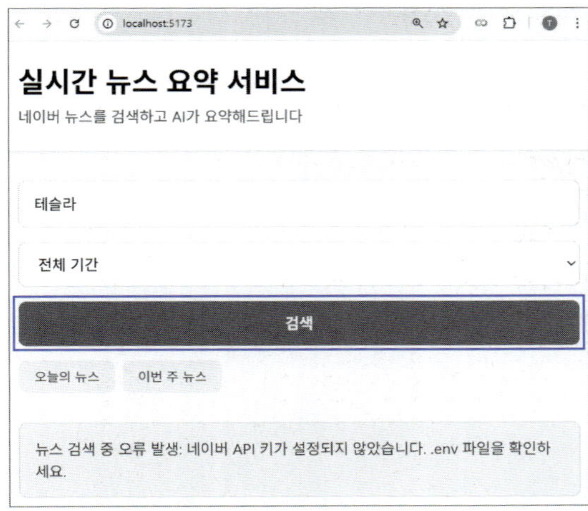

이런 상황일 때는 커서 채팅창에 보이는 "뉴스 검색 중 에러 발생: 네이버 API 키가 설정되지 않았습니다. .env 파일을 확인하세요."라는 메시지를 복사해서 알려 줍니다.

> **입력**
>
> 뉴스 검색 중 에러 발생: 네이버 API 키가 설정되지 않았습니다. .env 파일을 확인하세요.

에러 메시지를 전달하면 커서가 문제를 분석하고 수정 작업을 진행합니다. 다양한 형태의 에러가 발생할 수 있지만, 당황하지 말고 커서와 함께 차근차근 해결해 나가세요. 에러 관련 내용은 '특별코너'에서 자세히 다루고 있습니다.

> **출력**
>
> 백엔드가 포트 8000에서 실행 중입니다.
>
> 해결 완료
>
> 환경 변수 로딩 문제를 해결했습니다.
>
> 1. 환경 변수 로딩 개선: .env 파일이 없어도 환경 변수를 읽도록 수정

2. 실행 스크립트 생성: start_server.ps1과 start_server.bat 생성

3. 에러 메시지 개선: 환경 변수 상태를 명확히 표시

실행 방법

브라우저에서 http://localhost:5173에 접속하여 뉴스 검색을 테스트하세요. 환경 변수 에러 없이 작동합니다.

이제 웹 브라우저를 새로고침하고 다시 검색을 시도합니다. 이번에는 정상적으로 작동하는 것을 확인할 수 있습니다. 키워드를 입력하고 검색하면 AI가 뉴스를 수집하고 분석한 결과가 표시됩니다. 화면에는 AI가 작성한 요약문, 중요 키워드를 시각화한 워드 클라우드, 감정 분석 차트, 카테고리 분류 결과, 트렌드 인사이트가 모두 나타납니다.

▼ **그림 10-15** 뉴스 AI 분석 화면

계속

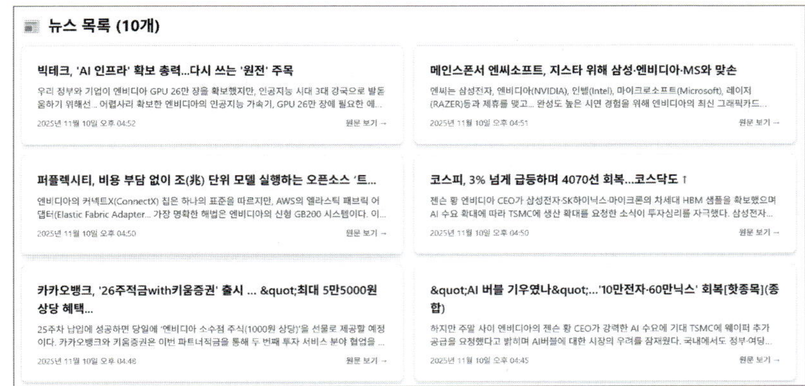

네이버 뉴스를 검색하고 AI가 자동으로 분석해 주는 서비스가 완성되었습니다.

이번 프로젝트에서 만든 뉴스 분석 서비스는 실무에서 다양하게 활용할 수 있습니다.

기업 홍보 팀에서는 자사와 관련된 뉴스를 실시간으로 모니터링하고, 여론을 분석하여 적절하게 대응 전략을 수립할 수 있습니다.

리서치 팀에서는 특정 주제와 관련된 최신 동향을 빠르게 파악하고, 경쟁사 움직임을 분석하여 시장 조사를 수행하는 데 활용할 수 있습니다.

개인 사용자도 관심 있는 분야의 뉴스를 효율적으로 파악할 수 있습니다. 바쁜 일상 속에서 시간을 절약하면서도 필요한 핵심 정보만 선별하여 습득할 수 있어 정보 과부하 시대에 똑똑하게 뉴스를 소비하는 방법이 됩니다.

한 가지 알아 두어야 할 점이 있습니다. 네이버 검색 API는 일일 호출 제한이 있기에 이 서비스를 불특정 다수가 사용하는 대규모 공개 서비스로 배포하기보다는 회사나 개인이 사용하는 내부 분석 도구로 활용하는 것이 적합합니다. 많은 사용자가 동시에 접속하는 서비스를 만들고 싶다면 유료 API 플랜을 고려하거나 다른 대안을 찾아보는 것이 좋습니다.

프로젝트 작업이 모두 끝났다면 반드시 서버를 종료해야 합니다. 서버를 실행한 채로 두고 다음 프로젝트를 시작하면 같은 포트를 사용하려고 할 때 충돌이 생겨 에러가 발생할 수 있습니다. 커서 채팅창에 "서버를 종료해 줘."라고 입력하면 백엔드와 프런트엔드 서버가 모두 깔끔하게 종료됩니다.

입력

서버를 종료해 줘.

출력

- 백엔드 서버(포트 8000): 종료됨
- 프런트엔드 서버(포트 5173): 종료됨

다음 장에서는 사내, 기관, 학교에서 사용할 수 있는 AI 퀴즈 서비스를 만들어 보겠습니다.

7부

데이터베이스를 활용한 서비스 제작

CHAPTER

11

AI 퀴즈 서비스

SECTION 11.1	파이어베이스 설정
SECTION 11.2	프로젝트 계획 세우기
SECTION 11.3	AI 퀴즈 플랫폼 서비스 개발
SECTION 11.4	파이어베이스로 배포

이번 프로젝트에서는 교수자와 학습자 두 가지 역할로 구성된 실용적인 퀴즈 서비스를 만들어 보겠습니다. 교수자는 AI의 도움을 받아 퀴즈를 자동으로 생성할 수 있고, 학습자는 생성된 퀴즈를 풀어 보며 실력을 확인할 수 있습니다. 퀴즈를 풀고 나면 바로 결과를 확인할 수 있으며, 리더보드로 다른 사용자와 실력을 겨룰 수도 있습니다.

이 장에서는 AI로 생성한 퀴즈와 사용자 점수를 안전하게 저장하고 불러올 수 있도록 파이어베이스를 사용하는 방법을 배워 봅니다. 그런 다음 커서 AI를 활용하여 실제 서비스를 구현해 보겠습니다.

SECTION 11.1 파이어베이스 설정

11.1.1 프로젝트 만들기

파이어베이스(Firebase)는 구글에서 제공하는 백엔드 서비스 플랫폼입니다. 데이터베이스, 사용자 인증, 웹 호스팅, 파일 저장소 등 웹 서비스를 만드는 데 필요한 다양한 기능을 제공합니다. 가장 큰 장점은 별도로 서버를 구축하지 않아도 실시간 데이터베이스를 바로 사용할 수 있다는 것입니다. 덕분에 복잡한 서버 설정 없이도 빠르게 웹 애플리케이션을 개발할 수 있습니다.

이제 파이어베이스 프로젝트를 처음부터 만들어 보겠습니다. 파이어베이스 콘솔의 화면 구성은 업데이트에 따라 조금씩 바뀔 수 있지만, 기본 설정 값을 그대로 따라가면 어렵지 않게 완료할 수 있습니다.

1. 먼저 웹 브라우저에서 파이어베이스 공식 사이트(https://firebase.google.com/)에 접속합니다. 구글 계정으로 로그인한 후 위쪽 메뉴에서 **콘솔로 이동**을 선택합니다.

▼ **그림 11-1** 파이어베이스 메인 화면

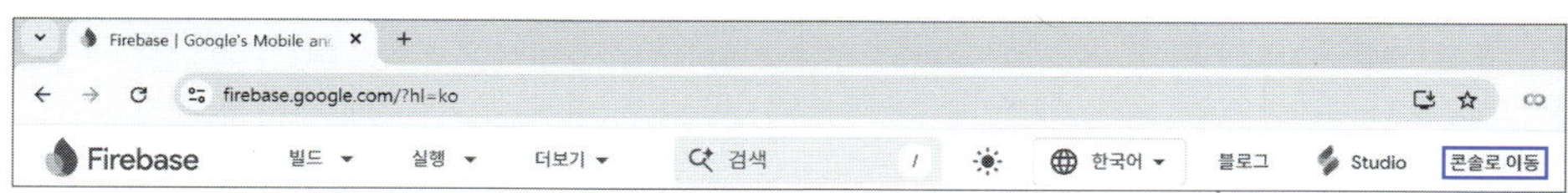

2. 콘솔 화면으로 이동하면 화면 가운데에 [Firebase 프로젝트를 설정하여 시작하기]라는 버튼이 보입니다. 이 버튼을 눌러 새 프로젝트를 시작합니다.

▼ **그림 11-2** 새 프로젝트 생성

3. 프로젝트 이름을 입력하는 화면이 나옵니다. 원하는 이름을 자유롭게 입력합니다. 필자는 'quiz'로 설정했습니다. 이름을 입력한 후 **Firebase 약관에 동의합니다.**에 체크하고 **계속** 버튼을 누릅니다.

▼ **그림 11-3** 프로젝트 이름 입력

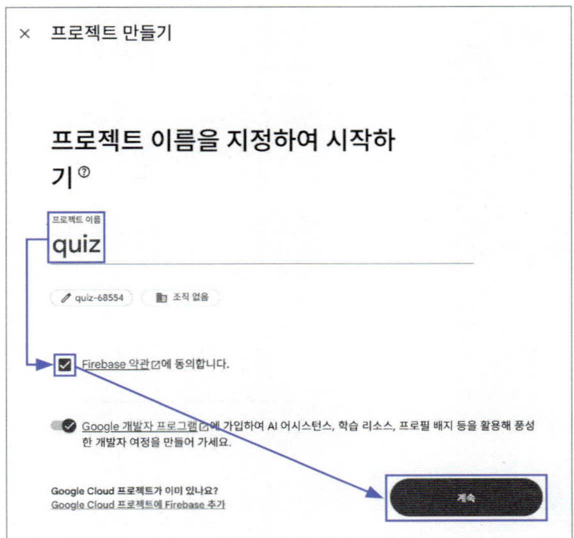

4. 다음 단계에서는 Firebase 프로젝트를 위한 AI 지원 설정 화면이 나올 수 있습니다. 이 단계에서는 기본값을 그대로 유지하고 **계속** 버튼을 누르면 됩니다. 참고로 이 단계는 업데이트에 따라 생략될 수도 있습니다.

▼ **그림 11-4** 파이어베이스 프로젝트를 위한 AI 지원 설정

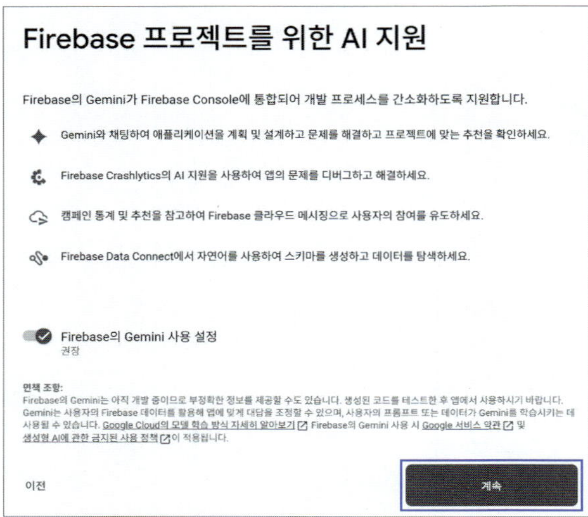

5. 이어서 파이어베이스 프로젝트를 위한 구글 애널리틱스 사용 설정 화면이 나옵니다. 애널리틱스는 웹사이트 방문자 통계를 분석하는 도구인데 나중에 서비스를 운영할 때 유용하게 활용할 수 있습니다. 여기에서도 기본값 그대로 **계속** 버튼을 누릅니다.

▼ **그림 11-5** 애널리틱스 사용 설정

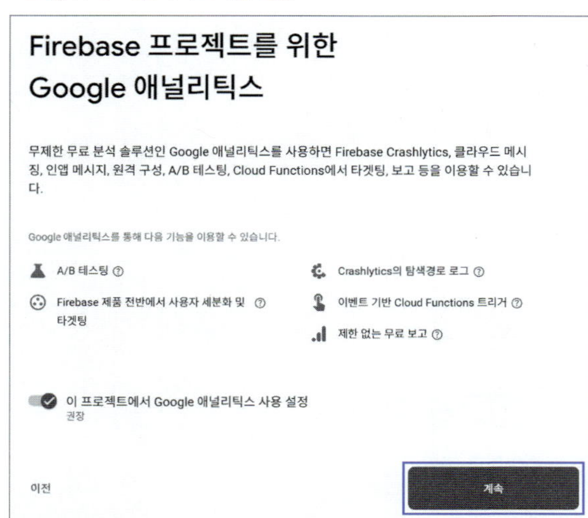

6. 구글 애널리틱스 약관 동의 화면이 나오면 내용을 확인하고 동의한 후 **프로젝트 만들기** 버튼을 누릅니다.

▼ **그림 11-6** 애널리틱스 약관 동의

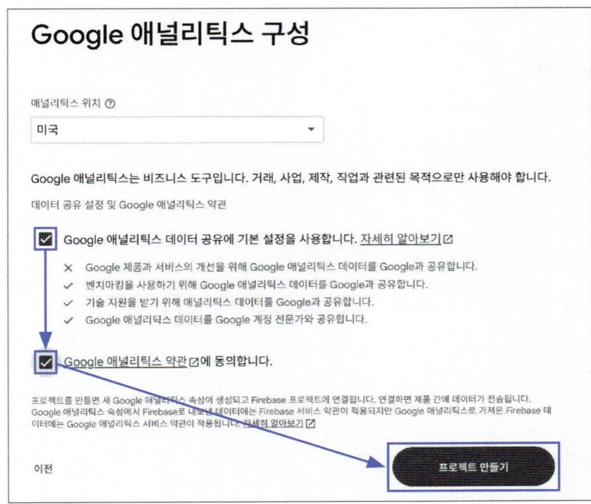

7. 파이어베이스 프로젝트가 준비되었습니다. **계속** 버튼을 눌러 프로젝트 대시보드로 이동합니다.

▼ **그림 11-7** 프로젝트 생성 완료

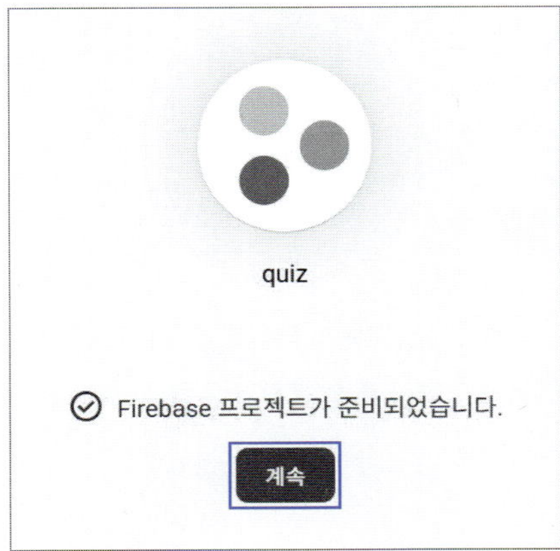

11.1.2 웹 앱 추가하기

프로젝트를 만들었으니 이제 우리가 만들 웹 애플리케이션을 프로젝트에 등록해야 합니다.

1. 프로젝트 대시보드 화면 가운데에 보이는 **앱 추가** 버튼을 누릅니다.

▼ **그림 11-8** [앱 추가] 버튼 클릭

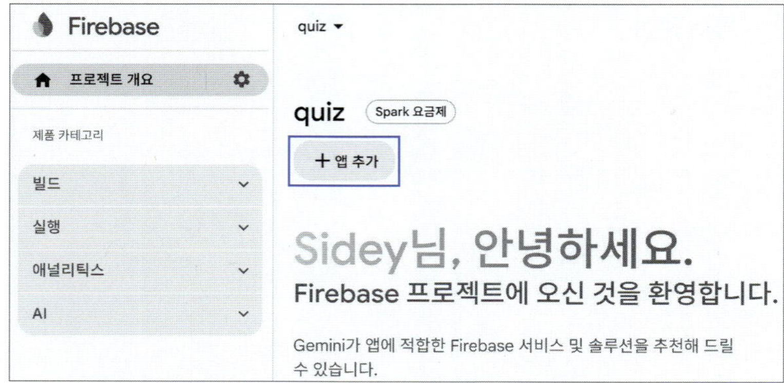

2. [앱 추가] 버튼을 누르면 iOS, Android, 웹 등 여러 플랫폼 버튼이 나타납니다. 우리는 웹 애플리케이션을 만들므로 세 번째에 있는 웹 아이콘(</> 모양)을 클릭합니다.

▼ **그림 11-9** 웹 플랫폼 선택

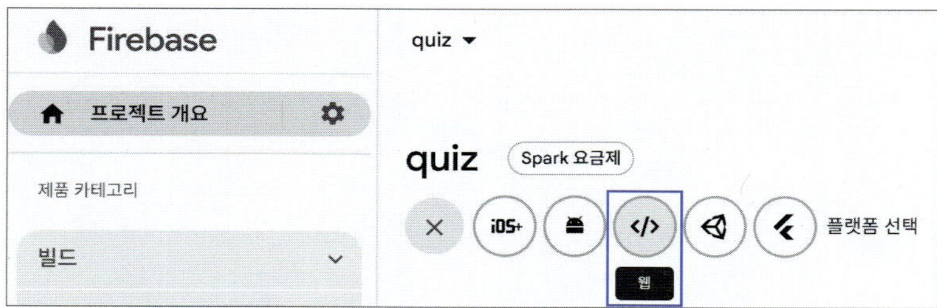

3. 웹 앱에 파이어베이스를 추가하는 화면이 나옵니다. 앱 닉네임을 자유롭게 작성해 주세요. 프로젝트 이름과 같게 해도 되고 다르게 해도 상관없습니다. 앱 닉네임을 입력한 후 **앱 등록** 버튼을 누릅니다.

▼ **그림 11-10** 웹 앱 등록

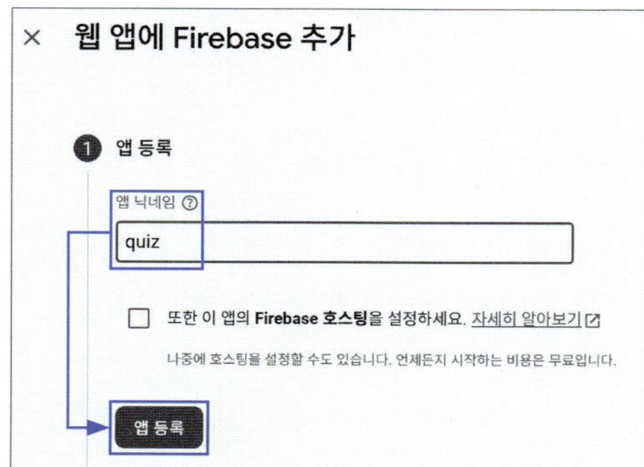

4. 매우 중요한 단계입니다. 화면에 파이어베이스 API 키 값과 설정 정보가 표시됩니다. 이번 프로젝트에서는 단순히 API 키 하나만 필요한 것이 아니라 firebaseConfig라는 부분 전체가 필요합니다. 화면에 표시된 firebaseConfig 부분을 처음부터 끝까지 모두 선택하여 복사해 주세요.

▼ **그림 11-11** 파이어베이스 설정 정보

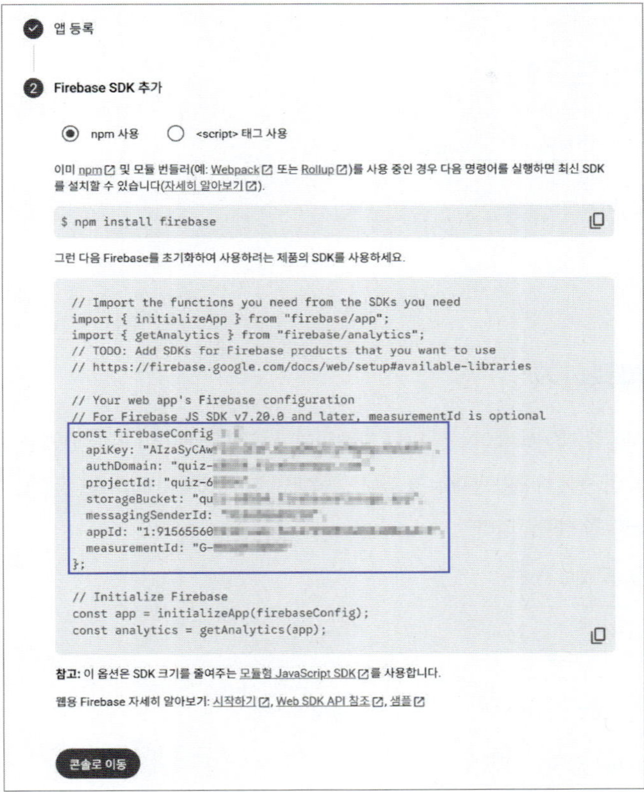

5. 복사한 내용을 메모장에 임시로 붙여 넣어 안전하게 보관합니다. 이 정보는 나중에 바이브 코딩에서 사용합니다. 메모장에 보관을 완료했다면 **콘솔로 이동** 버튼을 누릅니다.

```
const firebaseConfig = {
  apiKey: "AIzaSyCL7Hwg",
  authDomain: "moim-f2f",
  projectId: "moim-f2fe",
  storageBucket: "moim-",
  messagingSenderId: "9",
  appId: "1:97958471005",
  measurementId: "G-KYM"
};
```

저자 노트

파이어베이스 키를 잊어버렸다면?

프로젝트 개요 > 프로젝트 설정 메뉴를 선택하면 아래쪽에서 파이어베이스 키를 확인할 수 있습니다.

▼ **그림 11-12** 파이어베이스 키 확인하는 방법

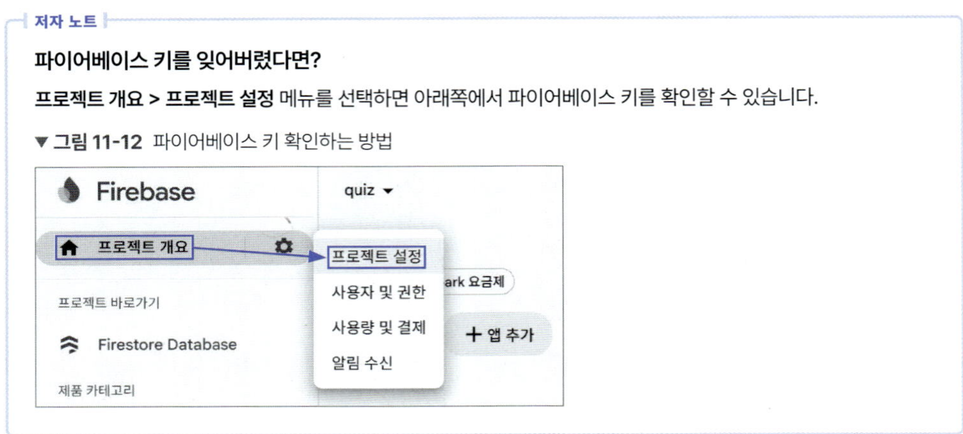

11.1.3 데이터베이스 설정하기

1. 이제 퀴즈 데이터와 점수를 저장할 데이터베이스를 만들 차례입니다. 파이어베이스 콘솔 화면을 보면 왼쪽에 여러 메뉴가 있습니다. 이 중에서 [빌드] 메뉴를 찾아 선택하면 하위 메뉴가 펼쳐집니다. 펼쳐진 메뉴에서 **Firestore Database**를 선택합니다.

▼ **그림 11-13** [Firestore Database] 메뉴 선택

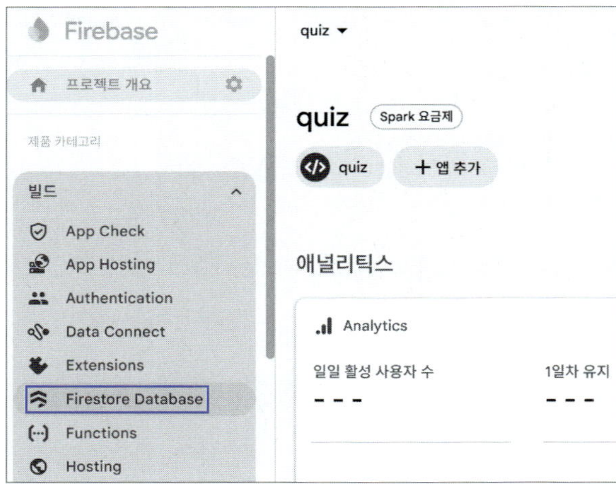

2. 화면 가운데에 보이는 **데이터베이스 만들기** 버튼을 눌러 데이터베이스 생성을 시작합니다.

▼ **그림 11-14** [데이터베이스 만들기] 버튼 클릭

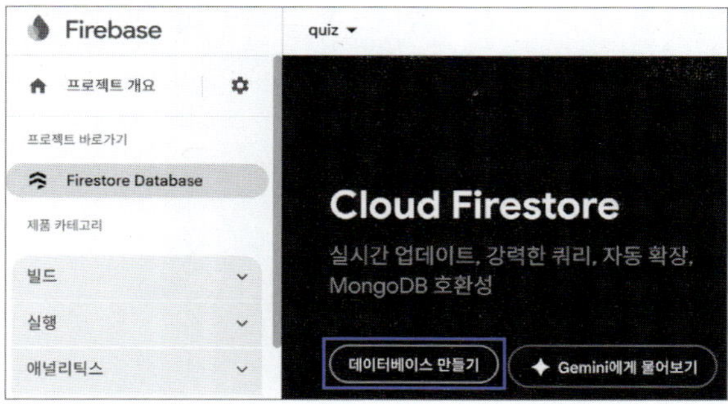

3. 버전 선택에서 **Standard 버전** 항목에 체크하고 **다음** 버튼을 누릅니다.

▼ **그림 11-15** 버전 선택

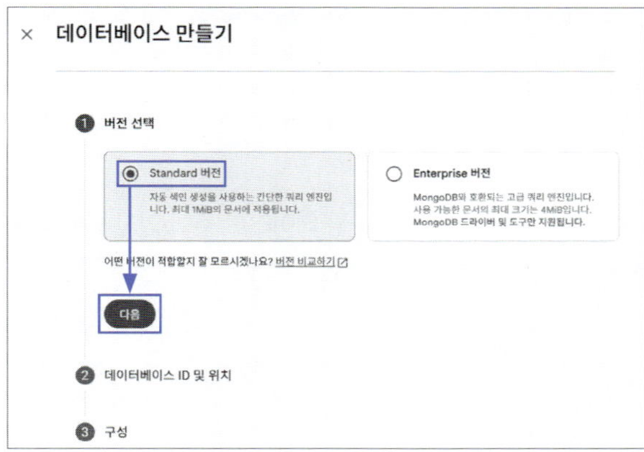

4. Firestore 데이터베이스 위치를 선택하는 화면이 나옵니다. 기본값으로 설정된 위치를 그대로 사용하고 **다음** 버튼을 누릅니다.

▼ **그림 11-16** 데이터베이스 위치 선택

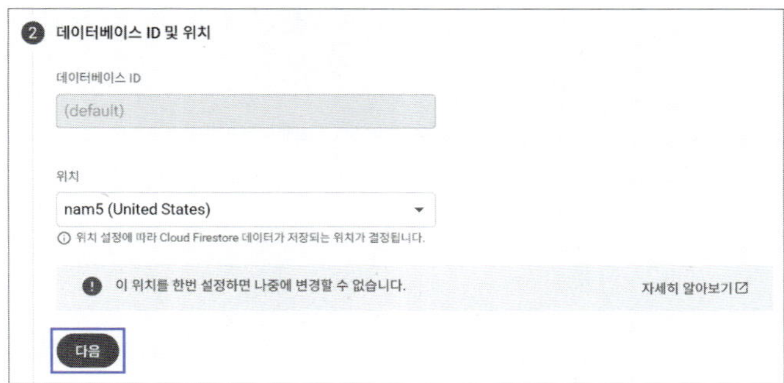

5. 보안 규칙을 설정하는 화면이 나옵니다. 여기에서는 '프로덕션 모드에서 시작'과 '테스트 모드에서 시작' 두 가지 옵션이 있습니다. 프로덕션 모드를 선택하면 보안 규칙을 설정해야 하는데, 개발을 처음 시작하는 단계에서는 조금 복잡할 수 있습니다. 따라서 개발 과정에서는 테스트 모드로 진행하면 좋습니다. **테스트 모드에서 시작** 항목에 체크하고 **만들기** 버튼을 누릅니다.

▼ **그림 11-17** 보안 규칙 모드

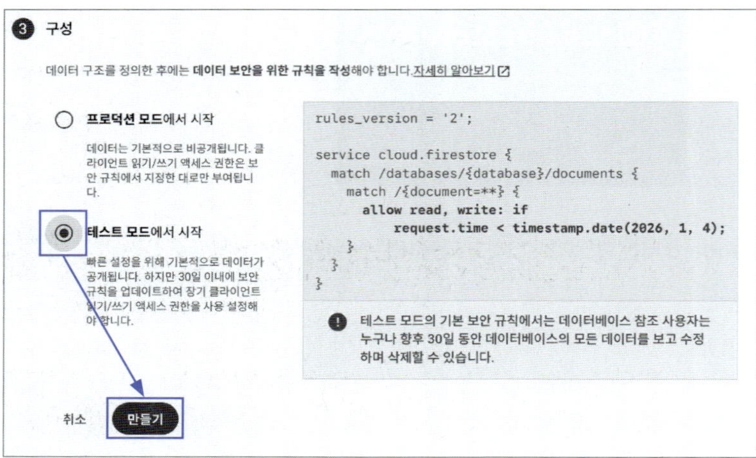

6. Firestore 데이터베이스를 성공적으로 생성했습니다. 현재는 아무 데이터도 들어 있지 않은 빈 상태입니다. 앞으로 퀴즈 데이터와 응시 결과 데이터는 이곳에 저장됩니다.

▼ **그림 11-18** 데이터베이스 완성 화면

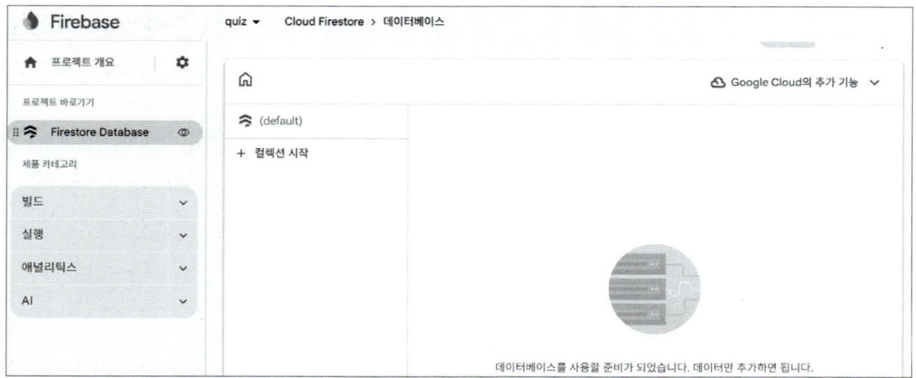

SECTION 11.2 프로젝트 계획 세우기

11.2.1 프로젝트 시작하기

1. AI 퀴즈 프로그램 개발을 시작하겠습니다. 먼저 커서를 실행하고 **Open project** 버튼을 누릅니다.

▼ **그림 11-19** 커서 실행 화면

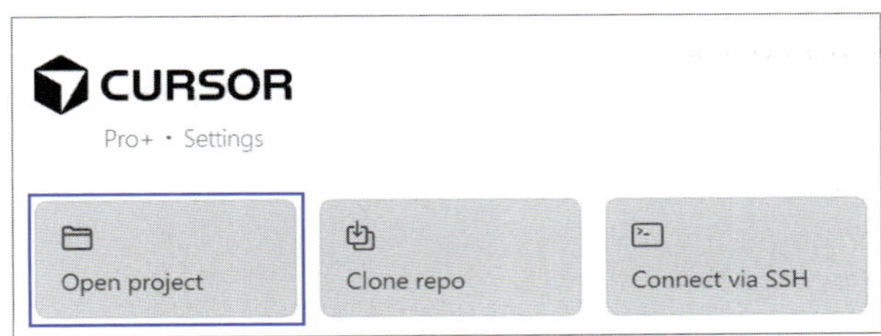

2. 새 폴더를 만들고 프로젝트 이름을 입력하여 새로운 프로젝트를 생성합니다. 그 후 [폴더 선택] 버튼을 누릅니다.

▼ **그림 11-20** 프로젝트 폴더 생성

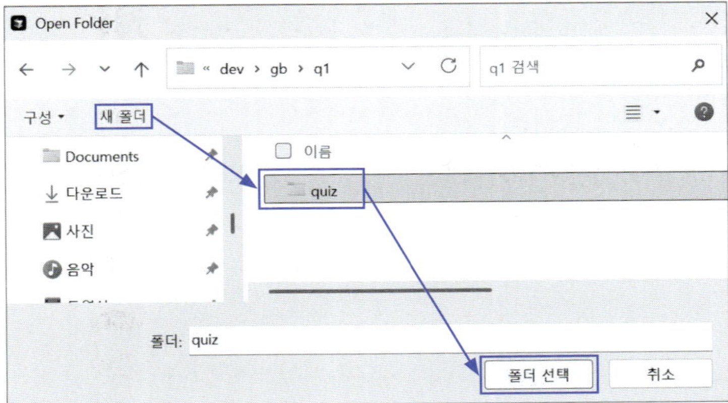

11.2.2 계획 세우기

이제 본격적으로 AI 퀴즈 서비스를 만드는 계획을 세워 보겠습니다. Plan 모드로 바꾸고 소넷 4.5 모델을 사용하겠습니다.

우리가 만들 서비스에는 두 가지 유형의 사용자가 있습니다. 교수자는 AI로 퀴즈를 자동 생성할 수 있고, 학습자는 만들어진 퀴즈를 풀 수 있습니다. 또 파이어베이스를 사용해서 퀴즈 데이터와 점수를 저장하겠습니다.

커서 채팅창에 다음 내용을 입력하세요. 이때 앞서 복사한 파이어베이스 API 키와 제미나이 API 키를 함께 붙여 넣어야 합니다.

입력 프롬프트 복사: https://github.com/lovedlim/vibe

교육용 AI 퀴즈 플랫폼

사용자:

- 교수자: AI로 퀴즈 생성
- 학습자: 퀴즈 응시 및 성적 확인

기술:

- Gemini API(퀴즈 생성)
  gemini-2.0-flash 또는 gemini-2.5-flash 모델 사용
- Firebase(데이터 저장)

요구 사항:

- 사지선다형 퀴즈
- 닉네임 기반 간단 인증
- 실시간 리더보드

[API 키]

제미나이 키: (직접 입력)

파이어베이스 키: (직접 입력)

계획을 작성할 때 '(직접 입력)' 부분에는 실제 API 키를 입력한 형태로 커서에 전달해야 합니다.

▼ 그림 11-21 계획 세우기

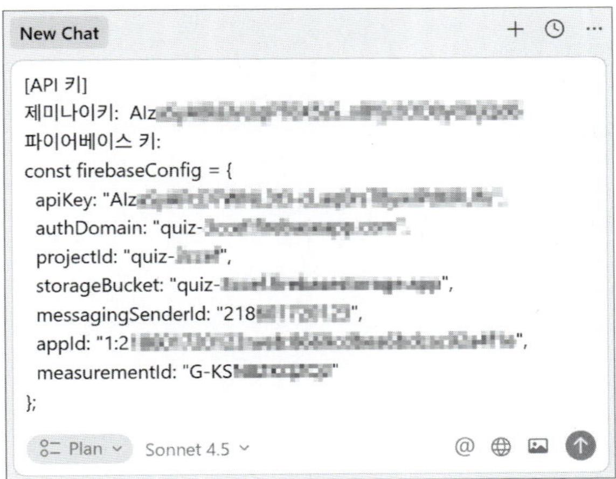

저자 노트

8장에서는 제미나이 API 키를, 9장에서는 OpenAI API 키를 발급받아 사용했습니다. 이 프로젝트에서는 두 가지 키 모두 사용 가능하지만, 무료로 제공되는 제미나이 API 키를 사용하겠습니다. 자세한 발급 방법은 8장을 참고하거나 https://aistudio.google.com에서 직접 발급받을 수 있습니다.

요청 사항을 입력하면 커서가 계획을 세우기 전에 몇 가지를 물어봅니다. 우리가 요청한 내용에는 프런트엔드 프레임워크나 UI 디자인 도구가 언급되지 않았기 때문입니다. 커서는 더 정확하게 계획을 세우려고 이런 세부 사항들을 확인합니다.

출력

프로젝트가 비어 있습니다. 계획 수립 전 확인이 필요합니다.

1. 프런트엔드 프레임워크 선택
    - a) React + Vite
    - b) Next.js
    - c) Vue + Vite
    - d) 순수 HTML/JS
2. UI 스타일링 방법
    - a) Tailwind CSS
    - b) Material-UI / Chakra UI

- c) 순수 CSS
- d) 기타

선택해 주시면 계획을 수립하겠습니다.

기술적인 선택이 어렵다면 커서 AI가 직접 선택하게 할 수도 있습니다.

입력

네가 선택해 줘.

커서가 알아서 최적의 기술 스택을 선택해서 계획을 세웁니다. 잠시 기다리면 AI 퀴즈 플랫폼을 만드는 구체적인 계획을 작성하기 시작합니다. 출력된 계획서를 보면 어떤 기술을 사용할지, 파일 구조는 어떻게 될지, 어떤 순서로 개발할지 모두 정리되어 있습니다.

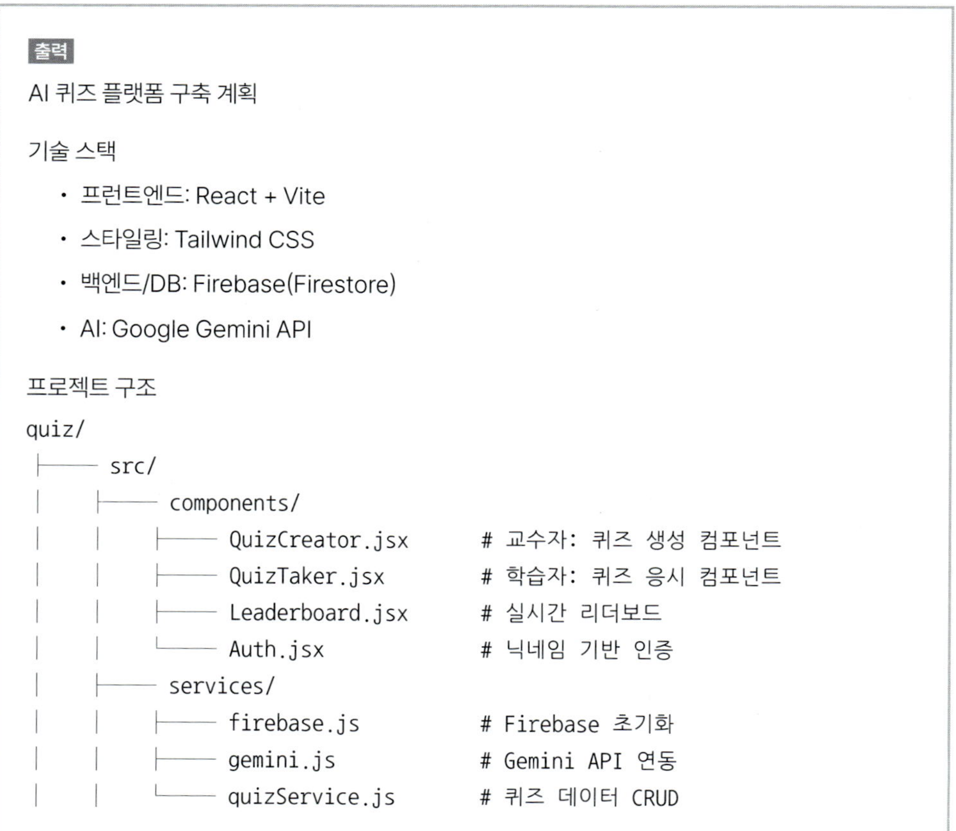

출력

AI 퀴즈 플랫폼 구축 계획

기술 스택

- 프런트엔드: React + Vite
- 스타일링: Tailwind CSS
- 백엔드/DB: Firebase(Firestore)
- AI: Google Gemini API

프로젝트 구조

```
quiz/
├── src/
│   ├── components/
│   │   ├── QuizCreator.jsx      # 교수자: 퀴즈 생성 컴포넌트
│   │   ├── QuizTaker.jsx        # 학습자: 퀴즈 응시 컴포넌트
│   │   ├── Leaderboard.jsx      # 실시간 리더보드
│   │   └── Auth.jsx             # 닉네임 기반 인증
│   ├── services/
│   │   ├── firebase.js          # Firebase 초기화
│   │   ├── gemini.js            # Gemini API 연동
│   │   └── quizService.js       # 퀴즈 데이터 CRUD
```

```
│      ├──── App.jsx                # 메인 앱 컴포넌트
│      └──── main.jsx               # 진입점
├──── package.json
├──── vite.config.js
├──── tailwind.config.js
└──── index.html
```

구현 단계

1. 프로젝트 초기 설정
   - Vite + React 프로젝트 생성
   - Tailwind CSS 설정
   - 필요한 패키지 설치(firebase, @google/generative-ai)
2. Firebase 설정
   - src/services/firebase.js에 Firebase 초기화
   - Firestore 컬렉션 구조 설계:
     - quizzes: 퀴즈 데이터(제목, 문제들, 정답, 생성 일시)
     - scores: 사용자 점수(닉네임, 퀴즈ID, 점수, 응시 일시)
3. Gemini API 연동
   - src/services/gemini.js에 Gemini API 클라이언트 설정
   - 사지선다형 퀴즈 생성 함수 구현
   - 프롬프트 엔지니어링으로 일관된 형식의 퀴즈 생성
4. 인증 시스템
   - src/components/Auth.jsx 구현
   - 닉네임 입력 및 localStorage에 저장
   - 간단한 세션 관리
5. 교수자 기능(퀴즈 생성)
   - src/components/QuizCreator.jsx 구현
   - 주제/난이도 입력 폼
   - Gemini API 호출하여 퀴즈 생성
   - 생성된 퀴즈 Firebase에 저장
6. 학습자 기능(퀴즈 응시)
   - src/components/QuizTaker.jsx 구현
   - 퀴즈 목록 표시

    - 선택한 퀴즈 응시 화면
    - 사지선다형 답안 선택
    - 제출 후 점수 계산 및 Firebase에 저장

7. 리더보드 기능
    - src/components/Leaderboard.jsx 구현
    - Firestore 실시간 리스너로 점수 업데이트
    - 점수 차례 정렬 및 상위 랭킹 표시

8. 메인 앱 통합
    - src/App.jsx에서 라우팅 및 상태 관리
    - 교수자/학습자 모드 전환
    - 전체 UI/UX 통합

주요 파일별 구현 내용

src/services/firebase.js

- Firebase 초기화 및 Firestore 인스턴스 export
- 제공된 Firebase 설정 사용

src/services/gemini.js

- Gemini API 클라이언트 초기화
- generateQuiz(topic, difficulty, numQuestions) 함수
- JSON 형식으로 퀴즈 반환

src/services/quizService.js

- createQuiz(quizData) - 퀴즈 생성
- getQuizzes() - 퀴즈 목록 조회
- getQuiz(quizId) - 특정 퀴즈 조회
- submitScore(nickname, quizId, score) - 점수 제출
- getLeaderboard(quizId) - 리더보드 조회

src/components/QuizCreator.jsx

- 주제 입력 필드
- 난이도 선택(쉬움/보통/어려움)
- 문제 수 선택
- 생성 버튼 및 로딩 상태
- 생성된 퀴즈 미리보기 및 저장

src/components/QuizTaker.jsx

- 퀴즈 목록 표시
- 퀴즈 선택 및 시작
- 문제별 사지선다형 선택 UI
- 진행률 표시
- 제출 및 결과 표시

src/components/Leaderboard.jsx

- Firestore 실시간 리스너
- 점수 순 정렬 테이블
- 닉네임, 점수, 응시일시 표시

src/components/Auth.jsx

- 닉네임 입력 폼
- localStorage에 닉네임 저장
- 현재 로그인 상태 표시

데이터 구조

Firestore quizzes 컬렉션

```
{
  id: "quiz-id",
  title: "퀴즈 제목",
  topic: "주제",
  difficulty: "쉬움|보통|어려움",
  questions: [
    {
      question: "문제 텍스트",
      options: ["선택지1", "선택지2", "선택지3", "선택지4"],
      correctAnswer: 0 // 정답 인덱스
    }
  ],
  createdAt: Timestamp,
  createdBy: "닉네임"
}
Firestore scores 컬렉션
{
  id: "score-id",
```

```
  quizId: "quiz-id",
  nickname: "닉네임",
  score: 85, // 점수(0-100)
  totalQuestions: 10,
  correctAnswers: 8,
  submittedAt: Timestamp
}
```

UI/UX 고려 사항

- 반응형 디자인(모바일/데스크톱)
- 로딩 상태 표시
- 에러 처리 및 사용자 피드백
- 모던하고 깔끔한 디자인

11.3 SECTION AI 퀴즈 플랫폼 서비스 개발

계획이 완성되었으니 이제 커서에 실제로 구현을 요청할 차례입니다. 컴포저 모델을 선택하고 **Build** 버튼을 누릅니다.

▼ **그림 11-22** 개발 계획 준비

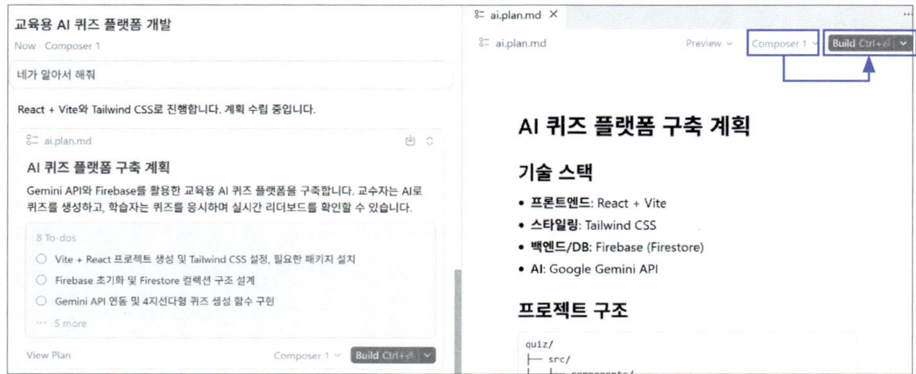

커서가 계획서를 바탕으로 필요한 파일들을 자동으로 생성하기 시작합니다. 작성이 완료되면 변경 사항을 검토할 수 있는 화면이 나타납니다. 구현이 완료되면 어떤 파일들이 생성되었고 어떤 내용이 작성되었는지 검토할 수 있는 화면이 나옵니다. **Keep All** 버튼을 눌러 생성된 모든 파일을 프로젝트에 반영합니다.

▼ **그림 11-23** 개발 내용 저장

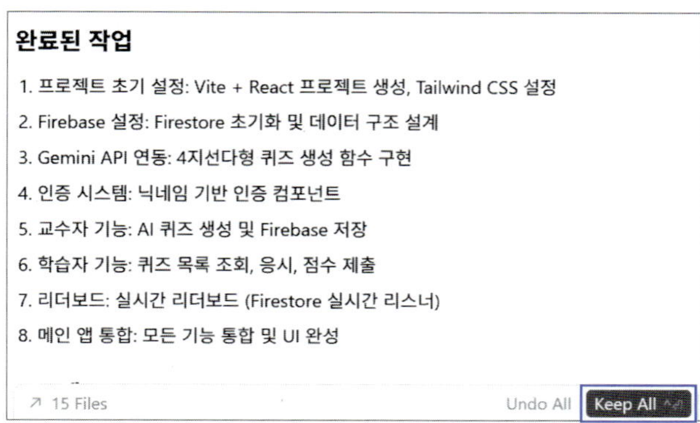

구현이 완료되면 커서가 수행한 작업 내역과 실행 방법을 친절하게 설명해 줍니다.

출력

구현 완료. AI 퀴즈 플랫폼의 주요 기능이 모두 구현되었습니다.

완료된 작업

1. 프로젝트 초기 설정: Vite + React 프로젝트 생성, Tailwind CSS 설정
2. Firebase 설정: Firestore 초기화 및 데이터 구조 설계
3. Gemini API 연동: 사지선다형 퀴즈 생성 함수 구현
4. 인증 시스템: 닉네임 기반 인증 컴포넌트
5. 교수자 기능: AI 퀴즈 생성 및 Firebase 저장
6. 학습자 기능: 퀴즈 목록 조회, 응시, 점수 제출
7. 리더보드: 실시간 리더보드(Firestore 실시간 리스너)
8. 메인 앱 통합: 모든 기능 통합 및 UI 완성

프로젝트 구조

```
src/
├── components/
│   ├── Auth.jsx           # 닉네임 인증
│   ├── QuizCreator.jsx    # 퀴즈 생성(교수자)
│   ├── QuizTaker.jsx      # 퀴즈 응시(학습자)
│   └── Leaderboard.jsx    # 실시간 리더보드
├── services/
│   ├── firebase.js        # Firebase 초기화
│   ├── gemini.js          # Gemini API 연동
│   └── quizService.js     # 퀴즈 데이터 CRUD
├── App.jsx                # 메인 앱 컴포넌트
└── main.jsx               # 진입점
```

실행 방법

```
npm run dev
```

개발 서버가 시작되면 브라우저에서 애플리케이션을 확인할 수 있습니다.

주요 기능

- 교수자 모드: 주제, 난이도, 문제 수를 입력하여 AI로 퀴즈 생성
- 학습자 모드: 퀴즈 목록에서 선택하여 응시하고 점수 확인
- 실시간 리더보드: 선택한 퀴즈의 점수 순위를 실시간으로 확인
- 닉네임 기반 인증: 간단한 닉네임 입력으로 시작

모든 요구 사항이 구현되었습니다.

이제 실제로 서비스가 잘 작동하는지 확인해 볼 차례입니다. 커서에 직접 실행을 요청해 보겠습니다.

출력 메시지를 보면 개발 서버가 http://localhost:5173 주소에서 실행 중이라고 알려 줍니다. 또 서비스를 어떻게 사용하는지 간단한 가이드도 함께 제공합니다.

출력

개발 서버가 백그라운드에서 실행 중입니다.

브라우저에서 http://localhost:5173으로 접속하세요.

사용 방법:

1. 닉네임 입력 후 시작
2. 학습자 모드: 퀴즈 목록에서 선택해서 응시
3. 교수자 모드: 주제 입력 후 AI로 퀴즈 생성
4. 리더보드: 오른쪽에서 실시간 점수 순위 확인

서버가 시작되면 브라우저에서 확인할 수 있습니다.

저자 노트

결과물에 에러가 발생한다면?

개발 과정에서 종종 에러가 발생할 수 있습니다. 대부분의 에러는 커서에 알려 주면 바로 해결됩니다.

- CSS 등 에러가 발생하는 경우

Tailwind CSS의 버전 차이로 에러가 발생할 수 있습니다. 웹 브라우저 화면에 빨간색 에러 메시지가 표시된다면 그 내용을 복사해서 커서 채팅창에 그대로 붙여 넣기만 하면 됩니다. 별도의 설명 없이 에러 메시지만 붙여 넣어도 커서가 알아서 문제를 파악하고 수정합니다.

▼ **그림 11-24** 에러 메시지 복사 후 붙여 넣기

```
[plugin:vite:css] [postcss] It looks like you're trying to use `tailwindcss`
directly as a PostCSS plugin. The PostCSS plugin has moved to a separate package,
so to continue using Tailwind CSS with PostCSS you'll need to install
`@tailwindcss/postcss` and update your PostCSS configuration.

C:/Users/danmu/Documents/dev/gb/q2/quiz/src/style.css:undefined:null

    at at (C:\Users\danmu\Documents\dev\gb\q2\quiz\node_modules\tailwindcss\dist\lib.js:38:1629)
    at LazyResult.runOnRoot (C:\Users\danmu\Documents\dev\gb\q2\quiz\node_modules\postcss\lib\lazy-resu
    at LazyResult.runAsync (C:\Users\danmu\Documents\dev\gb\q2\quiz\node_modules\postcss\lib\lazy-resu
    at LazyResult.async (C:\Users\danmu\Documents\dev\gb\q2\quiz\node_modules\postcss\lib\lazy-result.
    at LazyResult.then (C:\Users\danmu\Documents\dev\gb\q2\quiz\node_modules\postcss\lib\lazy-result.j

Click outside, press Esc key, or fix the code to dismiss.
You can also disable this overlay by setting server.hmr.overlay to false in vite.config.js.
```

입력

(화면에 나타난 에러 내용: 복사 – 붙여 넣기)

커서가 Tailwind CSS 버전을 조정하고 설정 파일을 수정해서 에러를 해결합니다.

출력

수정 완료. Tailwind CSS를 v3로 다운그레이드하고 설정을 변경했습니다.

변경 사항:

1. Tailwind CSS v4 및 @tailwindcss/postcss 제거
2. Tailwind CSS v3.4.0 설치
3. postcss.config.js를 v3 방식으로 복원(tailwindcss 플러그인 사용)
4. src/style.css를 v3 방식으로 복원(@tailwind 지시어 사용)

개발 서버가 자동으로 재시작되며 에러가 해결됩니다. 브라우저를 새로고침하여 확인하세요.

버전 관련 문제는 한 번에 완벽하게 해결되지 않고 여러 번 시도가 필요할 수 있습니다. 에러가 반복되더라도 계속해서 에러 메시지나 상황을 커서에 전달하면 결국 해결됩니다.

- **퀴즈 생성에서 에러(생성형 AI)**

퀴즈 생성 버튼을 눌렀을 때 에러가 발생한다면 제미나이 API 모델의 버전 문제일 가능성이 높습니다.

▼ **그림 11-25** 퀴즈 생성 중 에러 발생 화면

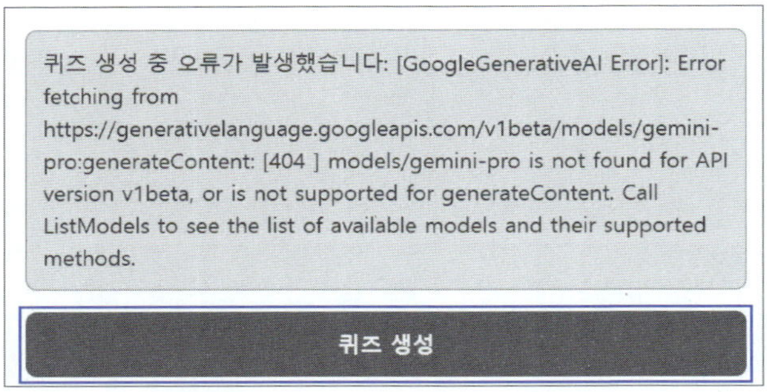

퀴즈 생성 중 오류가 발생했습니다: [GoogleGenerativeAI Error]: Error fetching from https://generativelanguage.googleapis.com/v1beta/models/gemini-pro:generateContent: [404] models/gemini-pro is not found for API version v1beta, or is not supported for generateContent. Call ListModels to see the list of available models and their supported methods.

퀴즈 생성

구글의 제미나이 API는 무료로 사용할 수 있지만, 이전 버전(예 gemini-1.5)이 갑자기 사용 중단될 수 있습니다. 현재 안정적으로 사용 가능한 버전은 gemini-2.0-flash 또는 gemini-2.5-flash 모델입니다. 커서에 모델 변경을 요청해 보세요.

입력

gemini-2.5-flash로 변경해 줄래?

출력

변경 완료. Gemini 모델을 gemini-2.5-flash로 변경했습니다.

이제 퀴즈 생성 시 gemini-2.5-flash 모델을 사용합니다. 브라우저를 새로고침한 후 퀴즈 생성을 다시 시도해 보세요.

이제 웹 브라우저를 열고 주소창에 http://localhost:5173을 입력해서 접속해 보겠습니다. 정상적으로 실행되었다면 가장 먼저 닉네임을 입력하는 화면이 나타납니다.

본격적인 회원가입이나 로그인은 아니지만 닉네임으로 누가 퀴즈를 풀었는지 구분할 수 있습니다. 원하는 닉네임을 입력하고 **시작하기** 버튼을 누릅니다.

▼ **그림 11-26** 서비스 첫 화면

닉네임을 입력하면 메인 화면으로 이동합니다. 화면 위쪽에는 '학습자 모드'와 '교수자 모드'라는 버튼이 두 개 있습니다. 먼저 교수자 모드부터 테스트해 보겠습니다. **교수자 모드** 버튼을 누르면 퀴즈를 생성할 수 있는 화면이 나옵니다.

여기에서 퀴즈 주제를 입력할 수 있습니다. 예를 들어 '파이썬 기초', '한국사', '영어 문법' 등 어떤 주제든지 가능합니다. 또 난이도를 쉬움/보통/어려움 중에서 선택할 수 있고, 몇 문제를 만들지도 정할 수 있습니다. 원하는 내용을 입력한 후 **퀴즈 생성** 버튼을 누릅니다.

▼ **그림 11-27** 퀴즈 생성 화면

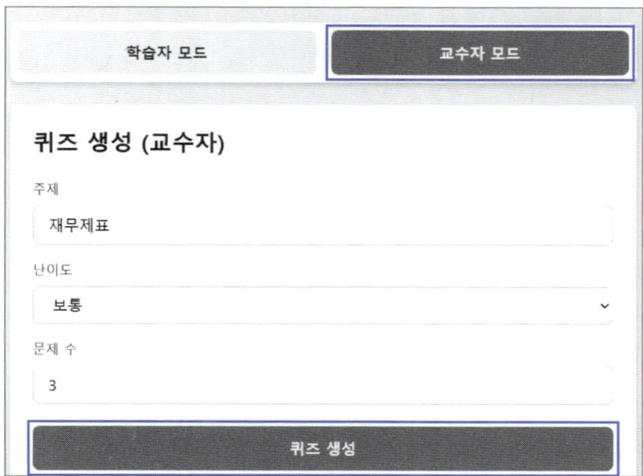

퀴즈 생성 버튼을 누르면 제미나이 AI가 작동하기 시작합니다. AI가 사지선다형 문제들을 자동으로 만들어 줍니다. 생성이 완료되면 화면에 만들어진 모든 문제가 표시됩니다. 각 문제마다 선택지가 네 개 있고 정답도 표시합니다.

생성된 퀴즈를 검토하고 **저장하기** 버튼을 누르면 이 퀴즈가 파이어베이스 데이터베이스에 저장됩니다. 이제 다른 사람들도 이 퀴즈를 풀 수 있습니다.

▼ **그림 11-28** 생성된 퀴즈 확인

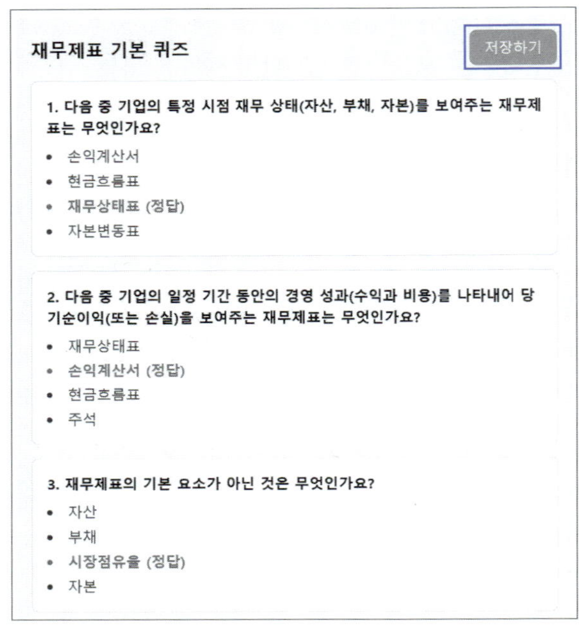

퀴즈를 저장했으니 이제 학습자 입장에서 문제를 풀어 보겠습니다. 위쪽에 있는 **학습자 모드** 버튼을 누릅니다. 학습자 모드로 전환하면 현재까지 만들어진 모든 퀴즈 목록이 카드 형태로 표시됩니다. 각 카드에는 퀴즈 제목, 난이도, 문제 수 등 정보가 있습니다. 풀고 싶은 퀴즈를 선택하고 **시작하기** 버튼을 누르면 퀴즈가 시작됩니다.

▼ 그림 11-29 학습자 모드 퀴즈 목록

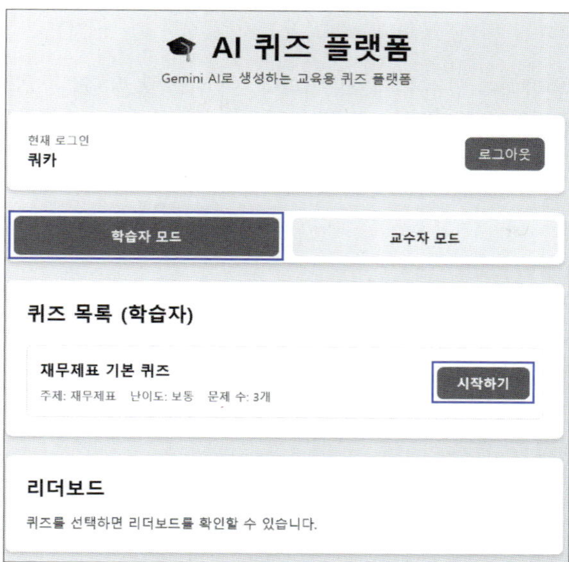

퀴즈가 시작되면 문제가 하나씩 표시됩니다. 선택지 네 개 중에서 정답이라고 생각하는 것을 클릭하여 선택합니다. 화면 위에는 현재 몇 번째 문제를 풀고 있는지 진행 상황이 표시됩니다. 답을 선택한 후 **다음** 버튼을 누르면 다음 문제로 넘어갑니다.

▼ 그림 11-30 퀴즈 풀이 화면

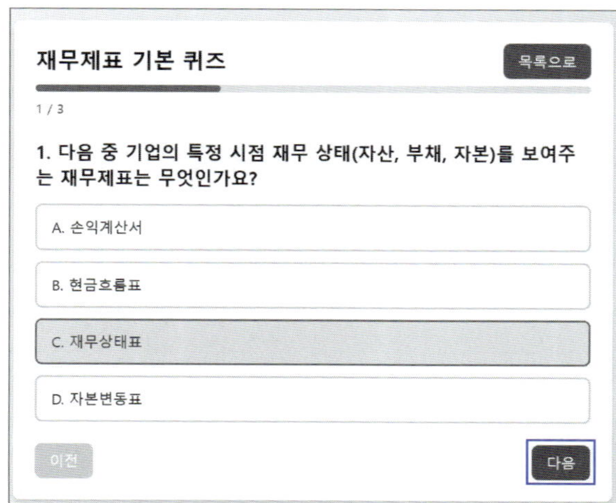

모든 문제를 다 풀면 자동으로 채점을 진행합니다. 화면에는 총 몇 문제 중에서 몇 개를 맞혔는지, 점수는 몇 점인지 표시됩니다.

재미와 경쟁을 살릴 수 있는 부분은 화면 아래에 있는 리더보드입니다. 이 퀴즈를 푼 다른 사람들의 점수와 순위가 실시간으로 표시됩니다. 내 점수가 다른 사람들과 비교해서 어느 정도 위치인지 바로 확인할 수 있습니다.

▼ **그림 11-31** 점수 및 리더보드

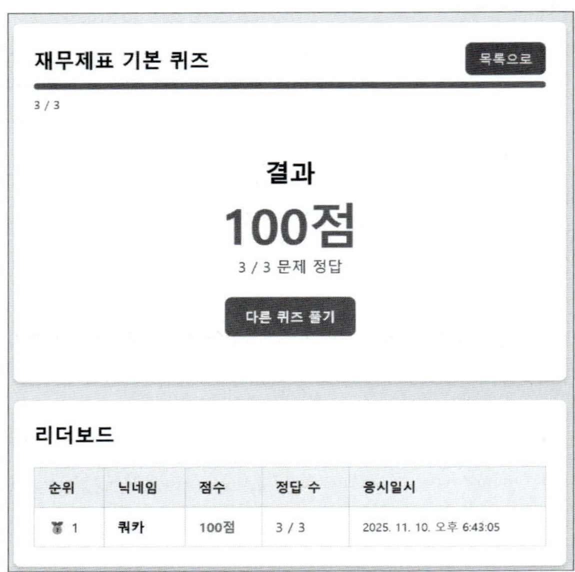

여기까지 테스트해 보니 기본 기능은 잘 작동합니다. 그런데 한 가지 개선할 점이 보입니다. 지금은 퀴즈가 한 개밖에 없어서 문제없지만, 여러 개 만들어지면 어떻게 될까요? 예를 들어 '재무제표' 퀴즈와 '주식' 퀴즈가 있다면 각각의 퀴즈마다 별도의 리더보드가 있어야 할 것입니다.

지금은 모든 퀴즈의 점수가 하나의 리더보드에 섞여서 표시되고 있습니다. 이것을 개선할 수 있게 커서에 수정을 요청해 보겠습니다.

입력

문제별로 리더보드가 구분되어 저장되면 좋겠어.

수정이 완료되면 커서가 어떤 부분이 변경되었는지 자세히 설명해 줍니다.

출력

수정 완료. 이제 문제별로 리더보드가 구분되어 표시됩니다.

변경 사항:

1. 퀴즈 목록 클릭 시 리더보드 업데이트: 퀴즈 목록에서 퀴즈를 클릭하면 해당 퀴즈의 리더보드가 오른쪽에 표시됩니다.
2. 선택된 퀴즈 시각적 표시: 선택된 퀴즈는 파란색 테두리와 배경으로 강조됩니다.
3. 리더보드에 퀴즈 제목 표시: 리더보드 상단에 현재 표시 중인 퀴즈 제목이 표시됩니다.

사용 방법:

- 퀴즈 목록에서 퀴즈를 클릭하면 해당 퀴즈의 리더보드가 오른쪽에 표시됩니다.
- "시작하기" 버튼을 클릭하면 퀴즈를 풀 수 있고, 제출 후 점수가 해당 퀴즈의 리더보드에 저장됩니다.
- 각 퀴즈는 독립적인 리더보드를 가지며, 점수는 퀴즈별로 구분되어 저장됩니다.

브라우저를 새로고침한 후 테스트해 보세요.

이제 퀴즈 목록에서 특정 퀴즈를 클릭하면 그 퀴즈의 리더보드만 표시되고, 다른 퀴즈를 클릭하면 다른 리더보드가 표시됩니다. 웹 브라우저를 새로고침하고 테스트해 보겠습니다. 퀴즈를 여러 개 만든 후 퀴즈 목록에서 '재무제표 퀴즈'를 클릭하면 재무제표 퀴즈의 리더보드가 표시됩니다. 그리고 '주식 퀴즈'를 클릭하면 주식 퀴즈의 리더보드가 표시됩니다. 완벽하게 분리되어 작동하는 것을 확인할 수 있습니다.

▼ **그림 11-32** 재무제표 리더보드

▼ 그림 11-33 주식 리더보드

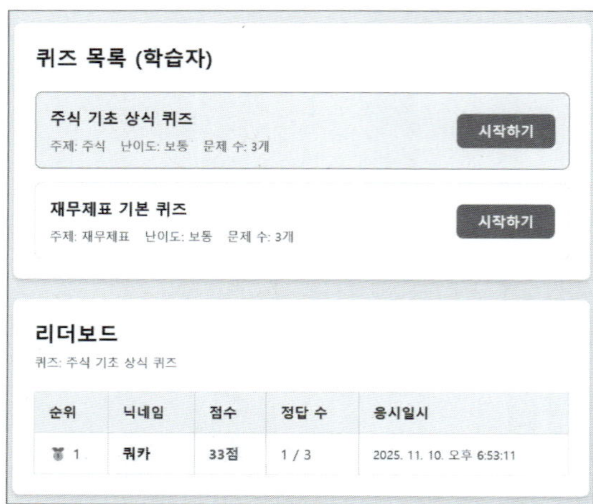

SECTION 11.4 파이어베이스로 배포

지금까지는 내 컴퓨터에서만 서비스가 실행되고 있습니다. 이제 이 서비스를 인터넷에 올려서 누구나 접속할 수 있게 만들어 보겠습니다.

파이어베이스는 데이터베이스 기능뿐만 아니라 웹 호스팅 기능도 제공하기 때문에 매우 간단하게 웹 사이트를 공개할 수 있습니다. 커서 채팅창에 "firebase CLI를 사용해서 배포해 줘."라고 입력합니다.

입력

firebase CLI를 사용해서 배포해 줘.

요청을 보내면 커서가 배포에 필요한 부분을 자동으로 처리합니다. 로그인은 직접 하라고 알려 줍니다. 배포는 로그인 후에 다시 요청하면 됩니다.

출력

Firebase 설정 파일을 생성했습니다. 배포를 위해 Firebase에 로그인해야 합니다.

다음 단계:

1. Firebase 로그인(터미널에서 직접 실행):

   ```
   firebase login
   ```

   브라우저가 열리면 Google 계정으로 로그인하세요.

2. 로그인 후 배포:

   ```
   firebase deploy --only hosting
   ```

그럼 먼저 터미널에서 로그인을 진행하겠습니다. 터미널을 열려면 Ctrl + J를 누릅니다. 터미널이 열리면 'firebase login'을 입력하고 Enter를 누릅니다.

터미널 입력

```
firebase login
```

주의 사항

- 띄어쓰기와 철자를 정확하게 입력하세요.
- 커서 채팅창이 아니라 터미널 창에 입력해야 합니다.
- 'C:\Users~~~\quiz>' 부분은 여러분 컴퓨터 환경에 따라 다르게 표시될 수 있습니다.

터미널 출력

```
C:\Users\danmu\Documents\dev\gb\q2\quiz> firebase login
```

명령을 입력하고 Enter를 누르면 파이어베이스가 몇 가지를 질문합니다. 각 질문별로 Enter를 누르면 됩니다. Enter를 누른다는 것은 '예(yes)'를 의미합니다.

출력

```
PS C:\Users\danmu\Documents\dev\gb\q2\quiz> firebase login
i  The Firebase CLI's MCP server feature can optionally make use of Gemini
in Firebase. Learn more about Gemini in Firebase and how it uses your
data: https://firebase.google.com/docs/gemini-in-firebase#how-gemini-in-
firebase-uses-your-data
? Enable Gemini in Firebase features? (Y/n)

i  Firebase optionally collects CLI and Emulator Suite usage and error
reporting information to help improve our products. Data is collected
in accordance with Google's privacy policy (https://policies.google.com/
privacy) and is not used to identify you.
? Allow Firebase to collect CLI and Emulator Suite usage and error
reporting information? (Y/n)
```

질문에 모두 답하고 나면 자동으로 웹 브라우저가 열립니다. 웹 브라우저에서 구글 계정으로 로그인하라는 화면이 나타납니다.

구글 계정이 여러 개 있다면 앞서 파이어베이스 프로젝트를 만들 때 사용했던 계정과 동일한 계정으로 로그인해야 합니다. 다른 계정으로 로그인하면 프로젝트를 찾을 수 없어 배포가 진행되지 않습니다.

▼ **그림 11-34** 구글 계정 로그인

로그인을 완료하면 웹 브라우저에 'Firebase CLI Login Successful' 같은 성공 메시지가 표시됩니다. 이제 이 웹 브라우저 창은 닫아도 됩니다.

▼ **그림 11-35** 파이어베이스 CLI 로그인 완료

Woohoo!

Firebase CLI Login Successful

You are logged in to the Firebase Command-Line interface. You can immediately close this window and continue using the CLI.

로그인이 완료되었으니 이제 커서에 배포를 요청할 차례입니다. 다시 커서 채팅창으로 돌아가서 다음과 같이 입력합니다.

입력

firebase CLI 로그인했어. 배포해 줘.

커서가 자동으로 배포 과정을 진행합니다. 프로젝트를 빌드하고, 파일들을 최적화하고, 파이어베이스 서버에 업로드하는 모든 과정이 자동으로 진행됩니다. 프로젝트 크기에 따라 다르지만 AI 퀴즈 같은 경우는 보통 2~3분 정도면 배포가 완료됩니다. 그리고 접속 가능한 URL을 알려줍니다.

출력

배포가 완료되었습니다.

배포 정보:

- 프로젝트: quiz-3ccef
- 호스팅 URL: https://quiz-3ccef.web.app
- 프로젝트 콘솔: https://console.firebase.google.com/project/quiz-3ccef/overview

이제 https://quiz-3ccef.web.app으로 접속해 보겠습니다. 웹 브라우저 주소창에 URL을 입력하면 우리가 만든 AI 퀴즈 서비스에 접속할 수 있습니다. 이 URL은 누구나 접속할 수 있는 공개된 주소입니다.

배포 후에도 이전에 만들었던 퀴즈들과 리더보드 점수가 모두 그대로 유지되어 있습니다. 이는 데이터를 파이어베이스에 저장했기 때문입니다. 로컬 개발 환경에서 작업하든 배포된 서버에서 작업하든 동일한 데이터베이스를 사용하므로 모든 데이터가 자동으로 동기화됩니다.

저자 노트

생성형 AI로 문제를 만들 때는 모델 성능에 따라 가끔 틀린 문제나 애매한 문제가 생성될 수 있습니다. 실제 교육용으로 사용하기 전에 반드시 문제와 정답을 검토해 주세요.

▼ **그림 11-36** 파이어베이스에 배포된 AI 퀴즈 서비스

이제 이 URL을 친구들이나 학생들에게 공유하면 누구나 접속해서 퀴즈를 풀 수 있습니다.

이번 프로젝트는 단일 페이지가 아닌 교수자와 학습자 두 가지 모드로 구성된 실용적인 서비스를 만들어 보았습니다. 이 서비스는 기업이나 교육 기관에서 다양하게 활용할 수 있습니다. 예를 들어 교육 과정 중간중간 게이미피케이션 요소로 활용할 수 있습니다. 강의나 연수 중에 배운 내용을 즉석에서 퀴즈로 만들어 풀게 하고, 리더보드를 이용하여 학습자 간 건전한 경쟁을 유도할 수 있습니다.

또 기본 기능을 완성한 후에도 계속해서 개선할 수 있습니다. 예를 들어 더 긴장감 있는 학습 환경을 만들고 싶다면 "문제당 제한 시간을 추가해서 타이머가 있는 형태로 만들어 줘."라고 커서 AI에 추가로 요청할 수 있습니다.

다음 프로젝트를 재부팅 없이 진행한다면 서버를 닫아야 합니다. 커서에 서버 종료를 요청합니다.

입력

내 컴퓨터 서버를 종료해 줘.

커서가 실행 중인 개발 서버를 찾아서 자동으로 종료합니다. 내 컴퓨터 서버가 종료되어도 배포된 웹 사이트는 계속 작동합니다.

출력

개발 서버를 종료했습니다. 실행 중이던 모든 Node.js 프로세스가 종료되었습니다.

다시 실행하려면 `npm run dev`를 실행하세요.

배포된 사이트는 https://quiz-3ccef.web.app에서 계속 접속할 수 있습니다.

다음 장에서는 로그인 기능이 있는 모임 플랫폼을 만들어 보겠습니다.

CHAPTER

12

모임 플랫폼 서비스

이번 프로젝트에서는 스터디 모임 플랫폼 서비스를 만들어 보겠습니다. 사용자가 모임을 개설하고 참여할 수 있으며, 로그인 기능으로 안전하게 모임을 관리할 수 있는 완전한 플랫폼 서비스를 구축할 예정입니다.

시작하기에 앞서 로그인 시스템, 데이터베이스, 배포에 필요한 파이어베이스를 먼저 설정하겠습니다.

12.1 SECTION 파이어베이스 로그인 설정

12.1.1 파이어베이스 API 발급받기

파이어베이스 설정은 11장에서 자세히 다룬 바 있습니다. 11장에서 설정한 과정을 그대로 따라하되, 프로젝트 이름만 다르게 설정합니다. 11장에서는 'quiz'로 설정했는데, 이번 프로젝트에서는 모임 플랫폼 성격에 맞게 프로젝트 이름을 변경하겠습니다. 필자는 'moim'으로 설정했습니다.

11장에서 한 파이어베이스 설정 과정을 동일하게 진행한 후 생성된 파이어베이스 설정 정보(firebaseConfig)를 메모장에 복사하여 안전하게 보관합니다.

설정 정보 형식은 다음과 같습니다. 이 설정 정보는 나중에 프로젝트에서 파이어베이스와 연동할 때 사용되므로 잘 보관합니다.

```
const firebaseConfig = {
  apiKey: "AIz",
  authDomain: "moim-",
  projectId: "moim-",
  storageBucket: "moim-",
  messagingSenderId: "979",
  appId: "1:979",
  measurementId: "G-KY"
};
```

저자 노트

11장에서 파이어베이스 ① 프로젝트 생성, ② 웹 앱 추가, ③ Firestore 데이터베이스까지 모두 완료했는지 확인해 주세요! ②번까지는 API 키가 필요하므로 대부분 빠짐없이 진행하지만, ③번 Firestore 데이터베이스 설정은 종종 빠뜨릴 수 있으니 주의해야 합니다. ③번이 누락되면 서비스가 정상적으로 작동하지 않습니다.

이번 프로젝트에서는 11장과 달리 사용자 로그인 기능이 필요합니다. 11장 1절에 있는 파이어베이스 설정을 모두 구성하고 로그인 기능만 추가하겠습니다.

1. 먼저 파이어베이스 콘솔 화면 왼쪽 메뉴에서 **빌드**를 찾아 선택합니다. 펼쳐진 하위 메뉴에서 **Authentication**을 선택합니다.

▼ **그림 12-1** 파이어베이스 인증

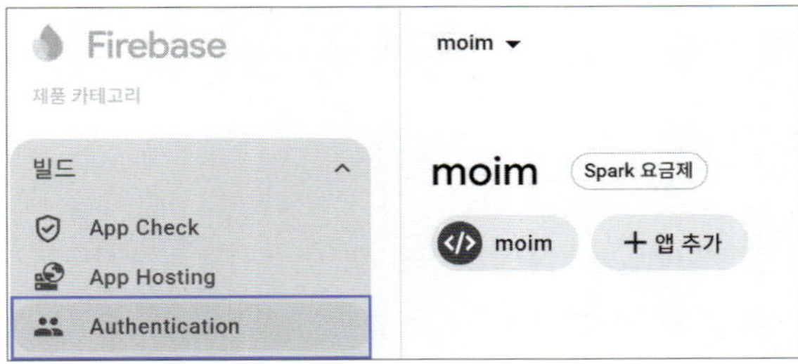

2. Authentication 초기 설정 화면에서 가운데에 있는 **시작하기** 버튼을 누릅니다.

▼ **그림 12-2** 인증 시작

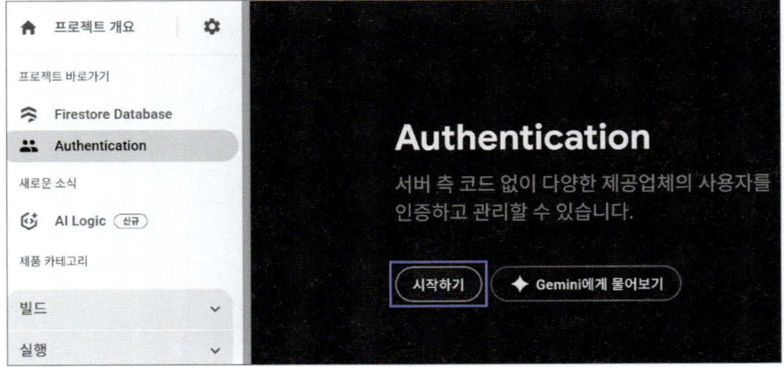

3. 다양한 로그인 방법 중에서 가장 기본적인 **이메일/비밀번호**를 클릭합니다.

▼ **그림 12-3** 로그인 방법 선택

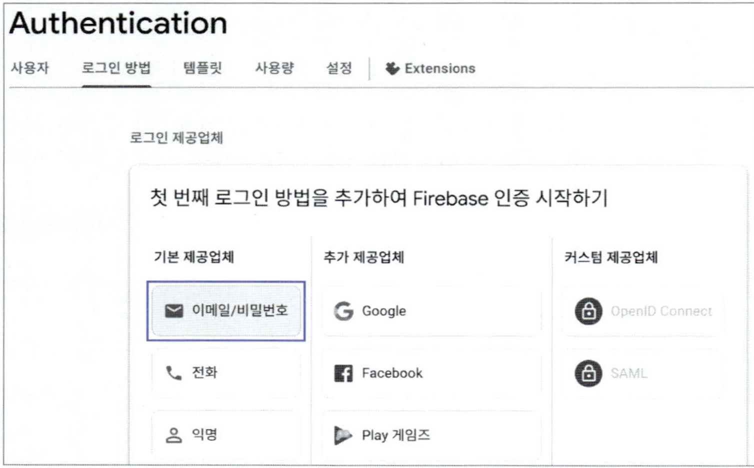

4. 로그인 설정 화면에서 첫 번째 옵션인 '이메일/비밀번호'를 활성화합니다. 이 옵션을 켜면 사용자가 자신의 이메일 주소와 비밀번호를 사용하여 로그인할 수 있습니다. 두 번째 옵션인 '이메일 링크(비밀번호가 없는 로그인)'은 사용하지 않도록 비활성화 상태로 유지합니다. 설정을 완료한 후 **저장** 버튼을 누릅니다.

▼ **그림 12-4** 로그인 설정

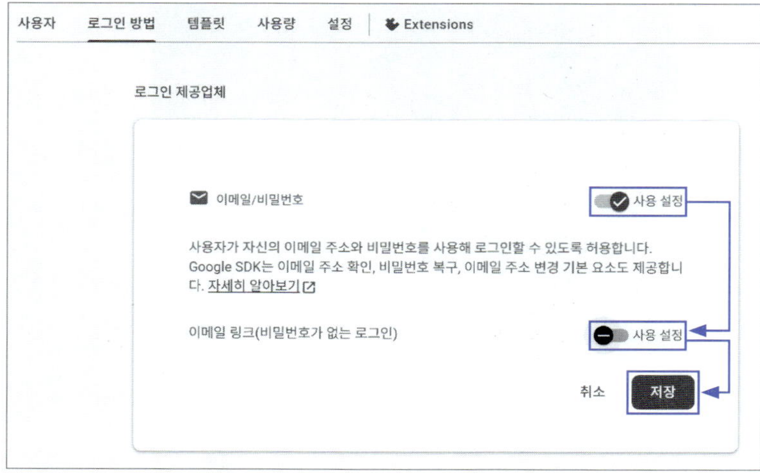

5. 이메일/비밀번호 로그인 방식이 정상적으로 활성화되어 목록에 표시되는 것을 확인할 수 있습니다. 이제 사용자가 이메일과 비밀번호를 사용하여 회원가입과 로그인을 할 수 있게 되었습니다.

▼ **그림 12-5** 로그인 설정 완료

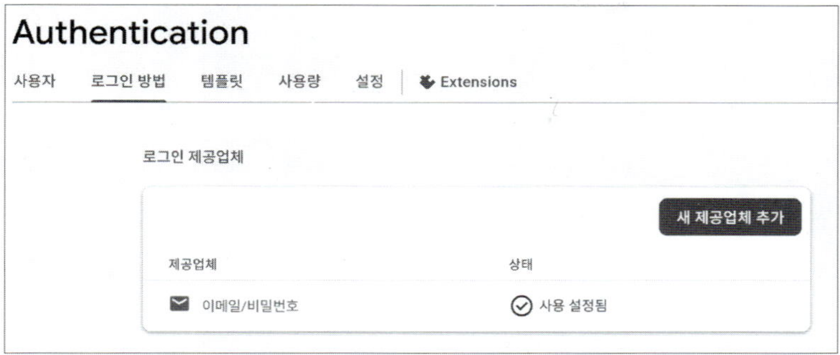

파이어베이스의 모든 기본 설정이 완료되었습니다. 다음 절에서는 이 설정을 활용하여 실제 모임 플랫폼 서비스를 개발하겠습니다.

12.2 SECTION 프로젝트 계획 세우기

12.2.1 프로젝트 시작하기

1. 모임 플랫폼 개발을 시작하겠습니다. 먼저 커서를 실행하고 **Open project** 버튼을 누릅니다.

▼ **그림 12-6** 커서 실행 화면

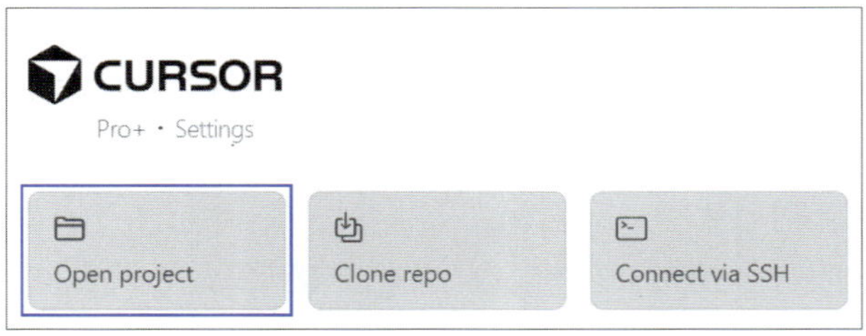

2. 새 폴더를 만들고 **폴더 선택** 버튼을 눌러 새로운 프로젝트를 생성합니다.

▼ **그림 12-7** 프로젝트 폴더 생성

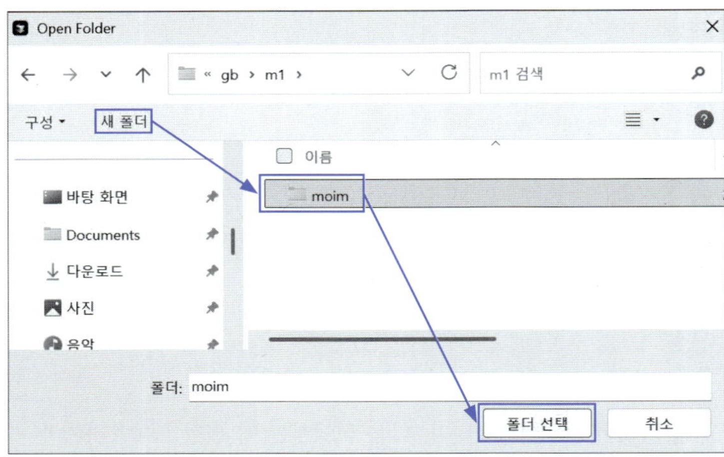

12.2.2 프로젝트 계획 세우기

이제 본격적으로 모임 플랫폼을 만드는 계획을 세워 보겠습니다. 모임 콘셉트는 스터디 모임으로 하고 플랫폼 이름은 '윗미'라고 정했습니다.

이번 프로젝트에서는 Plan 모드와 소넷 4.5 모델을 선택하겠습니다. 기존에 사용하던 컴포저보다 정확도 면에서 훌륭하지만 속도는 느린 편입니다.

커서 채팅창에 다음 내용을 입력해 주세요. 이때 앞서 복사한 파이어베이스 API 키와 제미나이 API 키를 함께 붙여 넣어야 합니다.

입력 프롬프트 복사: https://github.com/lovedlim/vibe

스터디 모임 매칭 플랫폼 '윗미(Wit.me)'

사용자:

- 일반 사용자: 스터디 검색 및 참여 신청
- 모임장: 스터디 생성(최대 다섯 개), 신청자 승인/거절, 참가자 명단 다운로드

기술:

- Gemini API(gemini-2.0-flash 또는 gemini-2.5-flash 모델 사용)
- Firebase Authentication(이메일/비밀번호 인증)

- Firebase Firestore(데이터 저장)

요구 사항:

- 스터디 카드형 목록 보기
- 상세 정보 및 참여 신청 기능
- 모임장 전용 신청자 관리 페이지
- CSV 형식 참가자 명단 다운로드

[API 키]

제미나이 키: (직접 입력)

파이어베이스 키: (직접 입력)

저자 노트

8장에서는 제미나이 API 키를, 9장에서는 OpenAI API 키를 발급받아 사용했습니다. 이 프로젝트에서는 두 가지 키 모두 사용 가능하지만, 무료로 제공되는 제미나이 API 키를 사용하겠습니다. 자세한 발급 방법은 8장을 참고하거나 https://aistudio.google.com에서 직접 발급받을 수 있습니다.

API 키가 입력된 프롬프트로 계획을 요청합니다.

▼ 그림 12-8 계획 요청

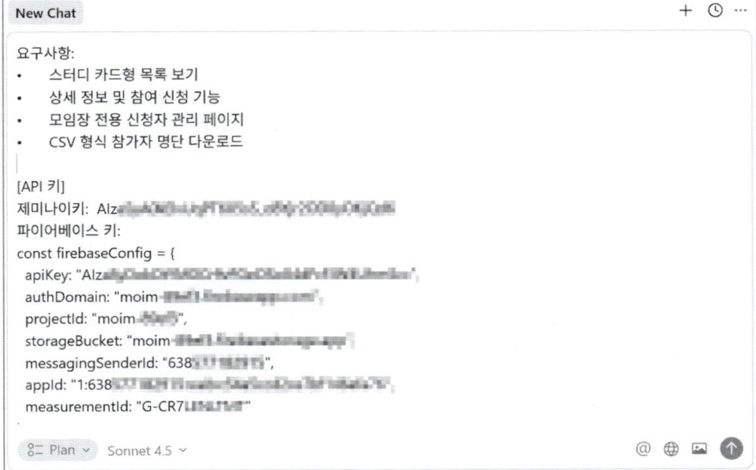

요청 사항을 입력하면 커서가 계획을 세우기 전에 몇 가지를 물어봅니다. 우리가 요청한 내용에는 프런트엔드 프레임워크, 제미나이 용도, 인터페이스 스타일은 언급하지 않았기 때문입니다. 커서는 더 정확한 계획을 세우려고 이런 세부 사항들을 확인하는 것입니다.

출력

스터디 모임 매칭 플랫폼 '윗미(Wit.me)'를 구축하기 전에 몇 가지 확인이 필요합니다.

1. 프런트엔드 프레임워크는 무엇을 사용하시겠습니까?
    - a) React(Create React App 또는 Vite)
    - b) Next.js
    - c) Vue.js
    - d) 바닐라 JavaScript + HTML
2. Gemini API는 어떤 기능에 사용하시겠습니까?
    - a) 스터디 설명 자동 생성 또는 개선
    - b) 스터디 추천 시스템
    - c) 챗봇 기능
    - d) 기타(설명 필요)
3. 사용자 인터페이스 스타일은 어떤 것을 선호하시나요?
    - a) 모던하고 미니멀한 디자인(Tailwind CSS)
    - b) Material Design(MUI)
    - c) Bootstrap
    - d) 커스텀 CSS

답변 주시면 계획을 수립하겠습니다.

기술적인 선택이 어렵다면 커서 AI에 직접 선택하게 할 수 있습니다.

입력

네가 선택해 줘.

커서가 알아서 최적의 기술 스택을 선택해서 계획을 세워 줍니다. 구체적인 계획이 작성됩니다. 출력된 계획서를 보면 어떤 기술을 사용할지, 파일 구조는 어떻게 될지, 어떤 순서로 개발할지 모두 정리되어 있습니다.

출력

윗미(Wit.me) 스터디 매칭 플랫폼 구축 계획

1. 프로젝트 초기 설정
    - React + Vite 프로젝트 생성
    - 필요한 패키지 설치:
        o firebase(Authentication, Firestore)
        o @google/generative-ai(Gemini API)
        o react-router-dom(라우팅)
        o tailwindcss(스타일링)
        o 기타 유틸리티(lucide-react, papaparse 등)

2. Firebase 설정

파일: src/config/firebase.js
- Firebase 초기화(제공된 config 사용)
- Authentication 및 Firestore 인스턴스 export

3. Gemini API 설정

파일: src/services/gemini.js
- Gemini API 클라이언트 초기화
- 스터디 설명 생성/개선 함수
- 스터디 추천 함수

4. 인증 시스템 구현

파일: src/contexts/AuthContext.jsx
- 이메일/비밀번호 회원가입
- 로그인/로그아웃
- 사용자 상태 관리

파일: src/components/Auth/Login.jsx, Register.jsx
- 로그인/회원가입 UI

```
├──── utils/
│     └──── csvExport.js
└──── App.jsx
```

구현 순서

모든 파일을 순차적으로 생성하며, Firebase 및 Gemini API 연동을 포함한 완전한 기능을 구현합니다.

SECTION 12.3 모임 플랫폼 개발

계획이 완성되었으니 이제 실제로 코드를 작성할 차례입니다. 개발 모드를 선택하고 Build 버튼을 누릅니다.

이번 프로젝트는 안정적이고 꼼꼼하게 개발하려고 앞서 계획을 세울 때 쓴 소넷 4.5 모델을 그대로 사용하겠습니다.

▼ **그림 12-9** 개발 시작

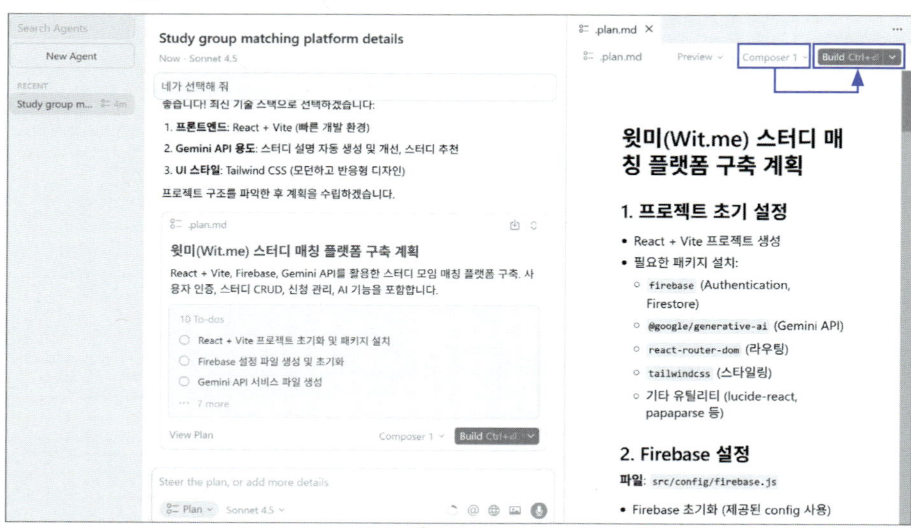

커서가 계획서를 바탕으로 코드 작성을 시작합니다. 코드 작성이 완료되면 변경 사항을 검토할 수 있는 화면이 나옵니다. Keep All 버튼을 눌러 작성된 모든 코드를 저장합니다.

▼ **그림 12-10** 개발 내용 저장

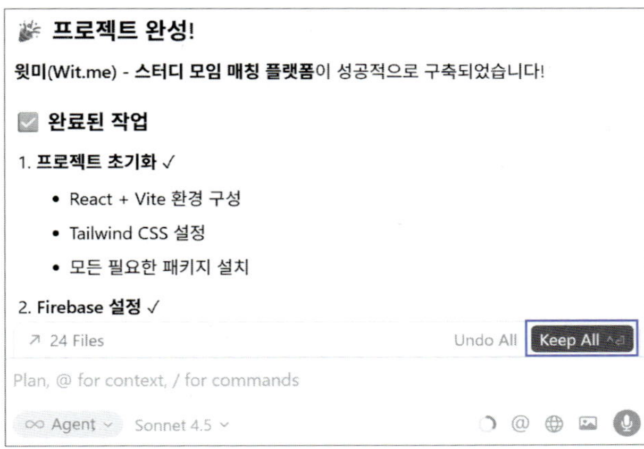

구현이 완료되면 커서가 어떤 작업을 했는지, 어떻게 실행하는지 친절하게 알려 줍니다.

출력

프로젝트 완성!

윗미(Wit.me) - 스터디 모임 매칭 플랫폼이 성공적으로 구축되었습니다!

[완료된 작업]

1. 프로젝트 초기화 ✓
   - React + Vite 환경 구성
   - Tailwind CSS 설정
   - 모든 필요한 패키지 설치
2. Firebase 설정 ✓
   - Authentication 연동
   - Firestore 데이터베이스 연동
   - 제공하신 API 키 설정 완료

- studies: 스터디 정보
- applications: 참여 신청서

모든 작업이 완료되었습니다! 개발 서버가 백그라운드에서 실행 중이며, 브라우저에서 http://localhost:5173으로 접속하여 플랫폼을 사용하실 수 있습니다.

이제 웹 브라우저에서 http://localhost:5173으로 접속하여 실제로 서비스가 잘 작동하는지 확인할 차례입니다.

웹 브라우저로 접속하면 모임 플랫폼 첫 화면이 나오는 것을 확인할 수 있습니다.

▼ **그림 12-11** 윗미 플랫폼 첫 화면

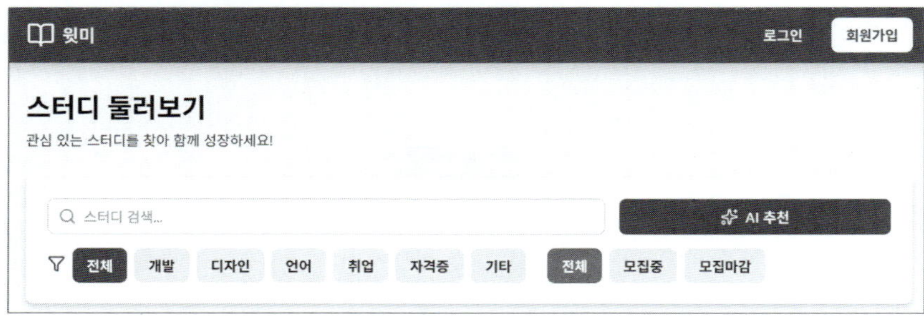

모임을 만들기 위해 회원가입을 먼저 진행하겠습니다. 화면 위쪽에서 **회원가입** 버튼을 누르고 이름, 이메일, 비밀번호를 사용하여 회원가입을 진행합니다.

▼ **그림 12-12** 회원가입 화면

회원가입을 하면 자동으로 로그인이 되면서 [스터디 만들기] 버튼이 생성됩니다.

▼ **그림 12-13** 로그인 후 메인 화면

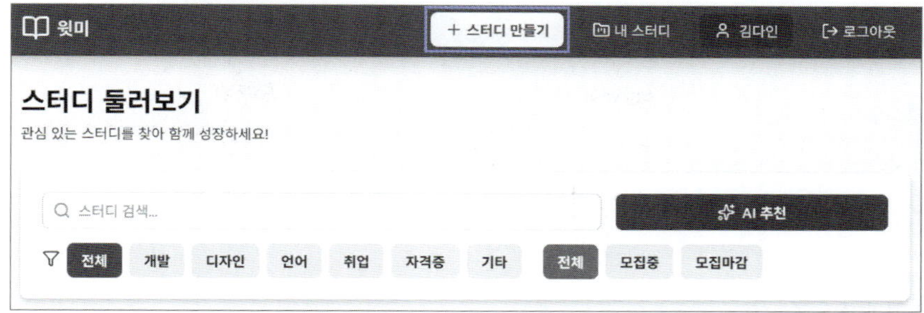

새 스터디를 만들어 보겠습니다. AI 생성 기능이 있지만, 직접 입력했을 때 에러가 없는지 확인한 후에 AI 기능을 점검하겠습니다. 내용을 간단하게 작성한 후 **스터디 만들기** 버튼을 누릅니다.

▼ **그림 12-14** 스터디 만들기 화면

메인 화면으로 돌아오면 방금 만든 스터디가 카드 형태로 표시되는 것을 확인할 수 있습니다.

▼ **그림 12-15** 생성된 스터디 모임

이제 AI 기능을 테스트해 보겠습니다. **스터디 만들기** 버튼을 한 번 더 누른 후 이번에는 AI 기능을 활용해 보겠습니다. 스터디 제목을 간단하게 작성하고 **AI 생성** 버튼을 누릅니다.

저자 노트

혹시 이 버튼이 활성화되지 않은 상태라면 커서에 버튼을 활성화해 달라고 요청하면 됩니다.

▼ **그림 12-16** AI 설명 생성 시도

저자 노트

AI 생성 버튼을 누르면 "설명 생성에 실패했습니다. 다시 시도해 주세요."라는 팝업창이 나타날 때도 있습니다.

▼ **그림 12-17** AI 생성 에러 메시지

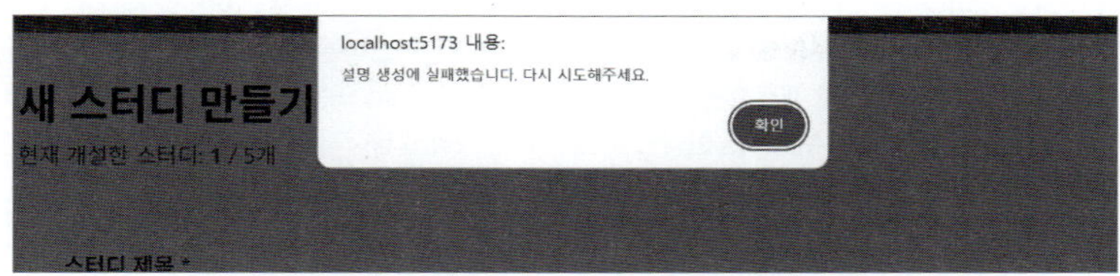

이런 상황이 발생한다면 개발자 도구(F12)를 열어 주세요. 새 스터디 만들기 화면에서 마우스 오른쪽 버튼을 눌러 **검사 메뉴 > Console** 탭을 클릭합니다.

▼ **그림 12-18** 개발자 도구 열기

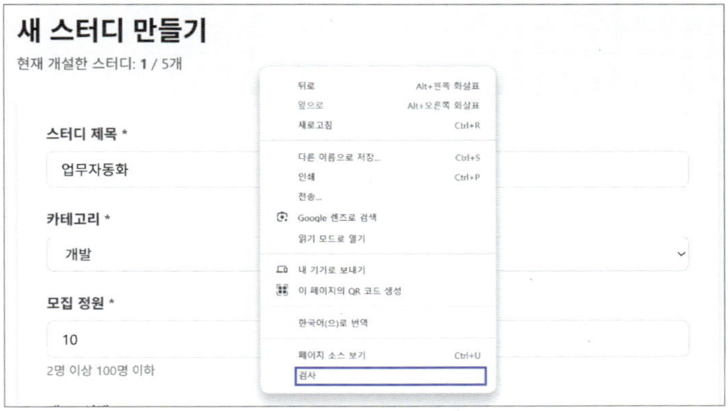

콘솔에 에러가 발생한 것을 확인할 수 있습니다. 에러 내용 전체를 마우스로 드래그하여 복사합니다.

▼ **그림 12-19** 콘솔 에러 메시지

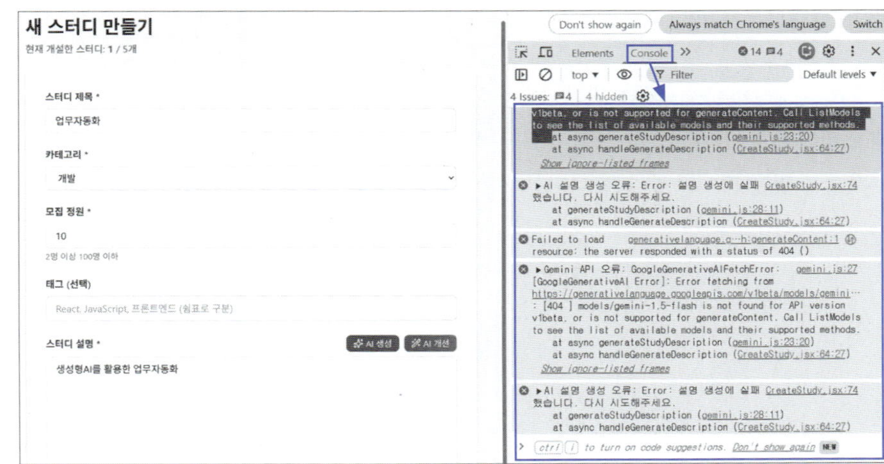

복사한 내용을 커서 채팅창에 붙여 넣고 전송했습니다. 아마 제미나이 모델 선택이 잘못되었다는 메시지가 표시될 것입니다.

이는 바이브 코딩을 하려고 제미나이를 사용할 때 가장 아쉬운 부분인데요, 생성형 AI가 모델 이름을 제대로 찾지 못해서 발생하는 에러입니다. 에러를 알려 주면 모델 이름을 변경하기는 하지만 또 다른 잘못된 모델을 선택하기에 여러 번 수정을 거쳐 찾아냅니다. 가장 빠른 해결책은 "모델을 gemini-2.5-flash 또는 gemini-2.0-flash로 사용해 달라."라고 요청하는 것입니다. OpenAI를 사용한다면 이런 이슈는 거의 발생하지 않습니다.

출력

Gemini 모델 이름이 잘못되었네요. 올바른 모델 이름으로 수정하겠습니다.

입력

여전히 에러가 발생해. gemini-2.5-flash로 모델을 사용해 줘.

커서가 모델을 gemini-2.5-flash로 변경했다고 알려 줍니다. 이제 웹 브라우저를 새로고침하고 다시 시도해 보겠습니다.

출력

완료되었습니다!

Gemini 모델을 gemini-2.5-flash로 변경했습니다. 이것은 최신 버전의 빠르고 효율적인 Gemini 모델입니다. 이제 AI 기능을 사용할 수 있습니다.

- AI 설명 생성
- AI 설명 개선
- AI 스터디 추천

브라우저를 새로고침하고 다시 시도해 보세요!

다시 **새 스터디 만들기** 버튼을 누르고 제목을 작성한 후 **AI 생성** 버튼을 누릅니다. AI 설명을 자동으로 작성한 것을 확인할 수 있습니다. 그 후 **스터디 만들기** 버튼을 누르면 스터디가 만들어집니다.

▼ **그림 12-20** AI로 생성된 스터디 설명

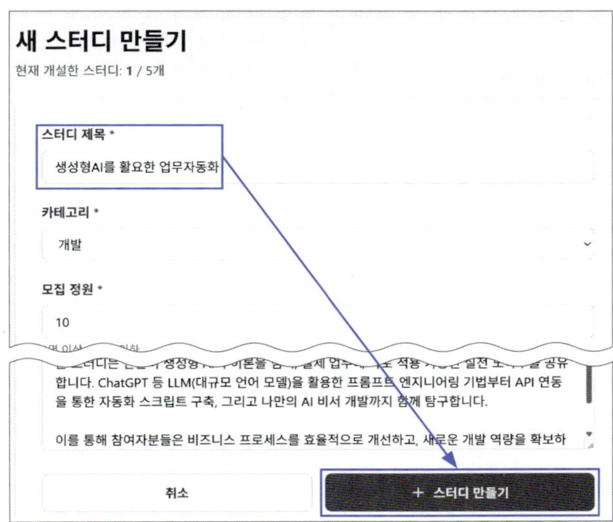

메인 화면으로 돌아오면 이제 스터디 두 개가 카드 형태로 나란히 표시되는 것을 확인할 수 있습니다.

▼ **그림 12-21** 생성된 스터디 목록

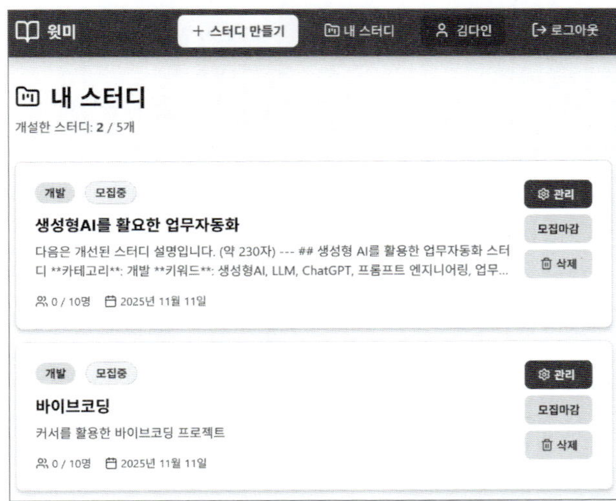

스터디 모임 플랫폼을 제대로 점검하려면 스터디장 역할뿐만 아니라 스터디원 역할도 테스트해야 합니다. 이것을 하려면 다른 계정으로 회원가입하고 로그인을 해야 하는데, 시크릿 모드(또

는 비공개 모드)를 사용하면 기존 로그인 정보와 충돌 없이 새로운 계정으로 접속할 수 있습니다. 크롬 브라우저에서는 Ctrl + Shift + N을 눌러 시크릿 모드를 열 수 있습니다. 시크릿 모드로 웹 브라우저가 열리면 주소창에 http://localhost:5173을 입력해서 접속하고 다른 이름과 이메일로 새로운 회원가입을 진행합니다.

▼ **그림 12-22** 시크릿 모드에서 회원가입

회원가입

이름

박서아

이메일

psa@sideonai.com

비밀번호

....

비밀번호 확인

....

회원가입

이미 계정이 있으신가요? **로그인**

회원가입 및 로그인이 완료되었다면 스터디 모임원이 되기 위해 **참여 신청** 버튼을 누릅니다.

▼ **그림 12-23** 스터디 참여 신청

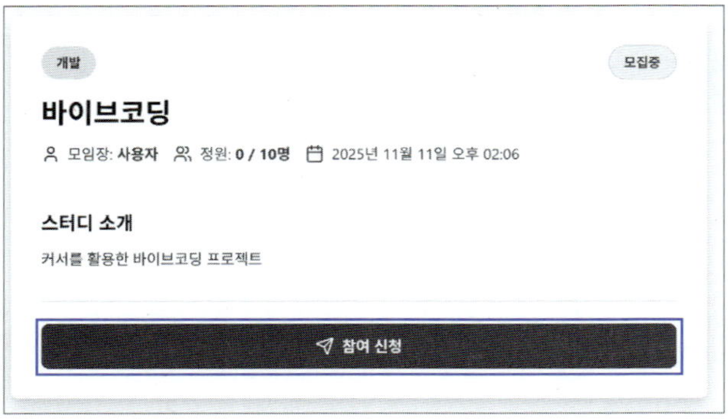

개발 모집중

바이브코딩

모임장: **사용자** 정원: **0 / 10명** 2025년 11월 11일 오후 02:06

스터디 소개

커서를 활용한 바이브코딩 프로젝트

참여 신청

참여 신청을 하면 버튼이 '승인 대기중'으로 변경되며, 더 이상 클릭할 수 없는 상태가 됩니다. 다음 그림은 모임장이 승인하기를 기다리는 상태입니다.

▼ **그림 12-24** 참여 신청 승인 대기

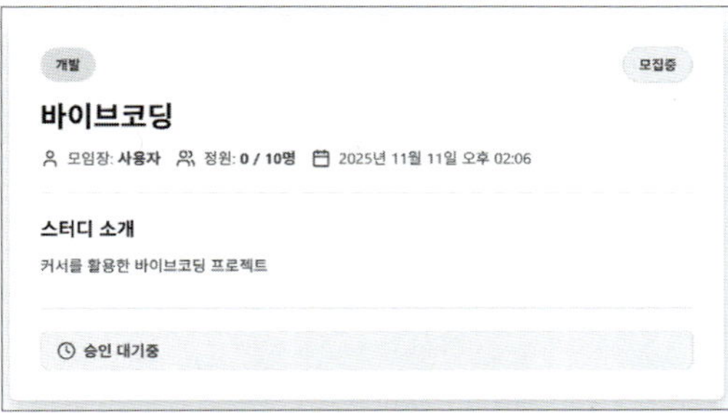

이제 모임장 웹 브라우저로 다시 되돌아갑니다. 모임장으로 로그인된 화면을 보면 자신이 만든 스터디 카드에 **관리** 버튼이 있습니다. 이 버튼을 누릅니다.

▼ **그림 12-25** 모임 관리 버튼

신청자 관리 웹 페이지가 열리면 대기자 정보가 뜨고 이를 '승인' 또는 '거절'할 수 있습니다. **승인** 버튼을 눌러 보겠습니다.

▼ **그림 12-26** 신청자 관리 화면

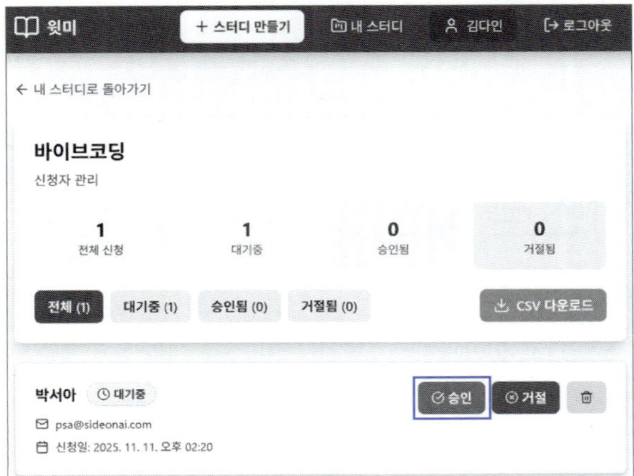

승인이 완료되면 참가자 목록에 추가됩니다. **CSV 다운로드** 버튼을 눌러 기능이 잘 작동되는지 확인해 봅시다.

▼ **그림 12-27** CSV 내려받기

CSV 파일을 컴퓨터에 내려받습니다. 내려받은 파일을 엑셀이나 스프레드시트 프로그램으로 열어 보면 참가자의 이름, 이메일, 신청일 등이 깔끔하게 정리되어 있습니다.

▼ **그림 12-28** CSV 파일 내용

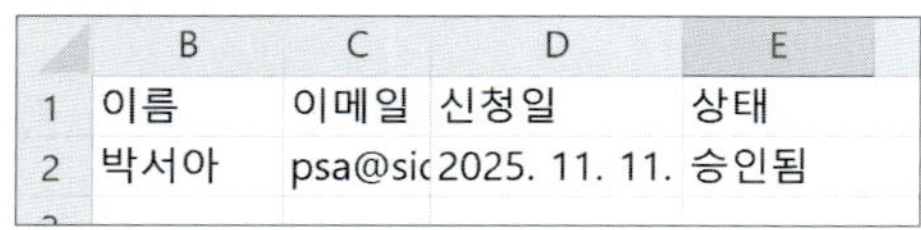

	B	C	D	E
1	이름	이메일	신청일	상태
2	박서아	psa@sic	2025. 11. 11.	승인됨

스터디 모임 플랫폼의 핵심 기능이 정상적으로 작동하는 것을 확인했습니다.

12.4 SECTION 파이어베이스로 배포

지금까지는 내 컴퓨터에서만 서비스가 실행되고 있습니다. 이제 이 서비스를 인터넷에 올려서 다른 사람들도 접속할 수 있게 만들어 보겠습니다. 파이어베이스는 배포 기능도 제공하기에 매우 간단하게 웹 사이트를 공개할 수 있습니다. 커서 채팅창에 파이어베이스 CLI를 이용해서 배포해 달라고 요청합니다.

입력

firebase CLI로 배포해 줄래?

바로 진행하지 않고 수동으로 배포하는 방법을 알려 줍니다.

출력

[배포 방법]

수동으로 다음 명령어를 실행하세요. (생략)

안내만 받고 직접 실행해야 한다면 번거롭습니다. 이 경우 다시 한 번 직접 배포를 요청합니다.

입력

직접 배포해 줄래?

이미 11장에서 파이어베이스 CLI를 로그인한 상태이기 때문에 빠르게 배포를 완료하여 URL을 확인할 수 있습니다.

출력

웹 앱 배포 완료

- 파일 네 개 업로드 완료
- 호스팅 버전 최종화
- 새 버전 릴리스 완료

접속 정보

웹 사이트 URL: https://moim-85503.web.app

출력 메시지를 보면 웹 앱 배포가 완료되었고, 파일들이 업로드되었으며, 접속할 수 있는 URL도 알려 줍니다. 제공받은 URL(https://moim-85503.web.app)로 접속하면 스터디 모임 플랫폼 윗미가 정상적으로 작동하는지 확인할 수 있습니다. 이 URL은 전 세계 어디에서든 누구나 주소만 알면 접속할 수 있는 공개된 주소임에 주의하세요.

▼ **그림 12-29** 배포된 윗미 플랫폼

이번 프로젝트에서는 회원가입, 로그인, 스터디 생성, 참여 신청, 신청자 관리, CSV 내려받기 등 실제 서비스에 필요한 다양한 기능을 모두 구현해 보았습니다.

이 결과물을 기반으로 추가 기능을 계속 개발하여 더욱 완성도 높은 서비스로 발전시킬 수 있습니다. 예를 들어 다음과 같습니다.

- 스터디 댓글 기능을 추가해 줘.
- 스터디 일정 관리 기능을 만들어 줘.
- 스터디 평가 및 후기 시스템을 추가해 줘.

이처럼 기본 플랫폼을 완성한 후에도 필요에 따라 다양한 기능을 계속해서 추가하고 개선할 수 있습니다.

다음 장에서는 n8n을 활용하여 구글 시트 기반의 실용적인 도구를 만들어 보겠습니다.

8부

커서와 n8n으로 만드는 업무 도구

CHAPTER

13

구글 시트로 만드는 AI 챗봇

바이브 코딩 프로젝트를 진행하다 보면, 비개발자들이 실제 업무에서 요구하는 것은 구글 시트나 노션 같은 업무에서 사용하는 도구와 연결되는 서비스입니다.

예를 들어 HRD(인사/교육) 실무자는 이런 기능이 필요합니다.

- 교육 전, 필수 확인 답변을 작성하지 않은 사람에게 자동으로 알림 메일 발송
- 교육 후, 설문 내용을 자동으로 정리해서 리포트 생성

하지만 비개발자가 데이터베이스를 직접 다루며 이런 도구를 만들기란 쉽지 않습니다. 우리가 일상적으로 사용하는 도구는 엑셀과 구글 시트인데, 이를 데이터베이스처럼 활용하는 것은 여전히 높은 벽입니다.

더 큰 문제는 백엔드 영역입니다. 바이브 코딩으로 화면에 보이는 프런트엔드는 컨트롤할 수 있지만, 눈에 보이지 않는 백엔드 부분은 여전히 블랙박스로 남아 있습니다. 실제로 데이터가 어떻게 처리되고 이동하는지 눈으로 확인할 수 없기 때문입니다.

이 문제를 해결하는 방법이 n8n입니다. n8n은 워크플로 방식으로 업무 자동화를 구현하는 도구입니다. n8n의 가장 큰 장점은 보이지 않던 백엔드와 데이터 처리 과정을 시각적인 워크플로로 만들어 준다는 것입니다. 각 처리 단계를 노드(박스)로 표현하고, 노드들을 연결선으로 이어서 데이터의 흐름을 눈으로 보면서 구성할 수 있습니다.

이 장에서는 커서(Cursor)로 프런트엔드를 만들고, n8n으로 백엔드(시각화된 워크플로)를 구성합니다. 그리고 두 도구를 연결하여 구글 시트와 연결된 챗봇을 구현하는 프로젝트를 진행해 보겠습니다.

13.1 SECTION n8n 회원가입

1. 먼저 n8n 웹 사이트(https://n8n.io/)에 접속해 주세요.

▼ 그림 13-1 n8n 공식 사이트 메인 화면

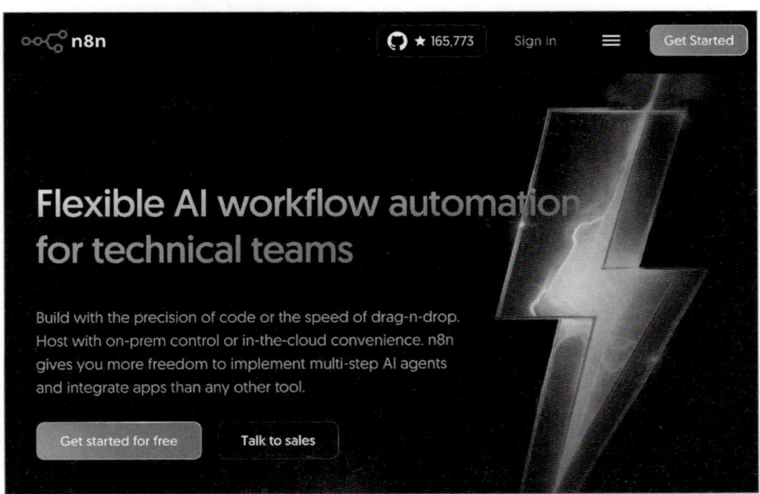

2. 오른쪽 위에 있는 **Get Started** 버튼을 누르고 회원가입을 합니다. 회원가입을 하면 무료 플랜으로 시작할 수 있습니다. 무료 플랜에서는 워크플로 실행 횟수 제한이 있으며, n8n이 제공하는 클라우드 환경에서 워크플로를 사용할 수 있습니다.

▼ 그림 13-2 n8n 회원가입 화면

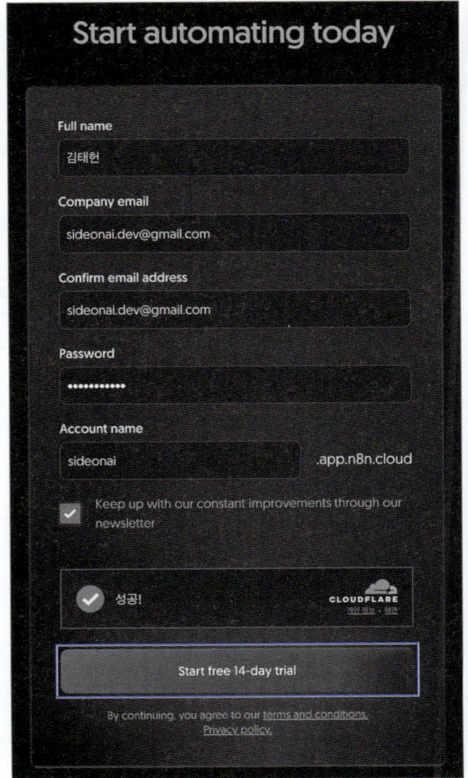

n8n 회원가입 후 로그인되면 준비가 모두 끝났습니다.

13.2 SECTION OpenAI/제미나이 API 키 발급받기

OpenAI API 키 또는 제미나이 API 키가 필요합니다. OpenAI API 키 발급은 9장, 제미나이 API 키 발급은 8장 내용을 참고해서 발급해 주세요. 이 프로젝트에서는 OpenAI API 키를 사용하도록 하겠습니다.

OpenAI API 키는 오픈AI 플랫폼(https://platform.openai.com/)에서 발급받습니다.

▼ **그림 13-3** OpenAI 플랫폼 API 키 발급 화면

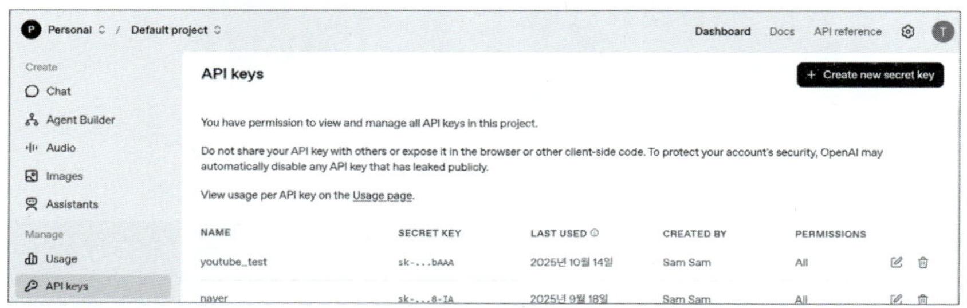

13.3 SECTION n8n으로 챗봇 워크플로 만들기

로그인을 하면 화면 위에 무료 플랜의 사용 현황이 표시됩니다. 매월 제공되는 실행 횟수와 현재까지 사용한 비율을 확인할 수 있습니다.

1. 오른쪽 위에 있는 **Create workflow** 버튼을 누릅니다.

▼ **그림 13-4** 워크플로 생성

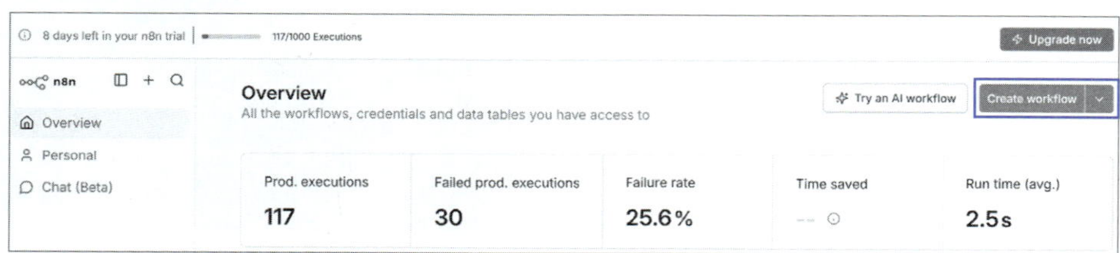

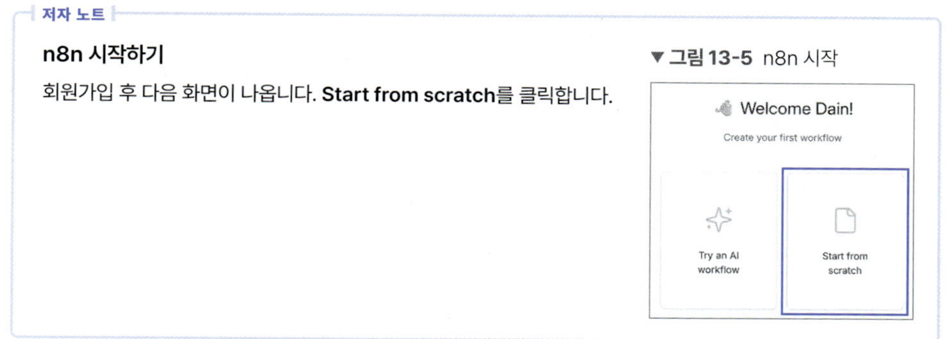

저자 노트

n8n 시작하기

회원가입 후 다음 화면이 나옵니다. **Start from scratch**를 클릭합니다.

▼ **그림 13-5** n8n 시작

2. 새로운 워크플로 편집 화면이 나옵니다. 워크플로는 노드를 하나씩 선택하고 연결하여 만듭니다. 가장 먼저 화면 가운데 있는 **+** 버튼을 클릭합니다.

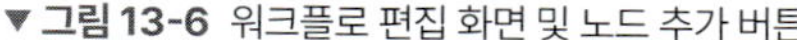

▼ **그림 13-6** 워크플로 편집 화면 및 노드 추가 버튼

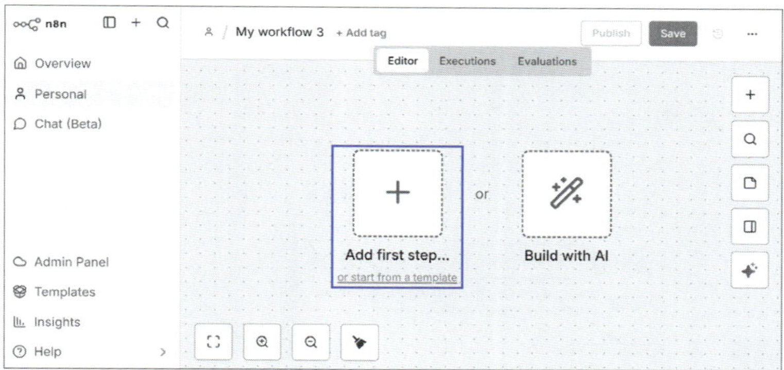

3. 오른쪽 검색창에 'webhook'을 입력하고 검색합니다. 검색 결과에서 번개 표시가 붙어 있는 Webhook 노드를 선택합니다.

▼ **그림 13-7** Webhook 노드 검색 및 선택

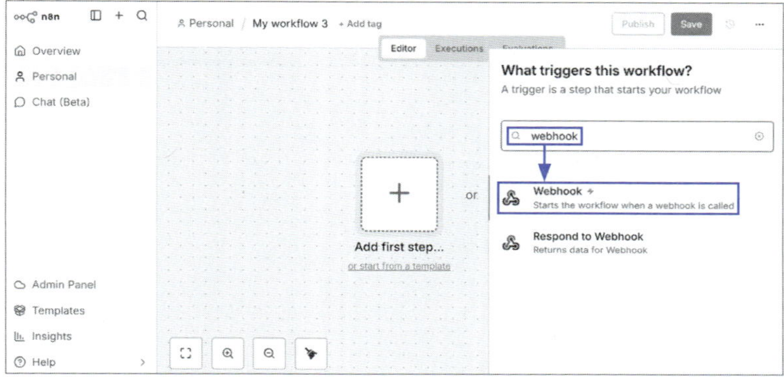

> **저자 노트**
>
> **웹훅(webhook)이란**
>
> 웹훅은 외부 애플리케이션에서 n8n 워크플로로 데이터를 전송할 수 있게 해 주는 통신 방법입니다. 웹훅 노드는 고유한 URL을 제공하며, 이 URL로 데이터가 전송되면 워크플로가 자동으로 실행됩니다. 우리가 만들 챗봇에서는 사용자가 메시지를 입력하면 그 내용이 웹훅 URL로 전송되어 워크플로를 시작합니다.

4. Webhook 노드 설정 화면이 열립니다. 다음 세 가지를 설정합니다.
   첫 번째는 **Production URL** 버튼을 눌러 URL을 복사한 후 메모장에 붙여 넣어 저장해 둡니다. 이 URL은 나중에 커서로 AI 채팅을 만들 때 사용합니다.
   두 번째는 'HTTP Method' 항목을 **POST**로 선택합니다. HTTP Method는 데이터를 전송하는 방식으로 POST는 새로운 정보를 추가하거나 기록할 때 주로 사용합니다.
   세 번째는 'Respond' 항목에서 **Using 'Respond to Webhook' Node**를 선택합니다. 이 설정은 워크플로 마지막에 별도의 응답 노드를 사용하겠다는 의미입니다. 설정을 완료했으면 오른쪽 위의 **닫기(X)** 버튼을 클릭합니다.

▼ **그림 13-8** Webhook 노드 설정 화면

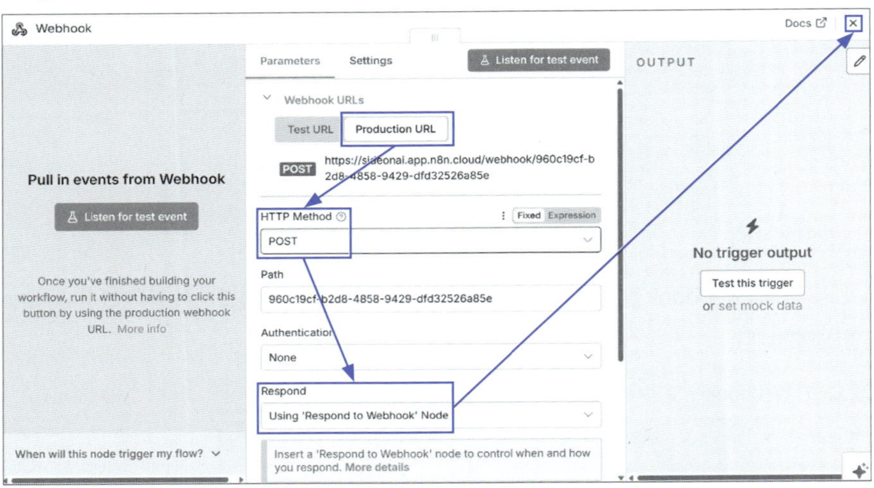

5. 워크플로 편집 화면에서 Webhook 노드 오른쪽에 있는 **+** 버튼을 클릭합니다.

▼ **그림 13-9** Webhook 노드에 다음 노드 추가

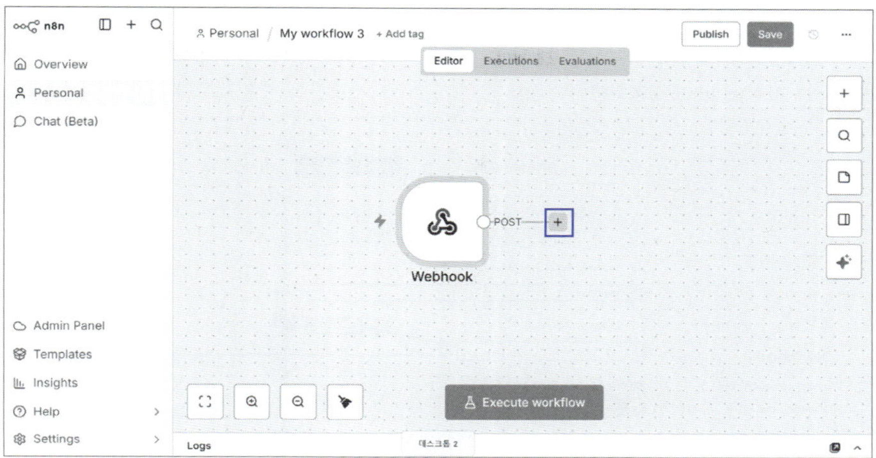

6. 오른쪽에 나타난 검색창에 'ai agent'를 입력하고 **AI Agent** 노드를 선택합니다.

▼ **그림 13-10** AI Agent 노드 검색 및 선택

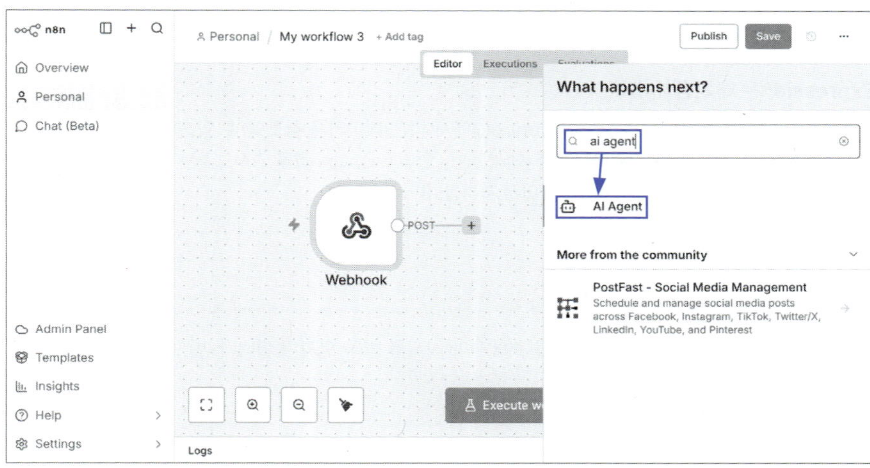

7. AI Agent 노드 설정 화면이 나옵니다.

   첫 번째는 'Source for Prompt (User Message)'를 **Define below**로 선택합니다.

   두 번째는 'Prompt (User Message)'에 마우스를 올리면 Fixed와 Expression 옵션이 나타납니다. **Expression** 버튼을 누른 후 다음 코드를 입력합니다.

```
{{ $json.body.message }}
```

설정을 완료했으면 AI Agent 노드 설정 창을 닫습니다.

▼ 그림 13-11 AI Agent 노드 설정 화면

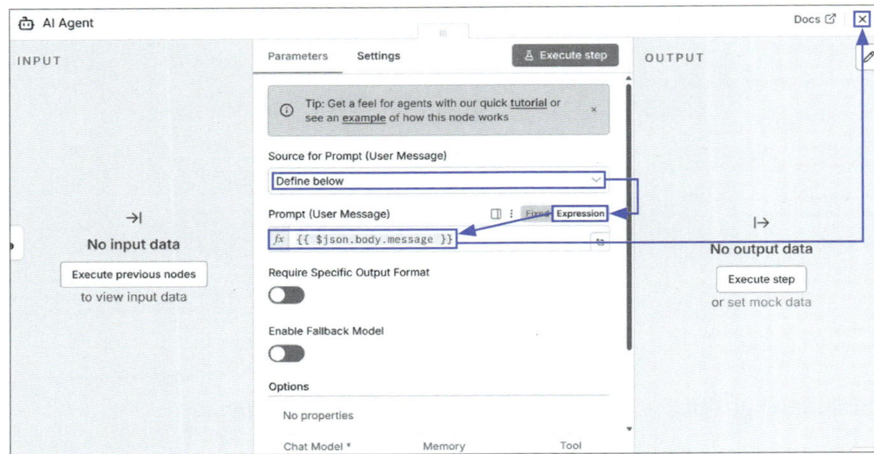

저자 노트

Expression은 왜 사용하나요?

Expression을 사용하면 이전 노드(Webhook)에서 받은 데이터를 참조할 수 있습니다. `$json.body.message`는 웹훅으로 전송된 JSON 데이터에서 body 안의 `message` 값을 가져오라는 의미입니다. 즉, 사용자가 입력한 채팅 메시지를 AI Agent가 받아서 처리합니다.

주의

'Expression'으로 선택하지 않을 경우 웹훅에서 메시지를 받아 오지 못합니다. 반드시 'Expression'을 체크해 주세요.

8. 현재까지 워크플로를 확인할 수 있습니다. Webhook에서 메시지를 받아 오면 AI Agent가 답변을 생성하는 구조입니다. 하지만 AI Agent 노드는 아직 빈 껍데기 상태입니다. 실제로 작동하려면 OpenAI 같은 AI 모델을 연결해야 합니다.

▼ 그림 13-12 웹훅과 AI Agent가 연결된 워크플로

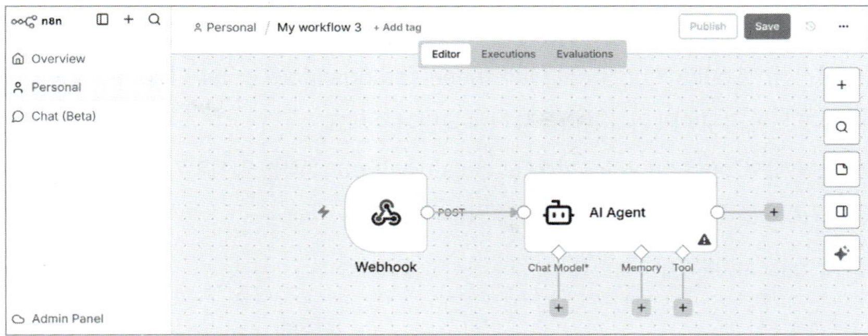

9. AI Agent 노드 아래쪽에 있는 [Chat Model] 섹션의 + 버튼을 클릭합니다. 챗GPT를 연결하기 위해 **OpenAI Chat Model**을 선택합니다.

▼ 그림 13-13 OpenAI Chat Model 연결

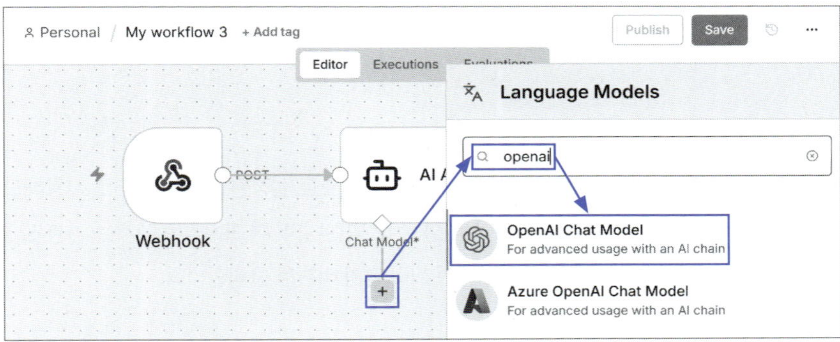

10. OpenAI Chat Model 설정 화면에서 'Credential to connect with' 항목을 클릭하고, 가장 아래쪽에 있는 **+ Create new credential**을 선택합니다.

▼ 그림 13-14 OpenAI 인증 정보 생성

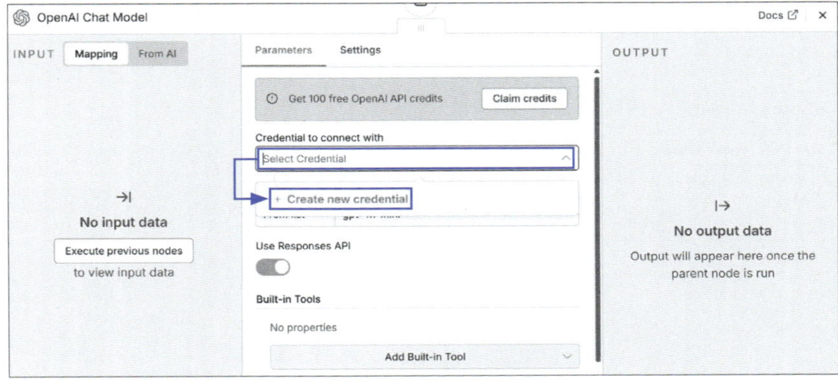

11. OpenAI에서 발급받은 API 키를 입력란에 붙여 넣고 **Save** 버튼을 누릅니다. 연결 테스트가 자동으로 진행되며 다음 메시지가 나타납니다.

- 실패 시(빨간색) "Couldn't connect with these settings More details [Retry]"라는 메시지가 표시됩니다. 이 경우 API 키가 올바른지 다시 확인해 주세요.
- 성공 시(초록색) "Connection tested successfully [Retry]"라는 메시지가 표시됩니다. 연결에 성공했으므로 오른쪽 위의 **닫기(X)** 버튼을 클릭합니다.

▼ **그림 13-15** OpenAI API 키 입력 및 연결

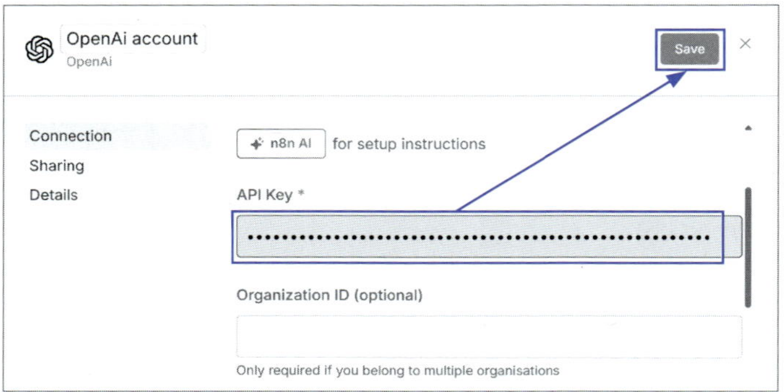

12. 'Model' 항목에서 사용할 챗GPT 모델을 선택합니다. 기본값으로 설정된 모델을 그대로 사용해도 되고, 필요에 따라 다른 모델(예 GPT-5 등)을 선택할 수도 있습니다. 이 프로젝트에서는 기본 모델을 그대로 사용하겠습니다. 설정을 완료했으면 오른쪽 위의 **닫기** 버튼을 클릭합니다.

▼ **그림 13-16** OpenAI 모델 선택

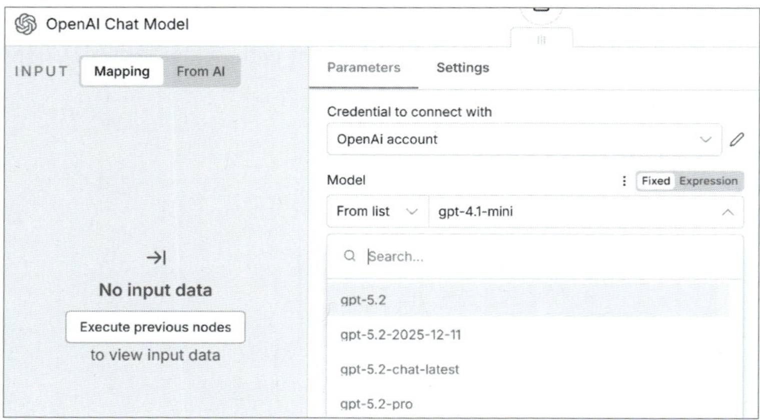

13. AI Agent 노드에 OpenAI Chat Model이 연결된 것을 확인할 수 있습니다.

▼ 그림 13-17 AI Agent에 연결된 AI 모델

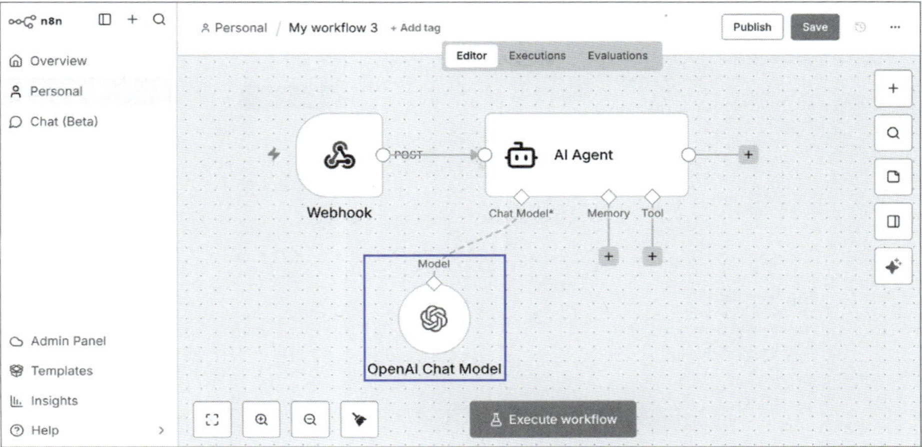

14. 마지막으로 AI Agent 노드 오른쪽에 있는 + 버튼을 클릭합니다. 검색창에 'webhook'을 입력하고, 이번에는 Respond to Webhook 노드를 선택합니다. Respond to Webhook 노드는 처음에 설정한 Webhook 노드로 결과를 되돌려 주는 역할을 합니다. AI Agent가 생성한 답변을 이 노드를 통해 웹훅을 호출한 애플리케이션(우리가 만들 채팅창)으로 전송합니다.

▼ 그림 13-18 Respond to Webhook 노드 검색 및 선택

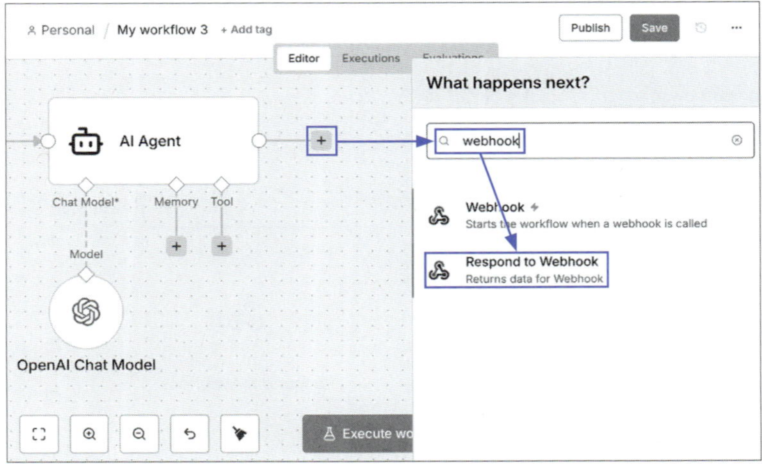

15. Respond to Webhook 노드에서는 별도로 설정할 내용이 없습니다. 기본 설정 그대로 사용하면 AI Agent의 출력을 자동으로 응답으로 보내 줍니다. **닫기** 버튼을 클릭합니다.

▼ **그림 13-19** Respond to Webhook 노드 기본 설정 화면

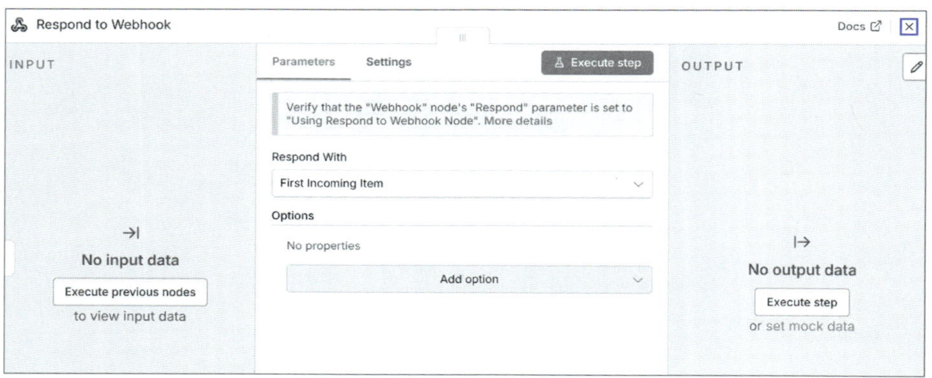

16. 최종적으로 다음과 같은 워크플로가 완성되었습니다.

워크플로 흐름은 다음과 같습니다.

① Webhook: 채팅창에서 사용자 메시지를 받습니다.

② AI Agent: OpenAI 모델을 사용하여 답변을 생성합니다.

③ Respond to Webhook: 생성된 답변을 채팅창으로 다시 보냅니다.

17. 워크플로 이름을 지정하기 위해 위쪽의 **My workflow**를 클릭하고 적절한 이름(예 챗봇 워크플로)을 입력합니다. 그리고 **Save** 버튼을 눌러 저장하고 마지막으로는 **Publish** 버튼을 누릅니다.

▼ **그림 13-20** 완성된 챗봇 워크플로

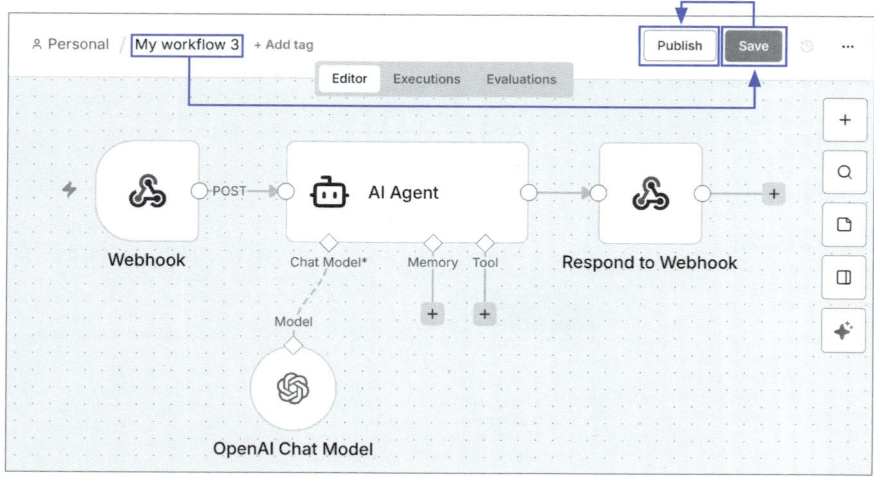

[Publish] 버튼을 누르면 배포 확인 팝업창이 뜹니다. 한 번 더 **Publish** 버튼을 누르세요.

▼ **그림 13-21** Publish 확인 팝업창

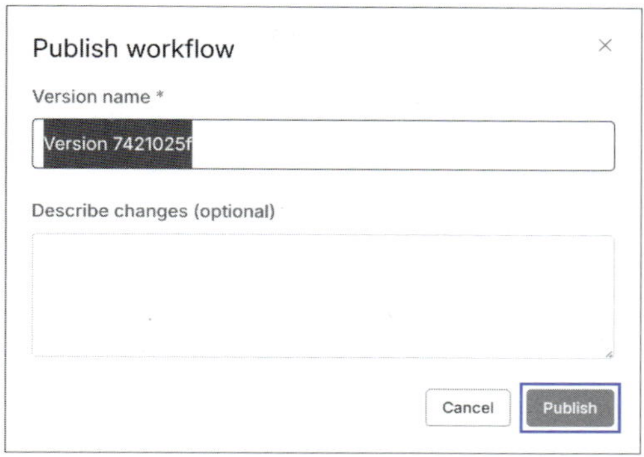

배포가 완료되면 다음 그림과 같이 [Publish]가 비활성화 버튼처럼 보입니다. 워크플로 편집에서 변화가 생기면 다시 버튼이 활성화됩니다.

▼ **그림 13-22** Publish 완료 후 화면

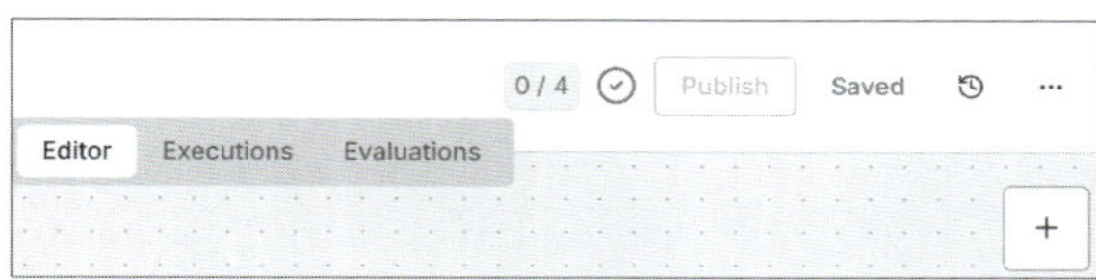

이제 커서로 채팅 인터페이스를 만들어 이 워크플로와 연결해 보겠습니다.

저자 노트

Save와 Publish

- **Save**: 워크플로를 임시 저장합니다. 작업 중인 내용을 보관하지만 아직 실행되지는 않습니다.
- **Publish**: 저장된 워크플로를 실제로 배포하여 작동하도록 만듭니다. Publish를 해야만 웹훅 URL로 요청이 왔을 때 워크플로가 실행됩니다.

워크플로를 수정한 경우 반드시 **Save → Publish** 순서로 클릭해야 수정 내용이 실제 워크플로에 반영됩니다. Save만 하고 Publish를 하지 않으면 이전 버전의 워크플로가 계속 실행됩니다.

13.4 SECTION 프로젝트 계획 세우기

13.4.1 프로젝트 시작하기

1. n8n과 연동된 챗봇 서비스 개발을 시작하겠습니다. 먼저 커서를 실행하고 **Open project** 버튼을 누릅니다.

▼ 그림 13-23 커서 실행 화면

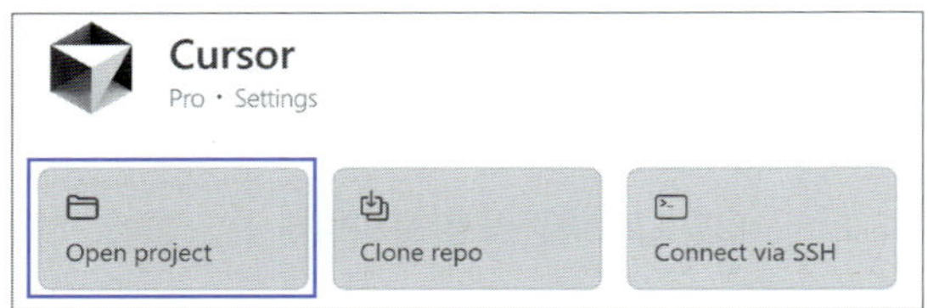

2. 새로운 프로젝트를 위해 새 폴더를 만들고 프로젝트 이름을 입력합니다. 필자는 'n8n_chat'이라고 작성했습니다. 그 후 **폴더 선택** 버튼을 누릅니다.

▼ 그림 13-24 프로젝트 폴더 생성

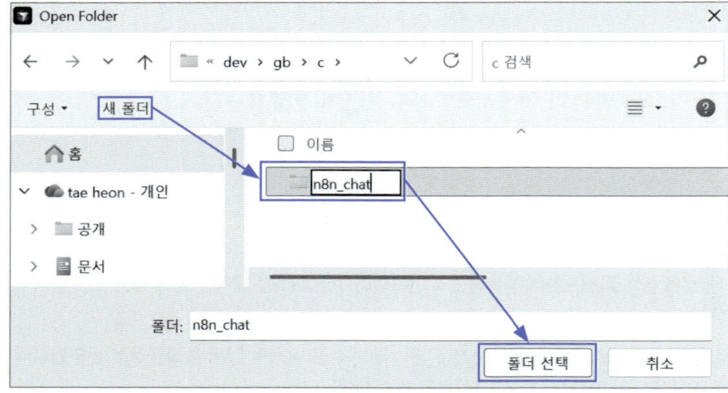

13.4.2 계획 세우기

커서 Plan 모드를 사용하여 계획을 작성하겠습니다. n8n에서 복사한 웹훅 Production URL을 함께 전달해야 합니다.

커서 채팅창에 다음과 같이 입력해 주세요. n8n 웹훅과 연동된 챗봇 서비스를 만들고 싶다는 기본 요구 사항을 작성합니다.

입력

채팅 서비스를 만들어 줘.

프런트엔드는 커서로 만들고, 백엔드는 n8n 웹훅을 통해 사용하려고 해.

- n8n 웹훅과 POST 방식으로 통신
- message와 sessionId를 함께 전송
- Production URL: (직접 입력)

계획 단계에서는 커서의 컴포저(Composer) 모델을 선택하겠습니다. Plan 모드와 컴포저 모델을 선택한 후 화살표 모양 버튼을 클릭합니다.

▼ **그림 13-25** 계획을 세우는 요청 화면

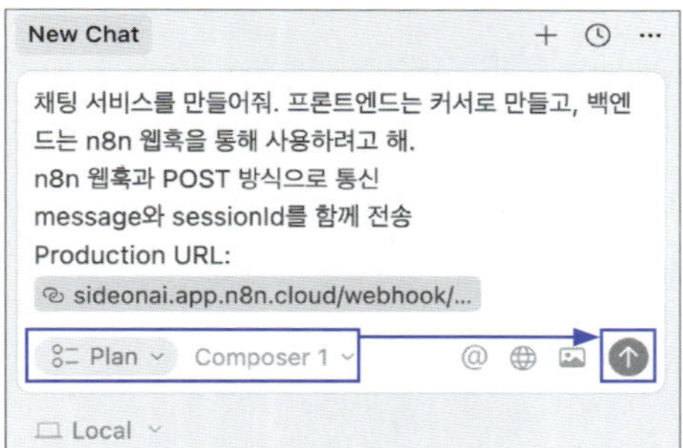

요청을 보내면 커서가 구체적인 계획을 작성하려고 몇 가지를 추가로 질문합니다.

출력

▼ **그림 13-26** 커서의 추가 질문

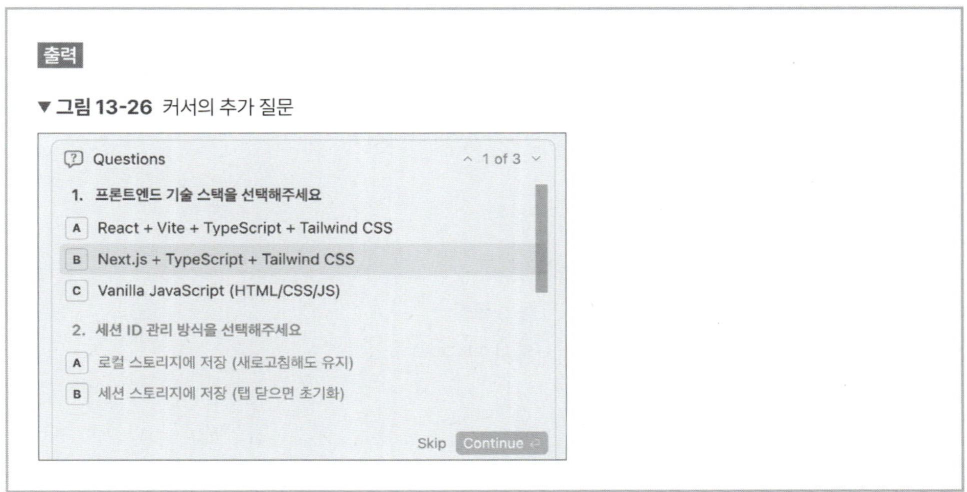

AI에 선택권을 맡겨 보겠습니다.

> **입력**
>
> 네가 알아서 해 줘.

커서가 최적의 기술 스택을 선택하고 구체적인 계획을 작성해 줍니다. 채팅 프런트엔드를 구축하고, n8n 웹훅과 POST 방식으로 통신하는 채팅 서비스 구현 계획을 세웠습니다.

> **출력**
>
> 채팅 서비스 구현 계획
>
> 기술 스택
>
> - 프런트엔드: React + Vite + TypeScript + Tailwind CSS
> - 통신: n8n 웹훅(POST 요청)
> - 상태 관리: React Hooks(useState, useEffect)
> - 스토리지: localStorage(세션 ID 및 메시지 히스토리)
>
> 주요 기능
>
> 1. 세션 관리(src/utils/sessionManager.ts)
>   - UUID 기반 세션 ID 생성
>   - localStorage에 세션 ID 저장 및 불러오기
>   - 새로고침 시에도 동일 세션 유지
> 2. n8n 웹훅 통신(src/services/n8nService.ts)
>   - POST 요청으로 메시지 전송
>   - 요청 페이로드: { message: string, sessionId: string }
>   - 에러 처리 및 응답 파싱
> 3. 채팅 UI 컴포넌트
>   - ChatContainer: 메인 컨테이너, 상태 관리
>   - MessageList: 메시지 목록 표시, 자동 스크롤
>   - MessageItem: 개별 메시지 표시(사용자/봇 구분)
>   - ChatInput: 메시지 입력 및 전송

4. 메시지 히스토리 관리

- localStorage에 메시지 배열 저장
- 앱 시작 시 히스토리 복원
- 새 메시지 추가 시 자동 저장

구현 세부 사항

n8n 웹훅 엔드포인트

- URL: https://sideonai.app.n8n.cloud/webhook/dcd6d22f-d21d-4c75-ac43-e6977be88646
- Method: POST
- Content-Type: application/json
- Body: { "message": string, "sessionId": string }

스타일링

- Tailwind CSS로 모던한 채팅 UI 디자인
- 다크 모드 지원 고려

SECTION 13.5 챗봇 서비스 개발

커서가 계획을 세우고 나면 [Build] 버튼이 자동으로 생성됩니다. 이 버튼을 누르면 Plan 모드에서 Agent 모드로 자동으로 변경되며 개발이 시작됩니다. 이때 모델을 변경할 수 있지만 필자는 그대로 컴포저 모델을 사용하겠습니다. Build 버튼을 누르면 커서가 자동으로 코드를 작성하기 시작합니다.

▼ **그림 13-27** [Build] 버튼을 눌러 개발 시작

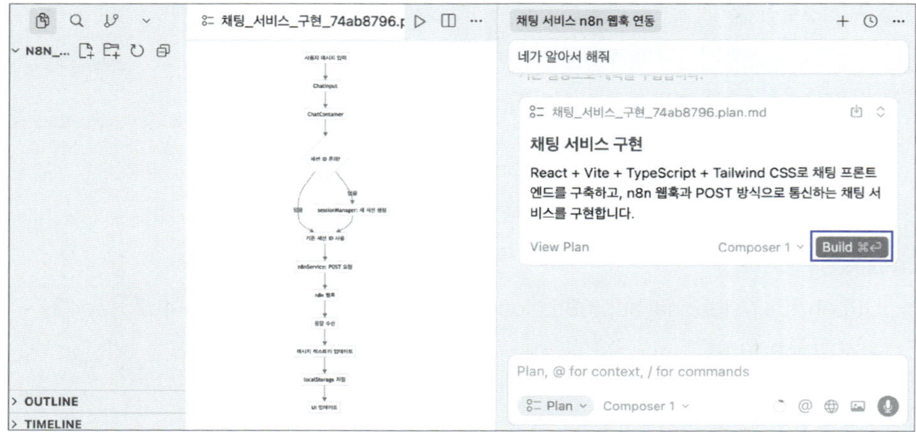

개발이 완료되었습니다. 개발한 내용을 저장하려고 Keep All 버튼을 누릅니다.

▼ **그림 13-28** 개발 완료 화면

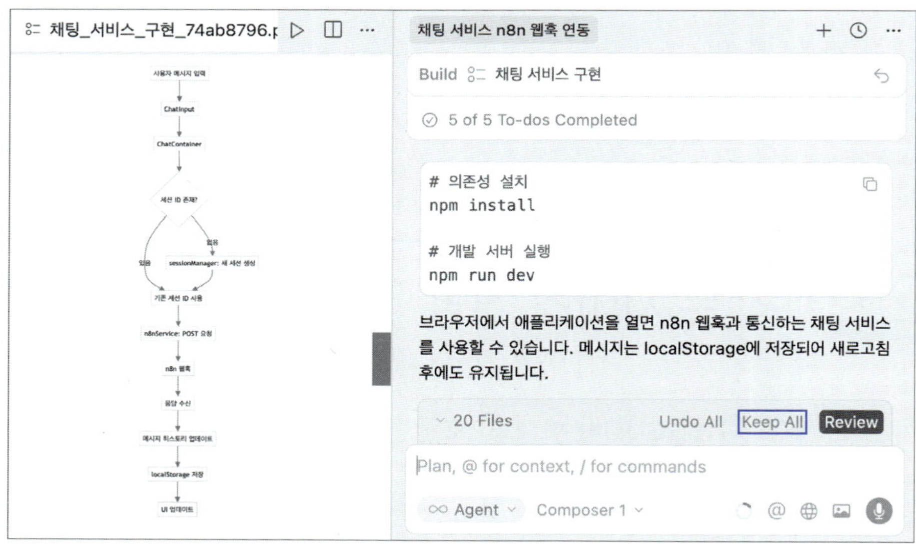

구현된 내용을 살펴보면 아직 실행된 것은 아니고, 실행 방법을 알려 주고 있습니다.

출력

채팅 서비스 구현을 완료했습니다.

프로젝트 구조

- React + Vite + TypeScript + Tailwind CSS 설정
- 필요한 설정 파일 생성(package.json, vite.config.ts, tsconfig.json 등)

핵심 기능

1. 세션 관리: UUID 기반 세션 ID 생성 및 localStorage 저장
2. n8n 웹훅 통신: POST 요청으로 메시지와 세션 ID 전송
3. 채팅 UI: 메시지 목록, 입력창, 사용자/봇 메시지 구분
4. 메시지 히스토리: localStorage에 저장 및 복원

주요 컴포넌트

- ChatContainer: 메인 컨테이너 및 상태 관리
- MessageList: 메시지 목록 표시 및 자동 스크롤
- MessageItem: 개별 메시지 표시
- ChatInput: 메시지 입력 및 전송

실행 방법

```
# 의존성 설치
npm install
# 개발 서버 실행
npm run dev
```

웹 브라우저에서 애플리케이션을 열면 n8n 웹훅과 통신하는 채팅 서비스를 사용할 수 있습니다. 메시지는 localStorage에 저장되어 새로고침 후에도 유지됩니다.

실행을 위해 한 번 더 요청합니다.

입력

실행해 줄래?

웹 서버를 시작하기 위해 npm을 설치한 후 자동으로 웹 브라우저가 열리면서 실행됩니다.

▼ **그림 13-29** 채팅 서비스 실행 화면

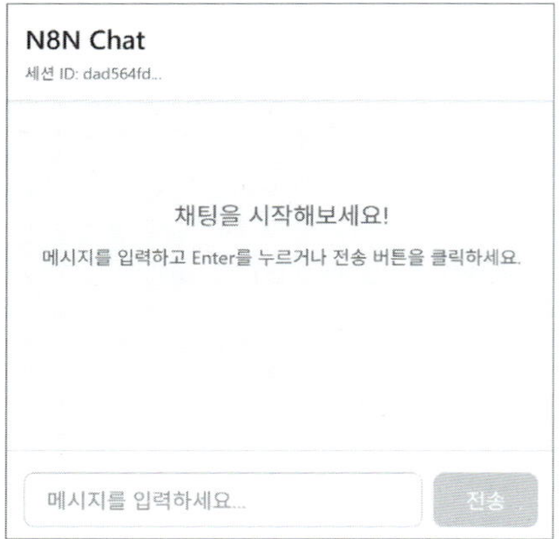

정상적으로 작동하는지 테스트해 보겠습니다.

'안녕'이라는 메시지를 전송했는데 에러가 발생했습니다. 웹 브라우저에서 F12를 눌러 개발자 도구를 열고 [Console] 탭을 클릭하여 에러 내용을 확인합니다. 에러 메시지를 복사하여 커서에 알려 줍니다.

▼ **그림 13-30** 에러 발생 화면 및 콘솔 메시지

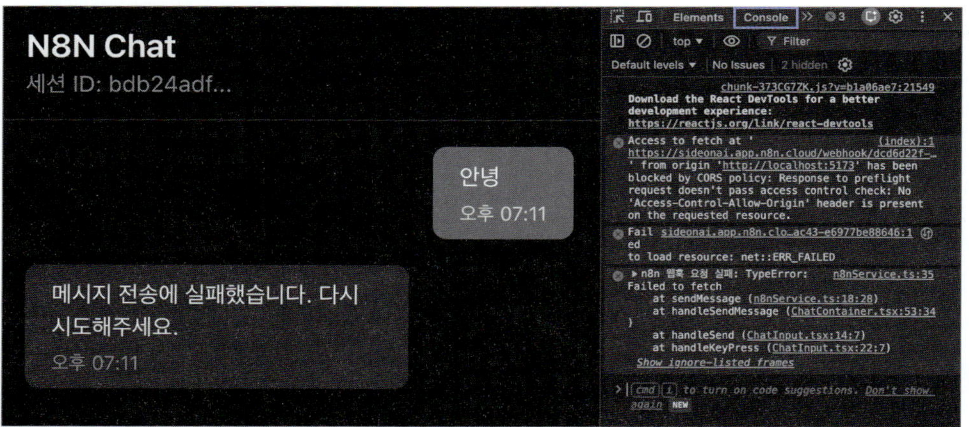

저자 노트

CORS 에러란

CORS(Cross-Origin Resource Sharing)는 웹 브라우저에서 다른 도메인의 서버로 직접 요청할 때 보안상 이유로 발생하는 에러입니다. 우리는 로컬 개발 서버(localhost)에서 n8n 클라우드 서버로 직접 요청하면서 발생했습니다.

입력

(콘솔에 있는 에러 메시지 내용)

출력

CORS 문제 해결을 위해 Vite 프록시 설정을 추가했습니다. 변경 사항을 적용하려면 개발 서버를 재시작하세요.

변경 사항:

1. vite.config.ts에 프록시 설정 추가: /api/n8n 경로를 n8n 웹훅으로 프록시
2. n8nService.ts 수정: 개발 환경에서는 프록시 경로 사용, 프로덕션에서는 직접 URL 사용

서버 재시작 방법:

1. 현재 실행 중인 서버를 중지하세요(터미널에서 Ctrl + C)
2. 다음 명령어로 다시 시작하세요:

```
npm run dev
```

또는 제가 재시작해 드릴까요?

재시작하면 CORS 에러 없이 n8n 웹훅과 통신할 수 있습니다.

다시 한 번 커서에 재시작해 달라고 요청합니다. 서버가 재시작되고 채팅이 정상적으로 작동하는 것을 확인할 수 있습니다. 그런데 메시지 내용이 개발자용 형식으로 출력되었습니다.

▼ 그림 13-31 재시작 후 응답 메시지 확인(JSON 형식으로 표시됨)

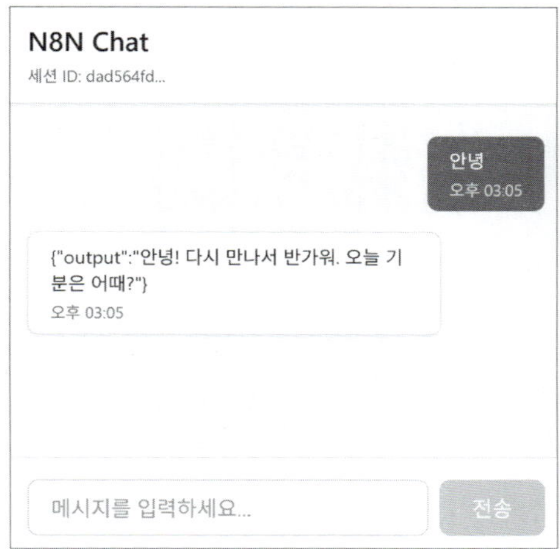

커서에 메시지 내용을 복사해서 이렇게 메시지가 표시된다고 알려 줍니다.

{"output":"안녕하세요! 어떻게 도와드릴까요?"} 이렇게 코드 형식으로 메시지가 보여.

출력

응답 파싱에서 output 필드를 가장 먼저 확인하도록 수정

{"output":"안녕하세요! 어떻게 도와드릴까요?"} 형식의 응답을 올바르게 처리

이제 정상적으로 메시지가 표시되는 것을 확인할 수 있습니다.

▼ **그림 13-32** 응답 메시지 파싱 수정 완료

13.6 SECTION 메모리 기능 추가

대화를 시작해 보겠습니다. 간단히 내 이름을 소개하고 난 후 내가 누구인지 물었습니다. 그런데 전혀 기억을 못하는 현상이 발생했습니다. n8n Agent에서는 대화를 기억하려면 Memory를 추가해야 합니다.

▼ **그림 13-33** 대화 기억 실패

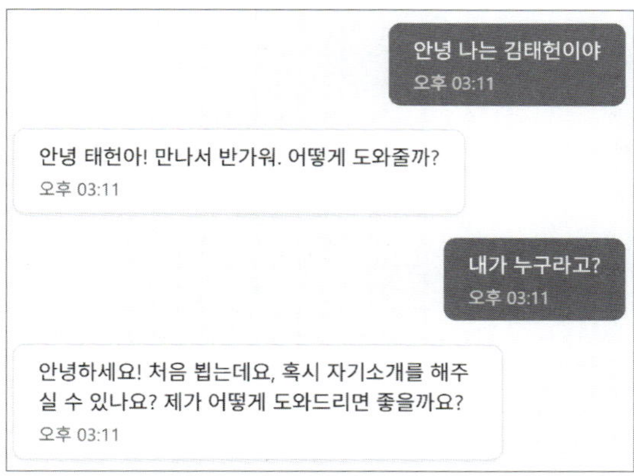

n8n 워크플로 Editor 화면에서 AI Agent 아래쪽에 Memory 부분에 있는 + 버튼을 클릭합니다. 그리고 나타나는 오른쪽 메뉴에서 Simple Memory를 선택합니다.

▼ **그림 13-34** AI 에이전트에 기억 기능 추가

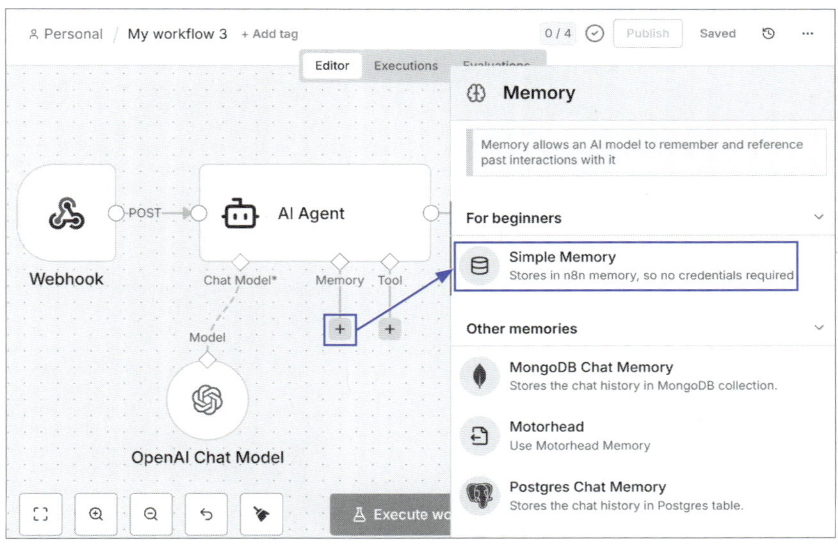

Simple Memory 노드 설정에서 첫 번째 'Session ID' 항목은 Define below로 선택합니다. 두 번째는 Key 입력 부분에 마우스를 올려 나타나는 Expression 버튼을 누릅니다. 그리고 다음 코드를 입력합니다. 커서에서 개발할 때 세션 ID(sessionId)를 요청했는데 이는 대화 사용자를 구분하는 값입니다.

```
{{ $json.body.sessionId }}
```

▼ **그림 13-35** Simple Memory 노드 설정

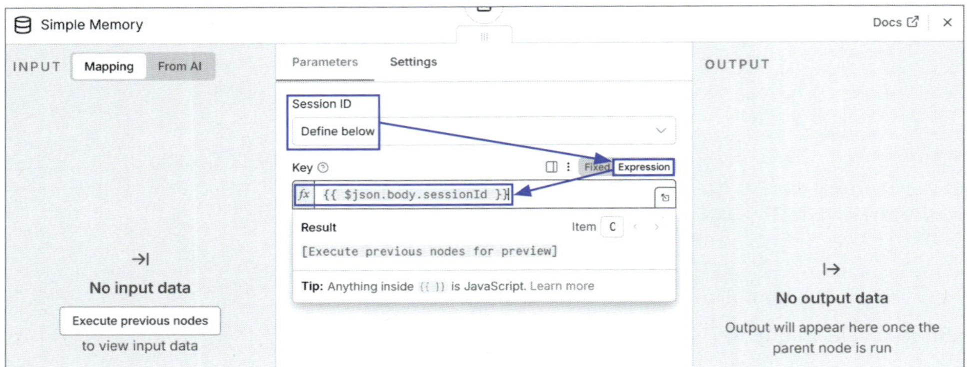

세 번째 'Context Window Length' 항목은 채팅을 몇 개 기억할지 설정하는 곳입니다. 최근 대화 메시지를 몇 개 기억할지 설정합니다. 기본값은 5로 설정되어 있으며, 이는 세션 ID별로 최근 대화 쌍(사용자 메시지+AI 응답) 다섯 개를 기억한다는 의미입니다. 기본값을 그대로 사용하겠습니다.

▼ **그림 13-36** Context Window Length 설정

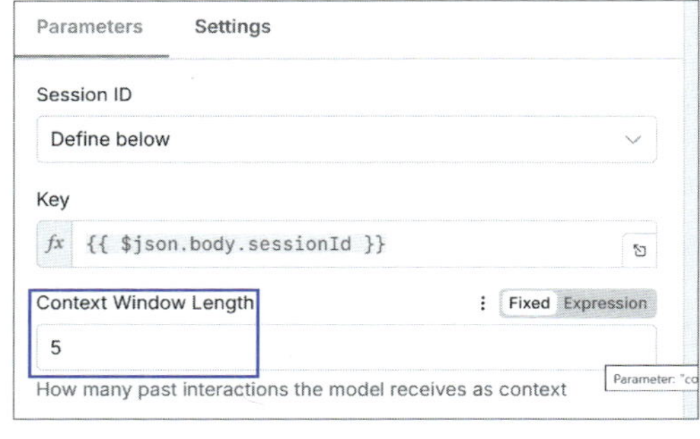

설정이 완료되었으면 오른쪽 위의 **닫기** 버튼을 클릭합니다. 그리고 워크플로를 수정했으니 Save 〉 Publish 순으로 버튼을 누릅니다.

▼ **그림 13-37** Memory 노드가 추가된 워크플로

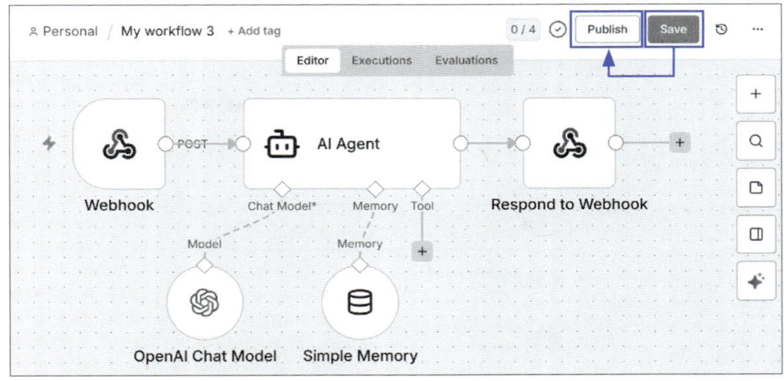

다시 한 번 채팅을 테스트합니다. Memory 기능이 추가되어 내 이름을 기억하는 것을 확인할 수 있습니다.

▼ **그림 13-38** Memory 기능 테스트

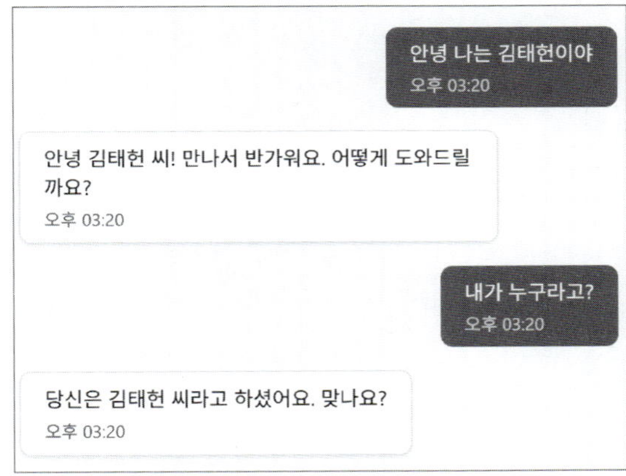

13.7 SECTION 구글 시트 도구 추가

단순한 AI 챗봇이 아니라 특정 구글 시트와 연결해서 정보를 가져올 수 있는 AI 챗봇으로 만들어 보겠습니다. AI Agent 노드 아래쪽 Tool에 있는 + 버튼을 클릭합니다. 그리고 나타나는 검색창에 'sheet'를 입력하고 Google Sheets Tool 노드를 선택합니다.

▼ **그림 13-39** Tool 추가 및 Google Sheets Tool 선택

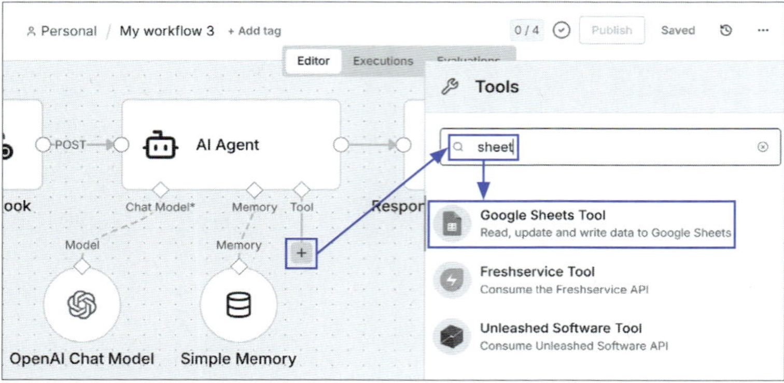

구글 시트 노드 설정 화면이 나오면 순서대로 설정합니다.

▼ **그림 13-40** Google Sheets Tool 노드 설정 화면

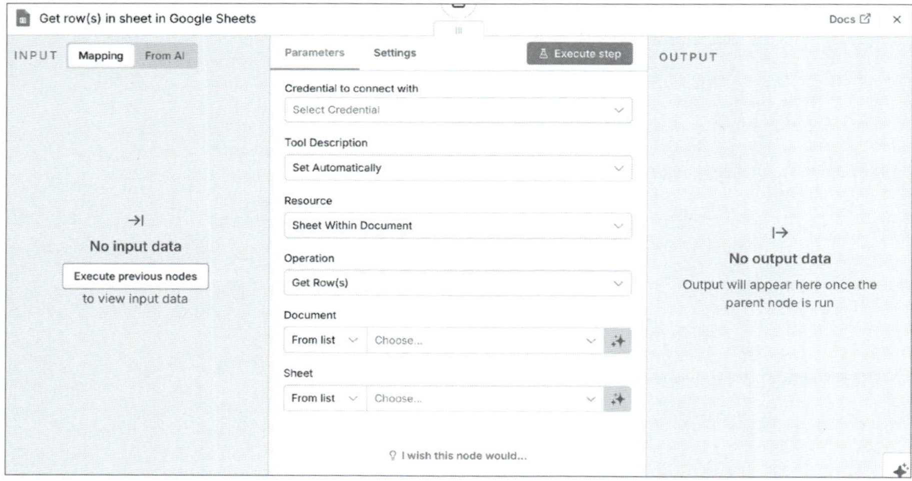

첫 번째로 본인의 구글 계정을 연결하려고 Credential to connect with 〉 + Create new credential 을 선택합니다.

▼ **그림 13-41** 구글 인증 정보 생성

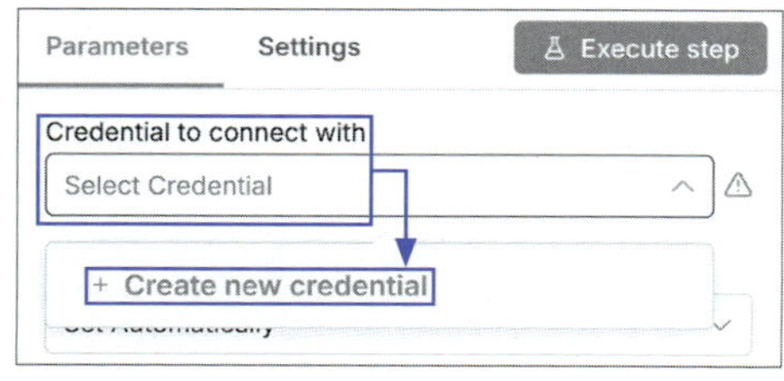

Sign in with Google 버튼을 누르고 구글 계정으로 로그인합니다. 로그인 후 **닫기** 버튼을 클릭합니다.

▼ **그림 13-42** 구글 계정 로그인 및 권한 허용

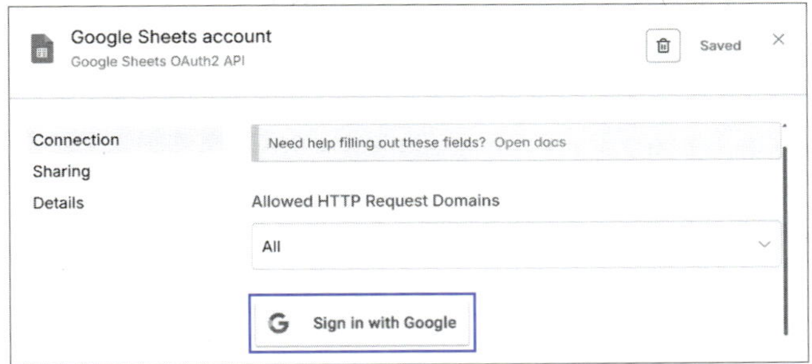

두 번째로 정상적으로 로그인한 후 'Document' 항목에서 Choose...를 클릭하면 구글 드라이브에 있는 스프레드시트 목록을 확인할 수 있습니다. 연결하고 싶은 구글 시트를 선택합니다. 필자는 설문 응답이 저장된 '[전자신문] 바이브코딩 5차(응답)'을 선택했습니다. 여러분은 보유하고 있는 시트 중 자유롭게 선택해 주세요.

▼ **그림 13-43** 구글 스프레드시트 선택

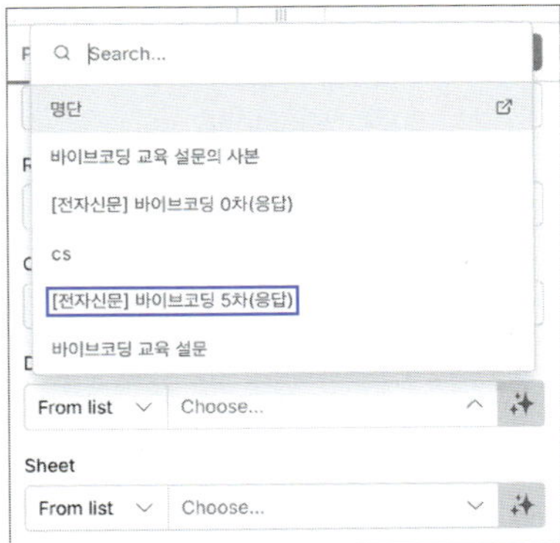

저자 노트

보유하고 있는 구글 시트가 없다면 실습을 위해 미리 준비된 구글 시트를 복사하여 사용할 수 있습니다.

실습용 설문 데이터 구글 시트 바로가기

1. 구글 시트 사본을 만들기 위해서는 구글(https://www.google.com) 계정 로그인이 필요합니다.

▼ **그림 13-44** 구글 웹 페이지

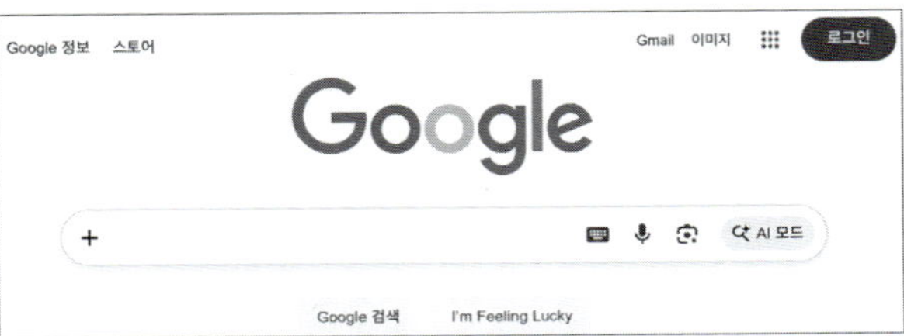

2. 다음 URL을 클릭하여 실습용 구글 시트를 엽니다.

   - URL: https://m.site.naver.com/1Z4Jf

▼ **그림 13-45** 설문 결과 샘플

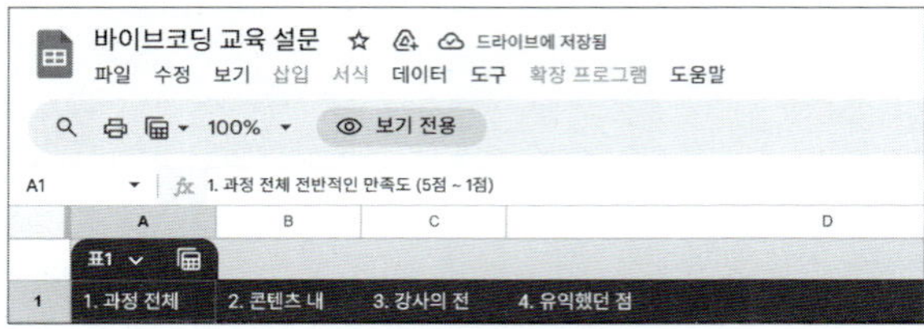

3. 구글 시트는 보기 전용으로 열립니다. 위쪽 메뉴에서 **파일 > 사본 만들기**를 선택하여 내 구글 드라이브로 복사합니다.

▼ **그림 13-46** 구글 시트 사본 만들기

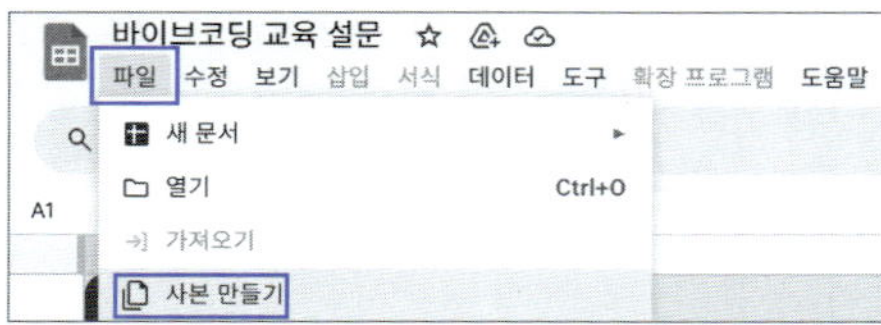

4. 이름과 위치를 자유롭게 변경할 수 있습니다. 필자는 기본 이름과 위치를 그대로 사용한 채 **사본 만들기** 버튼을 눌렀습니다.

▼ **그림 13-47** 사본 이름과 위치

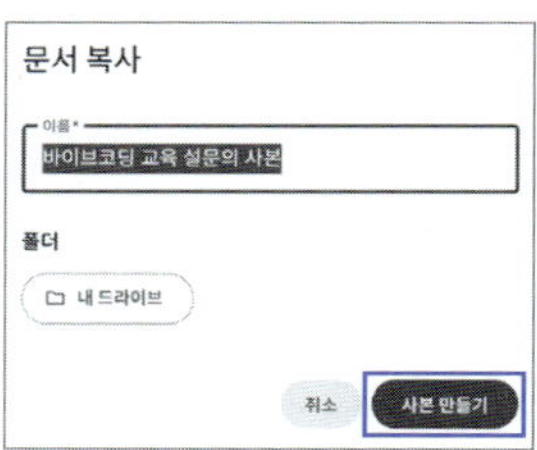

5. n8n 구글 시트 노드에서 방금 복사한 '바이브코딩 교육 설문의 사본'을 확인할 수 있습니다.

▼ **그림 13-48** 내 구글 드라이브에 있는 시트 선택

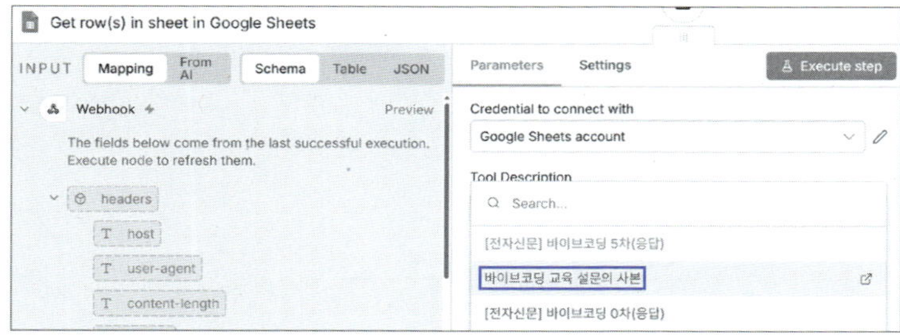

세 번째로 'Sheet' 항목에서 Choose...를 클릭하면 연결된 구글 스프레드시트 목록이 표시됩니다. 현재는 시트가 하나뿐이므로, 나타나는 항목을 그대로 선택했습니다.

▼ **그림 13-49** 워크시트 선택

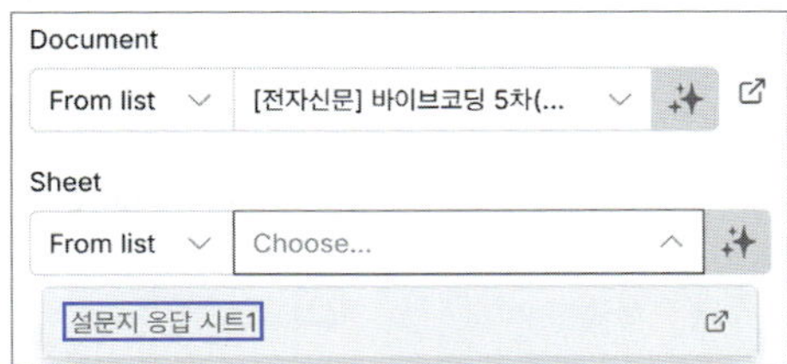

> **저자 노트**
>
> **구글 스프레드시트의 워크시트**
>
> 하나의 스프레드시트 파일은 여러 워크시트로 구성될 수 있습니다. 워크시트는 엑셀의 시트와 같은 개념으로 화면 아래쪽 탭을 클릭하여 원하는 워크시트로 전환할 수 있습니다.
>
> ▼ **그림 13-50** 구글 시트 아래쪽 워크시트 탭
>
> 17
> 18
> 19
> 20
> \+ ≡ 설문지 응답 시트1 ▾

설정이 완료된 후 **닫기** 버튼을 클릭합니다.

▼ **그림 13-51** Google Sheets Tool 설정 완료

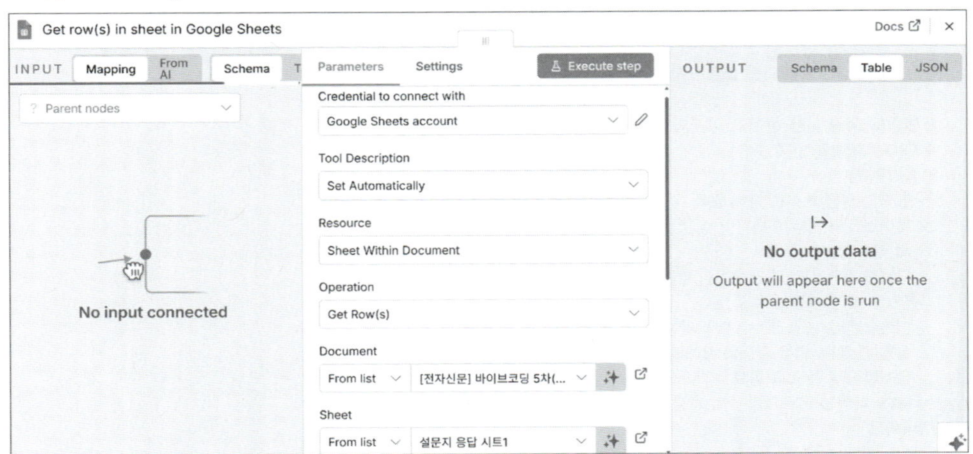

워크플로가 완성되었습니다. 다시 한 번 Save 〉 Publish 순으로 버튼을 누릅니다.

▼ **그림 13-52** 구글 시트가 연결된 최종 워크플로

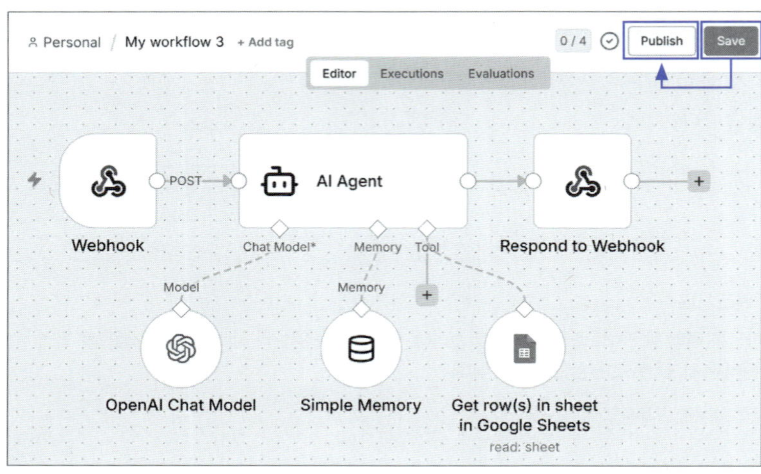

채팅창에서 다시 한 번 테스트해 보겠습니다. 이번에는 일반적인 질문이 아닌 구글 시트에 저장된 내용을 물어봅니다. 질문한 결과 구글 시트에서 정보를 가져와 정확한 답변을 제공하는 것을 확인할 수 있습니다.

▼ **그림 13-53** 구글 시트 데이터를 활용한 AI 응답

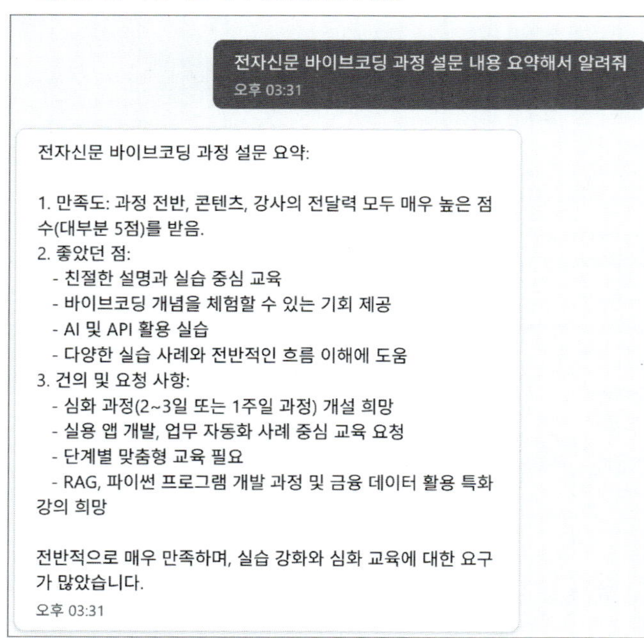

저자 노트

워크플로가 어떻게 실행되고 있는지 확인하는 방법

1. n8n 워크플로 에디터에서 위쪽의 **Executions** 버튼을 누릅니다.

▼ 그림 13-54 Executions 화면 전환

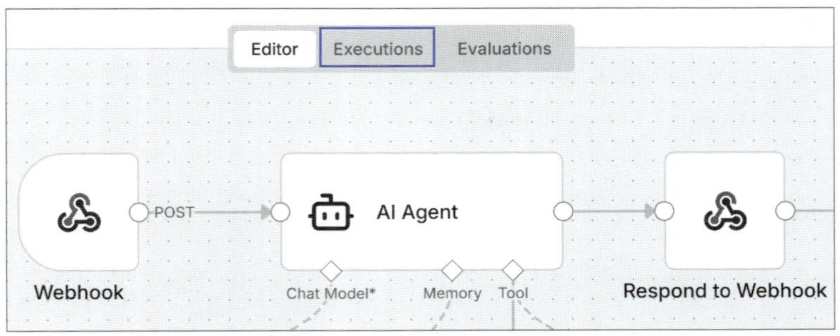

2. 왼쪽에서는 실행 히스토리와 성공 또는 실패 내역을 확인할 수 있고, 오른쪽에서는 각 노드의 실행 결과를 볼 수 있습니다. 문제가 발생했다면 어떤 노드에서 문제가 생겼는지 확인할 수 있습니다.

▼ 그림 13-55 워크플로 실행 내역 화면

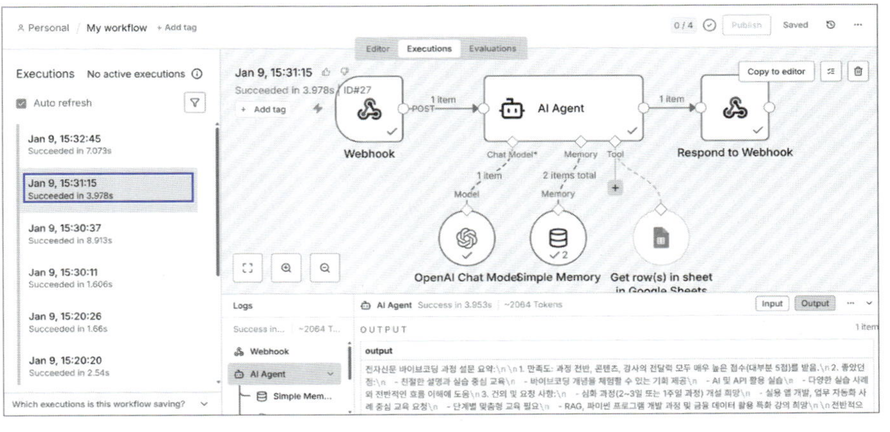

3. 다시 워크플로 편집 모드로 돌아오고 싶다면 화면 위쪽에서 **Editor** 버튼을 누릅니다.

이번 프로젝트에서는 커서로 프런트엔드 채팅 인터페이스를 만들고 n8n으로 백엔드 워크플로를 구성하여 구글 시트와 연결된 챗봇을 완성했습니다.

같은 방식으로 AI Agent 노드에 여러 구글 시트를 동시에 연결할 수 있으며, 데이터를 읽기만 하는 것이 아니라 작성과 수정도 가능합니다. n8n에는 Tool 노드가 수백 개 있어 이메일, 슬랙, 노션, 트렐로 등 다양한 업무 도구와 연결하여 더 강력한 자동화 시스템을 만들 수 있습니다.

n8n의 시각적인 워크플로 편집 기능 덕분에 비개발자도 복잡한 백엔드 로직을 눈으로 확인하며 구축할 수 있습니다. 여러분 업무 환경에 맞는 자동화 도구를 직접 만들어 보세요.

CHAPTER

14

MCP를 활용한 웹 브라우저 자동화 및 데이터 크롤링

지금까지 바이브 코딩으로 다양한 웹 애플리케이션을 만들어 보았습니다. 이 장에서는 한 단계 더 나아가 MCP를 활용하여 웹 브라우저 자동화와 데이터 크롤링을 구현해 보겠습니다. 복잡한 코드를 직접 작성하지 않고도 웹 사이트 테스트와 데이터 수집을 자동화할 수 있습니다.

14.1 SECTION MCP란

MCP(Model Context Protocol)는 커서가 외부 도구를 사용할 수 있게 해 주는 플러그인과 같은 기능입니다. 스마트폰에 앱을 설치하는 것과 비슷하다고 생각하면 됩니다. 기본 스마트폰으로도 많은 일을 할 수 있지만 유튜브, 넷플릭스, 카카오톡 같은 앱을 설치하면 더 많은 기능을 사용할 수 있습니다. MCP도 마찬가지로 커서에 웹 브라우저 제어, 피그마 연동, 노션 연결 등 새로운 기능을 추가해 줍니다.

현재 사용 가능한 MCP를 확인할 수 있는 플랫폼이 있습니다. 스미더리(https://smithery.ai/)에서는 다양한 MCP를 한곳에서 볼 수 있고, 커서 공식 사이트(https://cursor.com/docs/context/mcp)에서도 사용 가능한 MCP 목록을 확인할 수 있습니다. 이 장에서는 Playwright라는 웹 브라우저 자동화 MCP를 사용해 보겠습니다.

14.2 SECTION Playwright MCP 설치

Playwright MCP는 커서에 웹 브라우저 자동화 기능을 추가합니다. 우리가 바이브 코딩으로 만든 웹 사이트를 일일이 클릭하며 확인하는 대신 Playwright에 부탁하면 자동으로 점검해 줍니다. 예를 들어 "이 웹 사이트 점검해 줄래?"라고 요청하면 사람이 일일이 확인하지 않아도 Playwright가 대신 처리합니다.

우선 Playwright MCP를 설치해 보겠습니다.

1. 커서 MCP 웹 사이트(https://cursor.com/docs/context/mcp)에 접속합니다.

▼ 그림 14-1 커서 MCP 공식 사이트

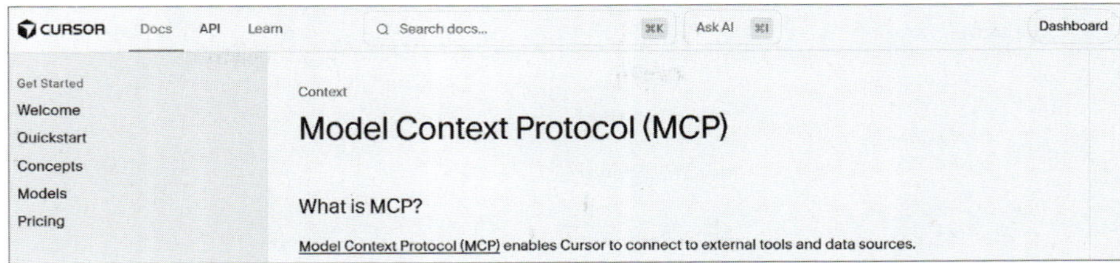

2. 페이지 중간에 있는 Servers 섹션에서 MCP를 검색할 수 있습니다. 검색창에 'Playwright'를 입력합니다.

▼ 그림 14-2 Playwright MCP 검색

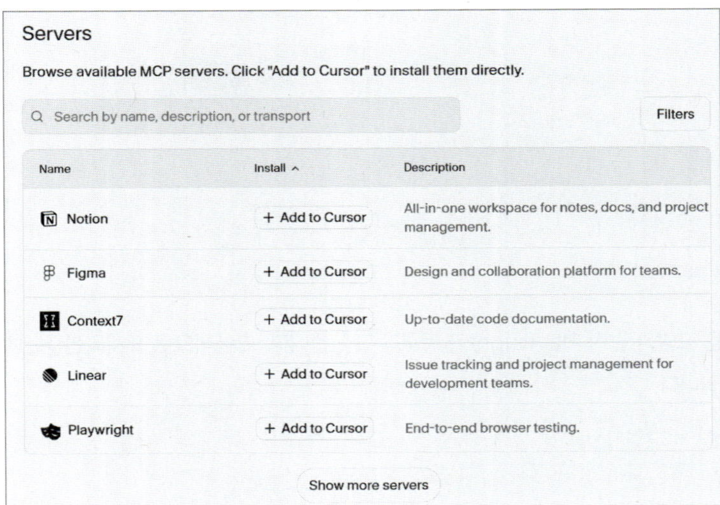

3. 검색 결과에서 **+ Add to Cursor** 버튼을 누릅니다.

▼ 그림 14-3 Playwright MCP 추가

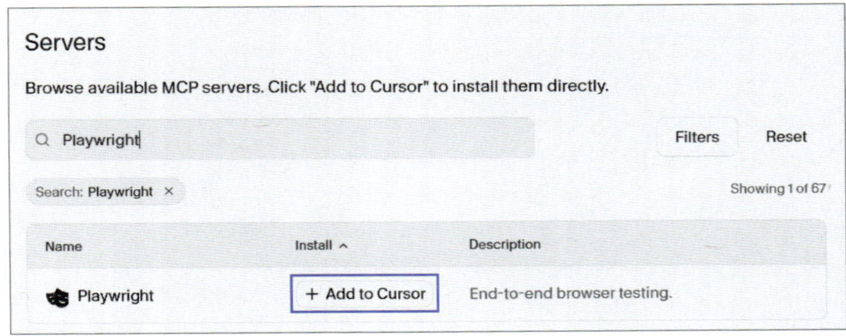

4. 커서가 자동으로 열리면서 설정 화면(Tools & MCP)이 나옵니다. **Install** 버튼을 누릅니다.

▼ **그림 14-4** Playwright MCP 설치 화면

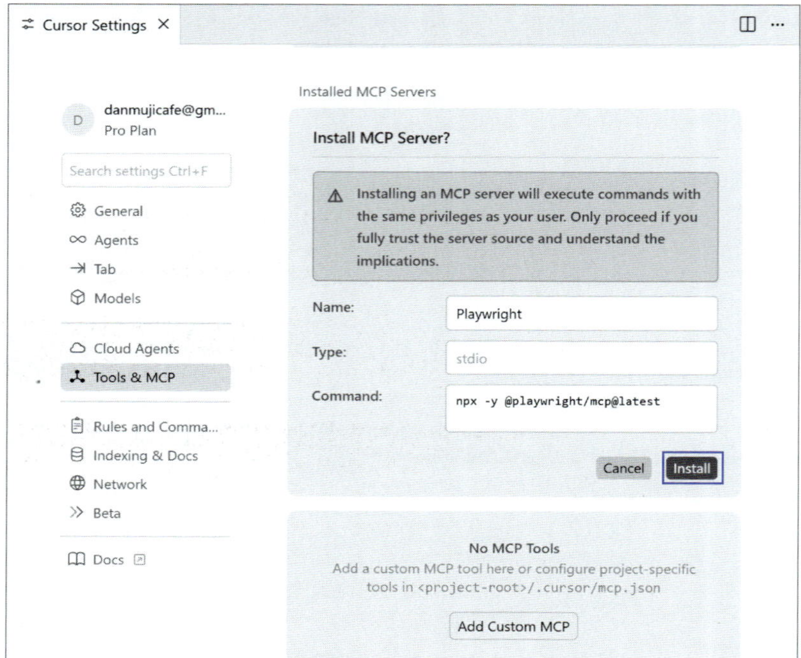

5. 설치가 완료되면 다음 그림과 같이 Playwright가 목록에 표시됩니다. 초록색으로 표시되면 정상적으로 작동 가능한 상태입니다.

▼ **그림 14-5** Playwright MCP 설치 완료

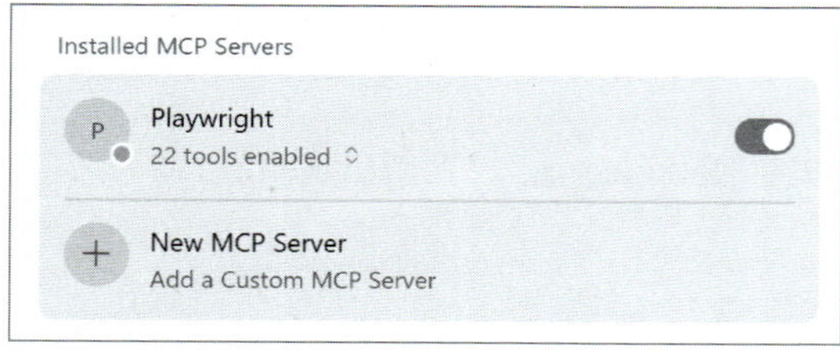

저자 노트

커서 웹 사이트 개편으로 앞의 방법대로 설치되지 않는다면 마이크로소프트 Playwright MCP 공식 저장소(https://github.com/microsoft/playwright-mcp)에서 **Cursor > Add to Cursor** 버튼을 눌러 동일하게 설치할 수 있습니다.

▼ **그림 14-6** 마이크로소프트 깃허브에서 Playwright MCP 추가

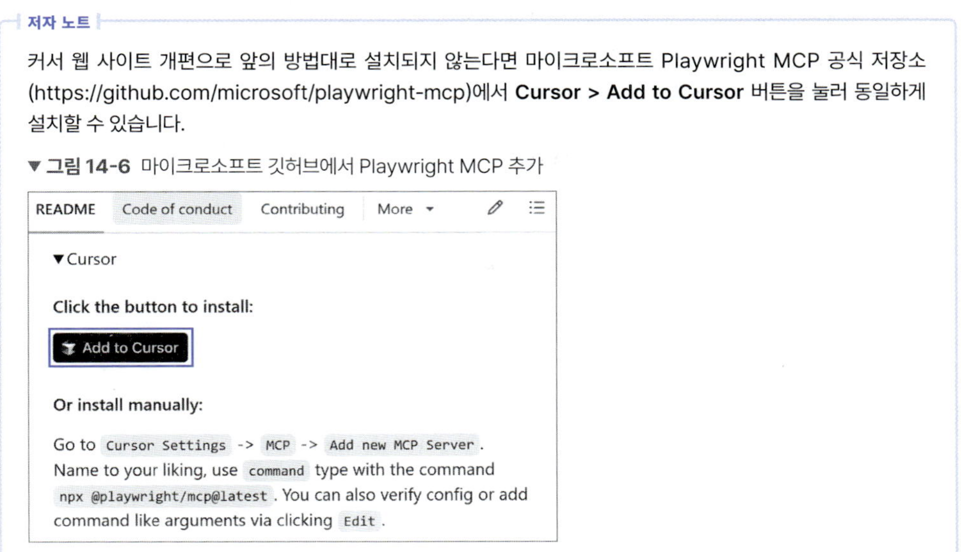

14.3 SECTION MCP 활용 1: 내가 만든 사이트 점검

이제 Playwright MCP를 활용하여 실제 웹 사이트의 기능을 자동으로 테스트해 보겠습니다. 이번 실습에서는 사이드온 AI 웹 사이트(https://www.sideonai.com)의 간편 문의 기능을 테스트해 보겠습니다. 커서의 Agent 모드와 컴포저 모델을 사용했습니다.

커서 채팅창에 다음과 같이 입력합니다. 제대로 작동하는지 확인하기 위해 실제 이메일 주소를 입력해 주세요.

입력

Playwright MCP 사용해서 www.sideonai.com 사이트에 문의하기 기능 테스트해 줄래?

내 이름은 김태헌이야.

내 메일은 (본인 이메일 입력)

네모 박스에 'Run…'과 같은 메시지가 표시되면 MCP가 실행되는 것입니다. **Allowlist** 버튼을 누릅니다.

▼ **그림 14-7** MCP 실행 허가 요청

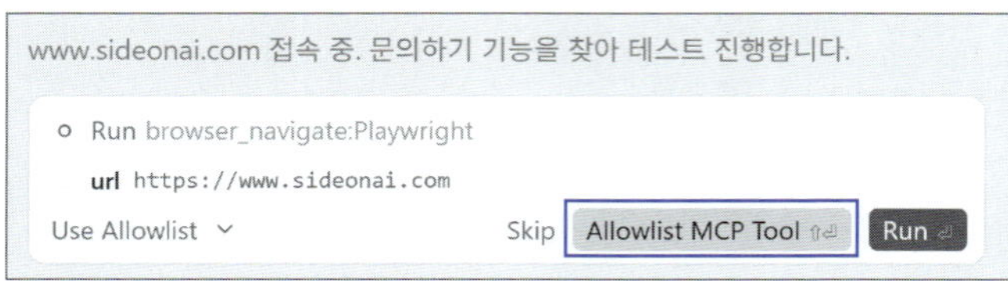

자동으로 웹 브라우저가 열리고, 커서에서는 추가 수락 요청이 나타납니다. 커서 화면과 새로 열린 웹 브라우저 화면을 함께 두고 잘 살펴보세요!

▼ **그림 14-8** 자동화 진행 과정

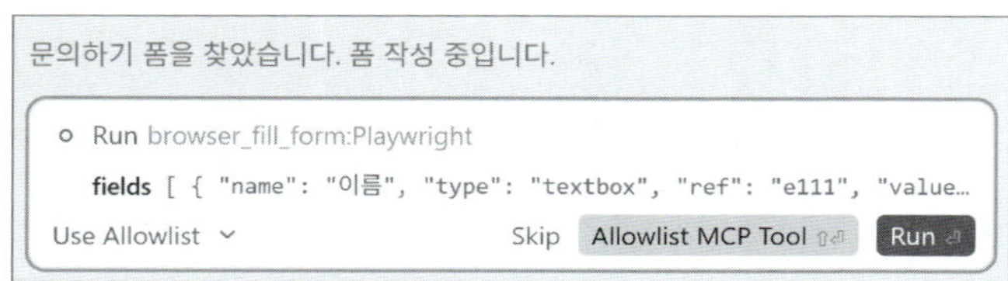

웹 브라우저에서 자동으로 웹 사이트에 접속하여 간편 문의 양식을 찾고, 이름과 이메일을 입력한 후 **제출** 버튼을 클릭합니다. 그리고 정상 작동하는 부분과 발견된 문제점을 보고합니다. 내용을 채우는 것과 전송은 순식간에 벌어지니 자동으로 진행되는 것을 잘 살펴봐 주세요. 다음 그림은 자동으로 채워진 내용입니다.

▼ **그림 14-9** 자동으로 입력된 문의 양식

문의하기

이름 *

김태헌

이메일 *

danmujicafe@gmail.com

회사/소속

(주)테크컴퍼니

문의 내용 *

Playwright MCP를 사용한 문의하기 기능 테스트입니다.
폼이 정상적으로 작동하는지 확인 중입니다.

59/2000

전송 중...

출력

테스트 완료. 간편 문의 기능이 정상 작동합니다.

테스트 결과:

- 폼 입력: 이름, 이메일 문의 내용 입력 완료
- 전송 성공: 서버 응답 200, {"result":"success","message":"문의가 성공적으로 접수되었습니다."}
- 사용자 피드백: 성공 메시지 표시됨
- 폼 초기화: 전송 후 필드가 비워짐

확인된 기능:

1. 필수 필드(이름, 이메일, 문의 내용) 입력
2. 문의 전송 버튼 작동
3. 서버 API 통신 및 성공 응답 처리
4. 성공 메시지 표시
5. 폼 자동 초기화

문의가 정상적으로 접수되었으며, 확인 메일이 발송될 예정입니다.

가장 아래쪽에서 문의가 정상적으로 접수되었음을 확인할 수 있습니다.

▼ **그림 14-10** 문의 접수 완료 화면

14.4 SECTION MCP 활용 2: 웹 사이트 데이터 크롤링

이번에는 Playwright MCP를 사용하여 실제 웹 사이트에서 데이터를 수집해 보겠습니다. 커서에 바이브 코딩으로 요청해도 크롤링이 가능하지만, Playwright를 사용하면 동적으로 생성되는 콘텐츠도 수집할 수 있다는 장점이 있습니다.

커서 채팅창에 다음과 같이 입력해 보겠습니다.

입력

playwright mcp를 사용해서

https://www.gilbut.co.kr/search/search_book_list

크롤링해서 csv로 만들어 줄래?

이렇게 요청하면 Playwright MCP가 자동으로 길벗 출판사의 도서 목록 페이지에 접속하여 도서 정보를 수집하기 시작합니다. 웹 사이트 페이지에 있는 내용을 크롤링한 것을 CSV로 만들어서 보여 줍니다.

▼ **그림 14-11** 크롤링 결과 CSV 파일

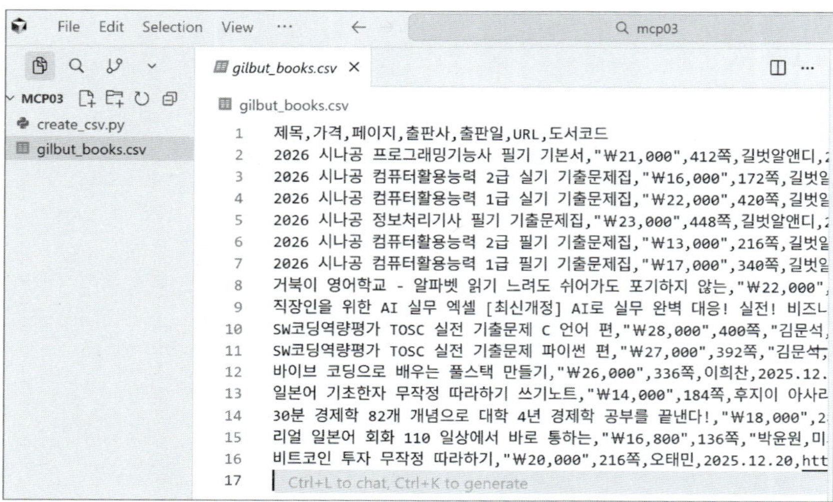

추가로 커서에 다음 페이지가 있음을 알려 줍니다. 여러 페이지에 걸쳐 있는 도서 정보를 자동으로 넘겨 가며 수집할 수 있습니다. 때로는 요청하지 않아도 Playwright MCP가 자동으로 다음 페이지를 찾아 검색해 주기도 합니다.

> **입력**
>
> 페이지 번호를 클릭하면 다음 도서 페이지 정보를 볼 수 있어.

▼ **그림 14-12** 다중 페이지 크롤링 진행

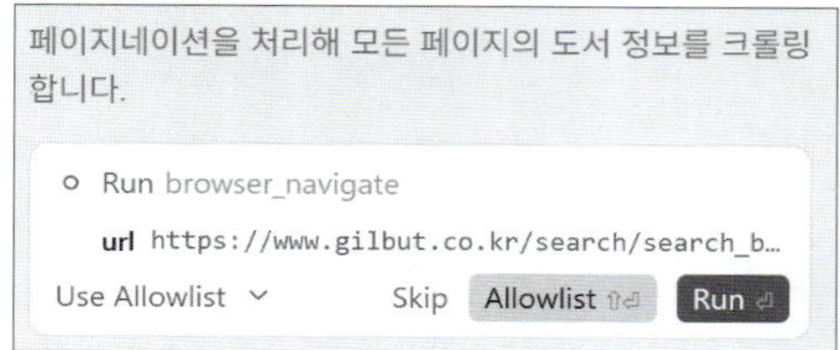

데이터를 수집하고 있는 과정을 확인할 수 있습니다.

▼ **그림 14-13** 데이터 수집 진행 상황

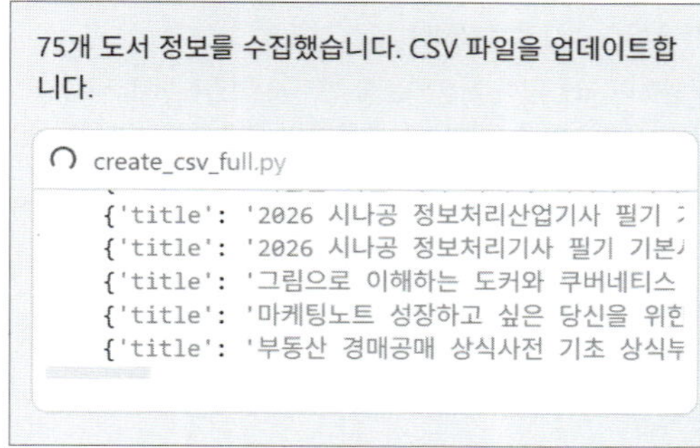

최종적으로 "총 75개의 도서 정보를 수집했습니다. CSV 파일로 저장되었습니다."라는 메시지와 함께 파일 내려받기 링크가 제공됩니다. 기술적으로는 수천 권의 데이터 수집이 가능하지만, 서버 부담과 안정성을 고려하여 소량(100개 이내)만 수집하는 것을 권장합니다.

▼ **그림 14-14** 크롤링 완료 및 결과 파일

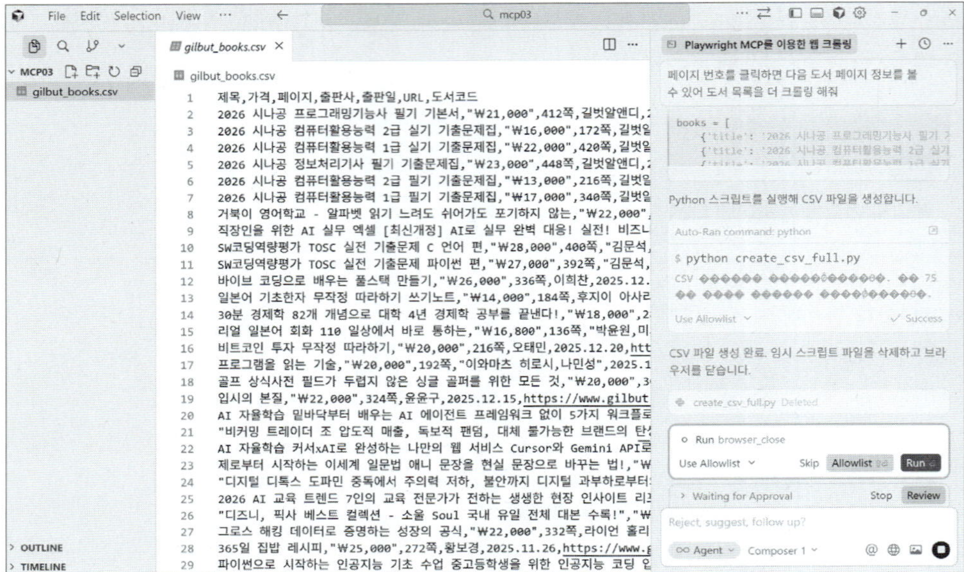

저자 노트

크롤링할 때 주의 사항

실제로 외부 웹 사이트를 크롤링할 때는 몇 가지 중요한 점을 반드시 지켜야 합니다.

첫째, 웹 사이트의 이용 약관과 robots.txt 파일을 확인하여 크롤링이 허용되는지 반드시 확인해야 합니다. robots.txt 파일은 웹 사이트 주소 뒤에 /robots.txt를 붙여서 확인할 수 있습니다. 예를 들어 길벗 출판사의 경우 https://www.gilbut.co.kr/robots.txt/에 접속하면 다음 내용을 볼 수 있습니다.

robots.txt 파일 읽는 방법

- User-agent: * → 모든 크롤러에 대한 규칙입니다.
- Allow: / → 기본적으로 모든 페이지의 크롤링을 허용합니다.
- Disallow: /login/ → 로그인 관련 페이지는 크롤링을 금지합니다.
- Disallow: /customer/ → 고객 정보 관련 페이지는 크롤링을 금지합니다.

이 예시의 경우, 일반적인 도서 목록 페이지(/search/search_book_list)는 Disallow에 포함되지 않았으므로 크롤링이 가능합니다. 하지만 로그인이나 고객 정보 페이지는 접근하지 말아야 합니다.

둘째, 수집한 데이터는 개인적인 용도로만 사용하고 상업적 목적으로 재배포하거나 판매하지 않아야 합니다. 크롤링한 데이터에는 저작권이 있을 수 있으므로 이를 존중하는 것이 중요합니다.

이제 수집한 데이터를 분석하고 시각화해 봅시다. 커서에 다음과 같이 요청합니다.

> **입력**
>
> 도서의 키워드를 뽑고 어떤 주제가 많은지 시각화해 줄래?

커서는 CSV 파일의 도서 제목과 카테고리 정보를 분석하여 주요 키워드를 추출합니다. 그런 다음 각 키워드 빈도를 계산하고 워드 클라우드로 시각화합니다.

워드 클라우드가 생성되면 '파이썬', '자바', '웹 개발', '데이터' 같은 빈번하게 등장한 키워드는 큰 글씨로 표시되고, '블록체인', '게임 개발' 같은 덜 빈번한 주제는 작은 글씨로 나타납니다.

왼쪽 파일에서 워드 클라우드(keyword_wordcloud.png) 파일을 클릭합니다.

▼ **그림 14-15** 도서 키워드 워드 클라우드

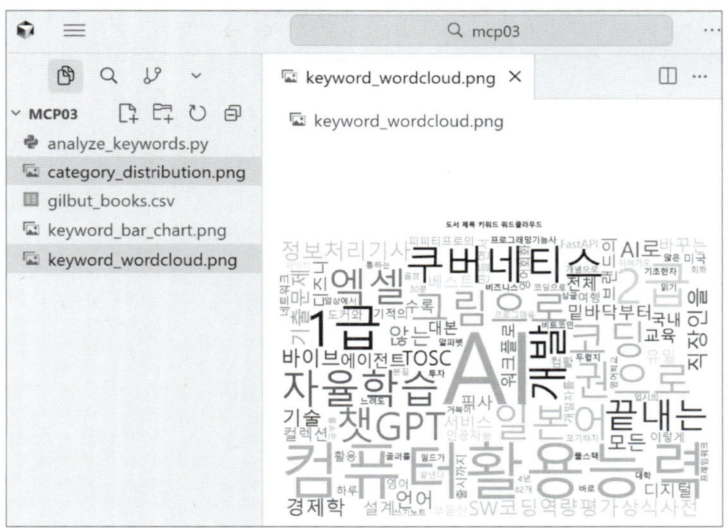

이 장에서는 MCP의 개념과 Playwright 설치 방법, 다양한 활용 방법을 알아보았습니다. Playwright MCP를 사용하면 코드를 직접 작성하지 않고도 웹 사이트 테스트, 데이터 수집, 자동화 작업을 간편하게 수행할 수 있습니다.

14.5 SECTION 마치며

지금까지 우리는 바이브 코딩을 활용하여 실제로 작동하는 웹 서비스를 만들고 배포하는 전 과정을 경험했습니다. 재무제표 시각화 대시보드부터 네이버 뉴스 분석, 유튜브 댓글 분석, 스터디 모임 플랫폼, AI 퀴즈 서비스까지 다양한 프로젝트를 함께 만들어 보았습니다. 그리고 제작 과정에서 마주한 에러들도 함께 해결해 보았습니다.

바이브 코딩은 코딩 지식이 없어도 AI와 대화하며 원하는 서비스를 만들 수 있는 새로운 개발 방식입니다. 복잡하고 보이지 않던 백엔드 로직을 n8n을 통해 시각적인 워크플로 형태로 작업하기도 했고, MCP를 사용하여 웹 브라우저 자동화와 데이터 크롤링도 경험해 보았습니다. 이제는 아이디어만 있다면 누구나 개발자가 될 수 있는 시대입니다.

이 책에서 배운 내용은 시작에 불과합니다. AI 코딩 도구는 계속 발전하고 있으며, 앞으로도 더욱 강력하고 다양한 도구가 등장할 것입니다. 어떤 도구를 사용하든 여러분 아이디어를 현실로 만들 수 있는 강력한 파트너가 될 것입니다.

중요한 점은 도구가 아니라, 만들고 싶은 것을 명확히 표현하고 AI와 협업하는 능력입니다. 이제 여러분만의 프로젝트를 시작해 보세요. 작은 아이디어부터 시작하여 점진적으로 확장해 나간다면 어느새 여러분 상상은 현실이 되어 있을 것입니다.

개발자처럼 완벽한 개발물을 만들 필요는 없습니다. 여러분의 업무 현장에서 필요한 도구를 직접 만들어 낼 수 있다는 것, 바로 이것이 이 책이 여러분께 전하고 싶었던 이야기입니다.

여러분의 새로운 도전을 응원합니다!

부록

커서 LLM 비용

커서 웹 사이트(https://cursor.com)에 접속한 후 로그인합니다. 이때 다음 그림과 같이 Agent 화면이 나온다면 Dashboard를 클릭하세요. 상황에 따라 바로 대시보드가 바로 나올 수도 있습니다.

▼ **그림 A-1** Agent 화면

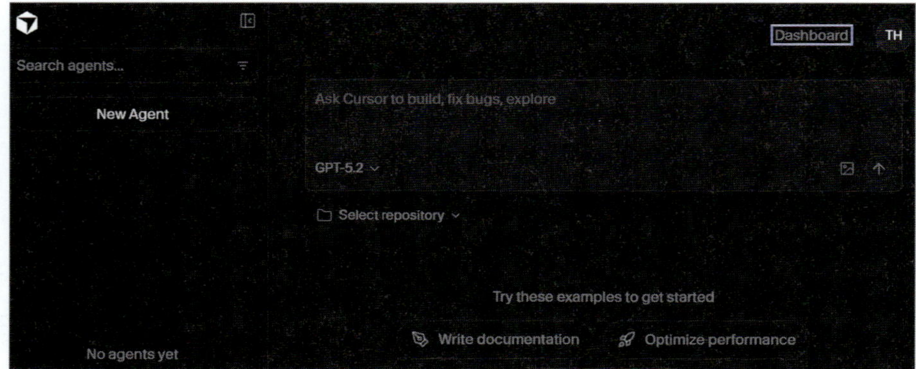

대시보드로 변경하면 다음 그림과 같은 화면이 나옵니다. 왼쪽 메뉴에서 Usage를 선택합니다.

▼ **그림 A-2** Dashboard 화면

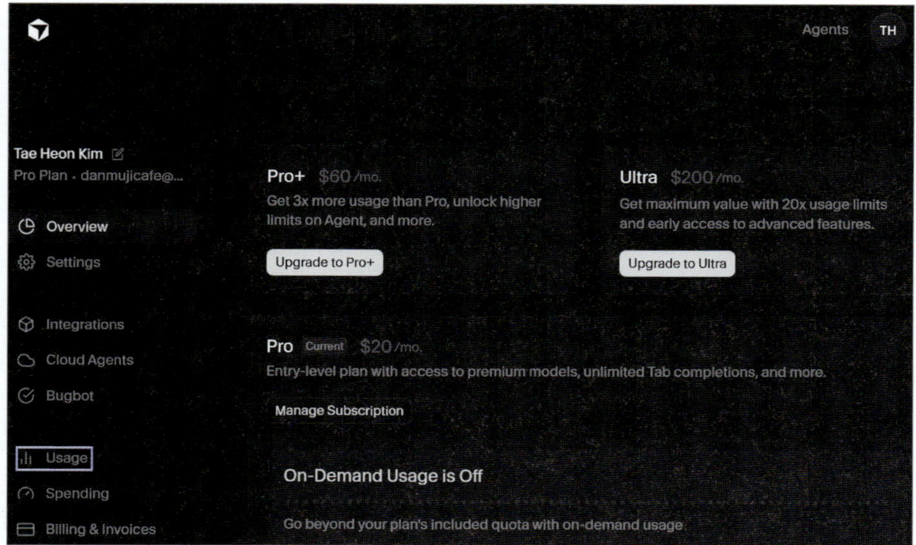

[Usage] 메뉴를 선택한 후 스크롤을 내려 보면 날짜, 유형(유·무료), 모델, 토큰(사용량), 금액을 확인할 수 있습니다. 필자가 집필하는 시점에는 컴포저 모델이 무료로 제공되어 Free로 표시되었음을 확인할 수 있습니다. 소넷과 하이쿠는 유료 모델이며 20달러에 포함되어 있으므로 Included로 표시됩니다. 또 사용량과 금액이 표시되는데 토큰은 사용량을 의미합니다.

▼ **그림 A-3** 사용량과 금액을 확인할 수 있는 모습

Date	Type	Model	Tokens	Cost
Dec 26, 03:57 PM	Free	composer-1	117.8K	-
Dec 26, 03:56 PM	Free	composer-1	110.3K	-
Dec 26, 03:24 PM	Free	composer-1	159K	-
Dec 26, 02:31 PM	Free	composer-1	73.4K	-
Dec 26, 02:30 PM	Included	claude-4.5-sonnet	56.9K	$0.07 Included
Dec 26, 02:29 PM	Included	claude-4.5-sonnet	73.6K	$0.15 Included
Dec 26, 01:26 PM	Included	claude-4.5-haiku	152.7K	$0.04 Included
Dec 26, 01:17 PM	Included	claude-4.5-haiku	1.1M	$0.26 Included

토큰을 좀 더 구체적으로 설명하면 Input(입력)과 Ouput(출력), Cache Read(캐시 불러오기)와 Cache Write(캐시 저장)으로 나뉩니다. 예를 들어 비유해서 설명하면 다음과 같습니다.

- **Input(입력)**: 여러분이 AI에 질문하거나 제공하는 텍스트를 읽는 과정입니다. 책의 특정 페이지를 읽는 것과 같습니다.
- **Output(출력)**: AI가 생성하는 답변이나 코드입니다. 여러분이 직접 글을 쓰는 것과 같습니다.
- **Cache Write(캐시 저장)**: 자주 사용하는 내용을 메모장에 저장하는 과정입니다. 처음에는 비용이 들지만, 나중에 빠르게 참조할 수 있습니다.
- **Cache Read(캐시 불러오기)**: 이미 메모장에 저장된 내용을 다시 읽는 것입니다. 처음부터 다시 읽는 것보다 훨씬 빠르고 저렴합니다.

캐시 불러오기가 많다면 비용 과금이 크지 않습니다. 다음 그림에서 토큰 사용량은 15만이지만 캐시 불러오기가 많아 실제 비용은 저렴합니다. 캐시 저장과 불러오기는 커서에서 자동으로 처리됩니다.

▼ **그림 A-4** 캐시 불러오기를 상당량 사용한 모습

2026년 1월 기준 모델별 비용

모든 가격은 100만 토큰 기준입니다. 모델 API 요율에 따른 사용량이 포함됩니다. 예를 들어 Pro 플랜에 포함된 20달러 사용량은 선택한 모델과 해당 모델의 가격에 따라 차감됩니다. 단, 컴포저 모델은 현재 무료입니다.

▼ **표 A-1** 모델별 비용 비교

모델	Input	Cache Write	Cache Read	Output
클라우드 소넷 4.5	$3.00	$3.75	$0.30	$15.00
클라우드 하이쿠 4.5	$1.00	$1.25	$0.10	$5.00
제미나이 3 Pro	$2.00	$2.00	$0.20	$12.00
GPT-5.2	$1.75	$1.75	$0.175	$14.00
컴포저 1	$1.25	$1.25	$0.125	$10.00

새롭게 출시된 모델 또는 현재 모델의 금액이 궁금하다면 https://cursor.com/docs/models에서 확인할 수 있습니다.

O

P

R

S

T

U

V

W

ㄱ

ㄴ

ㄷ

ㅍ

ㅎ